近代报刊文献辑录丛书

JIUSHISHANGHAI

旧时上海

张伟 主编

孙莺 选编

上海科学技术文献出版社

Shanghai Scientific and Technological Literature Press

图书在版编目（CIP）数据

旧时上海 / 张伟主编；孙莺选编 . —上海：上海科学技术
文献出版社，2023
　ISBN 978-7-5439-8702-9

　Ⅰ.① 旧…　Ⅱ.①张…②孙…　Ⅲ.①上海—地方史—
通俗读物　Ⅳ.① K295.1-49

中国版本图书馆 CIP 数据核字（2022）第 213758 号

选题策划：张　树
责任编辑：王　珺　詹顺婉
封面设计：留白文化

旧 时 上 海
JIUSHI SHANGHAI
张　伟　主编　孙　莺　选编
出版发行：上海科学技术文献出版社
地　　址：上海市长乐路 746 号
邮政编码：200040
经　　销：全国新华书店
印　　刷：常熟市人民印刷有限公司
开　　本：720mm×1000mm　1/16
印　　张：29
字　　数：441 000
版　　次：2023 年 1 月第 1 版　2023 年 1 月第 1 次印刷
书　　号：ISBN 978-7-5439-8702-9
定　　价：118.00 元
http://www.sstlp.com

一座无法预估储量的文献富矿

——《近代报刊文献辑录》总序

张　伟

　　书、报、刊，是近代中国文献中传统的三大类，也是各大图书馆中最为看重的三大常规收藏。窃以为，就文献的丰富性和原始性而言，三者所占比重应该是书、刊、报，逐级加重，也即报纸是分量最重的。虽然，仅就单纯数量来说，书最多，刊其次，报最少，然而很多问题不能只看表面，要作多层次分析研判。

　　关于书、报、刊三者具体的存世量，我曾在一个采访中以上海图书馆为例说到这个问题："如果单就中文文献而论，上海图书馆收藏的近代文献不单是在中国，在全世界都可能是最丰富的。就以期刊为例，1949 年以前，到底出版了多少种期刊，这个数字一直是不清楚的，学界一般估算，大概有五万多种。上海图书馆收藏了一万八千七百多种，三分之一强；报纸大约有一万种，上海图书馆收藏了三千五百多种，也是三分之一强。单行本出版得最多，截至目前，还没有一个确切的统计数字。北京图书馆（现在叫中国国家图书馆）很多年前出了一部《民国时期总书目》，著录了十二万种，主要统计北京图书馆、上海图书馆和重庆图书馆的近代文献。现在此书有了增补本，著录大约二十万种……后来各大图书馆又做过一个普查，从晚清一直到 1949 年，单行本大概一共出了六十万种。"以上述统计来看，似乎单行本书籍的出版数量最多，但问题并不这么简单。即以近代期刊而言，虽然只有 5 万多种，但每种期刊所出期数差别很大，每期的页数也各不相同。正常情况下多数期刊一般会出十余期或几十期，当然也有仅出一期即告终刊的，但也有出版几百期甚至近千期的，如近代中国出版周期最长的政论刊物《东方杂志》，从 1904 年一直到 1948 年，四十余年间共出版了 48 卷 816 期刊物，而当年影响最大的电影刊物《电声》杂志，从 1932 年到 1941 年，十年间共出版了 901 期，为民国时期出版期数最多的电影刊物。如此一算，几万种杂志的内容篇幅就非常惊人了。至于报纸，一般大报多为对开，小报则为 4 开，每期报纸起码 2 张 4 页，多达十余张几十页的也较多；而且，多数报纸，特别是大报，出版年份相对都比较长，存续时间几年甚至十余年的也并不在少数。如著名的《申报》，创办于 1872 年 4 月 30 日，至 1949 年 5 月 27 日始告终刊，前后总计经营了 77 年，历经晚清、北洋政府和国民政府三个时代，经历了辛亥革命、五四运动、北伐战争、抗日战争和解放战争等各个历史阶段，全面记录了晚清和民国时期政治、经济、军事、外交、文化等各方面的情况，总共出版了 2 万 7 千多期。其他像《新闻报》《大公报》《时报》《民国日报》《时事新报》《商报》《新华日报》等报纸，名重一时，且都出版了十几年至几十年，从各方面展现了近代中国历史的发展轨迹。书籍出版周期较长，一般叙述论证的是一年前甚至几年、几十年前的事情，侧重理论和完整性；期刊则以半月刊、月刊、双月刊为多，也有旬刊、周刊甚至三日刊的，反映论述的多为一月或数月前的事情，文章长短不拘，涉及面也较为广泛；而报纸一般以日报最具代表性，以迅捷报道当下发生的新闻时事为最大特色，也有相当数量的以双日、一周为出版周期的小报，以报道百姓身边事为特色，大量刊登社会新闻，专述市井小事，从衣食住行到吃喝玩乐，将市民百姓的开门七件事一网打尽。所谓文献的丰富性和原始性，报纸当然独执牛耳。我在为《小报图录》这本书作序时写道："上海是中国新闻界的重镇，尤其在晚清、民国时期，几乎撑起了新闻界的半壁江山，而这座'江山'，其实是由大报和小报共同打造而成的，大报的庙堂气象、党派博弈与小报的江湖地气、民间纷争，两者合一才组成了完整的社会面貌。要洞察社会的大局，缺大报不可；欲了解民间的心声，少小报也不成。大报的'滔滔江水'和小报的'涓涓细流'，汇合起来才是完整的、有着丰富细节的'江天一景'。可以说，少了这一泓'涓涓流淌的鲜活泉水'，我们的新闻史就是残缺不全的。"强调的正是由大报和小报共同组成的新闻界，在反映报道新闻时事方面所起的不可忽视甚至难以替代的重要作用。可以说，在犹如大海般丰盈的近代报刊中，蕴藏着解开各时期、各领域疑难问题的密钥，它们是一座无法预估储量的文献富矿，默默等待着有志、有心和有力的开掘者，各领域、各阶层的人士都可能在此寻找到自己喜爱的宝藏。

另外，还必须指出的是，报纸除了新闻报道的版面，还拥有极其丰富的各类副刊，且副刊的主编可以立场各异，其版面言论甚至可与报纸老板和社论的倾向各行其道，互不相同。这就使当时报纸副刊的面貌呈现出丰富多彩、风格多样的特色，成为新闻史、文学史等各学术研究领域不可或缺的一个重要方面。同时，由于报纸版面多，存续时间长，一种报纸往往会有几十种甚至上百种的副刊，几百上千种报纸加在一起，其副刊总数可谓令人眼花缭乱，以致难以准确统计；至于各种副刊上的文章，其数量自然水涨船高，更令人生畏，望而却步。我曾经接待过很多大学和社科院等机构的教授、学者，他们带领自己的学生来图书馆看书，专门研究报纸副刊，每个学生分配一至数个课题，天天翻阅报纸，但几乎少有能坚持到底的。毕竟在如今纷繁喧闹的社会，让年轻人一坐数月甚至数年，青灯黄卷，天天与旧报纸为伍，确实很不容易。进入 21 世纪以后，各种数据库的研发上市如雨后春笋，给大家带来了查阅海量文献的希望。但问题并非如此简单就能解决，由于各种原因，能随意方便利用各种数据库的科研人员并不算多，而且，即使数据库在手，全局视野、文献分析、辨别真伪、提炼课题等等问题，都是横亘在研究人员面前的难关，非常考验人。此外，还有一个现象也值得我们注意：现代作家的作品，几乎都是先在报刊上发表，然后才结集出版的，其中由于种种原因长期散佚在外，始终未能结集出版的也为数不少，即便是鲁迅、茅盾、巴金、老舍、郁达夫、徐志摩、沈从文、钱锺书、张爱玲等一流作家的佚作，近年来被学者从报刊上发掘钩沉出来的也所在多多；至于非主流作家的一些重要作品，或因湮没报海，无人知晓，逸出学界视野，或因乏人关注，不被重视，长期默默无闻。这些都有待于我们从近代报刊这座文献富矿中去辛勤打捞。

《近代报刊文献辑录》这套丛书，正是基于此而推出。我们想用自己的力量和资源做一些力所能及的工作，为学界提供一些打基础的砖块，为大众奉献一些有营养的读物，如能有助于大家，受到欢迎，那是我们最高兴的事。

2022 年 5 月 24 日于沪南上海花园

前　言

《旧时上海》这本书，与《旧时广州》《旧时北平》同时出版，为"旧时系列"之一。2021 年出版了《旧时书肆》《旧时书事》《名家书单》。"旧时系列"计划以三地为一辑，故亦名之为"三城记"。北平、上海、广州为一辑，南京、杭州、苏州为一辑，昆明、重庆、桂林为一辑等。

"旧时系列"所有文章皆选自近代报纸杂志之原刊原文，择其善者而分类编排。所谓善者，是指选文兼具文献性、文学性与掌故性。以文献性而言，很多文章出自作者初次发表之刊物，而非后人所编之全集和选集，故个别字句与后世通行之文章略有出入。对于近代史研究者而言，完全可将本书视为一手文献。以文学性而言，本书选文皆文采斐然，绝非枯燥之学术论文，亦无岸然说教之气，字里行间，藏着某种共通的情感，悲喜皆动人。以掌故性而言，本书选文涉故人往事、遗址旧迹，于今虽物是人非，然文中仍能依稀看见当年旧色，带着些许苍茫凋敝，令人怅然。

就掌故性而言，以本书收录许钦文之《食在上海》为例：

提到上海的饮食，我总要联想到亡友元庆。当初他在报馆里工作，寓在一间放楼梯的暗室里。我在浦镇教书，暑假和他同寓。我们知道炒虾仁在上海很普通，可口，并不很贵，香粳米饭也不错。可是我们的收入不足以语此。每到傍晚，我踱到平望街去等他，看他从高大的洋房里出来，一道回到矮小的暗室里。我们没有包饭，每餐临时解决。照例经过许多菜馆都不回顾，连面店也不敢进去，总是在粥店里共进晚餐，吃粥的地方大概在低低的楼上，一进去就觉得热烘烘。等到吞下两碗稀饭赶快出来，衣服贴住皮肉，总是做了搭毛小鸡。后来他在立达学园教书，我已出了好几本书，我们都已为有些人所熟识。我从北平南回，一同被请吃饭，炒虾仁可以大嚼了。记得有一次，在北四川路的闽菜馆里，二十四元的一桌菜。全鸡全鸭，还有整只的烤乳猪，吃得亦醉亦饱。我和元庆都有些负担，下一餐，仍然只买几个烧饼一边吃一边走，一道走到江边去。[①]

"亡友元庆"即陶元庆，字璇卿，绍兴人，是一位极有天赋的艺术家，鲁迅和许钦文的许多书的封面都是他设计的，如《苦闷的象征》《彷徨》《往星中》《毛线袜及其他》《回家》等。

许钦文与陶元庆是同学，1913 年，两人同入浙江省立第五师范学校就读，陶元庆痴迷于绘画，得悉许钦文之父擅画梅兰竹菊，刻图章亦是好手，遂对许钦文心生好感，时时接近。毕业后，两人同在五师附小任教，同住一间宿舍，有同乡同学同事同舍之情谊，且三观契合，性情相投，成为挚交。

1920 年，许钦文赴京工读，在北京大学旁听，因经常在《晨报》副刊上发表文章，引起鲁迅的注意，经孙伏园介绍，得以结识鲁迅。陶元庆则去了上海的时报馆，任《小时报》的美术编辑，专画插图。

时报馆和有正书局相通，老板狄楚青曾留学日本，收藏有大量的日本、印度图案册页和图集，陶元庆闲暇之余，以翻看图册为乐，获益匪浅，对西洋画、素描、水彩萌生了兴趣，遂入上海专科师范学习油画，拜陈抱一为师。

1924 年，在许钦文的引荐下，陶元庆为鲁迅所译厨川白村之《苦闷的象征》设计封面。陶元庆绘以一个半裸体的女子，披着长长的黑发，用鲜红的嘴唇舔铛叉的尖头，其设计契合书名"苦闷的象征"。鲁迅甚为满意，称"有元庆作的封面画，使《苦闷的象征》披了凄艳的外衣"。

鲁迅再次将新作《彷徨》的封面委托陶元庆设计。许钦文忆及《彷徨》出版前情形：

我把绘着三个人彷徨在太阳下的书面画——是刚由元庆赶制起来的——送到官门口去。鲁迅先生非常高兴，说是书样早就校对好了，正在等候书面画。多方的欣赏以后，他就同我说定，仍然由我带走，转到印书的地方去。……临

---

① 《食在上海》，许钦文。

走他又郑重的同我说，"还得关照一声，书面的校样送到你那里去，也托璇卿看一看，免得印错！"后来连装钉的式样都是由元庆决定的。③

"璇卿"即陶元庆。此后，鲁迅的著书译书以及上海北新书局所出版的新书封面大半交与陶元庆设计。鲁迅对这个小同乡是极为欣赏的，从其致许钦文之信中，足以见之：

《苏俄的文艺论战》已出版，别封寄上三本。一本赠兄，两本赠璇卿兄，请转交。

十九日所寄封面书及信均收到，请转致璇卿兄，给我谢谢他。我的肖像是不急的，自然还是书面要紧，现在我已与小峰分家，乌合丛书归他印（但仍加严重的监督），未名丛刊则分出自立斗户。虽云自立，而仍交李霁野等经理。乌合中之《故乡》已交去。未名中之《出了象牙之塔》已付印，大约一月半可成；还有《往星中》亦将付印，这两种，璇卿兄如不嫌其烦，均请给我们作封面，但须知道内容大略，今天来不及了，一两日后当开出寄上。④

当时，陶元庆是被视为鲁迅的御用装帧设计师。

许钦文亦深得鲁迅的喜爱，短短数年，许钦文在北新书局出版了近十本

①《苦闷的象征》封面，陶元庆设计，鲁迅译，北新书局1924年11月22日刊行。
②《彷徨》封面，陶元庆绘，鲁迅著，北新书局1928年10月刊行。
③《祝福书》，许钦文，《中流》1936年第1卷第7期。
④《鲁迅先生书简》，鲁迅，《鲁迅风》1939年第3期。

书，可说是鲁迅一手扶植成长的青年作家。以一事为例，1925年秋，许钦文和陶元庆赴浙江台州省立第六中学任教，鲁迅赠送了一本黎锦熙的《国语文法》给许钦文，扉页有黎锦熙题赠鲁迅之注音字母，书中有鲁迅的批注。非极其亲近者，读书人很少将自己用的书赠送他人的，鲁迅对许钦文之爱护之情，可见一斑。

①
②

1928年，在杭州国立艺术专科学校任教的陶元庆因寓所问题一再搬迁，从俞楼搬至葛岭，再搬至广化寺，连日劳累，身心疲惫，染上伤寒。1929年2月6日，陶元庆病重不治，在杭州广济医院逝世。

陶元庆逝后，许钦文四处奔走募款，在西湖莲花凉亭处购地一块，建元庆园，并辟室一间，作为陶元庆纪念室，将其生前所绘之作品及遗物陈列其中。许钦文自己亦搬至此处，与陶元庆遗物日夕相对。

1936年，在陶元庆逝世七年后，许钦文撰文怀念：

其间我曾两度入狱，上法庭廿多回；西走蜀，陷入火线；东漂海，数遇飓风；死了父亲又死母亲，所受祸患不能算不多，刺激不能算不大，但都没有元庆死时那样使我紧张。当思瑾与刘梦莹演成杀人悲剧，我首先发现时，两个血人歪斜的躺在院子里，情形是够吓人的。我并不慌张失措，一方面报告警察，一方

---

①《故乡》封面，陶元庆绘，许钦文著，上海北新书局1927年5月刊行。
②《回家》封面，陶元庆设计，许钦文著，上海北新书局1926年9月刊行。

面招呼医生，把思瑾送进医院，还用毯子盖在刘梦莹的尸体上。元庆死时我竟连一个电话都打不好——站不住，坐；坐了仍然不能连续发音。直到第二天的傍午，还是有目无光。[2]

许钦文所云之"曾两度入狱，上法庭廿多回"是指为陶元庆之妹陶思瑾杀人案所累，即著名的"无妻之累"。

1928 年 9 月，陶思瑾入杭州国立艺专就读。陶元庆离世前，嘱托许钦文照料陶思瑾至艺专毕业，故许钦文视陶思瑾如己妹，关怀备至。许钦文言及"刘梦莹"者，为陶思瑾艺专的同班同学。

陶思瑾身形高大，壮硕结实，举手投足间有男子气概，刘梦莹则体型娇小，纤细瘦弱。两人同住一间宿舍，情投意合，产生同性之爱，约定永不与男性结婚，以保持相互之爱情。时陶思瑾常携刘梦莹至元庆园许钦文处，每值寒暑假期，两人相偕寄宿于许宅，故许钦文亦知两人情好。

1932 年 2 月 11 日午后，许钦文送女友郭德辉至江干化仙桥学校。返家时，发现刘梦莹身中数刀，惨死于地，陶思瑾亦倒卧在旁，血溅四壁。许钦文大惊，急唤岗警，并报告警署。

---

①《陶元庆之书室》，刊载于《图画时报》1926 年第 296 期。
②《元庆去世七周年纪念文》，许钦文，刊载于《逸经》1936 年第 14 期。

据云起因是刘梦莹猜疑陶思瑾移情于艺专女教师刘文如，陶思瑾亦怀疑刘梦莹与许钦文有私情，两人为此争吵不休，以致恶语谩骂。陶思瑾气急之下，触动杀机，以菜刀砍向刘梦莹，刘亦取木棍抵御，两人在陶元庆纪念室中追逐厮打。刘梦莹远非陶思瑾之对手，被陶思瑾割断颈部气管，即时身死。

此案因涉许钦文与陶元庆，且又是同性情杀，遂轰动一时，震惊文坛。1932年4月14日，杭检察官对许钦文图奸少女妨害家庭提起公诉。5月20日，杭法院一审判决陶思瑾杀人处无期徒刑并剥夺公权无期，许钦文意图诱奸未满二十岁之女子，处有期徒刑一年，裁判确定前，羁押日数以二日抵有期徒刑一日。

陶思瑾与许钦文对此判决提出上诉。鲁迅亦为之奔忙，函托浙江杭州监狱典狱长陶书臣为许钦文保释。经二审三审，直至1935年，浙江省最高院才判许钦文无罪，判陶思瑾无期徒刑。抗战爆发，监狱大赦，陶思瑾遂出狱。1939年6月28日，陶思瑾与浙江天台兴县政府秘书李在和结婚。

陶元庆逝后，撰文哀悼者众多，如赵景深、丰子恺、钱君匋、陈抱一、贺玉波等，众说纷纭。时署名"一鹏"者在《真报》撰文《画家陶元庆》，提及陶元庆之死，盖为性格所累，可谓一语中的：

陶元庆乃为某艺术教育机关所聘教授，任职以来，深得学生的敬仰。执意于上学期终了时，某执事遂故意对陶宣言，有某某数级学生，对于先生不满，将有所表示。陶为人本富于情感，而性格却甚孤独，虽明知反对派欲将自己轧出，而造成清一色的留学派，但又自动地辞了职。当即把行李送到杭城里去，寄居于文学家许钦文的寓中，自此遂如染了"歇私的里亚"一样，终日寡欢。后来又染了另一种病，这位有天才的画家就一命呜呼了。①

一鹏即张一鹏，本书亦收录其1943年发表于《申报》上《也是老上海》一文。

张一鹏，字云抟，号不知老之将至斋主，苏州人。生于1872年，为袁世凯幕僚张一麐之弟，康有为门人汤觉顿之妹夫。光绪十九年（1893年），张一鹏

---

①《画家陶元庆》，一鹏，刊载于《真报》1929年9月13日。

考中举人，其后两次参加会试，均因同考官为其妹丈而回避。1904 年，张一鹏得袁世凯之助，公派赴日留学，就读于日本法政大学速成科，与汪精卫同学。1906 年，张一鹏创办《法政杂志》月刊并任主编。归国后，历任京师地方检察厅厅长、云南高等检察厅检察长。辛亥举事，张一鹏参加革命，任各省都督府代表联合会云南代表。

张一鹏在《也是老上海》中忆及此事：

从此流浪复流浪，忽然流到了万里云南，遇到了辛亥革命。云南是九月九日宣布独立，混乱了两个月，虽然踉踉跄跄跑回了上海，可是所奉的使命却非常重大，乃是蔡谔都督派我参加各省代表大会来选举共和国第一任大总统的。

自滇返沪后，张一鹏任《时事新报》主编。1920 年，张一鹏代理司法部长，1925 年辞官，在苏州、上海当律师，被推举为上海律师公会会长，兼充江苏财政、实业两厅顾问，并兼任东吴大学法学教授。

张一鹏名声在外，请他担任律师者非富则贵，所经手之案如七君子事件、盛宣怀遗产纷争、大陆商场案、上海纺织印染厂案等，其中轰动上海之徐志摩、陆小曼状告《福尔摩斯报》案，所请律师亦为张一鹏。1927 年 12 月 17 日，《福尔摩斯报》刊出署名"屁哲"之《伍大姐按摩得腻友》，副标题为"一对新

②

①《也是老上海》，张一鹏，刊载于《申报》1943 年 8 月 1 日。
②张一鹏葬礼情形，刊载于《大陆画刊》1944 年第 5 卷第 9 期。

人物 两件旧家生"，影射陆小曼、徐志摩、翁瑞午三人之间的关系。徐志摩、陆小曼、翁瑞午遂以"妨害名誉罪"，向《福尔摩斯报》主编吴微雨及编辑平襟亚提起诉讼。为平襟亚辩护的詹纪凤亦为著名大律师，詹纪凤略施小计，钻了法律条文的空子，故此官司终以平襟亚胜诉。然平襟亚深知此事终究对徐志摩和陆小曼造成了伤害，故 1930 年 4 月 21 日，平襟亚在《新闻报》和《民国日报》上刊登谢罪启事，向徐志摩、陆小曼、翁瑞午三人郑重道歉。

抗日战争期间，张一鹏因视察监狱感染斑疹伤寒，于1944年7月15日病逝。

张一鹏次子张伟如，生女张可。1948 年，张可嫁给了王元化。

本书所收录包天笑之《我与上海》中亦提及张一鹏：

我们有几个朋友，在苏州观前街开了一家书店，唤做东来书庄。因为我们有几位同学留学日本去了，日本的地图（可怜我们中国，当时连略为精印的地图也没有）、文具、纸品都很精美，为国人所乐用，我们都从日本由小包邮便寄来贩卖。同时又到上海去贩买新书，以开风气（其实上海那时也贫乏得很，不过梁启超的《时务报》一出，风气为之一变）。因此我便常常跑到上海去，而且常常跑到虹口日本文具商那里去购买物品，又到各书店去搜求书籍，因为他们公举我是东来书庄经理呀（那时张云抟也开家书店，似名求知书社，我们与之对立）。①

包天笑，苏州人，生于 1876 年，字朗孙，号包山，笔名天笑、春云、微妙、迦叶、拈花、秋星阁主、钏影楼主等。1900 年，包天笑与友人合资创办东来书庄，第二年又集资创办了《励学译编》杂志，译介新思想。1901 年，创办了以政论新闻为主的《苏州白话报》。

包天笑文中说"那时张云抟也开家书店，似名求知书社"，实则张一鹏所开书店名为"开智书室"，地址在观前街醋坊桥。

……

以上仅举本书所收录之三文，便足以窥见人间悲喜与物候更迭，正如前所述，本书编选收录以文献性、文学性并重，兼顾掌故性。如张若谷之《上海城

---

① 《我与上海》，包天笑，刊载于《申报》1943 年 8 月 1 日。

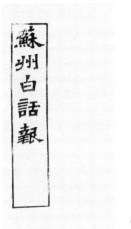

隍庙》、谢六逸之《家》、陆明悔（汪优游）之《评五出上海时髦戏》等，文笔
情致俱佳，绝无矫情之气。

张若谷在《上海城隍庙》中虽写城隍庙、湖心亭、春风得意楼等景物，然
字里行间暗含深情：

后来，父亲忽然转变兴趣，看中了春风得意楼三层楼上的坑榻，得意楼便
变成了我父亲的会客厅，因为我的父亲在暮年时是在法律界服务，他常约当事
人在得意楼接洽事宜。他每天必到得意楼去，风雨无阻，比楼下的说书先生还
更要准时。直到民国十七年春天，我父亲去世的第二天早上，竟有得意楼的几
位老茶客，特地赶到我家里来祭吊的。

若以资格深浅而论，城隍庙的真正"老土地"是我的父亲。因为不但茶馆
酒店里的堂倌都熟识他，他们而且都是非常尊敬我的父亲，有什么纠纷事件，
常请他做个调解人。住在上海城隍庙里的人，他们都认识有一位喜欢带小洋狗
上茶馆酒店的和事佬先生，这位有爱犬癖的和事佬先生，就是已经死了八年的
我的父亲。③

值得一提的是，本书所辟"上海战记"栏，所收录的记述上海战事之文，

①《苏州白话报》，1901 年第 2 期封面。
②《苏州白话报》，1901 年第 2 期。
③《上海城隍庙》，张若谷，刊载于《时代》1935 年第 8 卷第 1 期。

皆为作者亲历亲睹，如施蛰存之《同仇日记》、钱君匋之《东战场纪行》、邵洵美之《一年在上海》（节选）等，其中惨痛哀婉之状，今日读来，仍令人心碎不已。

另，本书所配之插图，皆为原刊原图扫描而成，无论是人像、景物、事件、书刊封面，皆罕见珍贵。

孙莺

2022 年 8 月 17 日

上海文化
PART 5

上海战记
PART 6

PART 1

上海旧话

旧时上海

上海验疫风潮始末记
1910
——《东方杂志》时事汇编

上海公共租界西人所设工部局卫生处，因查得租界内近有鼠疫发现，当遣西医率同所用华人，分别查验。当其查验时，遇有面黄而带病容者，即指为染患疫症，迫使入西人所设医院医治。又，孩童有未种痘者，亦促令往医院布种。于是居民大为惶骇，转相告语，以被查验为受大祸，虑性命妻孥之不保。时，复有市上无赖之徒，串同无业西人，伪充查验瘟疫人员，擅入民宅，拘捉平人。于是民心益耸，居民咸相率迁入南市居住。其籍隶宁波者，咸携眷回籍，轮船之开往宁波者，无不以人满为患。

至十月初十日，与查疫人员为难之事，遂一日数起，或并波及非查疫之巡捕包探，声势汹汹。租界内一部分地方，为之闭户罢市。后经捕房派西捕及团练兵擎枪巡逻，又经华官及工部局出示晓谕，暂停查验，又声明凡勒索钱财及拘捉孩童之事，皆不法之人所为，不宜误会，始稍平静。

先是，租界内西人曾议决检疫章程数条，兹录如下：

（一）凡租界内医生、稳婆，遇有应诊时，疑其症为天花、虎列拉、肠热、虚热、喉症、红症、肺痨、痈疽、痰麻、疯狗癫黄肿及一切传染病者，无论何时，必须函告工部局卫生处，并须详载病人姓名住址及其病源。又，同居者如遇有患以上等症，或疑其为此项病症，亦必须代为报告卫生处。倘以上所云之人未往报告，无论男妇，一经查出，均处以于疫期以内每日十元以下之罚金。

（二）无论何时，卫生处医官及其他各医生报告工部局，能证实某病人确系患传染病，于公共卫生有碍，则工部局可命将该病人移往防疫医院，一切用费均由工部局担任。

（三）租界内无论何人，如自知其将染以上所云之病症，而未有正当之预备，以免传染商号、旅馆、街道及一切公共地方者，须听卫生处之洗净，否则处以五十元以下之罚款，或两月之禁锢，作苦工与否，临时酌夺。又，租界内无论何人，如已自知其染以上各病，不准充取牛奶、洗衣服及作为他项事业足以传染他人，违者罚一百元以下，或监禁两月，作苦工与否，随时酌夺。

（四）凡六个月以上之幼孩或男妇，均须种牛痘，以防天花。工部局得于无论何时，无论何人，向幼孩之父兄查问其已种痘之确据，倘有阻挠者，罚洋五元。

（五）无论何屋，每人均须匀算有四十方尺之地，及匀算每人在屋内有四百立方尺洁净容空气之容量，如屋内容人过于计算之数，则屋主或管理者须担任二十五元以下之罚款。

（六）无论何时，工部局可出示晓谕，不准他人帮同移动或埋葬染疫之尸身，或经卫生处医官指明已死之人为染疫之症，或有碍公共卫生之症而死者，如犯者罚二十五元。

（七）工部局如接得卫生处医生指明何处房屋已染疫气，立须拆去，以免传染者，该房主即须遵谕拆去。以后建造，须与现行建筑房屋式相合。如经医生指明防有传染病者，即不得于原处重建房屋，工部局当给该房主以相当之赔偿。倘有争执情事，即由该管地董事核断后，再由工部局照判断之价给发。

十三日，工部局邀集西国各官商，集议前列之章程。福开森君起而反对，大意如系特别瘟疫，应由工部局商同各国领事斟酌施行，如系普通疫症，似可不必如此办理。礼和大班罗纯邦君起言赞成。南洋正法律官担文律师及老公茂大班比亚司君先后辩论，谓鼠疫自应照办，如将各种疾病包括在内，殊属不必。盖工部局立此检疫章程之本旨，系在不欲旅沪居民染疫而死，然亦不能因此章程骚扰，致令居民皆迁徙出境，况合埠各华人团体公函前来请免此章，可知实不便于华人。罗纯邦君云，然则第四条种痘一层，又将如何？主席英高等大法官霍必兰君云，自当一并取消。旋又别拟章程，将原订第一条改为"凡租界内医生、稳婆，遇有应诊时疑其症为胰核瘟者，必须函告工部局卫生处"云云，又将第四条（言种痘事）删去。

至十四日，工部局董事复邀集中国商民，宣布检疫办法。经宁波沈仲礼君宣言，当自开一中国医院，华人有病者，均自行医治。又宣言工部局已允只查检鼠疫一门，其余各普通传染病一概不查，并允不强迫孩童种痘，云云。

十七日，工部局复邀请各帮董事至局，与西董会商检疫事。自下午五时起，至夜半一时始止，先由商务总会总理周金箴、邵琴涛二君开出公议办法四条，交与西董阅看。（第一条）一切普通传染病概不查检，西董赞成；（第三条）凡租界华人，如有染疫死者，其棺殓等事，悉照中国风俗，由该家属自行殓葬，西董赞成；（第四条）防疫捕鼠均由华民自办，亦赞成。惟（第二条）查疫一事，最易骚扰，如华人有患形似鼠疫之病，立即报告中国自设医院，由院中医生前往调查一节，西董均极力反对。

西董斐来德词意尤厉，其言曰："诸公要求四事，我等均已认可，惟第二条须由卫生处西医同往检验，且西医不过随往，并无看脉等事，诸公何尚坚执不允？"

宁帮董事沈仲礼君云："我等所坚执者，不过欲顺众人之舆情，人所不愿者，我等是以不能应允。"

西董咸云，日前会议厅接阅公函，内言除鼠疫外，其余传染之病，请勿检查，是检查鼠疫一节，已属明明承认，是以我等允将章程七条取消，乃今日公等之意，又并鼠疫亦请免查，是言而无信。以后再有公函，恐将全无效力。且事近欺骗，旅沪西人势将全体反对，今日会议之一番和平初意，全归水泡，设果闹事，谁执其咎，云云。

粤帮董事温钦甫君起言："前次公函，但允检查鼠疫，何尝允西医同往检查？沈仲礼君亦言，并非不查，系请改由华人自查。"

又磋磨一时许，始议定检查鼠疫，归中国自设医院派出华人之习西医者，和平调查。然恐人家妇女尚未免惊慌，当再借一女医生同往，以顺民情。至检查鼠疫地段，华商董群请缩小，辩论逾时。始议定专在发现鼠疫之地左近区域检查，其余各处，均不调查，限期尽一个月内查清，即行停止，云云。

工部局旋即出示晓谕，实行防脥核疫办法如下：

（一）所有规例，专指鼠疫一病而言。

（二）调查患脥核疫者，在传染之地，须有自设中国医院所派华医执有西国医学文凭者办理，另有女医帮同查看。所有调查地段，仅施于南至苏州河，北至海宁路，东至北河南路，西至北西藏路，其余各处，本无疫气，皆不调查。期限以一月内。如鼠疫患已清，即行停止。

（三）调查以后如果确系罹疫，应即送入界外中国按妥善新法办理之自设医院医治。万一不幸不救，一切棺殓等事，悉照中国风俗办理。

（四）清除老鼠一节，须由居户及卫生处办理。其法如下：

甲，多蓄猫捕鼠；乙，多用捕鼠器具；丙，所有鼠穴，应行一律封塞；丁，多用辟疫臭水。

各帮董事与工部局董事议定办法后，当购定宝山县境张子标花园（离沪宁车站不远），作为中国自立医院。由沈仲礼君董其事，延聘执有西医学堂毕业文凭之中国医生四人，又女医生一人，分途查验，亦未查得染疫之人云。

○ 原载于《东方杂志》1910 年第 7 卷第 11 期

---

① 图注：上海工部局新厦。刊载于《建筑月刊》1937 年第 4 卷第 12 期。

五十年前之上海
1914
—— 《时报》译自《字林西报》

　　欲征上海半世纪来特殊之进步，试一观五十年前之租界地图，即知之矣。彼时英国租界，不过占现在公共租界之一小部分，其界线为洋泾浜、泥城浜及苏州河，而即此区区一块土中之地，尚有未经辟治者。黄浦滩及公园，彼时均尚未有。潮涨时，地基且低于水面八英尺。沿街洋行墙外，仅有狭道一条，以供通行。南京路今日宽广如许，彼时乃一崎岖不平之小路，且密迩一浜，今日殆犹有一二老上海，记得当时驳船在此浜中，装卸煤斤于一栈房。此栈房所在，即现在泰兴公司（南京路九号）所占之地址也。

　　黄浦滩之滥觞，当追溯黄浦江中之一轶事。有二帆船相撞搁于浅滩，正当英领事馆之门，英领事温楷斯德君，许二船留于彼处，俾恰恰成为沙滩之屏

①

---

① 图注：上海黄浦滩，高楼与几叶帆篷。刊载于《时代》1932 年第 2 卷第 8 期。

蔽。温君立往面道台，磋商许久，遂获得外人使用英租界沿浦涨滩之权。又阅数年而黄浦滩涌现矣。

百老汇路以东之地，全属涨滩。今之百老汇路，本为一沿浦小路。外人住宅仅有印度式平屋一所，苏州河只一石桥可通，在浙江路附近。礼查饭馆乃一两层之小建筑。虹口多麦田荒地，恒有人于晨间在彼射击野雉。

百老汇路之建造，本为军事上之用。彼时有参列于大沽炮台之占领之军队约七千人，驻扎于汇四路，统带军官为斯登夫来将军，内有精选骑兵数团。于此有一事不可不提者，彼时之上海道台，似乎忽发奇兴，欲为军事上之争胜，商诸英官，以华兵若干，至英领事署学习操法。华兵之来，乃携一极长之竹竿。问何用，则于兵士操演时，为整齐行列之用云。

外兵之来，于造成静安寺路，亦有关系。有数联队扎营于徐家汇，在县城及旧宁波寺院（译意）之间，因造静安寺路以运粮食。兵队既去，该路之管理权由一公司负之，乃筑一路栅，即现在乡村俱乐部所在处，凡过栅者收费数分，人多病之。一夜，有好事者数人来此，用柏油桶无数置栅下焚之，火光熊熊，人咸拍手称快。

彼时汽船电报，均未通行，中国商人与西国市场交通，以帆船为独一方法。最快之帆船，由好望角来往中国欧洲间，须历时一百八十日左右。邮件之分发，往往迟至一二星期。现在每日有电报报告欧洲商品行情，彼时则在华商人，必须待彼等去船归来，方知此次冒险经营之结果。当时经商之困难，决非今日商界中人所能梦想得到者。四十余年前，太平洋邮船，止达香港，所有上海邮件，则由上海各大洋行，各派小船特赴香港载取。此等小船，往往争先恐后，盖其主者有营业上之关系，人人欲先睹本国市价消息，其竞争也宜矣。

上海市面，一千九百十年，因橡皮投机事业之影响，几至一蹶不振。然一千八百六十五年，商界所遭之浩劫，其危重尤远过之。其时当美国南北战争，美国棉花停止输入英国，以至英国棉花价大涨，每磅自二辨士涨至七辨士，上海商人乃群往内地办棉。是年上海码头停泊载棉赴英之帆船，至二百五十只之多。乃货未抵英，美国南北和议已成，棉花价值顿跌。沪商受害者居大多数，洋行纷纷倒闭。失业之伙友，侘傺返里。其不肯歇业者，亦历尽艰辛，始复生机。宁波在当时已为繁盛商埠之一，亦陷入此灾祸之中，迄今尚未恢复元气，吁可畏矣。

运动恒为上海西人生涯之一特点。当其最初之时，赛马打猎，竞船蹴鞠，凡英国式之一切游戏，已靡不盛行。今犹有人记得当时赛马场在今河南路浙江路之间，跨南京路而过。彼时该地荒凉满目，所画赛马场区域之中央，乃有孤零之村舍一所。赛马提倡人出资与其主者，令其迁让。即此一端，可想见当时之情况矣。赛马之马，由英伦及澳洲输入，输运异常困难。有人向英国购得一专事赛跑之马，价值奇昂，殆梦想所不到。其由英至沪也，悉遵陆路而行，费几许艰辛，始达上海。而英国马到东方，每每不服水土，平均不过经过两夏即死，于是人遂无购英马者。迨一千九百年拳乱既平，联军所用上等之马，在天津以极贱之值出售，每匹仅售银三两以至五两，其中多数为华人所买，运入内地。

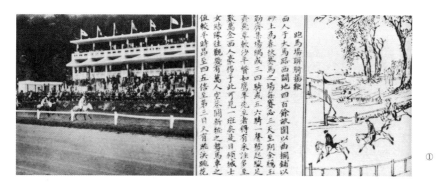

素人演剧，恒为西人所喜。最初之素人演剧园，发源于军界中人，当时著名之剧团有二，互相争长，一名伦吉司，一名福脱拍兹，皆团练兵所组织，演剧处在今广东路与北京路之货栈中。既而两团协议合并，遂成所谓 AD 之剧团。于今博物院路及贝尔福建筑物之转角，造一真剧团而开演焉。一晚闭幕之后，园忽不戒于火，全部悉成灰烬。所未毁者，仅一批霞那之足柱耳。翌日午时，捐赀者已达一万五千元，遂更造舞台，是即今之拉哀西姆剧园是也。

一千八百六十五年以前，上海领事馆之职务，多为对于水手之处置。盖此

---

① 图注：五十年前之赛马场对比。刊载于《良友》1936 年第 113 期。

等水手，慕监狱中之安适，恒决心登岸，故作一违章事，以冀入狱一月半月。而曾经入狱之人，出狱之后，往往追思狱中之乐。曾闻有人肆筵设席，大燕宾朋，时将晚十时，忽睹一客若有刺促不宁之状，无何客遽兴辞，匆匆出室而去。客咸讶之，后知此客以诈骗之罪，此时正在监禁之处刑期中，而仁慈之狱官，特许其每日上午十时至下午十时自由出狱，客则恪遵期限，每夜必归，盖恐宽典之或将撤销也。

有一人将其华仆开枪击毙，被判监禁若干时。此人之雇主，以商业事将就此人有所询，以为罪犯自必深锢狴犴，特呈请英领事核准，许其前往探监。迨抵狱所，则见此人正徜徉狱门之外，仅以一短木栅拦之。雇主叩门，罪人自出开门，别无他人，问答既已，罪人启关送其主人出，复仔细掩闭之云。

又有一罪犯事，亦至可怪。此人经司狱之官请其出狱，不肯，甚至赠以返国之川资，亦不愿。此人为希腊国人，上海无希腊领事，彼犯案后，暂由巡捕房羁留，一面将其犯案原由，详报希腊政府，乃不得希国复文，巡捕房乃议许其自行出狱，即行了案。而此人不肯，居留既久，捕房甚厌苦之，乃出资劝其携资他往，彼则谓此间安乐不愿去也。自是又居狱中二年，乃病死。当时西牢之情形如此，殆亦今人所不料者乎。

○ 原载于《东方杂志》1914 年第 11 卷第 5 期

上海报纸小史

—— 姚公鹤

1917

公鹤曰："自书籍印板已来，学者求学，较前而易，故后世称道冯道不衰矣。"（据宋高承《事物纪原》引《笔谈》曰，板印书籍，唐人尚未盛为之，自冯道始印五经，嗣后典籍皆为板本，则印板并不始于冯道，特冯道首印五经，故后人或以印板原始于冯乎？）

报纸滥觞于邸抄，邸抄原始于时政记及起居注，为专门政治上传达消息之用。与书籍自印板而后，公诸社会，其效用尤各别也。中国报纸，近人谓始于香港之某日报、上海之《申报》，其实《海国图志》及《林文忠公奏疏》时有引澳门刊行之各报，则中国报纸，当以澳门为最早。特创办者系外人且西文耳，然香港某报及上海《申报》，亦均系外人首创。

至报纸体例，开首由本报刊登自著论说一篇，名之曰"社论"（"社论"二字，系东洋名词，而我国报纸承袭其名称者），而世俗称之曰"论头"，此能于邸抄体例外自成一主体者。若仅仅以上谕刊载报首，则依然未离邸抄科臼耳。

中文报纸，上海当以《申报》为最先，后《申报》数年出版之报纸亦有多家，特今已不存在耳，余于《上海闲话》曾详考之。就现存各报论，则《申报》之后，当以光绪十九年开办之《新闻报》为最早矣，然其初筚路蓝缕，每日仅印数百纸，即内容所辑材料，非《燕京春色》，即《歇浦秋潮》，梁任公《中国报纸存佚考》，称彼时报纸论说大多数均"西学原本中国考""中国亟宜自强策"

摄采部访新闻报 ①

等类文字，为中国新闻事业幼稚之证明。此犹甲午以后，我国受国际间之打击，始有此进步耳，若甲午以前则并此无之，世界报纸有制造时势之权能，我国报纸乃为时势所构成，两两相较，殊有愧色。

今日无论何项日报，其内部均划分三部（此据上海各报言，若别埠之报则鲜有自设印刷所者）：一编辑部，撰著社论，编辑新闻属焉；二营业部，发售报纸、收发款项及报务行政属焉；三印刷部，印刷事宜属焉。此为各报共同之组织。盖近十数年来，报纸日见发达，报社业务亦日以丛杂，故事实上遂不能不分部承办，完全为不成文之规定也。若在昔日，每日发行之报无过数百份，每份仅一纸，事务之简单可知。而偏有一种雇用人，为今日之所无须，乃为昔日之所必有。其人惟何？则每日挨门送报之人是也。缘今日各日报，其发行本埠之报纸均由贩报者先时订定，或由一人承包，已为今沪上一种专业（其详另见后）。若彼时，则无有也。而社会间又不知报纸为何物，父老且有以不阅报纸为子弟勖者，一则虑其分心外骛，一则以报纸所载多不切用之文字也，彼时社会以帖括为唯一学问，而报纸所载亦实多琐碎支离之记事，故双方愈无接近之机。犹忆公鹤八九岁时，先族伯彦嘉先生自英伦回，敦促先君子购阅《申报》，盖其时上海只有《申报》一家开设最久，故先生云云。先君子大韪其议，然乡俗间颇已骇怪不置矣。故每日出报，外埠托信局分寄（外埠销报历史另详后），而本埠则必雇有专人于分送长年定阅各家者外，其有剩余之报则挨门分送于各商店。然各商店并不欢迎，且有厉声色以诮之者，而此分送之人则唯唯承受惟谨，及届月终，复多方以善言乞取报资，多少即亦不论，几与沿门求乞无异。

---

① 图注：《新闻报》采访部。刊载于《美术生活》1936 年第 27 期。

惟其中有一事，至可为吾人纪念者。报馆每日所出之报，其总数无过于数百份，而社会之不欢迎报纸，又如上述。则所谓长年定阅之各家，究系何人？盖大率洋商开设之洋行公司及与洋商有关系之各商店为多。噫，中西人知识之不侔，于此可见矣。

昔左文襄在新疆，由胡雪岩介绍，向洋商借款一千二百万，沪上报纸颇有非难。光绪间上海不仅《申报》一家，有《汇报》，有《益报》，又有中西文合刊之报，其详已见拙著《上海闲话》《上海小史》，兹不赘。特各报时开时闭，均不若《申报》之经久耳。左借款在前清光绪初年，其时现存之报若干家，是何报名，或不可考，然不止《申报》一家，则可必也。夫兵事借债，最为非计。特彼时朝野上下知此者鲜，无论借者不明斯义，即反对者亦只知以中朝向外国贷款为有失体面，直不过无的之矢，双方均属蒙昧而已。吾乡沈某，于光绪初元即在沪上主持报务，当时反对情形沈知之甚悉，上述即沈所告也。然文襄闻有反对者，即大怒不止，故其与友人书有"江浙无赖文人以报馆为末路"之语，其轻视报界为何如。惟当时并不以左之诋斥为非者，盖社会普通心理，认报纸为朝报之变相，发行报纸为卖朝报之一类。卖朝报为塘驿杂役之专业，就邸抄另印以出售于人，售时必以锣随行，其举动颇猥鄙，而所传消息亦不尽可信，故社会轻之，今乡僻尚有此等人。故每一报社之主笔访员，均为不名誉之职业，不仅官场仇视之，即社会亦以搬弄是非轻薄之，亦文襄之因事大肆其讥评也。至主笔与访员是否于取憎于人之外，果有不道德之行为，则此为另一问题。固不能以社会之重轻为断，此实吾人事后之定论矣。

全国报纸以上海为最先发达，故即在今日，亦以上海报纸为最有声光，北京称上海报为南报，而广东及香港南洋群岛称上海报为沪报。凡事非经上海报纸登载者，不得作为征实，此上海报纸足以自负者也。虽然，此等资格，报纸自力造成之欤，抑别有假藉欤。以吾人平心论之，一历史上之地位，则上海报为全国之先导是也；二交通上之地位，则水陆交会，传达消息灵便是也；三大商埠之地位，则上海一隅为全国视线所集，因别种关系而报纸亦随以见重于世也。

惟以上三者，第一层取得之历史资格，则上海各报其初均由外人创办。即第二层、第三层之交通商埠，亦何一非外人经营有效之后，而吾国人席其势以谋发展者。是上海报纸发达之原因，已全出外人之赐，而况其最大原因，以托足租界之故，国内政治上之暴力不得而施。然则吾人而苟以上海报纸自豪于全国者，其亦可愧甚矣。

甲午以后，为吾国社会知有报纸之始，然乙未台湾之役，适当《新闻报》创办之第三年，夜壶阵大纸炮之战事新闻，络绎不绝于纸，而社会之信用乃以此大增。吾不责报纸，报纸以营业为性质，则不得不投合时好。吾独责当时之社会，何竟于卧薪尝胆之余，犹喜闻此消息而不一为审度也。

然毕竟上海报纸较各处终是进步，甲午而后，不数年有戊戌之变。而戊戌政变，上海报纸已能一致指斥旧派，指斥不效，变本加厉。又两年而有庚子之役，北方陷于匪域，在朝王公大臣多半为狂毒所中，然江南半壁卒能保守联盟，则事前上海报纸一致主张剿团不为无功焉。暨乎李文忠自粤督电召入京议和，时有某国坚持异议，上海报纸复一致致其反对，而和局卒底于成，此则沪报有功于国家之最著者。盖自甲午以迄庚辛之交，全国蒙昧，虽不异畴昔，而上海一隅则与外人接触较繁，感受国际间之激刺亦较早，故能悉易其顽劣之头脑，以跻于世界文明之域。上海报界之功，亦上海报界所处之地位有以致之耳。

上海报界之有政治意味，当以前清季世某上海道购卖某报始，继是而官僚购报之风盛行，其不能全部购买者，则又有津贴之名，报纸道德一落千丈矣。惟以今日世界报纸论，机械作用，本非所讳，顾在彼为发表政见之用，而在此乃庇护私党之助，于是上海报纸始有党派。然对于政治上大问题，犹能牺牲其平时之恶感以谋一致之进行。吾于苏浙两路之拒款风潮见之，惟余以上海报界有私党而无政见为报界惜，不知仅有私党，不争政见，故大问题发生，尚不致互相水火。无何辛亥革命，国内号为政党之团体，波蹶云拥，更迭以兴，而各藉政见之门以斗私智。虽家国存亡，且复不顾。俨藉报纸为党争之利器，则愈演愈进，愈况愈下，举全埠报纸而能脱离此旋涡者，已不数数见矣。回首前尘，能无增感。

民国二年，与日友井上氏邂逅于沪上，旧同学也，偶以私人谈话。渠则云："此后中国人将不能有办报资格，异日中国舆论且寄于外报矣。"盖有鉴于中国之党争，凡著名之报无一不落党阱，而无党之报又奄奄如不欲战，故以此言为警也。痛哉斯言，国人念诸。

上海报纸于不受政治暴力之外，尤得一大助力，则取材于本埠外报是也。查本部外报，以《字林》《太晤士》为最早，继之者为《文汇报》《大陆报》（《文汇》为晚报），皆英文也。此外复有法文报、德文报、日文报，皆各国殖民政策中之一手段也。沪上华报所得消息，其始既无本报专电，即路透电亦仅代外人为喉舌（按：路透电每报每月给费百元，欧战起后加给一百元，华报与该社订定通信合同，距今不过十年。最近又有日本人组织之东方通信社，则两年前事耳），而各外报则均受各该本国政治上之委任，即各方面之消息亦较为灵通，故十数年前华报所得紧要消息，十八九均自外报转译而来。且一经登载，声明由某外报译录，即有错误，本报可不负责。盖其时，报纸为不正当营业之一，偶有误闻，无所谓具函更正之手续，小而起诉，大而封闭，此更办报者之所寒心。故转登外报，既得灵便之消息，又不负法律之责任，其为华报之助力者大矣。

昔日之报馆主笔，不仅社会上认为不名誉，即该主笔亦不敢以此自鸣于世。吾乡沈任佺君，光绪初年即就沪上某报之聘，辗转蝉联，至光绪末年而止，然对人则嗫嚅不敢出口也。

惟清时科举盛行，每当直省乡试之年，则各报必延聘一科甲者于发榜之前，拟作江浙两省闱题文登之报首以代论说。此风不知始于何时，其后乃相沿成例，盖举世为科举梦所浸灌也。犹忆丁酉江南乡试，首场第一题为"文学子游"四字，《申报》既延某太史拟作闱墨，登之报端矣。嗣于九月初旬，俞曲园自苏州寄来拟作一篇，嘱登报端，其破题为"殿四科以文学，圣道南矣"云云，通篇即以此为骨。一时士子轰传，未几该报邮寄南京。监临某携达主考官，时距发榜之期尚有两旬，两主考官见曲园拟作如是云云，即就以习礼作骨之阅定各卷重行去取，而以圣道南行作骨之各落卷补其额，吾友孙君霆锐即被摈于此者。孙其时即主《申报》之笔政者，揭晓后，其荐卷房师某过沪，以语霆锐，并询曲园之文之所自来，并为孙惋惜不置。此则报纸之用本不在科举之末政，而影响反中于是，亦上海自有报纸以来之异闻矣。

报纸之有访员，其初仅本埠延聘一二人，外埠则除京师照登《邸抄》外，各省会则摘录一二督抚《辕门抄》而已。即本埠访事，亦大抵以沪上各衙门之房吏充之，故报纸所登事实，无过于官厅中日行寻常公事，社会新闻则更绝无仅有矣。间有一二斗殴拆梢回禄之记载，亦必曾经保甲委员或总巡之处分而始经披露者，故访员资格如是而止矣。

至戊戌维新，乃为上海报界放一异彩。其时康南海、梁新会以《时务报》提倡社会，社会之风尚既转，而日报亦因之生色。加以添设之日报加多，政见上虽无争执，而营业上颇有比较。暨乎新党当国，政治上之秘密日以揭破，前此贱视新闻业因而设种种限制之惯习，复悉数革除。各报社内部受营业上之竞争，外部受社会间之督促，于是新闻业遂卓然成海上之新事业。而往者文人学子所不惜问津之主笔访事，至是亦美其名曰"新闻记者"，曰"特约通信员"，主之者既殷殷延聘，受之者亦唯唯不辞。盖吾国社会知识之发达，以此数月为最。而新闻纸之雏形毕具，且日日以进步为会归，则亦以此数月为最矣。报纸之有"专电"，有"特别通信"，皆戊戌以来之进步，其原因悉如上述矣。

顾二者为发展报纸之利器，而二者之办法，今昔亦各自不同。即如专电一项，在今日有电局之特别减价（按照普通商电减价四分之三），而事实上以政治首都为中心点，近十年来，京津一带报馆林立，故每日通电仅取材于彼间每日发行之报纸，已无虑其间歇。若在曩时，第一，消息必由发电人自行探得，故发一电信，确否不啻由本人自负其责；第二，电费不减，一字有一角余之耗费，该新闻苟无特别之价值，即不便贸然发电。有此二因，故在昔虽有"专电"之名，而"专电"实不能每日而有，此与今日不同者一也。

自上海言之，北京亦外埠之一，特别通信亦访员之事，故彼时于二者尚不甚分析，概名之曰"外埠访员"可矣。胡为以"特别通信"名，盖"特别"对于"普通"言，"通信"则就发生之新闻贯串以己意而成之，此今日二者之所以各别也。惟彼时延聘之特别访员，能就公署中摘抄一二紧要文件，即为上选；其次则撷拾彼中琐事以实报纸，皆当时之所谓特别通信矣，此与今日不同者二也。

惟进步有阶级，时局有异同，此不得据今日之报纸以议前报，即不能限今日之报以为已臻文明之域也。

戊戌八月政变之后，己亥为复古时代，庚子则排外矣。此两年有余，亦为上海报纸大受打击之期。当戊戌四五月间，朝旨废八股改试经义策论，士子多自濯磨，虽在穷乡僻壤，亦订结数人合阅沪报一份，而所谓"时务策论"，主试者以报纸为蓝本，而命题不外乎是；应试者以报纸为兔园册子，而服习不外乎是。书贾坊刻亦间就各报分类摘抄刊售以牟利，盖巨剪之业，在今日用之办报以与名山分席者，而在昔日则名山事业且无过于剪报学问也。及八月以后，新政根本推翻，其冬八股恢复，士子应岁科试，有夹带报纸入场者，即遭摈斥。

自己亥至庚子，海上报纸销数大减，其不能支持者，停闭后先相望（梁任公有《各报存佚考》），即资格稍旧之《申》《新》各报，于营业上既深感苦痛，而词锋亦稍稍敛抑矣。至庚子夏间，京津团乱蜂起，南北隔绝，长江上下游土匪复乘机思动，报纸所得消息，除一二转译外报外，已奄忽无复生气。然持论严正，不为排外潮流所激焉，实亦全国真正舆论之所寄。中国一线不亡之机，庶乎在是。故就主观言，报纸不得自以为功；而就客观言，则挽回危局，文字之力居多焉。

辛丑壬寅而后，国内大乱初平，而国际间之均势已成，我国独立资格岌岌失坠，于是报纸立言，既督促内政之进行，亦益懔外交之危险。于此时期中，报纸与时局之关系愈密切，乃发生两大现象，而上海报纸实当其冲。

其一为乐观现象。时则中央政府鉴于排外之非计，乃有预备立宪之事。夫预备立宪，特满清涂饰人民之一种计划，岂真有实事求是之心？然当时热心国事者，因势利导，对于宪政，或设所研究，或开会演说，或以奔走号召人民，或以文字鼓吹舆论。而上海报纸实居喉舌之司，而任传播之责，即其时每报社论亦必延聘政法名流以司撰著，其次则复选择东西名著译登报端，以飨学子。盖我国各种世界学问之得有门径，皆上海报纸为之首先提倡而造成风气者，此其乐观也。

其一为悲观现象。我国向不知何者为舆论机关，无已，则以报社当之。惟在昔报社，知识幼稚，不足任代表之责。观乎中日之役，报纸记载战事，多有对于敌国肆其谩骂以为快者，此岂国际常轨所宜者。然此等错误，在我人自反则可，出于国际干涉，则失我人言论之自由。简言之，我国辛壬以前，国势虽甚屡弱，民智虽甚闭塞，而言论自由权则完全无缺。自美禁华工之案起，我国以抵制美货为对抗之策，斯时舆论中坚实为报纸。及中央与美协商，而美首先提起取缔报纸之议，中政府漫然应之，遂为国际干涉报纸之开始。由是而后，偶遇交涉，则相手国第一件要求，必先自钳制舆论始。变本加厉，今为烈矣，而作俑实在此时期中，此其悲观也。

乐观之宪政运动，迄今国体已更，仍属虚悬无望；而悲观之取缔报纸，今反成为夙见不鲜之事，报纸与时局关系之密切，其结果乃如是哉。

至最近辛亥数年之间，政府以预备立宪话人民，而内幕之腐败愈甚，其尤著者，在官僚亦知舆论之不可终遏，乃设法沟通报馆，以为私人作辩护。斯时报纸之道德，固已坠落达乎极度，而真正舆论无可发泄，则激成反动力，主张根本改革之反对报纸，乃应时发生焉。自此类报纸盛行，全国为之风靡，清政府一方以政治上压力制止之，不效则别组反对报纸以反对之。所惜者此中有一极大机会，政府未能利用以和缓反对派之势力，则当时立宪派与革命派其所主张之政见本自不同。立宪派之言曰，国体无善恶，视乎政治，就原有之基础以谋改良，其事较根本改革为易；革命派之言曰，清政府决无立宪之望，不能立宪，惟有亡国，故根本改革宜。此两派之所争持，其以立宪为前提则一也。使彼时清政府果能实行宪政，则根本问题即已解决，革命派之消融或在意中（革命有两派，光复派以民族为主义，而立宪为辅义；同盟派则以立宪为主义，而民族乃辅义。然比较上，则光复派之持义不若同盟派之正大，故其势力亦较微。夫其势力之所以微薄，此中虽尚有种种原因，然党纲之偏，为舆论之所不属，实其最大主因。故虽谓全国一致所要求者为立宪，无不可也。以立宪消融革命，或为可能之事）。即不然者，事实上并可倚重立宪派以与革命派互持，未始非政治上之作用。惜乎满清不足语此，名为"立宪"，违宪之政日出不穷，而结果上立宪派亦殊有爱莫能助之隐。至庚戌辛亥间，即立宪派之报纸，悉已一折而入于革命运动，此则清运存亡绝续之大关键，尤上海报纸党见离合之一段落矣。迄乎辛亥之后，国体既更，时局倏变，党争之剧，别开新幕，除略见前述外，悉为现世事实，无当于历史旨趣，不及焉。

以上所述，为上海报界实体上变迁沿革盛衰兴废之大要，继此当言报界手续上之历史。

第一，报社经济。

此当分作两截论：其一为非营业之报社。黑幕中既有别种关系自不能以普通营业贼之，而根本上之关系无过于财政，其报纸性质若明若昧，视主动者之性质以为准，经济时盈时绌，视出资者之经济以为度，此为报社之又一类。至一部分受津贴之报社，则负一部分机关之义务，如对于某人或某事不能加以非毁是，又有积极义务、消极义务之别，如积极则倡为崇拜之论，消极则代任辩护之责，种种条件，不一而足。此真左文襄所谓无赖文人之末路矣。此等报社，亦只可认为非营业之又一类，盖即前所述名为有政治意味，而实则代私人作鹰犬者也。

其一为营业之报社。论上海创办报社之历史，其始均为外人所经营，本无一而非以营业为性质，然辗转售卖，积久遂悉入于华人之手，又积久遂成为机械之用。就自有上海以来之报纸论，曾否有完全营业之报纸，此在办报人之自知。而局外人则苟非该报自外于营业（如去年某报之自行声明为某种机关者是），决不以逆臆之词测之。忠厚论人之道，固当如是。且报社亦实有可以营业为活之道存也，兹特就报社普通经济言之，而上海之独异于各内地者可见矣。

---

① 图注：大陆报馆内的女打字员。刊载于《良友》1936 年第 120 期。

甲、收入项下：

售报收入

售报分本埠、外埠。而在本埠，则每报均由贩卖报纸者订定包销，其收入较内地各报之零星发售者尤为可恃。盖上海于报馆、阅报人两方之外，其间已有贩卖报纸之一种中介人，而今且成为专业。故凡居沪各人，虽密迩报馆，而购阅报纸绝少向报馆订定者。一则报馆派送均交邮局，到达时间必在贩报者之后；一则向贩报人定阅，各报均有，而价目反较报馆定购为廉。职是之故，贩报人向报馆趸购，既不患销路之减少，而报馆则以趸售之故，价虽稍廉，收入乃确有把握矣。至外埠销报，则沪报每有分馆之设，其实分馆仅司销售报纸，近或兼揽广告，名义本不相符，然因此则责有所专，而收数不至虚悬，此沪报之特别情形也。

广告收入

报馆于售报之外，其大宗收入本以广告为首，且沪报少则三张，多则四五张。即在数年前，仅供纸本已虞不敷，故报馆营业之盈绌，实以广告之多少为衡。而在上海，则以全国大商埠之故，有特别之广告凡四类：

一、戏馆。闻之伶界中人言，其初戏馆及初到艺员，按日刊登广告，其用

---

① 图注：报纸运寄各地。刊载于《美术生活》1936年第27期。

意或虑报纸之讥毁，故藉此以为联络之具，而今已成为巨款之月收。

二、医药。医药之销场，全在广告之传播。

三、书籍。新出书籍，非广登启事，购者无从知悉。

四、杂项。商界往来出入及人事上之声明陈述，此事在沪上，几与别国之登录、吾国之存案有同等之效力。

故荟萃全埠一岁之所入，其数亦至为不少，此又沪报之特别情形也。

乙、支出项下：

报务支出

此赅全社用费言之，较之外埠各报无特异之点，不过沪上生活较高，沪报设备较完，故支出亦较他处为增加耳。

购料支出

报馆需要之物料，纸为大宗，次则油墨，惟二者吾国均不能自行供给。犹忆庚辛之际，吾国报界开全体大会于沪上，时则上海龙章造纸厂、湖北造纸官局开办伊始，报馆与纸厂双方接近，乃有改用国货之决议，宁非挽回利权之一举。然事实上互相比量，价值较瑞典纸昂五分之三（彼时报纸均用瑞典国所制者），而货质仍不若瑞纸之坚洁。据纸业者言，世界产纸无逾于瑞典者，盖瑞典利用天然之森林，各国莫之与京也。因此之故，该议决案遂无形废弃，可见实业不发达，空言爱国。虽以提倡舆论之报纸当之，即亦不能贯彻其义。唯瑞典以蕞尔小邦，乃能利用森林以独擅纸业，吾终不信以地大物博之中国，而竟让瑞典专美于前。则仍政治为之耳，自改用国货之议作罢。纸厂营业愈以奄忽，而外货愈以充塞。迄欧战开始，瑞纸不至，今又相率购用日货。据国货调查会报告，每年名片所用之日纸，岁达二百万元，则报纸一项，其输出金钱又可以数计耶？

其次，则印刷所用之油墨，在昔亦均购德货，盖油墨为颜料之一种，德固世界颜料总产所也。近以欧战滞运之故，亦几全数折用日货。此二者为报纸最需要之物料。报馆大宗支出均在是，而中国无一产焉，因附论及之。

薪资及运输支出

报馆内部支给编辑发行印刷各员司之薪资，可于第一类之报务支出中赅之。至本外埠访员、驻京特别访员、新闻通信社（如路透社、东方通信社等是）、北京官电津贴（前清时电传上谕，由本埠各官署与报界分任之电费是）、本报电信邮信各费，亦为支出之一大部分。而薪资之巨者，尤以驻京特别访员为最，按月支给，有在一二百元以外者；按件支给，有每通信十元以外者。近年来黄远庸实此中翘楚，盖通信体例及访员资格，经黄之提倡者为不少也。

至运输报纸外达之费，在昔邮局举办以前，传达全赖民局。民局规例不一，运送濡滞，于是各报乃有自设分馆之举。及邮政开办，始仍按照普通印刷物计算。后经全国报界呈请，于电局减收电价四分之三外，邮局亦另订专章，寄费较前大减矣。然轮路未通地方，运送仍分等级。最近报界复有呈部核减之请，盖运一纸之报与购一纸之报，其价相等，而邮局论重量，每份四五纸之报章，报价且较运价而廉焉，此亦报馆支出之大宗也。

至外埠个人直接向沪上订阅者，分为逐日、隔日邮寄之数种，其寄费仍由本人在报价内加算，于报馆支出固无影响也。

综上收入、支出之两大类，各类中又各有其子目，上海报社经济之大略，如是而止矣。

第二，报务行政。

沪上报馆，内部办事，分为三部，即编辑、营业、印刷是。而总司其事之一人，名曰"总经理"，社会上亦称之曰"买办"，盖犹沿外人创办时之名称也。全报由总经理负责，其下分设三部，复各有主任一人。而营业部之主任，每由总经理自兼，则经济之关系也。

兹更就三部之职务言之：

一、编辑部。编辑部专司编辑新闻，主任一人，名曰"总编辑"，负编辑全部之责。其下管理紧要新闻者一人，管理地方新闻者一人，管理本埠新闻者一人，管理杂俎者一人，复有专司撰著论说、翻译外报者若干人（论说多延聘能文者数人，分日撰著，不必尽驻馆中也；翻译则每报至少英文、日文各一，缘近年沪报资料多取之英日文各报也），译电、校对、收发信者若干人，此编辑之人数也。

每日自下午一二时，群集编辑房开始办事。至编辑完了时间，此殊有今昔

不同之点，而报纸之进步亦于此见焉。盖十数年前，京沪间始有专电，然不能按日而有也，即电信到达时间，至迟亦无过下午五六时，故报纸全稿告竣均在下午六七时间。今则每日专电有迟至夜间十二时而到达者，即各外埠添设访员，每日多数之快信亦迟至下午九时而达。因之平均计算，全稿发刊，每日必至一二时之后，此编辑之时间也。

每报开首必登《社论》一首，此为表示本报宗旨及自成一主体，以示与《邸抄》《辕门报》之有别（此为东西各报通例，近年有一二报纸删去《社论》者，此亦我国修词学不振之朕兆，西人訾为失去报纸之眉目，大多数阅者所不欢迎也）；其次则《本报专电》《特约通信社专电》《外报译电》《中央命令电传》《各大埠逐日分条快信》，各报排列虽互有先后，然大致则不外是也；其次则《紧要新闻》，为报纸之第一张；其次则《地方新闻》及《琐闻》，为报纸之第二张；其次则《本埠新闻》，为报纸之第三张；其次《杂俎》，则诗词、小说、谐文、笔记等文字，或并刊于第三张之又一面，或另刊第四张，盖报余消遣品也。综上体例，各报总有不同，今昔亦或互异，惟由简而繁，由散而整，则不啻趋于同式之记载矣。至《时评》一项，亦报纸宗旨之所寄，故第一时评每为总编辑自著之文字，此编辑之体例也。

总之，报纸宗旨之纯正、记载之真确，对于政治，则军事外交有当然之秘

---

① 图注：报馆收无线电之情形。刊载于《美术生活》1936 年第 27 期。

密；对于社会，则个人隐私负绝对之责任。在法律上虽以更正为临时之救济，而在道德上则实编辑部全体所当负责者也。

二、营业部。营业部重要之职务，无过于经济上之收入、支出，即如第一类之报社经济所述矣。此外于用人、于行政，尤为全社总务之所汇，而关涉一部分之报务，复有可记之历史。

一代负访员之秘密。报纸全稿，除论说、时评、特别通信自署名号者外，其余访稿既不署名，即其对外责任亦由报馆自负，故遇有记载失实，或有势力者故意寻衅，局外查询访员姓名，报馆除依法更正外，绝对不负告知之义务，其结果且有宁受报务上之损失而不顾者。数年前沪报长沙访员某为军署逮案，判处徒刑十五年，及此次共和回复，各报电请开释，事前且集资以赡其家属，此又沪上各报之道德也。

一代任公益之提倡。各地方水旱偏灾之募集捐项，此为沪上各报向所热心者，近则凡属公共事业，如卫生、如学务、如交通，其性质便利于公众者，或录入新闻，或送登广告，均认为报纸之义务而代任传播之责，此不得谓非沪报之进步也。最近各报又有特辟《人事介绍栏》，以便利人事通信者，如介绍职业、声明遗失、招寻亲友等事，虽略略取费，而其数甚微，则仍公益性质矣。

一代登公布之文件。元首命令刊登报首，本亦公布之，一惟此为政治上互有关系者，故一方为报纸之义务，一方亦报纸之新闻也。若近年来各报特辟《公布》一栏，就官厅公文批答次第登录，不与新闻相混，则实以《时事新报》之公布上海地方审判检察各厅文件开其端，嗣是而各报间有效之者，则亦官民两利之道也。若夫报馆对外交涉，其事多起于所登载之新闻，以更正为第一救济方法。而每每不满于要求者之意，则诉讼之事时起焉。惟沪上各报，其历史上既多引渡于外人之手，而欲避去政治上之暴力，仅仅开设租界尚不足以谋保障，故新旧各报遂多悬挂洋商牌号，偶遇诉讼，乃不得不受领事之裁判，此沪报至可羞之一事。盖日日以"爱国"提倡舆论，而自身乃未取得一完全国民资格。虽然我国政治不能容纳一言论自由之报馆，于以营业为性质之报馆何多尤矣。

三、印刷部。沪上初设报馆日出报纸仅数百份，有用石印者，有用铅印者，类皆委托另一印刷所代印，与今北京各日报同。迨后销路渐广，代印价昂，则自设印刷所焉。然所用印机则仍人工为之，所谓手摇机器是也。手摇机用力多而出货少，时则报纸愈以推广，租界电气事业亦推用尽利，于是手摇者悉用电机，即向之以引擎印刷者，今亦渐用马达发力矣，此为印刷上之进步。若近者，《新闻报》购置大机，自铸版后交印，全报每份四大张，一小时可出报一万份，则又尽运用机器之能事矣。

报纸初用铅印，因铅字大小不全，且同样之字无多，则仍不得不借资于木刻之字模。而每日匆促添刻，雇书手，雇刻手，事既繁难，于是报纸中遂不时有空白及以○代以△代之字，此亦排印上一大缺憾也。今南洋华侨开设之日报，仍有此事，盖亦未置铜模之故也。后经叠次改良，今则各报多已自置铜字模，即无力自置者，而海上各大印刷所亦均备有铜模，临时添购，亦复甚易，较前此于每夕两三小时间书写刊刻者不侔矣，此为排刻上之进步。

前此所用印报之纸为油光纸，仅有一面之用。自《中外日报》（现已停闭）《时报》开始用报纸两面排印，各报风从，今则书籍亦已照刊。所惜吾国不能自造报纸（已见前），而报纸所刊字样之大小，仍不能若日本报纸之均用五六号字排印。则用字大小，实有文化进步之关系。此则各方面阅报者之咎，于报馆用纸方面不得谓非进步矣。

至出报时间，前者因种种设备之不完，虽以发稿加早，终夕勤勤，而出报每在明日上午九十时。今则以运用机器之得宜，除《新闻报》之巨机不论外，其余亦均能于每日第一班火车开行前赶办出报。则既系营业上之竞争，亦善事必先利器之一证也。

若夫印刷部与编辑部相互间之负责，则排印之责在印刷部，而校对之责则仍属之编辑部，各稿虽由各编辑员直接交排，而全稿排竣之后，非经编辑部中以朱笔签字发印，印刷部不负其责，此亦一不成文之规例。即各书店亦同一办法也。然而报纸发现重大错误，论理应由编辑部负责者而登报更正，或仍诿为手民之误。余尝戏某报记者曰："编辑均系先生们，排印均系工人们，中国重士轻工，故凡事均系小的差错乎？"某报记者无以难也。

综上三分部之职务，为报务行政之大要。合之报社经济，实为报纸手续上渐次进步及其所以发达之原因。

至上海报纸之定价，其初每份五文，每月一百二十文，并无本埠外埠之分。盖其时外埠阅报者本居少数，即间有之，民局递寄，寄费由本人自给，与今之由邮局代寄，寄费归报馆先给者本异，故办法不必尽同也。由五文而进为十文，由十文而进为十二文，至十二文时，洋价受铜元之影响，乃改作洋价一分二厘。而报纸两面排印，工事改良，不逾年而进为一分四厘、一分六厘矣，由是以降。物价愈昂，生活程度亦愈高，今且渐进而二分以上也。各报定价不尽相同，而大致则不外乎是。此虽琐事不足道，然社会经济与个人生活盈虚消息之理，亦正于此寓焉矣，固不仅历史沿革问题耳。

继此犹有一报界大问题焉，则报界公会是也。上海报界公会之组织，近在数年前，分子虽以上海各日报社为限，然内部之不能结合一致，除每报勉力供给月费外，实亦无所事事。非公会之果无事也，患在各报无共同利害，而普通商业，其利害以营业上之经济为限，报馆独不能以此限之者。盖现今报馆，是否以营业为目的，抑以达其黑幕中之机械性质为目的，此虽一报社之闲散服务人员所不能深知，而况欲与同业作连鸡之共栖，此固事实上所万万不能者矣。是故各业之有公所，其团结力亦甚坚固，其最大原因，乃各该同业营业上对外之利害本为一致。故内幕虽甚竞争，决与结合之要素不相背驰。独报馆则各报设立之宗旨，已各有其独到之处，或竟不以营业之得失为衡，而团体之结合，即不能以此为根本上之条件。上海报界公会之作用视此矣，故前者袁项城未毙之前，上海各报，有民气为之后盾，或一致致其反对，抗袁之电，犹能各报刊登，则以项城为全国目标所在也。及袁氏既亡，黄陂正位，国民想望太平，全国一致，独上海报界反以党派关系，致启冲突之渐，而公会独不能提一议案，发一通告，藉以警省报界同人，则可为浩叹者莫此若矣。彼以要求减短邮电各费为公会无上之能力者，是否有效，且不可知。而公会设立之必要亦仅矣，此又因报纸历史而连类及之者也。

公鹤附志：

本篇为记述上海华文各日报历史，故各西报、各华文小报（戏报、花丛报普通名之曰"小报")、星期报、月报、季报、年报、不定期之专门艺术报不与焉。又上海开设报社，自前清同治季年始，中间盛衰兴废之迹，或停办，或续行，久暂不一，固为历史之所必及，然随在与现存之各报有沿革关系，故本篇除有历史上必要之记载，如上海报纸之创办于《申报》《新闻报》之购用巨机，《中外日报》之两面刊印，《时事新报》之登载公布，不能不详细叙述外，其余则概以浑括言之。近数十年间事，固由吾人回首一记忆焉得之矣，现史之略，昔人有为之者，公鹤将沿用其例也。

民国五年阴历丙辰九月朔日竣稿并志

○ 原载于《小说月报》1917 年第 8 卷第 1 期

上海与沪渎之考证

1918

——凤公

上海之别称，有曰"沪渎"，不知奚由，相传日久，均用其名，亦可异矣。考沪渎与上海，绝不相涉。

《晋书》：永和中，吴内史虞潭修沪渎垒；隆安四年，袁山松修沪渎城；五年孙恩进陷沪渎。是沪渎在古时别有一城可知。

《寰宇记》云："沪渎城在江边，今为陂湖冲刷，半圮江中。"

《江南通志》云："沪渎城俗呼芦子城，今无矣。"

观此，则沪渎城与芦子渡接壤，必在吴淞江上毋疑。然欲知城之地点，当求港之所在。《通志》谓城已无，因吴淞江水冲啮，惟载沪渎港甚悉，港以城得名，故港遂亦有沪渎之称。或谓先有港，而后城因以名之，则未可知也。

宋宝元元年，叶清臣奏请疏凿盘龙汇沪渎港，范文正公《上吕相公书》云："松江一曲，号盘龙，出水尤利。"是沪渎又与盘龙相近，为入吴淞江之一支流。

《方舆纪要》云："沪渎江青龙江，合吴淞江而东达于海，皆曰沪渎。"虽混合言之，而其界址则甚广，可了然矣。且既与青龙江各得其名，则沪渎于古称"港"，或称为"江"，是别有一水，与吴淞相灌注，其地址则在盘龙青龙间，信而有征。

昔王逢之隐居卢子城，自称"最闲园丁"，又号"席帽山人"。祖母徐，手植双梧于故里之横河，遂名之曰"梧溪精舍"，其地则近乌泥泾。宋张百五居之，至元间张瑄为千户，督海运粮，由平江刘家港入海，亦尝居此。嗣有田父得古碑名"宾贤里"三字，可知沪渎城在吴淞旁，与盘龙青龙为交界。吾乡钱竹汀先生谓黄潇为古沪渎，不知何本。

梁简文帝集吴郡石象碑文云："吴郡娄县界松江之下，号曰沪渎。此处有居人，以渔为业。"

陆龟蒙《渔具咏》序云："网罟之流，列竹于海，曰沪牏，吴人今谓之籪。"

元郝经《营海轩诗》云："沪渎山横遗战垒，松江水近足羹鱼。"是则沪渎又以"籪"得名矣。籪多则港亦著，其地在横云山之东，迤逦入于海，其在盘龙青龙之间，则非今之上海县地，已可知矣。

○ 原载于《东方杂志》1918 年第 15 卷第 11 期

上海旧话
1934

—— 茸余

　　小子年未逾不惑，逊清咸同年闲事，未得目睹耳闻，不敢摭拾人言，据为己作。姑就三十年来身所亲历而又有一记价值者，摘录于左。名之旧话，实则非旧，聊以别于今之摩登派耳。

　　从前之人力车，车身漆黑色，轮以铁为缘，车过磷磷作响，殊聒人耳，俗称为"东洋车"，以其仿自东邻故也。自改用橡皮轮后，车身亦漆作黄色，于是俗称"黄包车"。"东洋车"三字，亦随之而成过去之名词矣。

　　自三洋泾桥至十六铺，车夫驾羸马，曳敝车，招揽乘客，每次花钱三十文，满五人则车驶，四人坐厢内，一人坐御者旁，当时名之曰"野鸡马车"，名不雅驯，倘在今日，定名之曰"公用马车"矣。

　　上海之驶行电车大约在光绪末年。先驶行之一段，自老垃圾桥至外洋泾桥，共分二站。老垃圾桥至日升楼为一站，日升楼至外洋泾桥又一站。坐一站铜元三枚，两站只五枚。

　　当时上海有河道三，悉东西横亘者。一、苏州河，为英美租界分界处（从前苏州河以北，悉称为美租界），今尚存在；二、洋泾浜，为英法租界分界处，今已填平，即爱多亚路是；三、城河浜，为华法分界处，亦填平，即今之民国路及中华路是也。

　　光绪三十年八月（是否已模糊，总之相差不远），上海大水。平地水深二

上海旧话

029

尺，车不能行。室中器物，悉受水渍。孩提在马路中学游泳，便桶木器，飘至马路上者亦比比是，煞是可观。

上海的第一家新式的舞台就是新舞台，最初设在十六铺，经理便是那颇有革命历史而与陈英士共过事的沈缦云氏（已故），那时潘月樵、夏月珊、夏月润等都在一起演戏，可是如今都已作古了。

上海游艺场之最早者，当推楼外楼在新新舞台屋顶上（即日天蟾舞台原址，今已拆去）。场中除布置凹凸镜及望远镜外，尚有魔术及苏滩等，场子颇少，故生涯鼎盛，游人趋之若鹜，足见物以稀为贵也。自黄楚九氏创办新世界，规模完备，场子热闹，于是楼外楼遂受淘汰。

四马路之青莲阁，沪人靡不知其名。上层为茗座，下层则为小模型之游艺场。有弹子台，有手摇电影机，有打拳机，下层阶级咸争趋之。当时尚有日人赁一铺面，搬演魔术，所演为走钢丝等类，亦能吸引看客。

前二十年，我人苟于茶坊酒肆小坐，辄见日本人持仁丹等向客兜售，男女俱有。其实所售者，不止仁丹等药品，尚有媚药、防毒器等，生涯颇佳，近十年则不见若辈踪迹矣。

当时跑马厅春秋二赛，颇吸动华人，四乡城镇来沪看跑马者，亦视为热闹事。贫氓于跑马场之栅外，铺椅搁板，作高台形，便人登观，每次每人收钱二三十文不等。至王孙豪贾，辄挟名妓坐钢丝轮马车，所谓亨斯美者放辔于南京路上，视为豪举云。

旧事重重，不能尽忆，恐费笔墨，于此作一结束。

○ 原载于《申报》1934 年 5 月 30 日

清末之上海戏剧
1936

—— 马彦祥[1]

中国的戏剧一向是由两条路同时发展的，一条路是贵族的，一条路是民众的。二者都是各谋发展，不相接触的。但到了乾隆末年，戏剧界起了一次很大的变革，即民众的戏剧突然侵入了贵族戏剧的营垒。在从前，所谓文化中心的北京，戏剧一项本来是由昆曲全部包办，民众的戏剧虽也有着相当的潜势力，但其通行区域只限于乡村民间，在士大夫阶级看来是不登大雅之堂的玩艺。到了乾隆以后，这种局面为之一变，从四川带来了魏长生的秦腔（见吴太初《燕兰小谱》卷五），从安徽带来了四大徽班的京腔（见杨掌生《京尘杂录》），不但给了昆曲一个很大的打击，而且不久，甚至把昆曲在北京的地盘全部都占领了。这是中国近代戏剧史上的一个很重要的转变时期。

关于上海的戏剧，我所以单单提出清末这一时期来，也便是因为在这一时期中，上海的戏剧才发生了这种转变。据《上海县志》载，上海于明代分自华亭，只是沿海的一个小县罢了。到了清代，自从太仓的浏河口淤浅后，海舶改由吴淞出入，这才有了它相当的地位。直到道光二十二年（一八四二年），缔结了《中英江宁条约》，将上海辟为租界，中外互市，上海的市面才顿改旧观，日

---

[1] 编者注：马彦祥，浙江鄞县人。1928 年毕业于上海复旦大学中国文学系。复旦剧社、辛酉剧社成员。后任教于齐鲁大学中国文学系、南京国立戏剧学校，与田汉、应云卫等筹组中国舞台协会，又与曹禺、戴涯创办中国戏剧学会。代表作为《武则天》《逼上梁山》《女店主》《汉宫秋》等。

盛一日。据葛元煦的《沪游杂记》（光绪二年刊）中所载看来，则在同治初年时，上海已经是一个国内唯一的富丽繁华的应有尽有的大都市了。

上海之有正式的戏院，始于同治二年（一八六三年），有苏州人陆吉祥在石路花墙头以市屋平地为台，建造了一座剧场，名三雅园，所唱的都是昆曲，称为"文班"。伶工大都是苏州大章、大雅两班的旧人，著名的有周凤林、葛子香、邱阿增、小桂香、王鹤鸣、陆祥林等，尤以周凤林享名最盛。凤林字桐荪，所演如《惊梦》《佳期》《挑帘》《独占》等剧，柔情绰态，莫不佳妙。性耽风雅，工写兰石。当时的一般所谓风流名士都喜欢和他交游，好事者且著《梨园艳史》，俪以白芙蓉，品曰娟秀，可见他在当时的身价。

但昆曲在上海的命运不曾维持了多久，便受了打击。同治三年（一八六四年），有人在宝善街又建立了一个剧院，名曰"一桂"，所约戏班，专唱徽调。徽调源出吹腔。吹腔，有人说是昆曲的别调，其实不是。因昆曲无过门而吹腔有过门，腔调亦较昆曲为委婉有致。按之人们喜新厌旧的心理，昆曲之不能与徽班相颉颃，自亦为意中之事。但是没有想到，徽调在上海流行了还未多久，立刻又被后起的京班给排挤了。

《沪游杂记》卷二云："自徽班登场而文班灭色，京班出而徽班皆唱二黄。"又王韬《海陬冶游录》卷下亦有类似的记载："盖自徽班行而文班灭色，京腔出而徽班亦复自改腔调以趋时，甚至市井儿童皆信口唱二黄。"又《淞南梦影录》卷二亦云："沪上优伶，向俱来自苏台。同治初，徽人开满庭芳（祥按：当系一桂之误，说见后），都人士簪裾毕集，几如群蚁附膻，而吴下旧伶渐若晨星落落矣。嗣后京戏盛行，燕台雏凤，誉满春江，而徽班遂无人问鼎。"

①

---

① 图注：周桐荪（即凤林）与苏州名票程耦卿之寄子。刊载于《半月戏剧》1939年第2卷第3期。

同治五年，有罗逸卿者，绰号"罗四虎"，初以赌为业，后来因官厅禁赌，乃以积资在宝善街南靖远街北的横街，建一戏园，完全模仿京式，派人赴津邀角，并置办锦绣行头。园名"满庭芳"，于丙寅（同治五年）落成，第二年正式开幕，这是京班到上海的创始。开幕的时候，票价奇昂，楼上楼下，统售一元，而沪人创见，仍趋之若狂。

接着有定海人刘维忠者，曾积功保都司，因接济匪人军火，事泄，避罪至北京，得与京都三庆班中人熟稔，不久返沪销案。见满庭芳营业发达，遂亦出巨资，在宝善街适中之地建一丹桂戏园，并且亲自入都，邀到老生夏奎章、熊金桂、周长春、周长山、景四宝，花脸董三雄、宁大吉，武生胖杨儿，开口跳张三，青衫王桂芬，花旦浪双喜、冯双喜，武旦王桂喜等，人材济济，于同治六年冬开幕，营业甚盛。不久复约得孙菊仙、周春奎、杨月楼等名角，因角色过多，乃在小东门分设一园，名曰"南丹桂"。

自后新戏园的开设，接踵而起。据光绪三年皖北游戏道人孙默所著《梨园声价录》（原稿本，未刊，书现存郑振铎先生处，稿成于光绪三年）中所载，在这六七年间，计有天仙、同乐、大观园、鹤鸣、金桂、盈桂、升平、丹桂、中桂、满庭芳、聚美、三雅、富春等，可谓盛已。那时的戏园，十之六七都已改唱皮黄（即所称京调），其中以丹桂及金桂二园尤为著名。昆班和徽班虽受了京班的影响，但还不曾完全绝迹，专唱昆曲的也还有两家，一为三雅园，一为富春园，不过观众已远不及从前那样的踊跃，只有少数的以提倡风雅为职责的文人雅士们在支撑门面而已。徽调则因与皮黄腔性质较为相近，而其势力又远不如皮黄腔，所以不能自立门户，只得附属在京班里面，苟延残喘。那时合唱京徽二调的戏班，有天仙园、同乐园和丹凤园等三家。那时上海除已有昆曲、徽调及京腔外，又有梆子腔，是老十三旦侯俊山开端的，初在上海露演时，曾轰动一时。《粉墨丛谈》中曾记其盛况如是：

癸酉甲戌（按系同治十二三年）间，十三旦以艳名噪燕台。旦秦人，能作秦声。貌亦姣好，蛾眉曼渌，宛若天人，品花者以碧桃拟之。……既复航海来申，在丹桂茶园著籍，甫一登场，掷缠头如密雪。其演《新安驿》也，红虬怒磔，绿鬓低盘，儿女英雄，真令人又惊又爱。不数月，累累者已盈巨万，乃重返都门。

其吸引观众之魔力可见一斑。但这只是十三旦个人色艺的成功，而非梆子腔本身的成功，故自十三旦北归后，梆子腔在上海的势力即不复如前之兴盛，唱梆子的伶工不过偶有一二，附搭在京班中演唱罢了。

当时的著名脚色，昆班的和徽班的已不甚被人注意，京班方面则竞争甚烈，各戏园为营业起见，莫不从京津邀约名角。《梨园声价录》的作者曾将当时在舞台上有相当地位的角色分为十门，每门别为上中次三等，得周春奎、常子和等一百五十三人。这一百五十三人的籍贯，计顺天府三十一人，直隶三十四人，天津二十九人，苏州二十人，安徽十三人，江苏八人，旗籍六人，山东二人，不详者十人（多为唱梆子腔者，大概有一部分是山西人）。其中专唱梆子腔的有十六人，皮黄兼梆子的有六人，皮黄兼昆曲的也有六人，其余的便都是唱皮黄腔的了。这一时期的皮黄戏之发达，伶工人才之多，可谓已达全盛的时代，于是徽调乃逐渐被淘汰。徽调在当时本已没有独立的戏班，自然很容易地自趋消灭了。

昆曲则因本与皮黄戏分道扬镳的，而且也还拥有一部分的观众，故尚能勉强支持，未曾全军覆没，但局面已与当年的大不相同了，结果便发生了三种现象：

（一）昆曲因曲高和寡，不能博得多数观众的欢迎，一部分伶工为个人的生计打算，乃不得不屈伏于京班的势力之下，改唱皮黄戏，名旦周凤林便是其中的一个。《粉墨丛谈》云："三雅既歇，子弟散若晨星，法曲飘零，几至音沉响绝，凤林遂隶大观京部。"（按：后文有"凤林虽工京戏"之语，可知其入大观为改习皮黄之始。）

（二）昆班因营业不振，入不抵出，为节省开支起见，乃相率从租界移至华界演唱。华界开演地点为邑庙（即今所称城隍庙）的西园。邑庙在当时原也是繁盛之区，但品格较低，一切江湖杂技，如变戏法的、耍狗熊的、说因果的、花鼓戏、弋阳腔等都托足于此。昆班在这种环境中开演，亦不过苟延残喘而已。

（三）在中国的各种旧剧中，昆曲本是最典雅的，不仅词藻典雅，即表演方法亦是典雅的。但自移至西园开演后，因观众程度不一，有些伶工便不得不从俗，在演《佳期》《偷书》等描写爱情的戏时，故意将表演作得夸张，藉媚情冶态以动人，因此曾被当局认为有伤风化，一再禁止。昆曲会被目为海淫的戏剧，这确是当时的特殊现象。

梨园伶工本来是北京的特产。有许多北京伶工，因为年长色衰，在北京不能立足，乃不得不换换码头，初仅天津一隅，俗谓之"下天津"。在梨园行中，均以"下天津"为奇耻大辱，非逼不得已时，决不出此。自从上海盛行京戏以后，北京的一般不得意的伶工，以前只能跑天津的，至是都由海道联袂南下，到上海来谋发展。这些伶工大都是在北京红过一时的，只因年龄关系（当时京师盛行相公之风，对于梨园子弟以色为重），不能与一般后起者竞争，所以只好退让。但在当时的上海人的心中，一切事物，莫不以来自京都为贵，正如现在之迷信欧风一样。所以在北京失意的伶工，一到上海，竟是意外地大走鸿运，一个普通的角色，往往非千金不可招致，其名贵可见一斑。

在光绪八九年时，各戏园曾一度盛行灯彩戏。这种灯彩戏创始于同治初年，其先不过昆曲班中偶一演之，未见如何新奇，后来天仙、金桂、丹桂、宜春、满春等园相继争仿，乃流行一时，所演如《麟骨床》《福瑞山》《凤莲山》《馨泉池》《洛阳桥》《宝莲灯》《大香山》《为善得道》《万里寻夫》《摇钱树》之类，极尽光怪陆离之能事。《淞南梦影录》中有"红氍乍展，光分月殿之辉；紫玉横吹，新试霓裳之曲。每演一戏，蜡炬费至千余条，古称火树银花，当亦无此绮丽"的赞语，虽说稍嫌夸张，也可见当时的盛况了。

当时还有一件事值得提及的，据《淞南梦影录》载："吴中某绅士以余莲村明经所谱劝善乐府，禀请监司颁发各梨园，每夜必登场试演。嗣以观者寥寥，旋作旋辍，近则已如广陵散矣。"（见卷三）

按：余莲村名治，梁溪人，生于嘉庆间，卒于光绪初年，是一位敦行善事的道学先生。作有皮黄戏二十八出，编为二集，曰《庶几堂今乐》，其《凡例》中有一条说："古人不作无益事，况演戏一台，破费多少钱钞，哄动多少男女，耽误多少工夫，而不于其中略寓些些惩劝，便是玩物丧志，与流荡忘返者无异。"故集中所选都是劝善惩恶之作，凡孝悌节义，可戒可劝之事，约略备具。这二十八出戏中，惟《朱砂痣》一剧至今犹流行于舞台上，而且唱白、场子都与原作无甚出入。由前条所记，可知除《朱砂痣》外，其余各剧亦都曾经藉政治的力量在上海各梨园中排演过了。

那时的戏价，各园不一，标准的价目：池子中的正桌大概每客洋半元；包厢的价目与池子同；楼上正桌距离稍远，每客四角。这几种座位都有茗碗及小瓷盘，装设水果茶点，但都恶劣不堪食。其余座位有两角半、两角、一角半、一角者，坐次愈后，价值愈便宜，但都有茶喝，二角以上的座位且有瓜子一小碟。

戏园中卖座及接客的人，称曰"案目"。常看戏的顾客必须认定一案目，这案目便会每天预先把戏单分送到顾客的家里，如要去看，便可预先向他定座。如果是熟主顾，戏价不必另次付给，往往是到节边或年底总结账的。观客在戏园中如欲邀妓观剧，可以叫"条子"，戏园中备有印好了的局票，观客只须在局票上填上自己的姓名及所识妓女的名字居处，打发案目去叫。妓女应召而至，谓之"出局"，不必按座付价，普通都是视座次多加洋一角。每逢新年或令节，妓女请自己的熟客看戏，往往于座前连设两几，以高脚玻璃盆满盛糖果，叫作"花桌子"，这是于客人有面子的事。

此外，我们不应该遗忘了坤伶兴起的一个时期。坤伶演剧，沪人称曰"髦儿戏"。上海最早创始的髦儿戏园，为石路的美仙茶园，约在光绪二十年左右的时候。初创时有老生吴新宝、徐瑞宝等，都不是出色的人才。但因全班都是女伶，一般选色征歌者趋之若鹜，所以营业颇不恶。不久有人在打钩桥横街又开了一家霓仙女戏园，所邀角色较之美仙，更不齐全，失败为当然之结果，终于因营业不振而停锣。在美仙及霓仙相继辍业之后，在正丰街又有人建立了一女戏园，以林家班为基本队伍，台柱是花旦林小红，演《打花鼓》《打樱桃》《花田错》《鸿鸾禧》等剧，名震一时，营业得以维持，惜演唱不久，林小红便嫁人停演了。继林小红者，为自苏州邀来的林宝宝，也是以花旦戏号召观众。不久，林宝宝又走了，于是营业又陷于不振。当时女子演剧风气尚未普遍，人才殊不易得，所以开髦儿戏园的总是难以持久。直到光绪二十五年，童子卿在四马路胡家宅创设了群仙茶园，髦儿戏班才算有了较稳固的基础。那时演髦儿戏的人虽远不若男伶之多，技艺亦远不若男伶之精，但比起初创时已大有进步。童子卿办理群仙，首先注意班底的人选，凡当时较有声誉的坤伶几乎都被他罗致了。老生有郭少娥、周玉娥，大面有金处，花旦先后有白兰花、红菊花、冯月娥、金月梅、王宝宝等，青衣有王桂芳及后来的柴子云，可谓人才济济。从前美仙茶园的台柱吴新宝和徐瑞宝，到了群仙，竟降而为扫边的脚色了。

群仙茶园更有一特点，便是陈家武班的武戏，计有武生陈长庚、武旦一阵风、武二花小黑灯。髦儿戏中之有武工戏，陈家班实为创始。陈长庚演《花蝴蝶》《叭蜡庙》《四杰村》等剧，且能"翻杠子"。小黑灯演《白水滩》，摔磕子的勇猛几无异男伶，演《收关胜》，亦能于三张叠着的桌子上翻跌落地，以是大获欢迎，每场必以武剧为大轴。后来陈家班日久去沪，继之者为王家班，以文武老生王桂祥、王庆祥号召一时。后王家班去，则宁家班至，以旦角宁宝珊为台柱，又有老生翁梅倩、尹鸿兰等辅之，营业得以持久不衰。一直到宣统年间，所有其他髦儿戏园都停歇了，仅群仙茶园因经营得法，得以硕果仅存，独树一帜。

在光绪末时，上海的戏剧曾经有过两件值得纪念的事，而且在当时都发生了巨大的影响的：一件是男伶汪笑侬独创了许多新戏，都是鼓吹民族思想的作品，使戏剧有了时代与社会的意义；一件是夏月珊、夏月润兄弟们在南市建造了一个新舞台，使旧剧逐渐趋向于写实一途，因而改变了剧本的内容。汪笑侬在一般伶工中是一位特出的人物，不仅在剧艺上独成一派，而且长于文学，敏于才思，颇为旧名士樊云门、袁寒云等所器重。他所演的旧剧，遇有辞句不妥处，往往为之修改增减。然而他的长处就不止此，更在他能应用了戏剧的形式来发泄他对于当时的政治社会一切的不平之鸣。在他自编的许多剧本如《党人碑》《马前泼》《哭祖庙》《马嵬坡》《骂阎罗》《张松献地图》《受禅台》《刀劈三关》《铁冠图》《琵琶泪》中，他着实地作了一番呼号。有人批评他的戏说："笑侬之演戏，得力于牢骚二字。檀板一声，凄凉幽郁，茫茫大千，几无托足之地。幽愁暗恨，触绪纷来。低徊呜咽，慷慨淋漓，将有心人一种深情，和盘托出。借他人酒杯，浇自己之磈垒，笑侬殆以歌场为痛哭之地者也。"（见《京剧二百年历史》）当时汉人对于满洲政府的压迫、官吏的贪婪、差役的勒索、刑罚的残酷、税捐的横暴……种种痛苦，早已深切地感觉到，民族的意识无时无刻不在酝酿之中。

光绪三十年（甲辰）出版的《二十世纪大舞台》，即为唯一鼓吹民族思想的戏剧杂志，创刊中的一篇《发刊辞》，洋洋二千余言，详述戏剧之社会的使命及满清政府的种种黑暗，我们不仅可目之为一篇排满运动的文章，即把它当作一篇中国戏剧的革命运动的文章亦未始不可。汪笑侬处在这样的一个时代中，目击时艰，当然不免要借戏剧来发泄他的愤慨的。所编《党人碑》一剧系根据昆曲改编，写宋末蔡京等如何悖理虐民，以讽刺当时政府。《题诗》一场有"连天烽火太仓皇，几个男儿死战场。北望故乡看不见，低声私唱小秦王。长安归去已无家，瑟瑟西风吹黯沙。竖子安知

亡国痛，喃喃犹唱后庭花！"等唱句，不难想见其胸襟怀抱。《哭祖庙》《铁冠图》等剧，亦均为发扬民族意识之作，《哭祖庙》中有"国破家亡，死了干净"一语，在当时竟成为一般观众的口头禅，其感人之深可知。

　　新舞台于光绪三十一年崛起南市，可说是中国舞台史上的第一次大革命，它不仅改变了剧场的形式，而且因了新的舞台形式决定了剧本的内容。新舞台的发起人为邑绅姚伯欣、张逸槎、沈缦云及伶界的潘月樵、夏月珊、夏月润弟兄等，共十三人。当时的目的只在振兴南市的市面，故定名曰"振市公司"。由张逸槎绘就草图与建筑师商同打样，将剧场改为圆形，一切都与旧戏园不同。从前的旧戏园，楼下中央概称为"池子"，摆着一张一张的方桌，观众即围桌而坐，一边喝茶，一边听戏，故戏园皆称"茶园"，戏价亦皆称曰"茶钱"。观众进了戏园，不必先购票，自有看座的案目会来招呼。自新舞台创始后，首先废除了"池子"制，取消了方桌而代以排椅，名曰"官厅"，楼上的包厢则曰"月楼""花楼"。观众一律须购票入场，进门时将票撕去一角，至中场时再向观众收票，以资查点，其办法与现在的许多电影院相同。戏价分特等、头等、二等、三等几种。特等售洋一元，头等八角，二等六角，三等二角。一概不泡茶，观

---

① 图注：袁寒云与汪笑侬之《管鲍分金记》。刊载于《天津商报画刊》1932 年第 5 卷第 41 期。

客如愿饮茶，可叫案目特备，茶价亦有一定，计每壶一角。此外如手巾小费之类的陋习，一概免除。

而且前台的观客座位，地势向后渐高，对于后排的观众视线可以无碍，这是前台的改革。至于后台，则将从前中间突出的方式舞台废除了，而代以圆形的，台前无台柱，观众可以一览无余。并且为了装置布景的便利计，把后台放大了，其面积竟数倍于从前的舞台。中间并有转台，剧中遇有变化的背景时，可由另外的转台上预为布置，只要机关一动，把舞台转了，背景便立时改变。台板的下面是空的，如布置井穴等，演员可以由台上一跃而下，如真下了井穴一样。台之上端则有木架天桥，在桥上可将纸屑散下，表演下雪等景。台上两旁则搭硬片，以使与后台隔绝。台上可以布外景，树木用铁脚直钉在台上。如演不用布景的戏，则一如旧式的，在中央挂一块大台帘。这种舞台比起旧式的戏园，当然完备得多多了。所以在两三年之间，三马路的大舞台、三洋泾桥的歌舞台、四马路的丹桂第一台、二马路的新新舞台（后改天蟾舞台）等都纷纷继起，而旧式的戏园都逐渐被淘汰了。

因为舞台的物质条件的便利，所以那一时期的戏剧不知不觉地趋于写实的一途。新舞台在开幕时，除开场的两出戏仍旧按照旧的格式来演出外，自第三出起，一概应用布景。大概戏码愈在后的戏，所用的布景亦愈精美。旧的剧本在这时大抵已不适应用，于是他们自己新编了许多剧本，而且大都是描写当时社会的生活的，例如《新茶花》（此剧系根据《茶花女》一剧改编的，颇具叫座能力，曾连演数月不衰）是写爱情的戏，《黑籍冤魂》是写鸦片毒害的戏，《罗汉传》是写侠义的戏，《汉皋宦海》是写政界黑幕的戏，《惠兴女士》是写女权的戏，《刑律改良》是写法律的戏。这些戏都是时装的，演员当然不必再用那"投袖""甩须""撩袍"等的演作，而且都是用写实布景的，当然也不必再作那"开门登梯"的身段了。虽然改革得并未十分彻底，但无疑地，在表演的方式上是自由得多了。

这一次的改革所给予皮黄剧本身的影响，便是所谓"京朝派"与"外江派"的分歧。"外江派"其实不应是一个含有贬意的名称，不过是表示不能严格地遵守旧剧的一切规律的意思。现在上海所流行的近于魔术的新戏，也不过是继续着当日新舞台所走的一条路，更充分地利用现代的科学、电力和机械的物质文明而已。

本文参考书：

（一）葛元煦《沪游杂记》；

（二）王韬《海陬冶游录》；

（三）潇湘馆侍者《春江灯市录》；

（四）梦畹生《淞南梦影录》；

（五）孙默《梨园声价录》；

（六）梦畹生《粉墨丛谈》；

（七）海上漱石生《梨园往事录》；

（八）卧读生《上海杂记》。

○ 原载于《东方杂志》1936 年第 33 卷第 7 期

沪壖食品志
1938

—— 海上漱石生[①]

本报按:

海上漱石生,为孙玉声先生别署,四十年前,曾任《新闻报》主笔,以遭失偶丧明之痛,一时意懒心灰,乃自动谢去,然厥后复创《笑林》等报,开小型报之先河。近徇本报之请,先以斯作飨读者,先生诚为今日之"上海通",吉光片羽,皆有考据,弥足珍贵者也。

引 言

昔袁随园作食谱志庖厨中一切烹饪,传为美谈,然仅就其个人之家庭而言,系狭义而非广义也。余为沪人,生沪长沪,而老于沪,第家食为崇节俭。欲涉随园作一食谱,戛戛其难,然频年口腹所及,于沪地所有社会之食品,除邑志载之薛糕,以余生也晚,不获亲尝外,其他类尝快我朵颐,觉有已成过去者,有现尚留存者,有出于土产者,有制自人工者,有关乎时令者,有可以为法者,有宜乎改良者,似均有一记之价值,设能成一小册,颇足供人茶余酒后,作为谈助之资。适《晶报》需本地风光稿件,征及于余,爰搜集题林,草

---

① 编者注:孙玉声,又名孙家振,别署海上漱石生、警梦痴仙、退醒庐主人,上海人,曾主编《新闻报》。1898年起创办《采风报》《笑林报》《新世界报》等,有"报界耆宿"之称。著有《海上繁华梦》《如此官场》《仙侠五花剑》《退醒庐笔记》等。

此《沪壖食品志》以报命。余年迈矣，屡拟投笔养闲，度劫余之岁月，惟于胸中所蕴藏之乡邦事物，每觉一经触及，深以尽情倾吐之为快，抑且友辈征稿，固拒太属不情，乃致一再常为冯妇，思之殊自哂也。

人和馆三丝三鲜

上海南北市所有酒馆，以邑庙馆驿桥浜南之人和馆为最老，馆主殷姓，本邑人，开设约及百年。彼时沪俗淳朴，犹无全翅等，席中所有主菜，乃为三丝三鲜，馆主因注意于此，三丝刀锋齐整，汤汁鲜浓，于面上略加鱼翅者，谓之翅丝，价目较昂，配置尤为精致。三鲜中鱼圆粉嫩，肉圆细洁，类皆入口即化，加海参者谓之参鲜，必令火候到家，无生硬艰于咀嚼之弊。其余一切汤炒，亦俱适口者多。以是邑中有喜庆之家，酒席多令其包办，生涯有应接不暇之势。每值清明、七月半、十月朝，城隍庙三节迎会，各会首当值之人，或假座设宴，或令备席送至其家，统计不下数十席，或百余席之多。同治间因有人见而羡之，于邑庙东之大街，另开一听月楼，希图与之竞争，地址既佳，屋宇又力求精美，无为各主顾不受招徕，数年后知难而止。人和馆根基稳固，未为动摇。然而光绪中叶以后，各菜馆趋时改进，彼乃仍墨守成法，故步自封，卒以暮气日深，竟致两遭失败，逮至馆驿桥拆平，桥堍建筑马路，沿浜成为小街，于是更地利尽失，主人乃无志继续矣。

大餔楼之蝴蝶面

上海之徽州菜馆，以南市大餔楼、法租界醉白园最为著名而最老，其萃楼及公共租界中之聚宾楼、乐聚和等园，皆在其后也。而大餔楼尤开设最先，历时已将百年，昔在龙德桥如意街北口，局面不甚堂皇，座上常常客满。而迩年又添设分馆于中华路大码头大街西口，在去岁"八一三"以前，门市甚为热闹，惟徽菜馆素不讲求正席，故张筵宴客者甚少，定备全席者亦不多，而小吃如炒鳝糊、醋溜鱼片、红烧羊肉、红烧圆菜、凤爪汤，及冬令之羊糕等，俱颇别有隽味，且尤以面点著称于时。凡鸡火面、烩羊肉面、鳝丝、蟹粉、虾仁、爆鱼、鸡丝、鸭片诸面，莫不价廉物美，足供老饕大嚼，过桥者益觉丰满逾常，嗣更创行一种大锅之蝴蝶面，足敷三人饱食，更谓便宜之致。各徽馆见而效之，今已风行全市。他若各种炒面，亦俱取价不昂，主顾有嘱送者，可以立时送达，车资不取分文也。

新新楼之烧鸭馎馎

新新楼，上海创始之京菜馆也。初上海民风崇俭，菜馆只有本帮及徽州、宁波二帮，至北市开放租界以后，始有各种菜馆至沪开业，新新楼为京菜馆之首先设沪者，时在清同治年间，地址为昔英租界南京路一洞天、老新衙门之左，即后改造房子之小菜场相近。彼时余尚髫龄，曾侍先大父一再宴宾于此。余幼年之记忆力甚强，故至今犹能忆及。有一次席间食烧鸭馎馎，由先大父手剖鸭片相赐，并为代裹于馎馎之中，蘸甜酱令食，谓此系京中食品，味果佳妙，惜价过昂，一鸭须八九角之谱，是为余得食烧鸭之第一次。逮年终后，读仓山旧主袁翔甫先生《上海竹枝词》："北客南来听未惯，是谁叫嚷要爸爸。"盖即咏此而嘲南人强操北语，呼"馎馎"音似"爸爸"也。然鸭价当时一头需洋八九角，先大父已以为昂，孰料今竟一鸭洋三四元，肥硕者犹不止此，较昔增高至三倍许。第自湖南菜馆创始填鸭以后，趋时者争尝填鸭，梁园等之食客，皆为填鸭是尝，京菜馆烧鸭风头，似觉不无受挫矣。

聚丰园之戏酌酒

演剧侑觞之举，自古有之，文言谓之彩觞，俗呼为戏酌酒。然上海尺地寸金，菜馆中无处建造剧台，以致不能演戏，故昔时喜庆之家，有排场阔绰者，只雇弹词一二档，戏法一二班，略资点缀而已。自光绪初叶，福州路聚丰园京菜馆开幕，其正厅基址宽敞，经理人匠心独运，创设一活络戏台，需用时临时装置，不用则立可拆卸，使无占地之虞。时适京伶李毛儿，在金桂轩搭班演剧，以包银甚微，不敷开支，招集贫家之十余岁女郎，授以生旦净丑各戏，艺成令应堂会，每台计戏四出，洋十六元，赏封加官封及箱力外加，自聚丰园有戏台后，生涯为之大胜，"毛儿戏"三字因此得名。而聚丰园因可请戏酌酒，营业亦为之鹊起，正厅必先期预定。至于所演之戏，当时仅《满堂红》《鸿鸳喜》

《游龙戏凤》《二进宫》等，演员不多之剧，以全班角色，只有十数人也。若夫聚丰园出名之菜，为一品锅，及炸八块、吴鱼片、爆鸡丁等，纯系京菜，盖其所雇庖丁，半系北地名厨，故获烹调得法也。

三十二围扦客菜

上海昔时筵席，类皆注重围扦，以围扦之多寡，定酒席之高下。所谓围扦也者，在菜碟内以小竹签扦高水果糖食，围于席之四周以作美观者也。故起码席只四荤盆不放围扦；稍丰者八围扦，荤盆外加两水果及两干果，水果必扦高者；再丰者十二围扦，系四荤盆、四水果、两干果、两糖食；最多者十六围扦，则荤盆、糖食、干果、水果各四碟者。然喜事款待新客之菜，往往有三十二围扦者，菜碟席间无处陈列，则每碟皆双拼之，名之曰"鸳鸯盆"，于是十六碟成为三十二矣。然凡设备此种盛宴之家，其后每备有烧烤席（详下），如有屋深邃者，另设于别厅中，并供有瓷铜玉石一切古玩，使新客玩赏，谓之曰看席，又曰翻席。以前厅翻至后厅也。此风在光绪初中年间最为盛，富家夸多斗靡，几于举邑若狂。至庚子国变后始杀，盖各处地方不靖，官厅捐税纷繁，乃不敢踵事增华，有归真返璞之想，围扦仍回至十六为度。至民国建元，打倒满汉筵席，始将围扦盆一律撤去，易以四冷盆、四热盆、四囫囵小果盆焉。

烧烤席

沪地酒馆市招，昔有一方曰满汉筵席，以汉菜外尚有满菜也。然而虚有其名，满菜未尝获睹，即询诸菜馆中人，亦俱游移其辞，不能报告菜名。只有所谓烧烤席者，于宴请新婿或新舅时用之，或谓其即满菜，第前半席之汤炒一切，仍皆为汉菜也。当烧烤登筵之时，若在原席进餐值宴者，必每客前先换胡桃大之景泰窑高粱酒杯满斟烧酒，并有大葱及甜酱各两碟，分列之四隅，薄饼两大碟，置于台之中央。然后始上烧烤，乃系烧猪四盆，两肥两精，烤鸭四盆，俱已批成薄片，便于下箸。同时更于各客前进满茶一道，茶杯系外镶红木，内为点锡所制，杯中其实无茶，满装莲肉、桂圆、松子、瓜仁、枣子、石榴肉等品，结顶并有橘皮、橙皮切成之红绿丝，及彩色小绒球两个，颇为美观，饮者但微饮糖汤而已。烧烤食毕以后，另易红茶一道，谓之熬茶，亦曰奶茶，乃为咸质，似用熏青豆汤酿成，故有熏青豆浮于杯面，并略有牛乳，所云烧烤席者如是。然新客赴此盛宴，当于席赏之外，另给发烧烤赏，于值宴之人，视此至为隆重也。

旧历新年之三道头茶

沪俗昔重旧历新年，幼辈须向尊长贺岁，即在等辈亦然，以是报往跋来，自元旦迄初三四，各家酬应甚为繁盛。客既屈尊到门，主人当殷勤招待，首先乃为敬茶，此必然之理也。第在富豪之家，其茶有多至三道者，计第一道为米花茶，曰"兜辇茶"；第二道莲心桂圆茶，约"连贵茶"；第三道始为清茶，有杯内杂以橄榄两枚，曰"元宝茶"。此三道茶奉过之后，再以年糕、春卷等四点心为进，客有食有不食，以到达之处既多，不敢一饱领也。客当登门贺年之时，主人若家有儿童，使之向客致贺，客须给以压岁钱，同光间为红头绳穿之制钱一百文，多者双百，至阔绰者易以红纸包之香港毫洋，始有该给为大洋者，旋又各人每给钞票，而为数乃大于昔数倍矣。至于主人给来宾之轿封随封，轿封每人两包，六分者每包足钱四十文，八分者五十四文；随封或给六分，或给八分，视主人之手面而定。亦有随封发八分一钱（六十八文）。而轿封发一钱，或一钱二分者（八十二文），则为最丰之家，下人必欢声雷动矣。

吃年东

沪俗有所谓吃年东者，自旧历元旦日起至初十止，凡至戚友家贺岁，每有留请午膳，或夜膳者，具所食之物，俱为年东。大抵千篇一律，系三丝、三鲜、冻鸡、块鱼、鸭汤、蛤蜊汤、块咸肉、走油肉之类，亦有碟子，乃如意菜（即黄豆芽）、安乐菜（荸菇荸荠同炒之咸菜）、鸡杂、赚头（即咸猪舌）及瓜子、花生、福橘、橄榄等。然在前五日内，隔岁煮备较多之家，固尚容易对付，而五日后，则每渐见为难。于是另生拜年潮之俗语，相率传为笑柄，其词曰："拜年拜到年初六，灶头间里有鱼呒不肉。拜年拜到年初七，砧墩板上呒啥切。拜年拜到年初八，只只碗空呒设法。拜年拜到年初九，客人走在路上像只离食狗。拜年拜到年初十，只好一根门闩直赶出去。"嬉笑怒骂，可云淋漓尽致。此风自光绪中叶后，沪上市尘日繁，新年各吃食店，初四起概已开齐，吃年东者，渐无与诸扰及戚友，愿赴市肆酌，即在备者之家，亦以此种菜为日过久，食之令人有碍卫生，故亦渐少制备矣。

上灯圆子落灯糕

上灯圆子落灯糕，此昔时旧历新年沪侨之流行语也。上灯为正月十三，或二十四，参差不一，总之，上灯夜须以圆子祀神敬祖，落灯夜必须以糕为飧也。按：圆子即为汤圆，其馅甜咸不一，甜者为豆沙、白糖、芝麻、胡桃；咸者为鲜肉、荠菜夹肉、猪油萝卜等等。并有不用馅而为实心者，则白糖圆，各视人之嗜好而制。糕则黄白松糕、蛋黄糕、百果糕，亦无一定。其实隔岁十二月二十三夜，送灶各用汤圆，人皆早经食过，糕则重阳日为食糕之期，并非须在上灯落灯，始足快我朵颐，乃老乡家多此一举耳。

至于上灯时所悬之灯，彼时车灯、煤气灯、汽油灯等，概未发明，乃向小东门王长兴等灯店购买。具或有聚宝盆、顺风舟、囗海洒金线，及元宝、荷花、走马一切，皆玻璃或盘珠明角所制，且可出卖出租，故灯节时各灯店生涯颇形热闹，而城隍庙更有纸灯，十色五光，倍增绚烂。今自民国成立，灯节在打倒之列，各灯店始一蹶不振，仅纸灯市尚在，圆子与糕，则庙期俱已无形消减矣。

年 菹

食品中之咸菹等物，是供下酒下饭下粥之需，为居家终岁所不可缺少，沪俗昔时纯朴，故每年恒有自制者，谓之年菹。最普通者为腌菘菜，每与雪里蕻同腌，其味绝隽。彼时菜甚廉，每担仅制钱三四百文，雪里蕻亦只五六百文一担而已。春不老，系切白萝卜为骰子大小，浸糖醋中而成者，洁白如玉，食时入口松脆，清而微甘，第若制时不得其法，则皮黄肉软，粘齿胶牙，味同嚼蜡矣。金花菜，俗称草头，于瓦瓶内腌之，食之亦甚可口。罗汉菜，产自南翔一带，丛生野田之中。上海四郊亦有一菜，有嫩头数十枚，状若罗汉，故以罗汉名。此物不能煮食，只供生腌，可纳于瓦瓶之中，杂以橘皮、橄榄同腌，至成熟后，饶有至味。

腊乳腐，以豆腐为之，用花椒、盐、橘红、香菇为之，芬芳扑鼻。糖醋大蒜头，浸晒至五六年后始食，辣气与臭味全无。咸菜卤浸连壳花生，别有佳味。余若风鸡、腊肉、糟鱼、醉蟹、糟蛋等品，皆可自制，既比市沽为洁，价亦当然较廉，是皆年畜中昔时所有物也。今则世风丕变，虽有盐齑等犹相沿未绝，然大致已不复如前之多多益善矣。

戏馆中之果碟点心

沪上当同光年间，戏馆如雨后春笋，蒸蒸日盛，有昆班、京班、徽班、山陕班等，大小虽各不同，排场则均一律，当时招徕座客，敬礼俱甚殷拳，以是正厅包厢，昼夜皆备果点飨客，并赠香茗，红淡俱有，正厅系小方桌，每桌六客，桌上例陈瓜子四碟、水果一碟、茶食一碟，包厢每间八客，陈列相同。瓜子，概系水炒，碟中水果为小生梨，或小橘子，或带壳水红菱等，茶食则云片糕数片，或橘红糕十数粒而已。逮戏演至中场以后，又例进热点心一道，普通为花核圆（即小糖圆），夏秋则绿豆汤，皆不取分文者，座客虽以其淡而无味，类均不食，然亦心领其盛意也。茶碗则分有盖、无盖二种，包厢正厅有盖，边厢无盖，以示区别。而妓女与洋人之茶碗，则色必异堂中特异，如堂中皆绿色瓜楞碗，妓女与洋人必为白色，堂中皆白色瓜楞碗，妓女与洋人必为绿色，因戏资俱较常客加收二角也。此种戏园优待来宾之风，至光绪中叶，始除去果碟，既而因热点心食者无人，一并止赠，惟茶则直至舞台成立，改泡茶壶茶，另外取资，碗头茶始俱废弃，约计已在光绪末叶矣。若大案目年终请客，照例在十二月内拉局一次，是夕备具高脚玻璃果盆，陈设优等果品，中场后且有大肉烧麦，或馒头等飨客，则概须向客索犒，实闻后来挜装果碟之风，与园主当日对待顾客之心大异，当非始料所及也。

广东茶馆之茶食与点心

沪壖茶馆林立，昔时尘聚之处，南市在城内邑庙、豫园，北市则租界繁盛之区皆有，然业此者皆本帮人，或苏帮人，其他未之有也。光绪初叶年间，英租界河南路广东路口，有粤人创开同芳居广东茶肆，对邻又有怡珍居继之，一般金碧辉煌，装饰非常耀目，茶具亦富丽殊甚，所售之乌龙红茶，味浓色艳，嗜茶者皆饮而美之，谓为他处得未曾有。而各茶桌上，且俱有四方之茶食盒，分格陈列各种广东茶食，如无花果、糖金柑、金橘饼、冬瓜糖等，任客选食，标明价格，每件计洋一分或一分五厘，以迄二分三分，于会账时结算。且更为招徕计，一至中午以后，兼售叉烧馒头、豆沙猪油及糖猪油包子，与鸡蛋糕、伦教糕等。各种点心，食客既可当场就食，亦可用纸裹带回。如是者数越月，两家生涯一般兴盛，于是效尤者接踵而起，各处乃皆有广东茶馆，其设备一切，皆与相可。至民初建国以后，怡珍先以房屋期满收歇，未几而同芳亦即辍业，两主人悉皆满载而归，其他之广东茶馆，则已于茶馆业获得位置，先后有开无闭，惟茶食盒则今已废弃不用，点心亦或制或不制矣。

（注：本文为节选。）

○ 原载于《晶报》1938 年 12 月 6 日

谈谈多年前的上海车马费
1939
——《申报》"上海特辑"

> 黄包车五十文从外滩到跑马厅
>
> 雪车路第一条由外滩到卡德路
>
> 公共汽车不过是十一岁小弟弟

多少年代前的上海城，谁都认其为"赌城"的，那时都市的一切都很便宜，车资也当然在其律，根本不能和现在百物昂贵的现象相比拟于万一。现在每个家庭，都把这向来认为无足轻重的车马费加进预算表去，就是现在的些公司也以"津贴车马费"之名义来加薪。可见这车马费在二十世纪的现在所占地位的重要。

另外一方面，有许多为了逐日车资的突飞猛进，索性就搬到城市的中心区域去了，这简直也是促进都市繁荣的一个副原因！

当然，车资（指人力车）的贵贱是视时间和环境的，如值空闲，则比较稍贱，一般说来，依据几个老上海说当时从现在的外白渡桥到跑马厅路，经过一条南京路，只须五个铜了！

不过当时的人力车是没有橡皮胎的装置的，而且马路又满铺着石块，在这样恶劣物质设备之下，速度当然谈不到，同样的现在只须十五分钟的旅程，当时需要四十五分。但，出了五个铜子的代价，你所希冀的要怎样高呢？一九○八年三月，第一条电车路线就在公共租界上发现了，那时的终点东在外滩，西在静安寺路卡德路的转角，车资是四枚，复因废除小洋后便利一般人起见，改为一分三厘，其实还是一样。车除上海电力建设公司所用六十辆、中转用二十辆外，别的就没有了，几不及现在的十分之一。

以后公共租界的车线延长了，从北火车站经过老靶子路、界路、吴淞路、闵行路、西华德路而至外滩，再从那面经广州路、浙江路和北浙江路而回到火车站。这段路程，在一九〇九年开始行驶，费时约一小时，车资仅十二个铜子。至于后来创办的杨树浦外滩线，也附带的把其来作终点，车资也同样的十二个铜子，若坐三等则又可便宜三个铜子。在相对的比较下，现在法租界一段二十分钟的路程，就得一角一分，这样就可看出自去年战事发生后车资价格抬高得可惊了。

在一九〇八年间，法租界的电车也稍有活动了，终点东在南头市场，而向西延长至善钟路霞飞路转角。

而汽车开始行驶，却又要早些，约在一九〇五至一九〇六年，那时的汽油也只卖到四角一加伦，只有现在五分之一的价格呢！汽车的出租，在没有几年前即发现了。那时一部五人车所费的钱为三元，七人车为四元。这些出租车子

① 图注：上海的双层公共汽车，陈嘉震摄影。刊载于《良友》1934 年第 88 期。

最大用处就在饭后爸爸带了妈妈、孩子到外面去吸新鲜空气的时候，因为汽油价廉，所以出租汽车者赚了不少钱。不过另一方面，部分修理所费的钱，即比现在特别多。到一九一〇年，上海也发现了像外国一般的流动出租的汽车，这些车大多停在外滩，随时应付人之需要。

到公共汽车的出现，那真更近了，在一九二八年两租界都开始行驶了，虽然以后在车式和路程上都变更了一些，这究属少数。

在这时，汽油的价格已增至一元一加伦了。直至数年前，一个汽车商人将苏联汽油（油遍地汽油）充至市场。这时价格就跌到六角一加伦，不过这种情形很快的又变了。现在总要一元四角一加伦，这样结果使公共汽车和电车的生意更兴隆，同时旧货的汽车更多出售！

一般说来，上海的生活程度确有些不适合中国人的口味。不是吗？一个赚几角钱的工人，为了路远就不得不乘车，而每日的车资所费的不下几角，这样叫他靠什么去生活？所以在这城里太多的人都心颤颤地担心着这门生活。不过你假如拿世界的大都市来和上海比较，上海还不失"赌城"的嘉名，但，毕竟环境是不同的！

○ 原载于《申报》1939 年 6 月 2 日香港版

洋鬼子初到上海①

1940

—— 何文介②

这英国人的租界是中国的领土，如北京的紫禁城同样地是中国领土，英国人仅有租地居住之权而已。这是一种尴尬的办法，那彬彬有礼的道台对英国领事说，那种租借是可以永久的。只是在以后那组成上海的生命的那一百年中，对于土地是中国的领土这点，从来没人表示过异议。自上海开为商埠以后的第一年中，那一小群到上海来的白种人（一二个传教士，几个自广州来的生意人）住在城外的几所中国人的破旧的茅舍小屋里。雨自窗上的破纸中和屋顶的漏孔中吹进来。当时上海的交通也不见得能够吸引人，烂泥是那样的深，那样的有黏性，有几个洋人甚至把他们的鞋靴也弃在泥中。白种人无论跑到哪里去，就有一大群的好奇的中国人跟到那里，他们自窗畔门户中望着白种人。有几个小孩看见白种人走近来就会哭喊起来，因为他们听人说过，他们是不怀好意法术高强的恶魔。伙食店的门口满堆着鱼肉、水果、蔬菜，使在那行人众多街道狭隘的南市中走路甚是不便，不时有撞上肩负货物的工人的身上去的危险。

那在广州和伦敦的较守旧的公司派代表到这个黄浦滩来，还是好几年以后的事。他们来时，几家比较前进的英国铺子早已在那地面不平的租界中开设起

---

① 编者注：本文为美国作家 Ernest O. Hauser 所著之 *Shang Hai: City for sale* 之节选，由何文介为《宇宙风·乙刊》翻译。

② 编者注：何永康，浙江余姚人。毕业于东吴大学经济学系。笔名浑家、浑介、何浑介、何文介，曾与周黎庵创办《谈风》，译有《天下文章》等。

来了。在那第一年的末了，租界中仅有二十三个外国居户，在那烂泥上只筑造了十一所房子。只是进这口岸的外国船舶却有四十多艘。

不久以后，巴尔福大尉便开始设法找寻一块地皮，以作领事公馆之用，因为一个奉着皇命的领事住在中国的城市中是件不甚合适的事，即住在那所有房间五十二个之多的大厦里也是不合适的。结果他就把苏州河与黄浦汇合之处的那方广宽的土地买（或是永租）了进来。那处土地本来是所古旧的炮台，那里有几个修理战船的棚。那大尉花了一万七千块钱把这方土地买了下来，只是对于这事他的政府并没授权与他，所以内中四千块钱是他自己掏腰包的。

由于历史的偶然性，第一面竖在上海租界天空中的旗，不是英国旗，而是美国旗。在上海设为通商口岸的后第三年，第一任的代理美国领事便搬入了租界。当那面花旗初次在租界上出现时，英国人便提抗议——只是没用。在其他方面，他们也欢迎美国人到租界里来，于是这次的争执就成为第一次也就是最末了一次的争执。

自英国采取了行动以后，美国便和这个天国签订了一个条约，客客气气地没有动武。这个条约的内容要比那英国人的好。它规定了治外法权。它规定："美国人民于中国境内犯罪者，依美国法律由美国领事或其他有权之美国公务员审判处罚之。"中国与西方各国所签订的条件中，均有那一项"最优惠国"的条款的，基于这个条款，上述的规定对其他国家的人民也能适用。这便批准了所谓"领事裁判权"，使外国人都成了皇帝，不受中国法院的管辖。

当时英国人把上海开放的时候，他们预感到美国是一定就要学样的。在事实上，英国人似乎也知道他们同时是在为其他国家的利益而作战，他们似乎也知道其他的国家，美国也在其内，正在等着看战争的结果。美国看看结果甚为良好，于是就随在英国之后与北京政府订了条约。接着，便是法国。当时美国尤其是新英吉兰的对华商业甚是发达，所以这新开的几个商埠，尤其是上海，对于他们的商业大有帮助。"美国人希望在上海以棉花去换取大量的绿茶，他们之间绿茶是用的很普遍的"，这是英国人的看法，字行之间似乎表示不大赞成，因为他们认为喝绿茶是不文明的。

商务方的前途虽是这样光明，但是第一个在上海的美国团体是一群牧师而不是商人。这帮传教士在南市的城内住了起来，极力想法使他们自己舒适，接着便写信给美国的传教总务部，信内说的是关于他们所看见的稀奇古怪的事物。他们说："这帮中国人是一群很有希望的种族。如果施以基督教的感化，则他们必比其他的亚洲民族为高强。他们是一个恬静慈爱和好学的民族，只因习俗关系，他们崇拜偶像，可是他们也从未真心去保存那种习俗。"

那些牧师们看见了许多神秘的事，当然甚为吃惊。他们看见中国人举行清明节，举行太阳菩萨的诞辰，他们看见中国人崇拜火神菩萨，看见中国人焚烧灶神。可是在各种仪式中最奇特的要推庙宇里举行的开光，届时人们揭开塑像的脸孔，用红水或鸡血点它的眼珠。有许多的中国人参与这个仪式，儿童们哭喊着，奔跑着，一个乐队奏着不调协的调子，一组组的喧嚣着的人们在两旁的游廊里吃着饭并喝热的酒。惟一的光线只是沿墙僵立着的大而且丑的木雕塑像面前点着的长蜡烛。香烟的气味甚浓，杂和着酒饭的香气。可是这个亚洲式的酒宴正在兴高采烈的时候，那几位监理公会的可敬的赛尔牧师（Syle）和史巴尔定（Spalding）牧师跨了进来，面目显着刚毅，手里执着关于宗教的小册子。那一帮在参加开光典礼的中国人很喜欢得到那种小册子，所以这二位传教师只得回家再去拿。甚至于那几个奏乐的以及和尚道士们也拿了几本，那二位牧师高兴极了，就在庙门口开始讲道。一群好奇的觉得看着好玩的人们把他们二人围在中间，于是牧师就向这群游手好闲的人中间之一，问他是否真正相信这些邪恶的偶像？"嘎，不。"一个中国人说，他所相信的就只吃饭。当其他的人也重复说同样的话，并还加上了些不洁下流的话时，二位牧师就转回家去，满肚子是疑虑。

可是那些从广州来的白种人看见上海这副景象，心中甚是高兴。他们觉得上海的中国人比广州的人客气有礼（广州人是看穿了白种人的底蕴的），在街上走着不受侮蔑的这种乐趣，他们很能理会得。尤其是那些熟知五年前未经战争时的广州租界的情形的白种人，看见在上海他们可以在南市城中自由来往，得坐轿子（在广州这些可恨的蛮子是不准坐轿子的），在中国的土地上，白种的妇女们可以陪着他们一同走路，他们看着这些简直有点难以置信。现在，那位可敬的美国牧师劳理（Lowrie）和那位英国人劳克赫脱医生（Lockhart），在一个安息日的阳光满天的早晨，可以安详地走向英国领事馆去做礼拜了，而劳克赫脱医生的太太和女儿可以坐着轿子走在他们的前头。"除了几条狗尚看不惯外国人外，再没有人向我们多闲话的。我们觉得很安全，一如在我们家乡的城市里一样。"

在南市，垢污和几千百年传下来的贞洁仍旧完整，日落即关城门，在热天的夜里巡夜的击着更，神色紧张的乡下农夫自那悬有"真不二价"的店铺里购置物品——就在这个拥挤的热闹的气味触鼻的中国城市的旁边，这个外国租界生长着。

为运粮船只在岸上的那群拖索者的便利起见，那时在沿黄浦的地方已经造了一条路，这条路便成为将来的外滩。白种人就沿着这黄浦建造起行家的房子来，只也造得不太邻近那条路。那种行家是正方形的房子，没用建筑师，造得毫不艺术，只也很舒服很凉爽。像真正的寻求殖民地的绅士一样，他们房子造得不过于接近。他们是主张屋外应留空地的，他们对于房屋四周的余地甚为自豪。空地上植种着木兰、玫瑰花、百合树，因为这低地的土质毕竟很肥沃，而上海的天空在一年多数的时候总是碧清的。

行家的底层有四个大房间，这些上海绅士的写字间就在这里，他们也在这里接见买办，收发邮件。楼上也是四个大房间，上海绅士们就在那里睡觉。二层的四周均有高大的阳台，日落之后，那些上海绅士便可坐在那里享受凉风和威士忌。这些都令人惊叹，这些买办式的房子，甚至中国人见了也为之感服，只是他们总还以为在屋子的外面去做窗户未免太呆。

就在那一带面水的洋房里面，那些白种大班和青年洋盘（新来的外国人）忙着加减数字，送发邮电（所谓"忙着"，意即自上午十时起至下午三时止）。而写字间的工作时间是有伸缩性的，是殖民地式的。

初期上海的大班是个绅士，他的年龄是鲜有三十出头的。大班这个字样，其意即系"大佬""大管事者"，不久这个称呼对于当地商家的股东和洋商驻沪的代表都同样适用了。他们的人数不多，这些上海绅士，凡是足以助长他们威风的，他们都欢迎。他们是以王孙似的商人身份到这个生疏神秘的国度里来做大规模生意的。生意要末不做，做时就得做得大。那时当地没有银行，银钱往来须时一二年才能了结，那种挂账的办法很费资本，且又费时。复次，这般绅士大班们的本身就是一种投资。他们多数是由自己国里的有声望的公司派到这里来做为公司所信任的代表的。他们的旅程（趁船到埃及，由陆路到红海，再由那里趁船绕过印度）很慢，很费钱。他们到上海时，已花掉五百镑左右的钱了。

他们都年青，因为他们来到这里是须做一番事业的。复次，他们得和疾病抵抗，这里也许再会发生战事，他们须有开路先锋的精神。大班务必年青，有进取心，身体要健全，须有独立的能力。当时他们已婚的很少。那时候的上海是没有妇女们份的。

比大班还年青的便是那般洋盘。他们是做助理的，他们由伦敦的公司精选出来，被派到这里来助理大班的。遇必要时，并须代替大班继续执行业务。对于这般青年啬惜金钱是毫无实益的。他们得和他们的上级人员同样健全，同样精明，同样受有教育。因为遇到紧急的事时，他们或许得代表公司执行职务，如果开头不好好的加以训练，他们也许不会这样能干的。他们到达这里的时候，受到他们大班热烈的欢迎，他们便被赐名为"洋盘"（Griffins）；Griffin 这个字是代表一种被运到上海来拍卖的粗鲁不驯的蒙古种小马的。他们在行里得到一间大卧室。

神气、威风，与夫殖民地式的写意，点缀着那些上海绅士的日常生活。讲究的饭食是上海生活的幸福之一，这正也和在其他大英帝国边区的口岸城市里一样。医生不时警告着，说上海的夏季并不需要吃这么多的东西，中国的蔬菜是有害于卫生的，然而他们均没及时注意。有一位最早到上海来的医生认为上海的吐泻痢疾以及肝胃毛病这么多，无足惊奇。下面是一段他的愤怒的呐喊：

他们进餐时，起先是一盆丰富的汤和一杯白葡萄酒；接着是一二道的副菜和香槟；接着是牛肉、羊肉、鸡禽和腌猪肉，又是香槟，或是啤酒；接着是饭、咖利酱、火腿；以后便是野味；接着是布丁、糕饼、果酱、蛋糕，或是鱼胶凉粉，又是香槟；接着是牛油和生菜，与麸面包和白脱，另加一杯白葡萄酒；接着，在多数的情形中，是橘子、香蕉、葡萄干，并以胡桃佐着再喝二三杯的红酒，或他种的酒。这顿惊人的饭以一杯很浓的咖啡与雪茄作结！

沿着黄浦的曲线的那一排一弯新月似的外国行家里面，有几个行名，是终必组成上海的发展史的密切部分的。这许多行家里面多数不是新开的店铺，它们从前多少总与东印度公司有关，它们在广州特许之下与东印度公司分享专卖的利益。

怡和洋行（Jardine, Matheson & Co.）是几家大公司中最先派人来上海的，它的历史和命运与在远东的英国商业的历史和命运交织成很密切的关系。它的创立人韦廉伽定医生（William Jardine）是乘了东印度公司的船，以外科医生的资格到东方来的。像一切东印度公司的职员一样，他得以自己之责任以自己的金钱做买卖。他成了远东最著名的商人之一，他的运道永远是好的，他永远很忙。真是，因为他实在忙不过来，所以在他的写字间里，他无论如何不愿多放一把椅子，他以为不给他的客人有坐下休息的机会，他们总走得早点。

伽定医生在广州遇着了那位和蔼可亲的詹姆·马斯生（James Matheson）。先是，青年马斯生是在加尔加太（Calcutta）他叔父那里任事的，直至他那忘了寄出一封重要的信的决定他命运的一天。他叔父甚为震怒，就令他回英国老家去。只是这位富于进取好奇的侄子不走上开伦敦的客船，却上了往广州的客船。他于一八二七年进了那家伽定医生的开设于广州和澳门的自印度至中国沿海均有往来的那个公司。

①

---

① 图注：外滩风景。刊载于《文华》1934年第48期。

这家公司的上代东印度公司已经消灭了，它却还继续存在。独占商业时期终了后，把"自由贸易"茶叶自中国运往英伦的第一只船，是怡和洋行的散拉号。这家公司已是很受人看重了，伽定医生的名声远播于整个东方，于是就有一群小伽定、小马斯生自英国来到广州的公司里任事。可是公司派到上海的第一个代表，是位绅士名叫达拉斯的（A. G. Dallas）。他把商行设在那英领事馆新址的隔邻，在那一弯新月的北端。不久这家商行便以好客出名。它以每月一百金镑的薪给请了一位法国厨师，它的饭厅是终年开启着的。在那个时候，这家公司每年关于请客一项要花掉四万镑，这个数目即在现在上海的大班们看来，也着实惊人。

在那个时候，其中有一个怡和大班，看来是个顽强的个人主义者。他目无法纪，他蔑视领事，他打他的马夫，直至闹得人言啧啧，他不管三七二十一，就在外滩遛马，弄得一般商人以及船户莫名其妙。只这也是例外，大体说来，这个早期的商业社会里的纪律甚是良好。领事的命令，大家都欣然服从。查查记录，只有一位美国商人要与巴尔福大尉（皇后陛下派来的领事）决斗。

当租界还是"英国人的"租界时，当皇后陛下的领事还是最高的行政长官时，美国的商人开始溜入到租界里来，他们和英国大班们见面，他们双方发生的关系是很别致的，那种关系既非英国式的，亦非美国式的。他们是美国北部的人，来自波士顿或来自纽约；他们到这里来，也和他们的英国伙伴一样，是来做大规模的买卖的。只是他们输入了美国式的主意，那种主意似乎更较英国的传统思想来得适合这个地方。上海正还年青，那般大班们也正青年，这个大都市的发展已在开端，那般英国大班们觉得如果他们再墨守着老式的行不通的成规，他们就要完了。那些美国的北方人特别能适应对华贸易中的投机性，他们较能计划，他们认清现实而有革命精神。上海，这个世界上最重视现实的共和组织，不久在那些英国"洋盘"看来，是美国化了。

只是美国在沪的商业还没有大得足以使华盛顿的国务院派遣领事到上海来。领事就由商人兼充，自在沪的美侨中选任。第一位跨上上海土地的美国人，亨利·华尔考脱（Henry Wolcott）得到了可以称自己为领事的权利。

华尔考脱的后继者是约翰·葛利斯华德（John A. Griswold）。葛利斯华德领事在虹口选了一方地皮，作为美国租界。中国的官方从未正式指定这方土地给美侨，于是说起来只好勉强说它是"自然而然生长的"了。只是美国大班还是住在英国租界里，不大愿意到苏州河那一岸的尚未加以开辟的区域去。说也奇怪，建筑那英国领事馆的海式令顿（Hothrington）也是一个美国人。他死于一八四八年，是死于上海的第一个白种人。

在英侨团体和美侨团体之间，是没有截然划分的界线的。英国人和美国人常在餐室里互相会面，彼此取笑对方的口音，彼此吃着对方的家乡菜，他们做了一百年的好朋友。

他们是一群精选的、举止端正、受有良好教育的人们，那些于十九世纪中叶聚合在上海的几百个洋鬼子，他们尽量的享乐。他们筑了一条路，叫做公园弄（Park Lane），这条路便是后来的南京路；他们在饭前到静安寺的那个井旁去散步；他们造了一个教堂；他们设法改良那条污脏泥泞的路——外滩。

他们把木桩打入烂泥中去，奠定了未来盈余未来鼎盛的基础，那成功和灾祸的基础。他们已走上了一条伟大的冒险的路。他们的条约除准许一天的观光外，不准许他们到内地去游历。这样也好。因为这样，在中国尚未开发的内地中人口稠密的城镇和乡村里发出来的远远的隆隆声，这些上海绅士们是听不见了。

○ 原载于《宇宙风·乙刊》1940 年第 31 期

三十年来报纸副刊的演变

1941

——张若谷

报纸与文艺副刊

如果把现代的中国报纸当作一个人看，第一版上的《电讯要闻》可以比做人的大脑，《社论》是眼睛，至于《文艺副刊》，在从前一般人的目光中，是向来被称为"报屁股"的，这固然是一种恶劣的名词，但也可以看出社会各界人士轻视报纸副刊的观念。即在欧美新闻界中，也往往把各种文艺作品放在次要的地位，例如法语中有一个相等于副刊的名词 Feuilleton，即含有"报尾巴"的意义，和中国的"报屁股"俗称，没有什么多大的区别。

新闻虽不是文学，而副刊却是报纸中的一种特殊文学，除了纯文艺性的副刊以外，其他各种综合性的副刊，也往往登载有文学小品杂文之类的作品。在普通的新闻版中完全是客观报道性质的文字，只有在副刊中的文字，可以由作者自由发挥各人主观的意见、思想和情感，他对于人生的一切现象可以充分尽量地加以描写、刻画、渲染，使读者有欣赏咀嚼的余地，有煽动激起共鸣同情的效能。有时副刊中的文字足以补充新闻的不足，或和社论互相呼应。因此有许多人，他们每天拿起一份报纸是喜欢先看副刊的。在一部分人的眼光中，并不把副刊当作报尾巴而看轻它，有些人却像爱看戏的都把它当作压轴子看。

报纸上为什么要有副刊呢？有不少人提出这个问题而没有确切的答案。刘半农在《世界日报》副刊的发刊词里写道："这个问题是谁也回答不出的，不过好像是报谱上写着，有报必有副刊。"

据胡道静在《报坛逸话》中"论副刊"一节说：

一般新闻学书籍里说组成报纸的原素是新闻、评论及广告，并没有副刊在内。贝士鼎（Geo C Bastien）的《日报编辑法》里，开宗明义说明什么是报纸，报纸生产扮演些什么东西，分析得比较仔细。据他说是"一天的寰宇消息、社论、卡通、特写、彩色滑稽画、展示的广告以及分类的广告"，也不曾说到副刊。然而凭你怎么样搁煞，打开一份报纸来看，总有一个或不止一个副刊。

刘先生认为难以解答的问题，从报纸进展的历史上去考察，能够很自然的得到答案。欧美报纸除了附在报纸以外的单印增刊以外，平日是没有像中国报纸中副刊那样的另辟成独立版面的，而是把文艺作品和新闻混合在一起的，或排在一角，或排在报的末端，但是无论怎样编排，除了运动版、娱乐版、妇女时装版以外，可以说从没有把文艺作品另外编排作为副刊的。

在欧美报纸上虽没有独立的文艺副刊，但是在编辑部里除了评论主笔，总编辑，电讯、经济、运动编辑以外，对于文艺各部门也都聘请有专门编辑，分工合作，各司其事。规模较大的报馆聘有文艺编辑，专门担任文学撰作，或剪取载在其他报纸上的文艺作品；有戏剧编辑专任报告剧讯，批评剧艺；有书报评论员，则多半由文艺编辑兼任，或特约报社外的著作家、教授或书报评论家担任。

文艺副刊的四个时期

中国报纸文艺副刊的演进，可以分为四个时期：（一）滥觞时期；（二）胎化时期；（三）独立时期；（四）成熟时期。

（一）滥觞时期

中国报纸始有文艺副刊创自《同文沪报》，其编法像是仿效日本的报纸。其副刊名《同文消闲录》，专载小品文字，另印成副刊，随正张分送。至于附印在报纸正张而另成一栏的，则以《申报》的《自由谈》为始例。《申报·自由谈》创刊于民国纪元前一年（清宣统三年七月初一日，公元一九一一年八月二十四日），不久《新闻报》也设《庄谐丛录》，后改名《快活林》。《申报》没有增辟《自由谈》前，也曾登载文艺作品，不过并不自立门户，是附刊在新闻版面中的。当时的《申报》和其他的报纸一样，是不分栏的，所有文艺作品，大半排在新闻中间或后面。当时的所谓文艺作品，完全是诗词之类，在《申报》创刊时的发刊条例中有这样的一节启事："如有骚人韵士有愿以短什长篇惠教者，如天下各名区竹枝词及长歌纪事之类，概不取值。"原来当时上海有不少的斗方名士，都喜欢把自己的名字和作品在报上发表，以示风雅而可夸耀他人，也有少数文人情愿花一笔钱把自己的诗词当作广告刊登，所以《申报》有来稿不作广告的条例，以示优待而资招揽。至于文艺作品致送稿酬的办法，在当时是连做梦也想不到的。

中国报纸文艺副刊滥觞时期，内容只是诗词之类的东西，彼此唱和，喋喋不休。或描写艳情，或流连景物，互吟风雅，无数斗方名士，咸以姓名得缀报尾为荣。其最流行的是竹枝词，竹枝词可以算是中国新闻文艺中最早的一种特色的作品。

黄天鹏在《新闻文学概论》里论列副刊文字，他说"新闻文学之两大潮流，一为政论之文章，一为新闻之通讯，兹二者外，又有余兴文学出，即新闻纸之副刊是也。考副刊之起源，初仅于新闻之余幅，附载诗词轶事等类。《同文沪报》记诗体例：诗体分咏，即以小见大，有人作火锅及帽盒一联云'顷刻锅中分冷暖，从来腹里有春秋'是也。此种小品文字，亦颇隽永，惟过滥溢重则失其风趣矣。"

（二）胎化时期

在光绪宣统年间，文艺副刊从竹枝词的范围渐渐倾向于艺术方面发展，注意到讽刺画的应用。当时有一种画报，在每一页讽刺画上都印有一颗图章，如画一家兄弟的不和或婆媳的失睦，便印上"同室操戈"的图章；描写一个奸商，便印个"丧尽天良"；描写奸淫的事，便印个"衣冠禽兽"。其最堪称道的，如《新民丛报》和《民报》等，都大胆登载鼓吹立宪和革命的文艺。一直到民国初元，各报添设《杂俎》《文苑》等栏，风起云涌，这是文艺副刊的胎化时期。但是里面所登载的作品，仍不脱乎诗词和笔记之类的作品，而且完全没有时间性的东西，只是在凑补新闻的不足而已。新闻多的时候，文艺就少登；新闻少的时候，文艺就多登。在这个时期，文艺副刊还是处于报纸附庸的地位。

在清末民初的年间，上海新闻界有两个特点是值得注目的：第一，是画报的流行；第二，是鼓吹革命的文字。画报是新闻文艺刊物的一种，美观、醒目，而且容易看得懂，它在文艺上和宣传上的价值和效用是在文字以上。

中国发刊画报已有六十年的历史，从印刷上言，可分三个时期：

（一）自民国纪元前二十八年（光绪十年，公元一八八四年）至民国九年为石印时期；

（二）自民国九年至十五年为铜版时期；

（三）自民国十五年起至今日为影写版时期。

这里只就清末民初时期的作一检讨。石印画报最盛于清末及民初，种类繁多，著名的上海的《图画日报》、北平的《浅说日日新闻画报》等，纸张都用竹纸，内容广刊讽刺时事的漫画，其指斥当道，颇为大胆。对于社会新闻方面，也多注意地方风俗的改善，举办公益禁娼禁烟等，都有裨益社会不浅。

①

在民国廿五年十月十日《神州日报复刊纪念册》上，我写过一篇《纪元前五年上海北京画报之一瞥》，其中曾说到清末宣统年间的画报概况：

中国自办新闻事业，是从清末创始的，其公然提倡民族主义、鼓吹排满、主张革命者，有《苏报》《国民日日报》《民报》《神州日报》《民呼报》《民吁报》《民立报》等，这几种鼓吹革命生力军的报纸，都出版在辛亥年以前。

《神州五日画报》是跟《神州日报》附送的，印有时事讽刺、上海风俗、上海新闻、各地新闻、国外新闻，编辑为

---

① 图注：《浅说日日新闻画报》1909 年第 299 期。

马星驰君。《民呼图画日报》是《民呼报》的附刊，简称《民呼画报》，其中特多攻击官场的讽刺漫画，编辑为张聿光先生。《沪报新闻画》多半是讽刺清末政府官吏的寓言漫画。《图画日报》是一种单独出版的画册，（民国）纪元前三年（宣统元年）七月创刊，为中日两国人士合作。《浅说日日新闻画报》北京出版，内容有讽画、寓言、讽字及有关风化新闻的插图。《燕都时事画报》，内容有演说、北京新闻及时事讽刺画写。

北京出版的画报都是通俗刊物，在天津方面也有同样性质的画报，都以迎合北方一般低级读者的心理，若和上海的画报相比，是不可同年而语的。

清末有几种报纸如《民呼报》《民立报》等副刊中，登载有许多鼓吹革命的文字，颇收到相当的宣传效能。据张恨水在《新闻文艺编辑法》一文中说："报上的文艺栏，由《申报》的《自由谈》变化而来的，最先的不能离开旧文人的积习，无非谈些书、画、琴、棋、诗、酒、花，小说和笔记还是《聊斋志异》的一类。到了满清末年，《民呼》《民吁》等报出世，带着很浓厚的革命色彩，在文艺栏内常带有些批评世事的讥讽文字，将一向文诌诌的格式改变了许多。不过他们的文字，还依然趋重于旧文艺。"

（三）独立时期

民国成立以后，各报文艺副刊虽在形式上已经以附庸的地位解放出来，而成为独立的副刊，但是在内容的方面，仍旧没有实在的东西，这个时期所有的材料，不出乎谐文笑话和打油诗之类的游戏文字，而抄袭古文套子更为流行，于时《阿房宫赋》《春夜宴桃李园序》等，就大交其好运来了。有些是无病呻吟，有些是失之刻毒谩骂。在这时期的副刊，可以《申报》的《自由谈》和《新闻报》的《快活林》作为例证。

《自由谈》要算中国报纸中历史最长久的一张副刊。它创刊于民国纪元前一年，在民国廿九年出过一个《三十年纪念专号》。最初由王钝根编辑，后由吴觉迷、姚鹓雏、天虚我生（陈蝶仙）等编辑，民国九年起由周瘦鹃编，廿一年改由黎烈文编，廿三年张梓生编。廿四年十一月一日起停刊，廿七年十月十日复刊，王任叔编，未及一月改由胡山源编。廿九年起由黄嘉音任编辑。

《自由谈》以周瘦鹃任编辑的年代最长久，他曾经谈到《自由谈》的体例道：

《自由谈》的体裁格式，十年来亦屡有变更。前几年间，我每天总得在报端胡诌几句，最初是沿制"自由谈的《自由谈》"，后来改为"三言两语"。临了因为军阀擅政时代，虽是三言两语，也动辄得咎，因此我便箝口结舌，索性一言不发了。直到而今，还是如此。"遗闻轶事"是我们所特别欢迎的，所以至今还是时有所见。这一年来，读者的眼光大有变动，我们编辑副刊的头脑也不得不随之变动。大约是趋重于新闻化的稿件最得社会欢迎，我们自不得不走这条路上去了。

《新闻报》的《快活林》过去由严独鹤编辑，后改为《新园林》，最近又改为《茶话》。他的编辑方针，据说共有四种：新旧折中、雅俗合参、不事攻评、不涉秽亵。十数年前曾提倡集锦小说，由"礼拜六"派文人轮流选述。又有谐著一门，突梯滑稽，颇合一般商人的胃口。

（四）成熟时期

民国八年，五四运动的洪流怒发后，文艺副刊才到达了成熟的阶段。中国北方的几家报社的副刊，对于新文化运动都有很大的贡献。其中以《晨报副刊》处于领导的地位。最早先有北京《益世报》（天主教会创办）对于新文化运动鼓吹不遗余力，可惜寿命不长，等到《晨报副刊》一出，在报界突放出一道奇丽的光彩，北方知识阶级和青年们都以《晨副》当作主要的精神食粮。《晨副》中登载的都是纯文艺作品，全用白话文写的，而且加新式标点。当时的北方报纸编排格式，一贯地保持着光绪末年的作风，用四号四体排印，不加圈点。最早是由孙伏园编辑，帮他写文章的有周作人、鲁迅等。鲁迅可以说是靠了《晨副》而出名的，在他的创作集《呐喊》中所收印的作品大半都是在《晨副》上发表的。后来孙伏园改编《京报副刊》。《晨副》改由徐志摩、沈从文、胡也频等支持写稿。

在同一时代，上海有《民国日报》副刊《觉悟》（邵力子主编）和《时事新报》的《学灯》（宗白华主编）也都介绍新的学术思想，和北方的《晨副》鼎足而立，成为推进新文化运动的三支有力的铁军。

张恨水在《新闻文艺编辑法》中也说到新文艺副刊对于新文化运动的贡献

道："五四风潮突起，文坛上陡然树着革命的旗号，有几家报纸很热心文化运动，认为旧文艺既须打倒，文艺栏便要彻底改革，于是将原来所取的材料，一概不要。在这个时代，新文艺栏对于思想方面，实在对国民有不少的贡献。"

战时报纸副刊的任务

文艺副刊最能代表一家报社的风格，它是站在报纸的前哨第一线去争取读者。因此它的使命和责任也最重大，凡是一张能够时时刻刻表现出战斗矫健姿态的文艺副刊，没有不受读者热烈欢迎的。文艺副刊能够获取读者拥护的原因，无非是为了它是一个广泛的读者园地。无论哪一种报纸，只有副刊是征收外稿，接受读者投寄的文章，因此文艺副刊也最容易能够引起社会各界人士的注意。因为凡是一种能够被称为大众喉舌的报纸，它不但可以藉此宣传国策和主义，而且同时也可以传布读者的意见，贡献给政府或社会供作参考。文艺副刊在某一种人的目光中是一种所谓报尾巴，可是它所负的实际任务是和社论及新闻有同样的重大价值，而且在效能方面有时是超出副刊要求以上的。

卢沟桥烽火举起后，全中国的报纸都执行着全民抗建的任务。每一张报纸，不论它的背景如何，都有严正的立场，同时也有它的适合时代要求的新闻政策。从前一向被人当作消闲余兴看的副刊，也给人家重视起来了。无论从事报业的工作人员或读报的人，大家都已认识在这个大时代中，报纸不能仅作为一种报告新闻的事业，而是发扬抗建国策的宣传利器，其能尽量发挥宣传最大效能的，不是新闻或社论，而是副刊中的文章，特别是文艺副刊，在战时的报纸中显然地已占着重要的地位。

《中美日报》是创刊于"八一三"战后的一张站于正义立场的报纸，副刊之一的《集纳》，在创刊时即揭布和一般的报纸副刊不同的特殊目标：

本刊内容性质和其他只谈风月或专刊纯文艺的副刊绝不相同。我们所负的使命，是"报"与"导"并重。在取稿方面，本刊不单是一种公开的文艺园地，而是一种文化的公器。

《集纳》编者在创刊词中写过这样的一节告白：

过去中国报纸对于文学形式的新闻记事素不重视。从"一·二八"中日事变起，上海有几种报纸才开始提倡特写一类的报告文学。自从"七七"全面战争揭幕迄今，全国的报纸更起了一种极大的变化。过去的新闻记者都只知道信奉有闻必录的信条。在战期全民总动员时，新闻记者除了尽报告的工作以外，还须担负起向民众宣传、鼓励、训练和指导的责任，供给读者以日常的精神食粮。

审讨《集纳》在发刊的第一年内（自民国廿八年十一月一日起），注重灌输通俗学术文化，登载抗建文艺作品，使读者能获得正确的时代知识，巩固正义战胜强权的信心，提高民族人格的培养，加强全民御侮建国的意志。提倡新闻小说，添设文化讲座。把《集纳》上发表过的文章，另印成《集纳选集》、《中国美术工艺》（徐蔚南著）、《马相伯先生年谱》（张若谷著）、《报坛逸话》（胡道静著）数种问世。第二年的《集纳》除了保有创刊时的原有作风外，并侧重正视现实的杂文，暴露孤岛社会的黑幕，挞伐上海文化界的败类，努力抢救一般纯洁无邪的青年，鼓励他们争取光明的奋斗，并注重青年学习修养方面的指导，刊载内地中国自由区的通讯报告。其中一部分的文字如《成吉思汗》剧本（原名《中国孤儿》，法国福禄特尔作，欧阳忠正译）、《十五年写作经验》（张若谷译）也都先后付印成书。从民国三十年起，《集纳》更充分地表现出战斗性的姿态。每星期日发刊《集纳文艺》，专刊纯文艺的创作和翻译。

综观《集纳》的演变，可分三个阶段：从专门化而通俗化而斗争化；从学术性的副刊改为文艺和杂文的综合；再进而为现实性的文艺副刊。

《集纳》编者还写过一篇《战时报纸的责任》，其中曾说到文艺副刊在战时的任务道："在此时此地，报纸的副刊，不该仍为少数知识分子和有闲阶级的消遣读物，而该变成为青年群和大众市民的指导者。"

文艺副刊对于社会教育具有极大力量，是一种指导社会的教育利器。新闻界前辈叶楚伧先生在某次演讲中曾经谈到副刊对于社会教育的影响问题道：

今日各报有一普遍之弊病，即不注意副刊，在副刊中造成无数恶果。彼等认为副刊必须引起读者兴趣，因而必须猜测读者之心理，读者所好者好之，读者所恶者恶之，结果是诲淫诲盗，顽群邪侈，此系国家民族之最大危机。其实副刊之作用在于社会教育，断不能引诱青年去入奢侈淫逸之途，青年之兴趣，并不一定在此，大半为引诱所致，往往因一二篇不良文字之登载，社会千百年秩序，国家数十年之努力即被完全破坏。有人以为不如此副刊无兴味可言，其实中国非无讲忠孝讲道德之文艺，非无启发民族意识之小说，此等文艺小说亦能同等引起读者之兴趣。故副刊上固然不必满口仁义道德，但须认清副刊系一教育园地，便应使其绝对清洁。

重庆上海报纸副刊一瞥

抗建四年是中国历史上最不平凡的年代，整个中国的政治经济文化各部门都激起空前的巨大变化。中国新闻事业也有显著的变化。在本质上的最大变化，可分四点：

（一）新闻事业的理论，从不问政治为新闻而新闻的超然论，和舞弄文墨不切实际的唯言论转变而为组织群众指挥群众的政治工具；

（二）战斗精神的提高；

（三）团结合作的进步；

（四）文艺副刊战斗性和现实性的提高，和大众文艺的抬头。

笔者仅就今日新中国的心脏陪都重庆和日后孤岛的上海两地的报纸文艺副刊，以客观的态度作一次检阅。

（甲）《中央日报》副刊《平明》，是纯文艺性的。初移重庆时，编者陈凤兮，不久改由梁实秋编，编了一个多月，即改由端木露茜编辑，数月后又由伍蠡甫编，未及一月又改由封禾子主编。因为不时更换编者，没有个性特点可以表现。最初是每周发刊三次，最近因为篇幅减缩关系，已经停刊了。

（乙）《扫荡报》过去的副刊有《野营》与《瞭望哨》两种，内容大幅刊载战斗性的文学作品，每周平均发刊二次，最近副刊形式已不

①

---

① 图注：重庆市民街头读《扫荡报》。哈里森·福尔曼摄影。

存在，在新闻版中夹登报告文学的作品。

（丙）《大公报》原有副刊《战线》，因无固定地位，时常因广告拥挤而休刊。过去多载检讨性质的理论文字，近日很少发刊了。

（丁）《新华日报》最近已停版，过去没有副刊的名称，但第四版的内容无形中成为副刊的格式，编者戈宝权。该报是中国共产党办的，所以特多译自苏联报章杂志阐扬共产主义的文字。

（戊）《时事新报》副刊《青光》，移渝后由张慧剑主编，内容相当活泼生动，不久改由赵超构编。中间曾一度停刊，复刊后改为每周三次，此外另有《文艺青光》（徐仲年主编）、《文座》（沙雁主编），多载文艺小品及理论。每星期另有《学灯》增刊，编者宗白华，是富于学术研究性的周刊。

（己）《新民报》经常的副刊《最后关头》，编者张恨水，内容虽尚新颖，但仍不免有"礼拜六"派的文笔气息。此外曾发刊《大时代》，编者张亦鸾，刊载描写抗建事实的短文为主，不数期即停刊。也曾发刊《星期附刊》一小张，比较富于文艺性，但也只有数期的命运。

（庚）《国民公报》原有一个守旧的《国民副刊》，改革后由章靳以主编《文群》，每周发刊三次，载刊纯文艺作品；《国民副刊》则改为每周两次；此外还有《电影战线》周刊，内容多广告性的宣传文字。

（辛）《新蜀报》的副刊《新副》，编者金满成，是一种正视现实的综合性副刊，后易名《文锋》，再易名《蜀道》，改由姚蓬子编辑。姚是转变了的左翼作家，他编的副刊也充满转变的气息。

至于上海各报的副刊，凡是平日留意孤岛文化界动静的读者，类都能明了。自从"八一三"炮声怒喝后，上海新闻界起了很大的变化，在事业的规模上是由大变小，在报社的数量上则却是由少变多，而到了今日，却又树立了正义和奸邪不共两立而却又对峙着的两条阵线，不可不说是中国新闻事业的一大奇迹！

民国二十六年十一月十一日中国军队挥泪撤退上海后，多数的报纸或者忍痛和上海人士告别，或者迁地为良。从廿六年到廿七年，上海新闻界顿时呈现空前的萧索状态。民国廿八年一月二十五日英商《文汇报》出版，对于上海的报纸无异是注了一帖兴奋剂。初刊时的副刊原名《文会》，于二月十一日起改名《世纪风》，因为鉴于当时上海文艺界的沉寂，便由一般性的改为纯文艺的副刊，它给孤岛文艺添了不少的热闹景象。在发刊第一年中出版了一本《边鼓集》，是由《世纪风》中选出来的杂文结集。这个新生的文艺副刊可惜于民国廿八年五月十日跟了《文汇报》共同被迫勒令停刊了。

今日上海各报文艺副刊的概况，有如下述：

（甲）《中美日报》经常的副刊为《集纳》，由摩矩编辑，内容注重现实性的杂文和战斗性的文艺作品，最近提倡新闻小说。每星期日发刊《集纳文艺》，专载纯文艺的创作或翻译，发行过《街头诗特辑》。每月五日及二十日另发刊《集纳笔谈》半月刊，是集纳笔会的会刊，专载关于指导写作的理论及方法。此外，有《艺林》及《堡垒》，每周各出三次，前者是评介电影和话剧的艺术副刊，后者原是介绍学术思想，最近已致为职业青年作对象的通俗性的副刊了。

（乙）《正言报》原有纯文艺副刊《草原》，每日发刊一次，最近已改为每周三次。编者最多为柯灵，近已改由朱雯编辑。柯灵过去并曾编过《文汇报》的《世纪风》和《大美早报》的《浅草》，多期的《草原》和《世纪风》有许多相似的作风。

（丙）《申报》现有副刊两种，《自由谈》和《春秋》，每周各发刊三次。前者由黄嘉音编辑，注重社会问题的检讨及介绍西洋杂志小品。后者由张叔通编，侧重社会现实的素描及特写。两者都连载有长篇小说，是由"礼拜六"派文人执笔的。此外纯文艺的副刊，有《大晚报》的《前影》和《每周文艺》。至于《新闻报》的《茶话》、《新闻夜报》的《夜声》、《大美晚报》的《夜光》、《神州日报》的《神皋杂俎》等，都是综合性的杂文副刊，间或刊载文艺小品，都没有什么多大的特点。

除了上述的八种站于正义立场的报纸以外，目前在上海尚有日伪办的奸邪报纸六种，都是黄色新闻、荒谬谰言和桃色副刊的制造所。计有《中华日报》的《华风》、《平报》的《平明》和《新天地》、《新中国报》的《学艺》和《趣味》、《国民新闻》的《纵横》、《上海时报》的《新时代》和《上海人》及日文《大陆新闻》华文版《新申报》的《新光》和《综合版》。至于这一般"汉字头"

报纸副刊的内容，除了《新光》一种是登载新风花雪月的无病呻吟的东西以外，其余的都等于是变相的色情小报。

《新申报》上最近有一篇东西，是批评和它站在同一立场的各报副刊的，且看在这一丘之貉笔下所写来的东西是如何招供的：

副刊的复古倾向，在最近的《和平报》确是一个显著的事实。我们翻开各报一看，不论是《中华日报》《平报》《国民新闻》等，副刊内容不是捧角定是谈掌故，不但把电影明星的大腿搬到纸面上，就是连《金瓶梅》等淫书淫画也当做好材料，凌霄汉阁的评戏文章，也似乎特别出风头，为副刊编者当做珍贵货品了。这种现象，使我们回忆到当初有报纸的时候，在民国四五年的报纸的确也是这样的，因为那时的读者读报的目的大概就在看一些剧评掌故以及奇谈怪说等，以供茶余酒后谈助。当时的编辑为了适应客观需要就不得不这样了。但是现在的时代究竟和以前不同了，读报的人没有复古，副刊编者都先后复起来了。

总之一句，凡是正义的报纸都配合着时代的需要，都响应着中国抗建的国策，向光明前途迈进，报纸副刊站在文化战线的前哨，表现出战斗矫健的姿态。只有那些由无耻文人们杂凑的奸邪的报尾巴，是在做着违背良心杀人不见血的散布毒菌的勾当，这种开倒车的现象，我相信，迟早会给大时代的洪流冲倒，而变成为被淘汰的滓渣的。

中华建国三十年三月十二日，国父中山先生逝世十六周纪念，在上海

编者按：

若谷兄远从"孤岛"寄来这篇文章，居然没有被扣，真是奇迹。正因为笔者身处数千里外，所以对于重庆各报副刊情形只知道一个大概甚至不十分准确。然而，即使如此已经足以证明沦陷区的读者无时无刻不在注意大后方，这正是可以安慰我们鼓励我们的地方，为了要"存真"，故对于若谷文中的遗漏或错误只字未改。至于文中所谓"汉字头报纸"，当然指汉奸报纸，其义甚明。（仲年）

○ 原载于《文艺月刊》1941年第11卷

三十年前上海滩的补充话

1944

—— 郑逸梅①

关于 SS 女士

本刊上期黎柏岱所记的《三十年前的三个摩登女子》，谓殷明珠，吴江人，乳名龙官，肖龙，所以今年有五十岁。实则殷明珠嫁杜宇，但年龄较小于杜宇，杜宇今年四十八岁，明珠今年四十一岁，同样肖龙，柏岱君大约多算了十二年了。并且还有一个证据在，鄙人的小儿子鹤，拜杜宇、明珠伉俪为义父母。某年，殷明珠女士三十生辰，愚夫妇曾携了鹤儿去向义母拜寿，明珠女士亲自结了一件红绒线衫给鹤儿。鹤儿今年只十岁，若明珠女士今年已五十三岁，那么她三十生辰，鹤儿尚没出世哩。

至于 SS，柏岱君谓此人姓袁，她的芳名，记不起来了。这位 SS 女士，鄙人也见过多次，她的芳名澹然，其时她已沾染阿芙蓉癖，容颜消瘦，经济情形很不佳，有时向明珠告贷。明珠多少总应酬她，因为她们俩交谊是很厚的。她很喜欢读小说杂志，她只晓得鄙人姓郑，不知道叫什么名儿。有一回邮差送一信来，鄙人正在拆信，她在信封上瞧到鄙人的名儿，就笑盈盈的对鄙人说，原来你便是郑逸梅先生，我只知道你姓郑，今天才晓得你的大号，那么你的大

---

① 编者注：郑逸梅，江苏吴县人。作家，画家，著有《小阳秋》《人物品藻录》《逸梅杂札》《艺林拾趣》《艺坛百影》《影坛旧闻》《清末民初文坛轶事》《三十年来之上海》等。

作，在杂志上我是时常拜读的，鄙人就逊谢了数语。澹然有一女儿，乳名小毛，豆蔻梢头，娇憨活泼，澹然拟送她去学舞，希望为舞榭明星。明珠反对她说，学舞不是上策，还是让她读书求深造的好。后来澹然赴燕，就香消玉殒了。

关于《阎瑞生》

现在舞台上搬演《阎瑞生》，这出戏在十年前，早已红极一时了。这时尚在南市新舞台饰阎瑞生的，便是亡友汪优游，那戏也是他把上海轰动社会的新闻编成的，连日满座，足足演了三个多月。据说新舞台对于汪优游不是包银制，为拆账制，在这戏上，汪优游麦克麦克①，着实得了些利润。但是戏中情节，阎瑞生因官府捉拿，逃入水中，新舞台为求像真起见，特设满台真水布景，汪优游便天天跳水。不料接连三个月，受足了寒和湿气，结果大病了一场。

那阎瑞生曾在徐汇中学读过书，毕业震旦大学，是一个很有为的青年，不料自甘堕落，以致于犯法纪，死于非命，这是很可惜的。在当时很有许多人传说，阎瑞生没有死，死的是另有其人，由阎斥资替代的。其时鄙人尚幼，随着先母住在宝善街，有一次，见弄堂中有一七八岁的女孩，和邻儿捉铁子（捉铁子是用七块皮鞋型的小铁脚抛掷为戏，也有用小砖磨光替代的）。吾家的佣人说，这个女孩便是阎瑞生的女儿，阎没有死，所以他的女儿辫线用红绳，未曾戴孝。鄙人一瞧，果然辫线是红的。但这个女孩是不是阎的女儿，鄙人始终认为是个疑问。

屁股底下的国旗

民初国家规定用五色旗为标帜，是五族共和的意思，这时各种器物上都把五色旗做在上面，藉以趋时。小花园一带的妓女出堂差，乘着三湾包车，车上坐垫也绣着五色旗，成为风尚。后来有人在报纸上提议，堂堂国徽，怎能任那莺莺燕燕的倡妓坐在屁股下，这未免太亵渎了，结果由政府下令禁止。

---

① 编者注："麦克麦克"为洋泾浜沪语，英语 money 的转读，为钱多之意。

理发店的赠面

现在剪一次发动辄百元，鄙人为节省起见，本来每一个月剪一回发的，今乃一个半月或两个月剪发一次，垢面囚首，不能顾及了。岂知在民初剪发却有义务，不必花费分文的。原来其时上海已光复，陈英士都督因顽固守旧的蓄了发辫，尚未剪去，特出告示劝告。于是有徐志棠其人者，热心兴奋，办了个剪发义务会，设在会审公廨隔壁畅园茶馆内，期限规定三天，三天之内有来剪发的，不但不取分文，而且另赠大肉面一碗，以助兴趣。鄙人曩时的邻居柴仲廉君告诉我，他便是享着义务剪发的权利，并吃过大肉面的一个。

从前的旧路名

上海虽然换了新路名，但是旧路名叫惯了，一时尚不易改转来。可是这种旧路名，在三十年前，也是属于新路名之列。其时的真正旧路名，现在几乎没有人知道了，如石路本为闹路，北京路为领事馆路，南京路为花园弄，福州路为教会路，江西路为教堂街，山东路为庙街，广西路为西克路，天津路为球场弄，九江路为纤道路，广东路为北门路，宁波路为宽克路，山西路为老关路，河南路为界街，四川路为桥街，汉口路为海关路，武定路为东京路，平凉路为麦特拉司路，为底安路为工部局路，陶尔斐斯路为麦军官路，蓝维露路为肇州路。

愚　园

愚园，鄙人幼时曾随先大母去游逛过多次，可是现在已印象模糊，指不出当年愚园确实的遗址了。顷读亡友胡寄尘《过愚园遗址》诗，有所谓花神阁，鄙人在那时一定也到过，今也记不起来了。

寄尘诗云：

> 偶过愚园路，园荒名尚存。
>
> 东风长芳草，何处问花神。

诗的前面尚有一小序：

愚园原在静安寺东北半里许，清光绪十六年，四明张氏所创葺，后屡次易主，民国五六年后废，今西区愚园路即以园而得名也。园未废时，其假山上有花神阁，春秋佳日，游屐甚众，车辙所经，犹如昨日，乃忽忽二十年矣。

卅年前的物价

吾友胡寄凡君著有《上海小志》，内附海上忘机客的一则文字，三十年前的生活状况，藉此可见一班，如云：

三十年前，余家在城内，赁屋二幢，月租仅两元。其时尚未通行机白米，米价最高，每石二元余，故三四口之家，月入二十元，尽可敷衍。时银元兑制钱多不足一千，二十元不过十九千，或十八千数百文耳，住屋食米为居民最大问题。就余当日，供给此二项仅须四千余，余则日用必需与必不可少之消耗，尚存十五六千，生活自可勉强，苟非浪费，不至如俗所谓打饥荒也。其时雇坐人力车，自十二三文贵至四五十文，过此必其道路甚远，如自福州路至沪西梵王渡，亦多至一角，西门至徐家汇，不过六十文。啜茗最大茶肆为华众会、万华楼等，两人入座，例进一碗为二十八文，点心面则十六文至二十八文，馒头各式每件七文，故偶与亲友三四人入肆茶点，不为他用，大都用钱二百文已足。若在四角以上，则必连饮酒点菜在内。其时普通菜馆不过京、徽、粤三种，夜入晚膳，两人用银五角已大堪醉饱，一元之费可请客矣。

的确，这时的物价非常低廉。记得鄙人每晨赴校读书，先大母给一铜圆作点心钱，鄙人买三文钱粢饭，下午三文钱买饼吃，尚余四文钱，或买制萝卜、咸水豆为零食，或储蓄起来。有时饭菜不配胃口，食不下咽，先大母嘱佣人去买三十文酱汁肉，三文一块，计有十块之多，大家都得染指了。

双人黄包车

自从汽车停驶，市上纷纷都用三轮车。三轮车座位较宽，可供两人之坐，这一点便比人力车便利得多。不知曩时的人力车，也有轮高座位，可容二人的，后因男女苟且，弊病百出，捕房以事关风化，即行取缔，缩小车身，只能容坐一人，成为今日的制式。

游戏场人文荟萃

现在的文士名流，罕有涉足游戏场的，在民初的大世界，却为文人荟萃之所。当时海上漱石生主持《大世界报》，以文会友，陆澹庵、陈秋水、天台山农、施济群、朱大可、徐行素辈，常到那儿去闲逛，谈天说地，诗酒联欢，《大世界报》上时有他们的文章。后来施济群辑《金钢钻》月刊，十之五六固取之于《金钢钻报》，十之四五却是《大世界报》的精华。

海上的文虎集团萍社，每晚悬谜大世界，无间寒暑，逢到新岁更觉兴高采烈。那些前辈况夔笙、步林屋、陈夔龙、徐寿云等也来参加，社友达一千余人之多。后来海上漱石生脱离《大世界报》，萍社曾假《金钢钻》报社举行一次谜集，鄙人适主辑《金钢钻报》，得参与其盛。自《大世界报》提高水平，后来各游戏场也都聘请文坛健将主持其事，拉拢许多作家，如《新世界报》由孙雪泥、周剑云先后主辑政，《小世界报》由姚民哀编辑，《先施乐园报》由周瘦鹃编辑，《永安天韵报》由王瀛洲编辑。其时没有稿费，送长期游券，所以许多作家每晚无事，常到游戏场玩玩。尤其夏夜，在琼楼高处，啜茗清谈，烦襟为涤，飘飘欲仙。那天韵楼鄙人是常去的。

林步青

心汉阁主曾购到许多扇箑，上款为步青，原来是林步青的遗物。林步青在

---

① 图注：五十年前之出行对比。刊载于《良友》1936 年第 113 期。

民初执滩簧界的牛耳，据说其人向学珠宝业，很喜听苏滩，后来他自己索性弃珠宝业而改行唱滩簧，口齿伶俐，随机应变，往往当天的新闻，他随编随唱，敏捷异常，为任何人所不及。后来他又加入新舞台串演时装戏。他的摊簧和戏，鄙人都领教过。

妇女的时装

妇女自改穿旗袍，把长裙废掉，当时妇女的一条裙，好比我们酸丁的长衫，不穿就走不出去，那裙裥折很多，称为百褶裙。每逢新岁，向戚家拜年，或喜庆应酬，必穿红裙。红裙的幕面绣着花，大都是凤穿牡丹一类，裙上更缀以小铃，行走时琤琤作细响，认为是大家风范。上身的衣装大都圆角，作琵琶形。领头两端特高，几乎遮没半面；后面特低，为元宝式，称元宝领。衣组盘作云头形，有的翡翠，有的黄金，无非争奇斗富罢哩！

杨了公贾字

顷在正蕃小筑郎静山家，见杨了公遗墨多幅，因忆及杨了公民初鬻字海上，订润极廉，无非招揽生意，藉以维持生活。据说了公本是华亭很富裕的，他慷慨好义，所有资产悉数充作慈善事业。后来自己却很拮据，不得已一度为人测字。又复在海上卖字，以供馕粥。他尝有句云"才识艰难惊已老，欲行慷慨奈长贫"，是真慨乎言之哩！

马口铁长衫

三十年前风俗尚俭，男子穿纺绸长衫认为太奢，大都穿竹布长衫，有白的，也有竹根青的，尤以学校生徒，什九穿竹根青竹布长衫，几乎成为天然制服。鄙人幼时，也穿了好多年的竹布长衫。竹布长衫新的时候非常硬性，穿着走路别有一种声响，谑者谓之"马口铁长衫"。

客栈种种

旅馆饭店的名称，当时是没有的，什九称为客栈。那种客栈，设备简陋的很，室中只有一床一桌一机一灯。床上没有被褥，须客人自带。一灯是油盏火，不很明亮。客人若不带被褥，向客栈租赁，另出租赁费。床铺大都是棕垫的，很易藏匿臭虫，夜出肆虐，旅客大苦。大的客栈，标"仕宦行台"四大字，派着茶房向轮船码头接客。那八仙桥、东新桥一带的小客栈，那些茶房往往坐在门前，见有男女双档，必向之招揽："里面有干净单房间，阿要领看？"原来这些小客栈不啻野鸳鸯的待合所，凡属野鸳鸯借宿，取值较昂，客栈视为好生意。又有高铺，好比现在的双层床，不过是用木板搭的，卧高铺只须一二十文，什九是劳动分子。

著名小食品

三十年前有几种著名的小食品，王大吉弄的臭豆腐干，王大吉弄在宝善街西头，那臭豆腐干余的松透，入口而化，确是很好的口味。又，城陵庙头门口松盛的常州酒酿、麦家圈绮园烟馆门口的糖炒栗子、豫园钱粮厅前的平望面筋、石路王仁和的桃酥、咸瓜街洪万珍的咸炒花生、邑庙花园内卖糖阿四所制的褪衣胡桃糖、大马路邵万生的火炙糕、小南门外大街小寡妇家的素面、画锦牌楼饼摊的萝菔丝饼、宝善街春申楼的春卷，都是价廉物美，顾客没有不朵颐大快。

梅红纸名片

名片当时是很大的，用木刻印于梅红纸上，只三个挺大的姓名，没有地址及职务电话等累赘字样。每逢新年，把名片置在拜匣中，由当差的向各亲友家普遍投送，因亲去拜年，恐怕人家太多，一时兜紧转，或致遗漏，即已送过拜年片不再去拜年，礼多人不怪，也不打紧，所以成为一时风尚了。

○ 原载于《万象》1944 年第 4 卷第 4 期

民初上海忆语
1944

—— 朱凤蔚

本刊有"三十年前上海掌故"之辑，柯灵兄邀不佞写一篇来凑热闹，虽允之，而有无从下笔之苦！

民元一年，不佞确在上海，而民二即奉命入湘，一住十年，但亦常川往来湘沪间。兹将清末民初上海现状一斑，记忆所及，拉杂书之，一鳞半爪滥竽充数，聊博读者一粲而已。

我们弄笔头的朋友，总忘不了报馆，现在先来谈谈民初的上海报社。上海的报纸，除英、俄、日、德文外，中文报在前清只有《申报》《新闻报》两家，直到清光绪末年才有《时报》创立，到宣统年间才有民党机关报《民呼报》（后改《民吁报》《民立报》）发现。但到了民国元年，因为国民党革命势力的蓬勃，民党报纸随如雨后春笋，发皇无已。屈指算来，除《申》《新》《时》三报外，民

①

---

① 图注：新闻报馆。刊载于《环球》1947 年第 17 期。

党报纸计有《民立报》《民权报》《天铎报》《民声报》《太平洋报》《神州日报》《民国新闻》《大共和报》（据说《大共和报》为进步系政学系人所创办，但普通人亦目之为民党报纸）等，八九种之多！这许多民党系报纸中自然要推《民立报》为巨擘，先来谈谈《民立报》。

《民立报》是由《民呼》《民吁》被封蜕化而成的，为民党唯一的机关报。初期销路不大，待到辛亥年武昌起义，一直到各省次第光复，克复上海，它的篇幅一天一天扩大，它的销路一天一天开张，由一张、一张半、二张、三张，最多到四张。销路由一千起，最多到四五万，真是报坛天之骄子！辛亥革命时，《民立》专电独多，社论独多，铺张扬厉，风起云涌，读者莫不手舞足蹈，攘臂轩眉，欢声雷动。别县火车轮船到来，人争购《民立报》，最俏时竟每份四角、一元乱喊。

《民立报》于右任任社长，章行严、朱宗良、徐血儿、范鸣仙任主笔，宋渔父任《中外要闻》编辑，邵力子任《电讯》编辑，杨千里任《本埠新闻》编辑，叶楚伧任《副刊》编辑，皆报坛第一类人才，可单独组一责任内阁，连总次长在内，人才可以不外求，无可见浩大了。

于骚心（右任）本人不大执笔，惟亲自出马与《民权报》戴季陶开笔战。《民立》于创造民国，自有殊勋，但竭力赞成南北议和，鼓吹孙中山先生退位，让总统与袁世凯，撤消南京政府，以酿成二次革命。袁氏帝制自为，《民立报》随为民党彻底革命派所诟病。宋遯初被刺，二次革命失败，国会解散，民党被袁政府所通缉百余人，《民立报》只得关门大吉，夭折以死。

其次言论犀利不屈不挠的，要推《民权报》。编辑主笔有戴季陶、汪子宾、牛霭生、何海鸣等。与《民权报》并驾齐驱，而先于《民权报》出版的，有《天铎报》。《天铎》主笔编辑有李怀霜、邹亚云、柳亚子、朱宗良。论人才之盛，当推《太平洋报》，有姚雨平、陈陶遗、邓树楠、叶楚伧、柳亚子、苏曼殊、李息霜（按：即弘一大师）、林一厂、余天遂、姚鹓雏、夏光宇、胡朴安、胡寄尘、周人菊、陈无我、梁云松、朱少屏、王锡民，尽是南社社员，也尽是国民党党员。其他《神州日报》有王无生、黄滨虹；《民国新闻》有昌天民、陶冶公、沈道非、陈泉卿；《民声报》有黄季刚、刘昆孙、杨姓洵、宁太一、汪兰皋；《大共和报》有汪旭初等。为民党声势极盛时代，亦为南社极盛时代。但到二次革命失败，这许多林林总总民党报纸，次第关门，烟消火灭。

继《民立》之绪的有《生活日报》，徐朗西为社长，舍弟朱宗良为总编辑，楚伧、力子、匪石皆属之。《生活》停版，到民四冬，袁世凯为帝制自为，孙先生乃以命令创办《民国日报》，即以《生活报》全班人马创办，为民党报纸延一线之绪。

讲到上海报界和袁世凯做皇帝，其他大事姑不论，只谈两件问题很小的趣事。一件是《字林西报》有一篇批评袁世凯帝制自为的论文，袁世凯的机关报《亚洲日报》把它译成中文，说道赞成袁世凯做皇帝，同时《民国日报》也把这篇论文译成中文，说是坚决反对袁氏帝制自为，真是滑稽之至。还有一件是袁世凯下令改民国五年为洪宪元年，租界当局接着中国官厅的公文，令各报先改以为之创，否则将从严处分。日报公会为难极了，开会的结果是议决各报上端仍用民国五年，而于报头下端加印新六号字"洪宪元年"，细如蝇足，要细辨才能认识，又是一个滑稽之至。

民国初元，上海发生三起暗杀事件。第一件是宋教仁在北站被刺身死；第二件是袁世凯爪牙上海镇守使郑汝成在白渡桥上被刺身死；第三件是民党健者南社社员前沪军都督陈其美被刺身死。

宋教仁拟有大政方针，预备北上组织责任内阁的，袁世凯惧政权被民党所攫，而密嘱赵秉钧派洪述祖、应桂馨，以厚贿遣人刺杀宋教仁于北站。此为民国成立后唯一的政治暗杀事件，株连极多，不但轰动全国，而且轰动全世界，二次革命因此而起，袁世凯做皇帝，以及西南护法、云南起义讨袁，皆伏根于此，关系之大，可以想见。但民党左派根本反对宋教仁北上和袁氏合作，以为与虎谋皮，其何能淑？所以宋教仁被刺一案，虽轰动全国，而一部分民党则认宋咎由自取，既不同情，便无足惜了。

郑汝成之被刺，实陈英士派孙祥夫遣人为之，袁党虽然震惊，影响当然不大。但袁之恨民党愈加厉害，结果陈英士亦遭袁党暗杀于萨坡赛路[1]寓所身死。

---

① 编者注：即现在的淡水路。

陈英士美秀而文，有肝胆、有魄力、有计划、能文章，为民党中勇敢实行革命家。民党在上海一切活动事件，皆由英士受孙总理主持之，英士死，总理失声痛哭，盖失去一臂也。陈英士为沪军都督时，蒋介石、黄膺白等皆为其部属，陈英士实为民党杰出人才。但陈为沪军都督时，好微服冶游，出入花丛，流连忘返，实为大醇中小疵。自古英雄多好色，英士何能自免？号为风流都督，我无闲言，若恶谥为杨梅都督，当然过分。

民国元年，上海国民党支部在南京之西中段，一日在部欢迎蔡鹤卿（子民）、汪精卫两先生新游海外归国，我随《民立报》同人出席参加，蔡、汪精彩之演词及其神态，至今犹能仿佛其三四，后来才把国民党支部迁到环龙路。回溯当年情形，令人起不尽低徊之感。国民党内部，始终不能融洽一致者，早年就有文治武治、左派右派之分，自昔已然，不过于今为烈罢了。

清末上海妓女、小先生出堂差，龟奴掮在肩上走，大先生坐轿行。最大烟间为南诚信、北诚信。书场有小广寒、天乐窝、青莲阁，书寓妓女至书场吹弹歌唱，客人点唱，每次一元，若出两元，娘姨必陪同先生装水烟敬客，水烟袋大都金制，必递卡请客人去逛。听一次书，连广膏雅片一盒、龙井一瓯，仅费小洋两角，加四文小账，必呼谢谢。

青莲阁傍晚为野雉集合地，茶客多有被拉资格，费一元可以消魂真个，若么二堂子，三块钱就跌倒，陪你睡整觉。民国初元，长三堂子做花头，一场和十二元，一桌整席十六元，客人不打牌而买票，至多每人三元，若请客而做一打花头设两台酒者，已为豪客。熟客例得记账，三节清偿。惟下脚必须现惠，至多酒和两种二十元。

西菜一枝香、旅馆一品香最时髦。另外什么行台什么栈，亦有官绅借住，房价二角至四角，各一元钱一夜，是讲究大栈房了。

○ 原载于《万象》1944 年第 4 卷第 3 期

三十年前之期刊

1944

——秋翁

三十年在人生历程中毕竟是个悠长的岁月，古人称它为半世。那么我人要回忆半世以前的事，免不了有些印象模糊，写出来时，也只能记着些荦荦大体，挂一漏万，在所难免。本人回忆三十年前，那时正值国家鼎革之际，社会一切都呈着蓬勃的新气象。尤其是文化领域中，随时随地在萌生新思潮，即定期刊物也像雨后春笋般出版。因为在那时候，举办一种刊物，非常容易：一、不须登记；二、纸张印刷价廉；三、邮递利便，全国畅通；四、征稿不难，酬报菲薄，真可以说是出版界之黄金时代。兹就记忆中的若干种期刊胪列如左。

《民权素》实为当时最风行之刊物，编者蒋箸超，会稽人，曾主《民权报》笔政，因该报为国民党之喉舌，国民党在那时既不容于袁政府，终于受袁政府势力之摧残而停刊。那时有一部分人不甘缄默，纠合同志，另立机构，在望平街口开设民权出版社，印行《玉梨魂》《蝶花劫》《锦囊》《兰娘哀史》《孽冤镜》等单行本小说，同时发行《民权素》月刊。该刊前数期材料，大都取诸《民权报》，自第四期开始征求新稿，出至十七期而告终。有很多长篇均未完成，大约受经济支绌的影响所致吧。内容方面，首为名著，有章太炎、樊云门、姚雨平、孙中山、柳亚子、杨了公、林琴南、叶小凤等作品；二为艺林，如恫百、卷盦、秋梦、哲身、君木、晦闻等之诗词；三为游记；四为诗话，有苏曼殊的《燕子龛诗话》，怀霜的《装愁盦诗话》等；五为说海，较精彩的有悟痴的《刺马记》、南村的《红冰碧血录》、秋心的《梅仙外传》、双热的《花开花落》、天醉的《莽和尚之姊》等；六为谈丛，有南村的《呵冻小记》《寻花日记》、肝岩的《琴心剑气楼忆墨》；七为谐薮；八为瀛闻；九为剧趣；末栏称碎玉，有惨佛的《醉余随笔》、逸梅的《慧心泉》、箬超的《艺庐之谈屑》等。当时盛行文言作品，该刊所载，十之七八为文言文。白话殊不多见，内容之充实，在民初得的此刊为首屈一指。

《小说丛报》的作家，大都是《民权素》执笔的，所以也可说《小说丛报》是变相的《民权素》，版本扩大，每册定价四角。社址设在七浦路，主编的为海虞徐枕亚。封面题签出于徐天啸手笔。枕亚在《民权报》上发表了《玉梨魂》，后来刊为单本，传诵一时。主编《丛报》便别撰《雪鸿泪史》，托为"何梦霞日记"，《丛报》的销路顿时增至数万份，这书的号召

①

力可见一斑。其他长篇尚有《棒打鸳鸯录》（后出单行本，改为《双鬐记》）、箬超的《琵琶泪》、定夷的《潘郎怨》、独鹤的《小说迷》、仪邮的《假币案》、绮缘的《冷红日记》、逸如的《剩水残山录》、双热的《燕语》和《断肠花》、鸳雏的《桃李因缘》和《玉楼蛛网》，更有西神、鸳雏的传奇，醒独的弹词，内容分插画、短篇小说、长篇小说、文

②

---

① 图注：《民权素》1915年第13期封面。
② 图注：《小说丛报》1916年第19期封面，为周柏生所绘。

苑、译丛、谐林、笔记、传奇、弹词、新剧、余兴，每一栏用彩色纸分隔着。补白很注意，由警众、逸梅、慕韩等执笔。刊行至二十二期，忽改缩为中本，由吴双热编辑，可是名义上却为徐枕亚、吴双热合辑。过了一年，仍由枕亚主持笔政，恢复大本，不久，枕亚和社中东讷、铁冷闹了意见，旋即辞谢退出，双热重为冯妇，但精神已松懈，销数锐减，《丛报》也就寿终正寝。

枕亚自退出了丛报社，独资在交通路上设清华书局，出版《小说季报》，布面烫金，具雍容华贵气象，每册定价一元二角，在那时已为最高的代价，为任何杂志所未有，因此销行未能普遍，出满了四期，宣告停版。该刊长篇较多，如杨尘因的《神州新泪痕》、李涵秋的《还娇记》、许厪父的《恨之胎》和《七星游》、枕亚自撰的《让婿记》，都占着很多的篇幅。枕亚又在该刊上发表了一篇痛骂铁冷、东讷的文章，双方恶感甚深。如今枕亚、东讷俱归道山，铁冷却不知寄迹何处了，

当《小说丛报》风行一时，社中李定夷便思别树一帜，不久膺国华书局之聘，主辑《小说新报》，内容和版式完全模仿《丛报》，所以销数很不差。后来定夷上了苦海余生的当（苦海余生设函授学社于新报社，骗局失败，定夷被累）只得远走高飞，由许指严接编。指严名

士气很重，和国华当局因稿费闹翻，继编的为包醒独、贡少芹。少芹又和国华当局大闹，旋即脱离。天台山农、朱大可、徐哲身也都做过《新报》的编辑，可是萧规曹随，没有什么改革。长篇有双热的《一零八》《无边风月传》、瘦鹃的《恐怖党》、脩云的《绿杨春好录》、东园的《花茵侠传奇》、厪父的《珠江风月传》、少芹的《尘海燃犀录》、眠云的《新辖轩志》；短篇小说由寄尘、海鸣、

---

① 图注：《七襄》1914 年第 1 期封面。

臞蝯、贼菌、明通、天目等执笔。其时国华书局设在四马路青莲阁茶肆旧址的下面，《新报》编辑部即在局中，地位很局促，且尘嚣万丈，不适宜于构思写作，这也是编辑先生不能久安其位的一个原因。

民元之际，文坛方面充满着南社的势力，《七襄》便从这时期产生。该刊每月三期，逢七发行，因有"七襄"之名。社址设在望平街，姚鹓雏、陈倦鹤编辑，每期只售一角。长篇有小凤的《古戍寒笳记》、鹓雏的《珠箔飘灯录》、西神的《铁云山传奇》；笔记亦有好多种，值得一读的，如襞子的《墨泪龛笔记》、倦鹤的《燕尘走马录》、朴庵的《归车脞录》。发刊词出于鹓雏手笔，矞皇典丽，很可玩诵。又该刊中有若干种短篇，重行刊入《南社小说集》中。

《春声》，可说是扩大的《七襄》，鹓雏编辑，由文明书局出版，每月一期，内容很充实，每册售价五角。一时作家如琴南、小凤、瘦鹃、寄尘、倦鹤、天笑、可生、鸳雏、常觉、小蝶、山渊、苕狂、西神、癯庵、天虚我生，也什九为南社人物。鹓雏大卖其力，每期写着短篇不算外，再写着长篇，如《海鸥秋语》《宾河鹣影》《檐曝余闻录》《炊黍梦》，大约是稿荒的缘故。其他可诵的作品有西神的《梅魂菊影室词话》、寄尘的《石菖蒲谱》、襞子的《抱香簃随笔》，出至六期停止。

《孽海花》，为历史性小说中具有价值的，最近且刊行续集了，该说部曾登载在《小说林》上。《小说林》发行的时期，尚在前清末叶，有天笑的长篇《碧血幕》，脍炙人口，主编的东海觉我。觉我死，该刊也随之而寿终，凡十二期。

狄平子创设了有正书局，为迎合潮流起见，也发行过三种杂志。一为《小说时报》，冷血、倚虹编辑，出了若干期，忽然停止。过了许多年，却又把《小说时报》重谋复刊，缩小册子，由李涵秋编辑。很多扬州方面的作家，这时有所谓苏帮和扬帮，苏帮的领袖为天笑，扬帮的领袖便是涵秋和贡少芹父子，称为贡家父子兵。没有多时，涵秋不惯海上生活，言旋扬州，该刊又复停辍。二为《妇女时报》，内容多女学生的作品，记得周国贤作品很多，周国贤即现在香雪园主人周瘦鹃。三为《余兴》，《余兴》本为《时报》上的附刊，什九为滑稽作品，茶余酒后，足资一噱，后来选录了许多资料，归有正书局发行月刊，原来时报馆也是狄平子所设立的。

杂志中最伟大最充实的要推《小说大观》为第一，每季发行一集，每集所登小说，均首尾完全，虽篇幅很长至一二十万言的，也只把它分为上下卷，两期登完。定价每册一元。这样挺大挺厚的一册，在今日发售，估计成本，或许每册要定价千元吧！包天笑主辑。天笑既写短篇，又写长篇小说和剧本，如《琼岛仙苑》《人耶非耶》《燕支井》。小凤的长篇有《如此京华》《蒙边鸣筑记》。笔记方面，有肝若的《宦海轶闻记》《清梦庵笔记》、几庵的《清乘摭言》、士谔的《孝钦后外传》。新剧本有卓呆的《母》、半侬的《戍獭》、瘦鹃的《验心》，其他小青、毅汉、冷血、倚虹、苕狂、毋雏、小蝶、山渊等作品很多，天笑和毅汉合作，小青常和半侬合作，那半侬便是已故的刘复。十五期停止，由文明书局发行的。

《小说月报》真是杂志中的老牌子，在前清已发行，亚东、破佛编辑，有我佛山人的《剖心记》，两期便止。后来商务印书馆请王莼农编辑《小说月报》，当时已有袭用旧名之嫌了。莼农主持这刊物先后凡十年，因有《十年说梦图》，广征南社同文的题咏。莼农曾一度脱离，由恽铁樵承乏。铁樵做小说大讲其义法，人家因此讲他为"大说家"。一二年后，仍由莼农主编，一时作家，如琴南、指严、瘦鹃、瞻庐、卓呆、枕亚、癯安、仲可、诗庐、洪深、宣樊等，珠玉纷投，在当时为杂志界的权威者。未几，新潮流澎湃而起，《月报》革新，由沈雁冰编辑，后郑西谛也主辑过，当时的改革，曾有那么一段宣言，其重要者如云：

同人认西洋文学变迁之过程，有急须介绍与国人之必要，而中国文学变迁之过程，则有急待整理之必要。同人深信文艺之进步，全赖有不囿于传统思想之创造的精神，当其创造之初，因惊庸俗之耳目，迨及学派确立，民众始仰其真理。同人以为今日谈革新文学，非徒事模仿西洋而已，实将创造中国之新文艺，对世界尽贡献之责任。

《月报》停止后，别出《小说世界》，初由叶劲风编，后由胡寄尘编。

中华书局有鉴于商务《小说月报》的风行，也就刊行《中华小说界》和它抗冲，可是销数远不能及，一度停顿。又刊《中华新小说界》，当时撰述者有天笑、琴南、卓呆、瘦鹃、枕亚，出不到多期，又复停刊。

天虚我生的《泪珠缘》，当时刊登在吴趼人、周桂笙合辑的《月月小说》上。《月月小说》出版了二十四期。又有类似的一种，名《新小说》，那是梁任公所发行的月刊。又有《新新小说》，凡十期，冷血主编，时期尚在清季。

周瘦鹃刊行的《乐观》，狭狭的册子，很是玲珑，实则这种式样，在最初世界书局的《快活》旬刊已开其端了。这旬刊张云石辑，却挂着李涵秋的幌子，每册只售二角。第一期出版，把征求来的名家作品，题目一齐换掉，完全冠以"快活"两字，如什么"快活老人""快活之王""快活夫妻"等等，那些名作家大不为然，认为点金成铁，甚至有愤而不再为《快活》写稿的。长篇有李涵秋的《近十年目睹之怪现状》、徐枕亚的《燕雁脱魂记》、张碧梧的《毒瓶》等。有人说，枕亚的作品实出于许一厂代笔，原来枕亚自《梨魂泪史》成名后，精神懒散，惮于操觚握管了。后来世界书局所刊行的《王西神小说集》《程瞻庐小说集》《徐卓呆小说集》等，便是从这刊物汇编而成。别有一种《快活世界》，庄乘黄编，时期尚在《快活》旬刊之前。

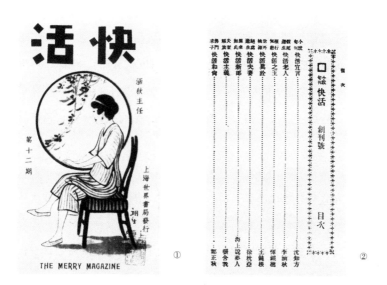

"绣像小说"这四个字，哪里像杂志的名称，不料却是一种很早的半月刊，李伯元辑，连出了七十二期，始行停止。

---

① 图注：《快活》旬刊 1922 年第 12 期封面。
② 图注：《快活》旬刊 1922 年创刊号目录。

胡寄尘在当时很多顽意儿，他思想很前进，编辑《小说革命军》，为革新文学的先导。别有一种名《白相朋友》，小说、笔记、诗词、文虎等，色色都有，由广益书局出版的。

海上漱石生辑《繁华杂志》，本子很大。可是印刷不很考究，其中有两员健将，一即著《歇浦潮》成名的朱瘦菊，一即擅长魔术的钱香如。香如早故，漱石生每谈及辄有回也短命之叹。

在民二三年间，许啸天、高剑华夫妇俩，合辑一种桃色期刊，取名《眉语》，内容充满着旖旎风光，撰稿者大都女子为多。然也有须眉而伪充为女性的，顾明道便是其中之一，他名"梅倩女史"，不料登徒子某竟认梅倩为扫眉才子，写信以通情愫，明道用女子口吻致覆，直使某大大的风魔，径向梅倩求婚，明道深恐这人单恋成病便把这玄虚揭破，将真姓名告诉他，然一时已传为笑柄了。

《申报·自由谈》历史很悠久的了，这时该栏由王钝根编辑。钝根选择《自由谈》菁华，印行《自由杂志》，两期后，改出《游戏杂志》，特约了天虚我生、梦犊生、了青、率公、瘦蝶、爱楼、剑秋、瘦鹃担任写作，封面画完全归丁悚一手包办。首为插图，大都为编辑和撰述人的小影，并有许多新剧照片；次为滑稽文；再次为诗词选，其他译林、谭丛、小说、乐府、杂俎。乐府中有昆剧、京剧、洋琴谱等，在当时的确可算为生面别开的了。连刊了数十期。又每逢礼拜六别出一周刊，即以《礼拜六》为名，小小的一册，小说、笔记、译著、谐文应有尽有，每册只售一角，销数很盛，出至一百期停止。隔了若干年，钝根和瘦鹃二人合谋复刊，又出了一百期，前后共二百期，

礼拜花小说週刊第一期

THE SUNDAYS' FLOWER NO. 1.

①

① 图注：《礼拜花》杂志1921年创刊号封面。

均归中华图书馆发行。当时有仿之出《礼拜花》者，每逢礼拜日出版，然成绩远不能及。

当《游戏杂志》和《礼拜六》风行的时候，王钝根商于馆主，更作月刊，名《女子世界》，聘天虚我生为编辑，听说闺阁贻书称女弟子的有数百人之多。内容分图画、文选、译著、谭丛、笔记、诗话、诗词、曲选、说部、音乐、工艺、家庭、美术、卫生。长篇有天虚我生的《落花梦》《潇湘影》、小蝶的《琼英别传》、东篱词客的《白团扇》。共出六期。

商务印书馆有一种和《女子世界》同一性质的刊物，名《妇女杂志》，王西神编辑，后来革新，销数却锐减，商务当局便把它停刊。

中华图书馆更聘"新旧废物"王均卿编刊《香艳杂志》，内容有新彤史、熏摘录、滑稽闺语、女界新闻、海外艳闻、女伶月旦、花丛纪事。当时助理编辑，有张葱孙、赵苕狂、高太痴、邹翰飞、鬘华室主、平等阁主。没有出满十期，便停止了。后来王均卿辑《香艳丛书》，便发轫于此。

这后，杂志更风起云涌，如《红杂志》《红玫瑰》《半月》《紫罗兰》《星期》《游戏新报》《秋星》《新华》《妇女画报》《莺花杂志》《笑杂志》《新声》《武侠世界》《消闲月刊》《情杂志》《侦探世界》《紫兰花片》《消闲钟》《社会之花》《家庭》《世界画报》《滑稽画报》《俱乐部》《五铜圆》《心声》《小说新潮》《东海》《白雪》《游戏世界》《盇簪》《眉月》《泼克》，那些都在三十年之后，恕不详述了。

曩年戈公振曾辑有《中国报学史》，更希望有人辑《中国杂志史》，那确是出版界的十种重要统计工作啊！

○ 原载于《万象》1944 年第 4 卷第 3 期

PART 2

上海记忆

旧时上海

上海照相半打

1928

——孙福熙[1]

上海？说起上海，我讨厌极了！

上海没有可说的事，可说的没有一件是有趣的，也就是说了没有一件是有益的。不过，真是出人意料之外的，明知是毫无趣味的，留在照相里，倒觉得有趣起来了。我希望写在文章里，或者也侥幸的有趣起来。

第二个理由：听说英国人决不放弃上海，"尽得而曼"[2]竟死要这臭上海，我倒也偏不放弃这臭地皮的主人的资格了。这理由可以说是赶时髦，或者说是适合时代潮流。还有一个小小的理由，话是有点儿迂阔的，不过有点儿老成。老年人的话，据老年人传下来说，是值五百钱一句的，所以非听不可，也就是非说不可的。好比是一个梨子，烂的地方不挖去，一定渐渐的烂到全体。上海，不但是针、盆、煤油、皮酒、冰淇淋、热水瓶、番士林、时髦的哔叽、奇技的机器、淫巧的娼妓的全国总发行所，还有，店铺虽小，全国的文学、美术、哲学、主义、科学，不要忘记"流浪者"的科学，也都要在这里发行的，我们如果不稍稍的出一个"上海专号"之类，论论上海的好坏，保管你有一个最近的将来使全国腐烂得与上海一样。

---

[1] 编者注：孙福熙，浙江绍兴人。曾主编《北新》半月刊。先后在国立西湖艺术学校、浙江大学、中山大学任教。著有散文集《山野掇拾》《归航》《大西洋之滨》《北京乎》等。

[2] 编者注："尽得而曼"为英语 gentleman 的洋泾浜音译，意为"绅士"。

不过，我是只讲这半打上海照相的。

上海是人上踏人的！不但用真实的脚踏人，还用了脚力，用了手段，用了无论什么各人所有的力量去践踏一切人。你不看见吗？走到宝山路虹江路口，在踏无可踏的一条电柱上面，还是人上踏人的。

在一个花盆内，撒下密密层层白菜或大豆的种子，不久它们平均的发芽了。倘若没有人给它们分种，它们就挨挤着发长，虽然身体轧得十分细长了，还是"呒没话头"的挤着。我们上海人就不能了，上海人会用奇样的方法，出人不备时，一挨把他人遮盖了，上海人是不想到各人生产的时候原与白菜、大豆的种子一样，是一样轻重的。你看华兴路口的电柱上就知道了。在远东公学、广东书院，总觉比什么专门日夜校重要，于是自己的牌子就遮盖它之上了；邮务海关英文什么就觉比什么水火保险公司重要而遮盖它。在他们，或者自有理由，衰老阶级是应该打倒的，或说遮盖老的正是在救救老的，这算是别有苦心，但我以为这是枉费苦心的。大家忘记人是并立的，赵踏在钱身上，似乎是人类中有了胜利的人了，然而，被踏者也是人类中之一，所以正可以说人类是失败了。我们人有这样一个大缺点，做惯的事就毫不觉得的永远做下去，没有能力再找一条新路的了。其实，电柱上的这许多招牌有多少实用的呵！已经知道它的名字而必须来找者，并不靠这一块牌子与牌上的一枝箭矢。如果要靠这块牌子给人以深刻的印象，或者使人选择时觉得广东书院比什么专门日夜校为好为重要，我看即使有效，也是几万分之一的了。

倘若我是有"人"的真正观念的，我们不必像叫化头上的虫子或帐子角上的臭虫在电柱上挨挨挤挤的争面积，我们只要有准确的城市地图，有整齐的门牌号码，要来找的人就可依图走来，看准门牌进去，连有否门口的牌子也是随便的。现在，固然门牌也零落不齐，而总门牌煤气的、电灯的、自来水的"磨"等号码都夹在一处，使人难认。如此，虽然牌子一直钉到十里二十里外的电柱上，也是无益的。至于要做广告，原是另有方法，而且应该另外新寻方法，岂电柱上的一块牌子所可胜任？

然而我们上海市民是不管这些的，试看第三张照相①，这是九江路湖北路口的陶朱里。在一个里内，当有整齐的门牌号码的了，在门口设有整齐的条格，供里内住户或店铺记名，并可加以号码，这是很方便的，然而放荡惯的我们偏要大大小小的钉招牌，既不为了登广告，也不为了做什么，非但凌乱的钉一阵，还要钉到整齐守分的格子上。是的，这块"中和号爱国布庄"的牌子使我看到了，然而，倘若它在格子内我也能看到的。像我现在不需要爱国布的时候，也决不因为见到它的牌子大而去找它，除非代被它遮蔽的几家抱不平而去与它评理的时候。

　　人与人自相矛盾的事体不仅在牌子上钉牌子一桩。在上海，最常见的要算是墙上画着的乌龟了。你看开明书店所在的宝山里的口头，所画乌龟画到三个之多，而墙下的溲溺还是流淌着。至于商务编译所旁的西宝兴里，这里是尚公小学所在，而住着几位商务编辑名人的，在里口，虽然墙上写着"禁止小便"斗方大字，而地上更满陈大便。凡有写"禁止"的地方，其结果不但是暗示可能，而且等于奖励了。要做到路不便溺，除根本使人没有便溺外，只有按段设立厕所之一法。说来不错，在中国，不但不预备人在路上便溺，就是在屋中也是不预备的。稀奇的人独一无二的人租定一间房子，居然在身下两个洞里有物也流出，这又没有法子，只好在搬来的时候屁股头随挂一个木桶接着，否则流了出来，房主就要以为是异人而逐出他了。可是这种异人并不稀罕，到上海来等船出国去的几位先生，每天非买一张大世界的门票不可，去放出这两种异物。在夜间不能买票的时候，于是每早花八个铜子，买五六大张的报纸（这是很值得的）包好了，到第二天早晨去换了菜米进来的时候，带出去，轻轻的放在垃圾桶里，才算做了一天的大公事。

　　其实这异物并不是谁特有的，每天早晨直至九时十时甚至午间，你能看到这里第五第六幅照相中所见的情状。本来，照西方人所用方法，每层屋中设备厕所，屋大的每层设数处，每层通粗管，由自来水冲洗下去，过若干日，由肥料公司于夜深无人时用汽机抽引去，是可以对付的了。可是在中国人似乎不爱

---

① 编者注：原刊中有数张配图，然已模糊不清，故本文未收入所配照片。

这样归入团体的办法，也如钉牌子爱大爱特别的样子，大概各人各有好的用器，各有好的用法也。不论如何，既然做了人了，我们对于这件不甚高明的事总得想一个不太见笑的办法才对。

我们所见的这两事原是很小的，但其中包括一个大问题，就是从二事中表现出我们没有认清"人"的真意义。

我的文字是很噜苏的，我看还是这半打照相所表现的明白些，我们上海人看图设计罢。

○ 原载于《文学周报》1928 年第 4 卷第 251/275 期

马路上的新事业

1928

——江柳声[1]

上海各马路的事业除去三百六十行以外，还添出了不少。最近这几天，各马路上又发现了几种新的事业，不怕烦厌的写在下面。

露天舞台

每天在夕阳西下的当儿，有一辈唱露天京戏的角儿，渐渐地上场而开演了。这个戏台就借马路旁边水门汀上的一席地，既不出租费，又不纳捐钱，简直经济得很，水门汀上还皇皇然写着"自由舞台"四个粉字。里面立着几个烟容满面的老枪，提着破竹音的喉咙，高高唱着，居然还唱出《狸猫换太子》《四郎探母》《阎瑞生》《梦景》《朱买臣》《武家坡》《三娘教子》等种种京调。有时候还穿着破旧不全的戏装行头，大做其三本《铁公鸡》和《拷打寇承御》等种种把戏。有唱有做，有听有看，煞是有趣。所以引得马路上行人都驻足而观。临了巡捕先生赶来，吓得他们溜之大吉，影迹无踪。

特别照相

我们但知道拍照是到照相馆里去的，而且拍好了，最快也要到第二天取件

---

① 编者注：江柳声，小报文人，曾创办《风人》报，与干兰荪创办《笑报》。

的。如今马路上有一种拍特别照相的摄影师，在最短期间内可以把拍好的照冲洗完善，立刻交件。大约在五分钟内，可以连拍连印，一起成交。拍就在马路上拍。这种照的面积，和一个铜元般大小，圆转光洁，十分精致。价钱很廉，只须花两只角子，立刻可以拍成现现成成一张小照。[①]

义务揩油

四马路一带电线木旁，每有碧眼大鼻的俄罗斯人，放着一个小摊，专卖去油渍的肥皂。他们招揽生意的方法真妙，瞧见过路人衣服上有油渍的，他便拖住了，替人家揩刷油渍。碰着面皮嫩一点的人，见他如此热心，肯义务代人家揩油渍，一定不好意思，便买了他一块肥皂。碰见面皮老一点的，非但不买他肥皂，反而叫他把自己衣服上油渍一起揩净。当时那位俄罗斯人以为生意上来，特别讨好，横揩竖揩，刷得干干净净。等到完毕，他竟然老着脸，一文不名，转身即去，那个俄罗斯人见他如此老脸，也只好自认倒霉，冤哉枉也。

报贩副业

望平街上是报贩的大本营，他们除去推售各种大小报以外，还经营一种副业，就是秘密贩卖张竞生所发明的《性史》一类书籍。每见望平街上，有一辈报贩手里明明执着报纸，而口中必低低叫喊"性史性艺"这种声浪，考其原因，为防免当局禁售所致，因此不敢公然出卖。

---

① 图注：街头快速照相。刊载于《大陆画刊》1943 年第 4 卷第 10 期。

代叫车子

南京路几家大公司大商店门首，每有身穿短衣，形像毕少爷的人，在门前等候，看见人家女客买了东西出来，一个人招呼不灵便了，他们便上前代叫车子，或者代拿包扎，提送上车，招待之周到，真是无微不至，结果这个女客便给他几个钱，算一笔招待费。

兑换铜元

往往在电车站没有相当烟兑店兑换铜元，非常不便，而不兑铜元上电车叫卖票人找，又恐吃亏，不甚合算，因此电车站口没有烟兑店，是很不便的。现在有一辈类似乞丐的人，利用这个机会，手里拿着一幢铜元，叫你换他。你如其匆忙中和他换了，便上他当了，铜元不足，他便赚得意外的钱了。

○ 原载于《申报》1928 年 5 月 8 日

重来上海
1929

—— 叶鼎洛[1]

现在正是黎明时候，因为睡不着觉，索性爬起来，坐在窗前，望着似乎还想下雨的灰白色的天气，心里不觉得快乐也不觉得悲哀，只是一团麻木。前年这时候曾做了一篇《白痴》，现在自己怕也要变成白痴了。再想一想，这种对于自己既没有什么好处，而徒然引起别人不快之感的灰心话也不必再像许多人想求别人了解与同情似的说来说去。姑且丢开许多没希望的大念头，来注意不足关心的微小东西，倒忽然看见一根小草不知从甚么时候钻出了瓦缝来，在人们觉得异常讨嫌的雨水于它倒极有用处似的，正像一粒明珠挂在它那玲珑碧绿的叶瓣上，并且还在微微的颤动。可见宇宙间的一切都在动着，又何怪乎人们生活的变迁，更何怪乎我之所谓时常跑来跑去的动身呢？

说到我，半个月前还住在鼓浪屿，本来极可以住下去，因为要动身也可以，所以就跑到上海来，便想出这个"重来上海"的题目了。我之所谓"重来上海"，原也已经"重来"了七八次了。每逢我重来一次，上海便更热闹一次，但我的心情则一次比一次冷淡，兴致是一次比一次消沉的。这也很会令人顺便怨恨到生活的不好，更会顺便怨恨到社会的不良，但我倒也不愿意想得那样严

---

[1] 编者注：叶鼎洛，江苏江阴人。1926 年参加拍摄田汉的电影处女作《到民间去》。1938 年在西南联大担任美术教授。1946 年任《东北画报》的编辑。1947 年回故乡，在地方小报担任总编，1949 年后在江阴县中执教。著有《前梦》《双影》等。

重，只怪我自己免不了也和别人一样一年一年老了起来。

要是一位自负他的文章很可以给别人看看的人，这一趟平常的旅行原也可以不辞劳瘁地写出来而称之谓"游记"的。不过我以为这人生中免不了的常事，也并不见得单是一种会写字的叫做文人的人会遇见，即是有些有出门机会的哈巴狗儿也还常常坐着头等房舱，那末又何必居然提起笔来写它？然而我现在之忽然又拈起这"重来上海"的题目者，实在还是因为人和狗有点两样的缘故，这也真是没有办法的事情啊！

然而在船上除开看见一位穿西装的绅士因为拥挤不过而在甲板上大便一次之外，实在没有值得记下来的事情，倒是当船停在浦东之后，却有些事情是引起了我的趣味的。

凡是出门的人恐怕都知道浦东码头简直是个强盗世界。警察仿佛像铜像一样，徒然只有一点好看的威严，可以让那所谓"三十六哥党"者随便上船来抢夺客人的行李而也可以顺便打倒一两个人下水。这是我一听见"船靠浦东"的话就和大家一样有点恐慌的。可是这一次，却有广东名利栈的人把全船的行李包了下来，结果是千把件行李在甲板上堆积如山，让他们一声呐喊抢了上来就再噎了一声扑了下去。于是用五只大船来装载客人和行李过法，我们像风箱中

① 图注：浦东码头。刊载于《战事画报》1938 年第 3 期。

100　　　　　　　　　　　　　　　　　　　　　　　　　旧时上海

扇出来的糠皮似的从船口中吐到渡船上，又像许多逃荒人挤在一团，在滚滚浊浪的黄浦江上漂流过来。当时我站立在船头上面，随着那船迅速地顺流而下时，就想到关云长水淹七军的故事，仿佛正是横刀跨马，看周仓从大浪中生擒庞德的情形了。

在船上遇见从前的学生 S 君，因他的介绍又认识了和他同在南洋教书的 × 君。× 君有三十几岁，一口湖南普通话，这在南洋原也就可以当做国语去教学生，而在船上却也并不见得真漂亮。他倒像个生物学家，把两篮不值钱的白珊瑚从新嘉坡一直要带回家乡去。上了岸，走向名利栈去时，S 君是提了他的 Violin，我提了我的手提箱，× 君便像贩古董似的提了他的两篮白珊瑚。

有甚么办法呢？在船上苦了三天原想住他几天干净旅馆的，为了免得被人抢去行李才请名利栈招呼！所以也不得不住名利栈。幸而名利栈倒和江南旅社打通了，江南旅社房间的套间里面居然也有浴盆（请原谅我这并不是小资产阶级的思想，实在是无产阶级难得一次的享乐而已），这样就在江南旅社住下了。

S 君和 × 君说是无须乎住旅馆，但也愿意在我那房间里洗一个澡。精明的 × 君又打主意说请我吃和菜，结果只用去我两块栈。在没有朋友的厦门住了半年光景，一到上海便想找朋友，不料上海的朋友近来都变沉静了，见面也只肯说半句话，这于我还是意料不到的寂寞，所以我想请 S 君和 × 君一同住在旅馆里，然而他们纵使因为却不得情也只能叫他们的行李在我房里陪了我两天，而也急速地搬走了。

天气之可爱原是在乎有变化，人们全都爱春天，但一年四季都像春天的南国反而不觉得可爱。在厦门天天看见碧绿的树木，到了上海，一看见刚刚发绿的树木却非常可爱了。但是比树木更可爱的，在我们男子则觉得是女人。这一次我看见上海的女子，大家仿佛想重新留起辫子，于是个个前发齐眉而后发披肩了，加之用钳子一烫，而又被风一吹，假使戴了老光眼镜来看，恐怕要说是"披头散发的女鬼"，可是因为大家如此，连我也觉得非如此就不像女子了。这不是怪事吗？可是更怪的倒是男子的嘴上都戴上了黑套子，这令我联想到 × 嘴套。但也似乎大家不愿意说话的神气，并且还有预防"脑膜炎"的理由，文明人的确是应该注意卫生的，好留着性命多做几年活人啊！

我不能不感谢当初发明镜子的人，倘使旅馆里衣橱上没有镜子，哪里有那镜子里的另外一个我来陪我呢？在晚上兜了一个圈子并未拉到一个朋友回来时，我只得叫茶房买了些酒来吃。就对着那另外的我酌酌起来。

"朋友！何必那样形容憔悴呢？拿些精神出来做人罢！"我对着那另外的我说。

茶房倒是个多情人，他看见了我那神气就说："不到外面去走走吗？"

"通通走过了，也没有什么意思！"

"可以到大世界去走走，那里面有些花老们。"

"花老也没有什么好的？我也白相厌了。"

"这里倒有一个刚从苏州来的姑娘，只有十八岁，头等货，要去叫来看看罢？"可见茶房的好意原在这里，但是我也终究委婉地谢绝了。

变换了一下生活终究对于生理上也有好处，在厦门常常失眠，到上海的第一晚却睡得极好。运道也似乎转变了。从来出门常常遇见下雨天气，这一次是破例的晴天。到上海的第二天也是晴天。终究因为寂寞不过，一早就到金神父路××大学去看M君。本来和M君睽隔五年了，而且未睽隔的当初也不见得怎样要好。不过因为他最近有信到厦门去特别问我的好，所以我这次也特别的记着他。

M君是画家，我走到课堂里时，正是他在替学生改木炭图。披着长头发的他，一看见我也仿佛得到了一个打破他的寂寞的人。并没有寒暄，一径走到他的房间里，并且立刻买了些酒。虽然酒里是有清水和火酒的，这也总是上海风味，而且我已和这种东西睽隔有半年了。M君从前是稍有财产的人，因为共产党破了产，而破产之后也就有了共产的思想。何必勉强别人去信仰甚么主义呢？可见一切事情是很自然而也都有关联的！吃酒之后不免谈起生活，说是生活比从前更糟了，以至于到外国去的主意也像不能实行，于是他就悒郁地叹气，我只能笑笑，并且劝他看开些。在这里我顺便可以利用到前辈先生鲁迅的两部小说的名字，近来虽然有一部分人在热心地"呐喊"，但却有一部分人在痛苦地"彷徨"。呐喊是极应该的事，但彷徨也总是没有法。在呐喊的人，当然要反对彷徨的人之不应该，并且也好骂，甚至更可以希望他快点死。然而彷徨的人却疑心呐喊的人，也可以背地里说坏话，甚至也值得咒骂的。其实是自然的道理，没有彷徨便用不着呐喊，而因为呐喊就有了彷徨，大家彼此原谅，倒是真正做人的方法。不过这是浅薄而也是懒惰的意思，也更不必说出来害人了，我这里且再说说另外一位 S 君的近状罢。

因为惦记着 S 君，所以才去看他的。一进他的房，只觉得一股阴森的阴气，一半也因为那天天气不好，屋顶上天窗里射进来的光线所以更惨淡。当此春末，似乎倒是冬初的情景。S 君算是个有些天才的人，没有看过许多书就知道许多的道理，因此他常常说应该着重经验而蔑视书本，但是他的经验已经损坏他的精神了。从前是极爱漂亮而也有才干的他，在初出茅庐时便遇见了不顺遂的事，加之家业正在凋零，他额角上的光芒于是乎微弱了，并且又吃了女人的亏，就格外否定了人生，看得一切都虚无，但又偏偏受着事实的压迫，于是乎近来完全颓废起来。我走进去时他正在地板上画中国画。想来是写字台太小，所以用地板代替了画台的。他把本来蹲着的身体直了起来，说是不愿意到外面去无意识地走，所以借此作为消遣的，说完之后又蹲下去画，画了一会又立起来。真不知道什么道理，非但我自己，凡是我的朋友都犯了不爱说话的毛病了。虽然彼此想说话，终究想不出什么来说。隔了一会他说："吃酒吗？"

"好的。"我说。

"那末吃，不过我是不吃菜的，吃菜有什么意思，要吃酒就应该光吃酒。"他说着从床底下拿出一瓶烧酒来。

除开外国人，谁也没有听说光吃酒不应该吃菜，不过我知道他的主张吃白酒原是因为没有钱。我只得顺着他的意思说："是的。吃酒何必吃菜？你看外国人吃酒何尝吃菜的呢。"

"对了，"他说："唉，我现在才知道吃酒的好处，吃了酒糊糊涂涂，不负责任真有趣，心里没有一点利害的心思了，人都是因为明明白白了才苦啊！"

"一点也不错，正是这个道理。可是你近来的经济还敷衍得过去吗？当然只能说敷衍了，我们哪里谈得到丰富。"

"二十四块钱一个月，不过钟点很少。我原也只想如此，忙煞快，多拿几块钱，也是乱七八糟用去，也没有什么意思。我现在一点也不想出门，买点中国纸货涂涂中国画，趣味真来得浓厚呢，西洋画有什么道理，一百个拉斐耳还抵不过一个石涛呢！"

"是的。可是你家里现在也还过得去吗？"

"说甚么过得去过不去，总是穷得一塌糊涂，然而想来也是空的。我现完全看空了，只想做和尚去。现在不过还有一个娘，等到娘死了，我一定做和尚去。"

他是没有什么酒量的，喝了一杯烧酒早已红头涨脸了，完全变了东倒西歪的神气，朝钉在壁上的画望着，嘴里吟哦起来："君如未到潇湘去，不解潇湘夜雨情。这题头你看好不好？"

"好的。"我说。他重新蹲了下去，埋头去题他的题头了。

就是这么一种情状。就是说了这几句话。因为不愿意引起我自己的悒郁，马上走了出来。我去探访 S 君的经过也就是如此。当我从他那里出来，在阴沉沉的天盖之下走着时，我心里的情感是快乐还是悲哀，请大家想想罢。

五块钱一天的旅馆终究不是我这种人住得起的，住了三天之后，我就把行李搬到一个朋友家里去。那朋友家里正有喜事，红绸幛幔挂满在新造起来的房子里面，是这样一种喜事冲冲的景象，我也在那里吃了几顿喜酒。可是人家的喜事越发陪衬出我们这副落魄人的景象，虽则那朋友算是我的要好朋友之一个，无奈他不能叫他合家的人全和我要好，所以我在那里住了几天之后又只得搬到另外一个朋友地方去了。

虽然我的行李已经找到了房子安放，可是我这个像天也不容、地也不载的人又只得开始了我的跑马路的生活。说是绝对不坐车子固然是过其其辞，而且别人也决不会相信，然而我这颗没处安放的心啊，真是找不到一样东西能够包藏它！虽然明明跟随着我身子，却像四散在虚无缥缈之中。我写到这里精神像是有点错乱了。听我说出人家从未说过的话来罢！我想把它挂在树叶上，树叶全在那里飘动；我想把它抛到天空里，怕有一阵狂风吹散了它；我想把它丢在马路上，难保不被汽车轧碎了，这真是一个重大的拖累，一件难于处置的事情啊！

上面一段写到那个"啊"字就搁了笔。现在是，又是另外一天的深夜时候了。刚和 X 君从外面吃了酒回来，今天这个晚上一定又是休想睡着的。我们这种人要想度过一天固然不易，而要想度过一晚更是烦难，没有法子，与其干燥地说些无聊话，还不如来用一会无聊的脑筋，所以在这一盏一百枝光电灯的照临之下，我重新拿起这丢在台上的残稿，自说自话地写下去了。

谁有心思去记日子呢？自到上海之后，怕已是二十天过去了吧。这二十天以内除出住在旅馆里的三天外，我可没有睡过一夜床。我是睡在甚么地方的，也不必对别人细说，总之倒也并未因此损伤了我的什么。我也已经发见床之一物是大可以省去的了。

这二十天的生活，我无非是找到朋友的地方去说话，否则是在马路上走着，更有一部分的时间是消磨在酒店和××地方的。说到此，有些人一定会以为我是个享乐主义者，或者也有人会说我是颓废派，然而我只能多谢他们的没有诚意的关心，其实我可不能像沽名钓誉的人一样把生活照着甚么派头的规矩过，我只是因为这样才是这样的。

刚才和X君从静安寺路走来时，大家说及上海的地面是越变越开阔了。现在的上海也确乎比从前开阔了不少，而且热闹得多。记得在厦门时，看见某人不知道从哪里找到一张英文小报，上面十分赞扬这上海，除掉似乎真像高出云表的屋顶一类的东西外，近来时行的三尺大的西装裤管也放了进去，形容出这里是何等的繁华。事实上是的确值得赞扬的，虽然还没有地下铁道，而桥埠底下也有公坑所的这上海，原也整日整夜有享乐地方可以供给你去消磨时间的。不过在我这爱说煞风景的话的人是不敢怎样附和这样话的，并非因为自己兴致不佳，其实是因为它外表虽然光滑而里面却是一团渣滓的缘故，尽可以放肆说，还是靠着外国人的强暴的帮助而仿佛成了全中国的精华荟萃之地，但那一团渣滓却也可以代表了近来全国的精神。加之是，我不能忘记许多认识的朋友的穷酸的丑脸，又不能不时常摸一两个铜板给那长跪在大路之旁的不认识的朋友。

又是黎明时候了。一个飞虫飞到我的面前，仿佛是对我说这样没有意思的文字不必写下去，快些搁了笔。同时我的精神也有点不济了，不能不搁起笔来去睡觉，要寻求快乐的景象或者是在梦中，还是去做一个差强人意的梦来罢。

十七年五月八日

○ 原载于《大众文艺》1929 年第 6 期

在上海
1931

—— 胡适

一

光绪甲辰年（一九〇四）的春天，三哥的肺病已到了很危险的时期，他决定到上海去医治。我母亲也决定叫我跟他到上海去上学。那时我名为十四岁，其实只有十二岁有零。这一次我和母亲分别之后，十四年之中，我只回家三次，和她在一块的时候还不满六个月。她只有我一个人，只因为爱我太深，望我太切，所以她硬起心肠，送我向远地去求学。临别的时候，她装出很高兴的样子，不曾掉一滴眼泪。我就这样出门去了，向那不可知的人海里去寻求我自己的教育和生活——孤零零的一个小孩子，所有的防身之具只是一个慈母的爱，一点点用功的习惯，和一点点怀疑的倾向。

我在上海住了六年（一九〇四——一九一〇），换了四个学校（梅溪学堂、澄衷学堂、中国公学、中国新公学）。这是我一生的第二个段落。

我父亲生平最佩服一个朋友——上海张焕纶先生（字经甫）。张先生是提倡新教育最早的人，他自己办了一个梅溪书院，后来改做梅溪学堂。二哥、三哥都在梅溪书院住过，所以我到了上海也就进了梅溪学堂。我只见过张焕纶先生一次，不久他就死了。现在谈中国教育史的人，很少能知道这一位新教育的老先锋了。他死了二十二年之后，我在巴黎见着赵诒璹先生（字颂南，无锡人），他是张先生的得意学生，他说他在梅溪书院很久，最佩服张先生的人格，受他的感化最深。他说，张先生教人的宗旨只是一句话："千万不要仅仅做个自了汉。"我坐在巴黎乡间的草地上，听着赵先生谈话，想着赵先生夫妇的刻苦生活和奋斗精神，这时候，我心里想："张先生的一句话影响了他的一个学生的一生，张先生的教育事业不算是失败。"

梅溪学堂的课程是很不完备的，只有国文、算学、英文三项。分班的标准是国文程度。英文、算学的程度虽好，国文不到头班，仍不能毕业。国文到了头班，英文、算学还很幼稚，却可以毕业。这个办法虽然不算顶好，但这和当时教会学堂的偏重英文，都是过渡时代的特别情形。

我初到上海的时候，全不懂得上海话。进学堂拜见张先生时，我穿着蓝呢的夹袍，绛色呢大袖马褂，完全是个乡下人。许多小学生围拢来看我这乡下人。因为我不懂话，又不曾"开笔"做文章，所以暂时编在第五班，差不多是最低的一班。班上读的是文明书局的《蒙学读本》，英文班上用《华英初阶》，算学班上用《笔算数学》。

我是读了许多古书的，现在读《蒙学读本》，自然毫不费力，所以有工夫专读英文、算学。这样过了六个星期。到了第四十二天，我的机会来了。教《蒙学读本》的沈先生大概也瞧不起这样浅近的书，更料不到这班小孩子里面有人起来驳正他的错误。这一天，他讲的一课书里有这样一段引语："传曰，二人同心，其利断金。同心之言，其臭如兰。"沈先生随口说这是《左传》上的话。我那时已勉强能说几句上海话了，等他讲完之后，我拿着书，走到他的桌边，低声对他说："这个'传曰'是易经的《系辞传》，不是《左传》。"先生脸红了，说："侬读过《易经》？"我说读过。他又问："阿曾读过别样经书？"我说读过《诗经》《书经》《礼记》。他问我做过文章没有？我说没有做过。他说："我出个题目，拨侬做做试试看。"他出了"孝弟说"三个字，我回到座位上，勉强写了一百多字，交给先生看。他看了对我说："侬跟我来。"我卷了书包，跟他下楼走到前厅。前厅上东面是头班，西面是二班。沈先生到二班课堂上，对教员顾先生说了一些话，顾先生就叫我坐在末一排的桌子上。我才知道我一天之中升了四班，居然做第二班的学生了。

可是我正在欢喜的时候，抬头一看，就得发愁了。这一天是星期四，是作文的日子。黑板上写着两个题目：

论题：原日本之所由强。

经义题：古之为关也将以御暴，今之为关也将以为暴。

我从来不知道"经义"是怎样做的，所以想都不敢去想它。可是日本在天南地北，我还不很清楚，这个"原日本之所由强"又从哪里说起呢？既不敢去问先生，班上同学又没有一个熟人，我心里颇怪沈先生太鲁莽，不应该把我升的这么高，这么快。

忽然学堂的茶房走到厅上来，对先生说了几句话，呈上一张字条。先生看了字条，对我说，我家中有要紧事，派了人来领我回家，卷子可以带回去做，下星期四交卷。我正在着急，听了先生的话，抄了题目，逃出课堂。赶到门房，才知道三哥病危，二哥在汉口没有回来，店里（我家那时在上海南市开一个公义油栈）的管事慌了，所以赶人来领我回去。

我赶到店里，三哥还能说话。但不到几个钟头，他就死了，死时他的头还靠在我手腕上。第三天，二哥从汉口赶到。丧事办了之后，我把升班的事告诉二哥，并且问他"原日本之所由强"一个题目应该参考一些什么书。二哥拣了《明治维新三十年史》《壬寅新民丛报汇编》一类的书，装了一大篮，叫我带回学堂去翻看。费了几天的工夫，才勉强凑了一篇论说交进去。不久我也会做"经义"了。几个月之后，我居然算是头班学生了，但英文还不曾读完《华英初阶》，算学还只做到"利息"。

这一年梅溪学堂改为梅溪小学，年底要办毕业第一班。我们听说学堂里要送张在贞、王言、郑璋和我四个人到上海道衙门去考试。我和王、郑二人都不愿意去考试，都不等到考试日期，就离开学堂了。

为什么我们不愿受上海道的考试呢？这一年之中，我们都经过了思想上的一种激烈变动，都自命为"新人物"了。二哥给我的一大篮子的"新书"，其中很多是梁启超先生一派人的著述，这时代是梁先生的文章最有势力的时代，他虽不曾明白提倡种族革命，却在一班少年人的脑海里种下了不少革命种子。有一天，王言君借来了一本邹容的《革命军》，我们几个人传观，都很受感动。借来的书是要还人的，所以我们到了晚上，等舍监查夜过去之后，偷偷起来点着蜡烛，轮流抄了一本《革命军》。正在传抄《革命军》的少年，怎肯投到官厅去考试呢？

这一年是日俄战争的第一年。上海的报纸上每天登着很详细的战事新闻，爱看报的少年学生都感觉绝大的兴奋。这时候中国的舆论和民众心理都表同情于日本，都痛恨俄国，又都痛恨清政府的宣告中立。仇俄的心理增加了不少排满的心理。这一年，上海发生了几件刺激人心的案子：一件是革命党万福华在租界内枪击前广西巡抚王之春，因为王之春从前是个联俄派；一件是上海黄浦滩上一个宁波木匠周生有被一个俄国水兵无故砍杀。这两件事都引起上海报纸的注意，尤其是那年新出现的《时报》，天天用简短沉痛的时评替周生有喊冤，攻击上海的官厅。我们少年人初读这种短评，没有一个不受刺激的。周生有案的判决使许多人失望。我和王言、郑璋三个人都恨极了上海道袁海观，所以联合写了一封长信去痛骂他。这封信是匿名的，但我们总觉得不愿意去受他的考试。所以我们三个人都离开梅溪学堂了（王言是黟县人，后来不知下落了；郑璋是潮阳人，后改名仲诚，毕业于复旦，不久病死）。

二

我进的第二个学堂是澄衷学堂。这学堂是宁波富商叶成忠先生创办的，原来的目的是教育宁波的贫寒子弟，后来规模稍大，渐渐成了上海一个有名的私立学校，来学的人便不限止于宁波人了。这时候的监督是章一山先生，总教是白振民先生。白先生和我二哥是同学，他看见了我在梅溪作的文字，劝我进澄衷学堂。光绪乙巳年（一九〇五），我就进了澄衷学堂。

澄衷共有十二班，课堂分东西两排，最高一班称为东一斋，第二班为西一斋，以下直到西六斋。这时候还没有严格规定的学制，也没有什么中学、小学的分别。用现在的名称来分，可说前六班为中学，其余六班为小学。澄衷的学科比较完全多了，国文、英文、算学之外，还有物理、化学、博物、图画诸科。分班略依各科的平均程度，但英文、算学程度过低的都不能入高班。

我初进澄衷时，因英文、算学太低，被编在东三斋（第五班）。下半年便升

① 图注：上海澄衷中学。刊载于《学生》1916年第3卷第2期。

入东二斋（第三班），第二年（丙午，一九〇六）又升入西一斋（第二班）。澄衷管理很严，每月有月考，每半年有大考。月考、大考都出榜公布，考前三名的有奖品。我的考试成绩常常在第一，故一年升了四班。我在这一年半之中，最有进步的是英文、算学。教英文的谢昌熙先生、陈××先生、张镜人先生，教算学的郁先生，都给了我很多的益处。

我这时候对于算学最感觉兴趣，常常在宿舍熄灯之后，起来演习算学问题。卧房里没有桌子，我想出一个法子来，把蜡烛放在帐子外床架上，我伏在被窝里，仰起头来，把石板放在枕头上做算题。因为下半年要跳过一班，所以我须要自己补习代数。我买了一部丁福保先生编的《代数》书，在一个夏天把初等代数习完了，下半年安然升班。

这样的用功，睡眠不够，遂影响到身体的健康。有一个时期，我的两只耳朵几乎全聋了。但后来身体渐渐复原，耳朵也不聋了。我小时身体多病，出门之后，逐渐强健。重要的原因我想是因为我在梅溪和澄衷两年半之中从来不曾缺一点钟体操的功课。我从没有加入竞争的运动，但我在体操的时间很用气力做种种体操。

澄衷的教员之中，我受杨千里先生（天骥）的影响最大。我在东三斋时，他是西二斋的国文教员，人都说他思想很新。我去看他，他很鼓励我，在我的作文稿本上题了"言论自由"四个字。后来我在东二斋和西一斋，他都做过国文教员。有一次，他教我们班上买吴汝纶删节的严复译本《天演论》来做读本，这是我第一次读《天演论》，高兴得很。他出的作文题目也很特别，有一次的题目是"物竞天择，适者生存，试申其义"（我的一篇，前几年澄衷校长曹锡爵先生曾在旧课卷内寻出，至今还保存在校内）。这种题目自然不是我们十几岁小孩子能发挥的，但读《天演论》，做"物竞天择"的文章，都可以代表那个时代的风气。

《天演论》出版之后，不上几年，便风行到全国，竟做了中学生的读物了。读这书的人，很少能了解赫胥黎在科学史和思想史上的贡献。他们能了解的只是那"优胜劣败"的公式在国际政治上的意义。在中国屡次战败之后，在庚子辛丑大耻辱之后，这个"优胜劣败，适者生存"的公式确是一种当头棒喝，给了无数人一种绝大的刺激。几年之中，这种思想遂像野火一样，延烧着许多少年人的心和血。"天演""物竞""淘汰""天择"等等术语都渐渐成了报纸文章的熟语，渐渐成了一班爱国志士的"口头禅"。还有许多人爱用这种名词做自己或儿女的名字。我有两个同学，一个叫做孙竞存，一个叫做杨天择。我自己的名字也是这种风气底下的纪念品。我在学堂里的名字是胡洪骍。有一天的早晨，我请我二哥代我想一个表字，二哥一面洗脸，一面说："就用'物竞天择、适者生存'的'适'字，好不好？"我很高兴，就用"适之"二字（二哥字绍之，三哥字振之）。后来我发表文字，偶然用"胡适"作笔名，直到考试留美官费时（一九一〇）我才正式用"胡适"的名字。

我在澄衷一年半，看了一些课外的书籍。严复译的《群己权界论》，像是在这时代读的。严先生的文字太古雅，所以少年人受他的影响没有梁启超的影响大。梁先生的文章，明白晓畅之中带着浓挚的热情，使读的人不能不跟着他走，不能不跟着他想。有时候，我们跟他走到一点上，还想望前走，他却打住了，或是换了方向走了。在这种时候，我们不免感觉一点失望。但这种失望也正是他的大恩惠。因为他尽了他的能力，把我们带到了一个境界，原指望我们感觉不满足，原指望我们更朝前走。跟着他走，我们固然得感谢他，他引起了我们的好奇心，指着一个未知的世界叫我们自己去探寻，我们更得感谢他。

我个人受了梁先生无穷的恩惠。现在追想起来，有两点最分明。第一是他的新民说，第二是他的中国学术思想变迁之大势。梁先生自号"中国之新民"，又号"新民子"，他的杂志也叫做《新民丛报》，可见他的全副心思贯注在这一点。"新民"的意义是要改造中国的民族，要把这老大的病夫民族改造成一个新鲜活泼的民族。

我在澄衷只住了一年半，但英文和算学的基础都是在这里打下的。澄衷的好处在于管理的严肃，考试的认真。还有一桩好处，就是学校办事人真能注意到每个学生的功课和品行。白振民先生自己虽不教书，却认得个个学生，时时叫学生去问话。因为考试的成绩都有很详细的记录，故每个学生的能力都容易知道。天资高的学生，可以越级升两班；中等的可以半年升一班；下等的不升班，不升班就等于降半年了。这种编制和管理，是很可以供现在办中学的人参考的。

我在西一斋做了班长，不免有时和学校办事人冲突。有一次，为了班上一个同学被开除的事，我向白先生抗议无效，又写了一封长信去抗议。白先生悬牌责备我，记我大过一次。我虽知道白先生很爱护我，但我当时心里颇感觉不平，不愿继续在澄衷了。恰好夏间中国公学招考，有朋友劝我去考。考取之后，我就在暑假后（一九〇六）搬进中国公学去了。

廿，三，十八，北京

○ 原载于《新月》1931 年第 3 卷第 10 期

北平与上海
1933
—— 辛祖敛

京派海派之分

北平的教授们有他们的矜持，矜持得像一只鸱枭，圆瞪着一双巨眼。鸱枭口里含着一只腐鼠，将腐鼠当无上的真理。谁敢说不是呢？腐鼠的臭味早将人熏得半死。如果你在他们身边走过，他们瞪着眼睛还不舒服，"吓"，教授们的威严早向你身边滚来。

如果是教授们相聚一堂，便好像一堂神佛。满堂神佛为什么正襟危坐，默不一语，因为是一交谈，便不成为偶像了。教授们也是一样，谁和谁攀谈半句，谁便失了教授威严。

上海的教授们并不怎样矜持，但好像有些卖弄。卖弄是"搔首弄姿"的意思，不怕他们板起面孔不和你交谈了，怕的是他们向你说话，唠叨得使你生厌。他们一定向你说："我现在有若干种著作，虽说都不成东西。我现在在某几个大学教书，虽不过混点饭吃。我现在有许多朋友，像力之、季陶……"

而且，只要你会写几个大字，你一定能在他们口里变成文学家的。如果你说你也看过几部《庄子》《列子》，你便是考古学者。因为，他想你恭维他，他便得先恭维你；你是文学家，考古学者，那末，恭维他的自然不是寻常人了。这便是"互相标榜，各放光明"。

在乌鸦大哥的楼上，听弄堂里卖橄榄的叫卖声"橄榄要卖，卖呀，卖橄榄"，很有些唱歌的气氛。"这一位艺术家又来了"，从大哥的口里滑出了这句话来。我说："大哥如由教授升为要人，大可以替这位'艺术大师'写一篇了不起的《叫卖序》了。"

另一位教授吾友，在一天晚上忽然查起书来。因为他的学生拿一个难题问他："清代诗人受黄仲则的影响的有几位呢？"他一时不能答复。我以为这答复太容易了："惭愧得很，清代诗人受黄仲则的影响可惜只有一位，那便是我区区。"我的这位朋友竟因此而翻起书来，他虽是上海教授，但教授的海派，他还不曾学得。

不但优伶有京派、海派之分，教授也有京派、海派。我现在到了上海，虽不是教授，但也未能免俗。像"教授吾友"这四字，真是海派十足。所以，海派也不但教授才有。而像我，我是什么人呢？据海派，"我是文学家兼准教授！"

西装与长衣

据想象，凡吃过面包的人必穿西装。北平的教授们大都——不失敬应当说是"全都"吃过面包，但超出我们的想象之外，他们不穿西装。

货真价实的面包们都不穿西装了。他们说："有几个像样的人穿西装，穿西装的是那些不三不四的人。"于是，穿西装的教授如果是也有的话，他便是起码的教授。

里面是狐皮袍子，花缎袍面，外罩一件阴丹士林的罩衣，所以，外质朴而内名贵。罩衣外面再加一件西装外套，长袍短套，像表现"中学为体，西学为用"的精神。出门坐包车，口里含纸烟，腋下挟皮包，头上戴着皮帽，或是铜盆边的呢帽，十足的一只鸱枭，却又是北平教授们的教授架子。

鸱枭不爱漂亮，但上海的教授们便不同了。第一是擦得雪亮的一只皮鞋，在上面一套整齐的西装，自是题中应有之义。西装上一副笑脸，藏在雪花膏里，头发上盖一层司丹康，像这样卖弄起来，才能够尽态极妍，超人一等。

穿西装比穿长衣漂亮，但是漂亮的话，北平的教授们是不会说的，他们只爱老气横冬。这里有蘧庐主人也爱老气横冬，在上海的教授里开一个未有的先例。不过他也穿西装，不穿长衣，大概也是未能免俗，或许是另有原因罢？

这也可以推开一层说的。那便是北平的长衣和上海的西装，不但是教授们才有这种区别。向上面数，北平教授升一级便是小京官，升一级是大人，大人再升一级便是皇上。皇上穿龙袍，大人穿朝衣，小京官穿马褂，北平的教授们自己也当穿一件长衣。上海的教授升一级是买办，买办升一级是洋商，洋商再升一级是大资本家。买办、洋商、大资本家全都是革履西装，教授当然不能例外。

有一位教授吾友新制了一身西装，他说他穿西装仅因为上下公共汽车，穿长衣不大方便。这自是重大的理由。因为北平没有公共汽车，教授们都坐包车，乃是一件事实。北平有了公共汽车，教授们自也都会脱却长衣换西装罢。

不过，公共汽车有了，买办、洋商、大资本家的势力充实，便也很可观了。

旗袍的模仿

宽腰大袖，袖长过手，像打灯笼一样。但又嫌袖头太长，便将两双袖头卷起，像准备和别人争闹。上海人的长衣时尚是流氓式的长衣时尚。

听说是流氓式的长衣时尚曾一度侵入北平，但北平的人们不和这时尚相习。于是，有人向我说"现在的衣服，兴小不兴大"，好像在叹息这侵入的时尚早成为过去了。当然的，北平非十里洋场，不用在衣袖里藏一枝手枪，也不用卷起袖口，流氓式的长衣时尚在上海虽长远英雄，但它一到北平，便无用武之地，由环境安排了它的命运，它只好由北平退回上海。

于是北平的长衣时尚，剩下的是一种小京官的长衣时尚，被人们保留至今，和残余的侵入时尚混合，便成了现在的北平时尚了。衣并不要怎样宽博，袖并不要怎样长大，像无损于舒适，又无害于灵便；其实呢，和小领襟、小胡须是很相称的一种长衣。

但又有一种服装时尚侵入北平来了。上海学生穿西装，不但裤像腊肠，自顶至踵也像一条精制腊肠。北平学生穿长衣，也和教授一样，但穿腊肠裤脚管，为着调和，长衣也得腊肠式了。于是，"兴小不兴大"，腊肠式的长衣便使北平学生更像一条精制腊肠。

这腊肠的作俑固由于裤脚管的，但也由于女人的旗袍。旗袍的模仿，这心情，上海的学生是梦想不到的，但北平的学生却真有这种情致。原因是为着中华民国国家的体面，到欧美完成了伟大的任务的，上海只有海粟大师，但北平却还有梅博士，我们不要忘记。因此，男人扮女人比吹牛皮或许是更伟大的艺术，国剧之都的莘莘学子，这一点更看得十分明了。

①

于是，有许多的腊肠式的长衣却有了硬的高领，窄的下摆。不过，男学生穿旗袍，胸前既没有乳峰，身后又没有肥臂，显不出曲线美来，依归像精制腊肠。何况，还只是仿旗袍的腊肠式的长衣呢！

锦鸡的摩登

北平女郎有肥白的躯体，如果你说上海女郎像鲜美的蚶子，那末，她们是厚味的肥肉了。她们说话像银铃，也不像上海女郎说话像呢喃的燕子。你如果用"爱娇"去说明上海女郎，那末，对于北平女郎，最好是用"妩媚"了。

北平女郎的摩登，依旧是红颜绿鬓的摩登。在王府井大街一带行走，你可以鉴赏到北平的摩登女郎，也正像上海的南京路是上海摩登女郎汇萃的地方。但北平的摩登女郎，嘴唇和双颊爱涂着很红的胭脂，红得你意想不到。头发却很长的披在肩上，但梳得柔顺光滑，并不是蓬头鬼。用长发和胭脂烘托出她们的浓艳，像平凡的锦鸡，却不像上海的摩登女郎，在蓬松的乱发下面有一副粉白的面孔，面孔的唇和颊有一点深红和淡红，在强烈的电灯光下，像有毒的孔雀。

---

① 图注：服装风尚。刊载于《旅行杂志》1928 年第 2 卷秋季号。

北平的女招待是摩登的重心。这不是北平人好吃性成，是因为跳舞场在北平还没有可惊的进展。因此，北平的摩登女郎走路像麻雀的并不多见。另一面的发展，便摩登到京剧上面来了。北平的摩登女郎并不重裸露的服装，却爱好梅博士的古装，不愿有腰臀腿脚的礼赞，却愿有歌喉的彩声，不愿有西装少年赠送花篮，却愿有京派的名流来一份品题的厚礼。

这在上海摩登女郎当然认为可笑。她们是"爱娇"，爱娇得像小鸟，像野猫，像毒蛇；但北平的摩登女郎却只有她们的"妩媚"，妩媚得像中山公园的牡丹。不过，有什么法子呢？北平没有电影公司，便没有明星的摩登；舞场不及上海发展，便少有舞星的摩登。于是，北平女郎便只有唱唱京腔是她们唯一的摩登了。当然，穷苦的女孩子还有一种摩登，女招待的摩登，像上海也所在多有，只是，要算一种摩登，我真不忍说了。

麻木与幽默

天津《大公报》的几种副刊像钢铁铸的门板，因为我的脑子还不是金钢钻的椎子，便每天让这几块钢板立在我眼睛前面，学者的威严深藏在钢板的后面，平凡的读者真不敢奈何它了。北平的大报副刊也都是一类的。但像天津《大公报》的《小公园》和《北平晨报》的某种副刊，也都以幽默自鸣。老太婆是北平人最称颂的幽默大家，但与其说这是幽默，到不如说是浅薄，因为，这一类的幽默传统像是从卖膏药的老祖师一派流传下来的。

幽默在上海有它的势力却真无可讳言。这却不是上海得天独厚，是因为北平人大都是"羲皇上人"。飞机在头上，大炮在耳边，北平的学者们躲在威严后面，制礼作乐，说"匡人其如予何"。一对对的青年男女，把公园当避秦的桃源，并不知有中国，遑论什么日本。等而下之，也大都心平气和，牢骚之类的东西，北平人是不会有的。勉强要发些牢骚，也只有"花开两朵，另表一枝"，但讲的大都闲言，使阅者如看把戏罢了。

上海人却都有些不平之气，但是，不可说，刚一说出口来，枪便在头上响了。于是，便只好幽默一通。幽默是冷冷的，像孤臣孽子，不过讲的不是闲言，便有人提倡风月之谈，像《申报·自由谈》的记者，但和"打打麻将"是不可以同日语的。

　　我对于上海大报副刊的幽默之风也不十分满意，因为幽默不过发发牢骚，表示自己还有牢骚可发，并不是杀不叫的死猪罢了。但牢骚有什么用呢？社会的改进是不需有冷嘲，只需有多量的热情的。

　　我久别的上海，丧失的是前几年的热情，因此，便就舆论说，也不能从冷嘲里拯救这沦陷的社会，而且，拯救出舆论自身。这虽和北平舆论的麻木状态有些不同，也不过五十百步之间罢了。

○ 原载于《涛声》1933 年第 2 卷第 26 期

我的母校
1939

—— 朱东润[①]

每个人回顾到已往的学校生活，总有最留恋的一段，也许是小学，也许是中学或大学。当他想到这一阶段中的学校，他得悠然的说一声："我的母校！"

我的母校是上海南洋公学的附属小学堂，一所四年制的高等小学。它曾经因为主体学校的屡次易名而称为"农工商部高等实业学堂"或"邮传部高等实业学堂"的附属小学堂，可是我们在校的时候，常常把主体的名称搁在一边，只是简单地称为"小学堂"，好像除开这所小学以外，其余都不值挂怀似的。小学堂的后身，经过几次的递迁，成为南洋模范中小学校，但是因为经过的时期太长，递变的痕迹太多，已经和它的前身发生很大的差异，几乎令人看不出前后的关系。在这次抗战当中，连这个学校也搬了家，那么我的母校该不会成为一缕残痕吧！

我初进小学堂的时候，是光绪三十三年的秋季，那时学校已从南洋公学上院的角落，迁到新造的校舍——这是称为南院或中院的地方，其实南洋公学和它后身交通大学的本部，始终不曾踏进，所以什么院的名称只是一个假定。在新校舍的四边，除了东边一道竹篱以外，其余都是小河。西南两道小河还在，

---

① 编者注：朱东润，原名朱世溱，字东润，以字行。江苏泰兴人。曾留学英国伦敦西南学院，任教于武汉大学、中央大学、江南大学、齐鲁大学、沪江大学、复旦大学等校。著有《中国文学批评史大纲》《中国文学论集》《史记考索》《杜甫叙论》《梅尧臣传》《陆游传》《张居正大传》《梅尧臣集编年校注》等。

北边和南洋公学本部接界的地方，原来也是一道河，后来填没了，成为马路的一部分。北部的河上架着一道桥，这是通到本部的惟一途径，再穿出本部，经过大桥，那就通到马路了。在我们做学生的时候，小桥门和大桥门是两道关，除了例假日以外，轻易不得过小桥门；至于大桥门，那是只有开学和放假的时候，我们才有出入的权利。

那时南洋公学的专科和中学部直接属于学校当局，小学堂却始终维持着半独立的性质，当局除了按月供给不甚情愿的经费——最初每月五百两，后改为五百元——以外，向来不甚关心的。原来南洋公学首先办有师范班，既有师范班就得有小学校，这是小学堂存在的理由。其后南洋公学改为实业学堂，师范班跟着停办，小学校成为不必要的赘疣，当然的遭到当局的漠视，但是这却增加了小学堂先生们向前迈进力、争生存的勇气。在当时的教育界，它得到它应有的荣誉：每年招生时期，常常引起数百里或数千里外学生的注意。蒙古喀喇沁旗也曾经派遣学生三名到校肄业，这事更促进先生们的努力。

南洋公学的当局人员，在唐蔚芝先生奉命为实业学堂监督以前，我们向来是不注意的。唐先生来了以后，因他对于小学的亲切，我们才开始系念。小学堂的堂长，是现在上海银行界鼎鼎有名的林康侯先生，那时林先生为办理中国

图书公司，每学期到校不过三五次，也很难引起我们的注意。实际负责的是上海沈叔逵先生。沈先生是师范班的毕业生，中间曾经到过日本，对于小学音乐教材尤其是有名的先进，这时他正以整个的精力办理学校。沈先生最契合的同事是学监吴县陆慧刚先生，陆先生好像没有受过什么新式教育，但是他办学的成绩，许多教育界人士都赶他不上。他们两人真是相得益彰，沈先生是精明，陆先生是浑厚；沈先生是精力饱满，陆先生是至诚恳切。七八年前我在上海，曾到南洋模范中小学去问候陆先生，那时他已是皤然一叟了。听说以后不久他就下世。沈先生在二十四年的时候到过武汉，我曾进谒几次，现在住在上海公共租界。万一他看到这篇记载，希望他全盘接受一个三十年前的小学生的敬意。

在他们两位以外，共有四位级任教师。一年级是沈云衢先生，长长的瘦瘦的个子，我没有受过他的课，所以印象不深。二年级是吴采人先生，崇明人，曾经到过日本，文笔异常的锋利，常常一挥千言，后来曾在北京政府交通部担任过什么事，但是最后还回到模范中小学教书。三年级是张韵笙先生，松江人，说话最有趣，待我们很亲热。四年级是汤贻孙先生，吴县人，年纪最大，说话也最持重，特别爱讲一些简短老练的文章。其他还有教数学的吴叔厘先生，红红的脸，爱喝酒，是一位很和气很诚恳的先生。教英文的是祝良若

①

① 图注：南洋模范中小学教职员全体摄影。刊载于《南洋模范中小学年刊》1935年。

先生，高高的额角，有些口吃，教书很热心。我在民国八年到南通师范学校教书的时候，听说前不久祝先生曾在那里教过，不料到一个学生会做他的先后同事，真是惭惶得狠。此外就是图画教员张益三先生、体育教员沈近勇先生，以及陆续加入的顾荫亭先生、许宝铭先生、龚子扬先生和汪先生。顾先生现在重庆教育部，我过新都的时候，因为他公务忙迫，不曾问候过，抱歉得很。

那时的教育，在中国教育史上，也许只算得启蒙时期。就是小学堂的教师，除了顾先生、龚先生以外，还没有受过完全师范教育的。有的到过日本也只是短期的游学，大多数是县学生员，俗说秀才，甚而还有不曾考上秀才的。他们的薪给大都在月薪三四十元之间，在当时不算很少，其实也还不算优厚。他们没有做过什么研究，没有发表什么文章，更没有说过什么"教育救国"以及"造就非常人才，适应非常时代"这一类响亮的标语。然而他们憧憬着他们的使命，完成了他们的事业，到如今学校是换样了，他们也大多退隐，甚至死亡了，可是不可磨灭的是他们留在这一般学生们心头上温馨的回忆。我想我能代表许多同学在这里向诸位老师致敬，谢谢他们给我们的良好教育。

启蒙时期的教师，常常免不了一些稚拙的言论。光绪三十年，我在家乡进初级小学时，一位李老师，曾因为教科书上的太平洋到地图上止作为大平洋，因而发生严重的疑问，这是一件。就连小学堂的沈先生，也曾在入学考试出了"论钱荒"的题目，为后来的《教育杂志》所攻击。粗浅的说，他们都有些稚拙得可笑，但是正见得他们对眼前的事物，一点都不放过，以及对于时局的观感随时自然地流露。在出题目的那年（光绪三十四年），到了重阳以后，钱荒更形严重，沈先生做了一首七绝：

中秋已过又重阳，考毕诸生请假忙。

领取车钱钱不得，始如大局恐钱荒。

这诗有些发露指陈的意味，好像宋诗，不晓得沈先生留稿没有。在他告给我们的时候，对于当时的问题，真感到十分的痛切。他希望我们这一群小学生和他共鸣，在这一点，他得到必然的失望，因为孩子们很难体会这样的问题。可是他在我们的心坎下了种子，使我们永远不会忘去社会和人生的关系。

一切的学校常有毕业生的记录，记载他们的出路，作为学校的成绩，不知道南洋模范中小学还替我们留下这些痕迹没有？也许我们的出路会比其他的高等小学好些，不过这算不得什么，因为学校既引起一般社会的注意，招收的学生，比较的经过选择，那么以后的成就较大，原在意中。同学们的升腾，固然不待我代彼夸张，就是他们的隐沦，也无须我为之惋惜。最可记的反是当时的一些小节。

　　在小学堂，我们受过有规律的训练，享着有规律的生活。除了卧起作息有一定时间，和一般的学校相同以外，我们用膳有一定的行列，洗浴有一定的次数。换洗衣服也有规定，冬天是每星期一次，夏天是隔天一次，这些校里都有记录，随时可以查考。那时我们还没有剪发，规定每星期剃发一次，梳辫二次。每天应当剃发梳辫的人，陆先生都列表挂牌，晚饭以后还得查考。听到叫子吹过，被查的人，就到监学室去，那时陆先生一面点名，一面还要看你的头发是否梳理整洁。在这样微细的项目，老师们往往是非常的认真。

　　最麻烦的是查整洁，我们的钥匙都交给学校，上自修的时候，老师就查寝室，查箱笼；睡了以后，老师就查自修室，查书籍。床上的被褥有规定的折法。箱子里的衣服，也许卷好，也许折好，但是卷要卷得整齐，折要折得平正。书柜里的书籍更要整洁，要归行列，归部头，零碎的纸片，更要归束，不许乱放。尤其苦的是查整洁没有一定的期限，所以随时都要检点。我离小学生活三十年了，但是书籍衣物，时时不敢乱放，好像沈先生随时还要来查一样，谢谢老师的教训。

　　我们缴膳学费以外，在开学的时候，照例预缴代办费十元，这一学期的一切杂用，剃头洗衣以及购置物品的事项完全由校中代支。买东西是这样的，我们在购买物品单上填明姓名号码以后，就写上要购的东西，当然这时又经过老师的审查，只要不是滥用，老师就将东西发下，在账册上替我们登记，到学期终了时，再行报告家庭。这是怎样麻烦的工作啊！不要忘去当时的会计顾星一先生。我们缴清一切费用以后，那时真是手无分文，即使有钱藏在箱子里，老师也会查出登账，所以大家都是无钱可用。家居上海的同学，逢例假还可以领车钱回家，我们这些外来的学生，只有逢着端午、中秋，才领到一毛钱到大门外花费。那时桥门以外只有两三家小摊店，我们就在那里买些牛肉、花生之类，庆赏这一年的佳节，有时难免有些肚子发胀，不过一毛只是一毛，也还不至吃坏，这是老师们放松的日子。

其实我们不是没有零食。起初老师们也许要禁止零食，但是本地的同学不断地携带入校，究竟禁不胜禁，于是索性加以调整。先由校里替每人做一只铅皮罐子，一切食物都要放在那里。这些罐子装进杠盒，平时锁着，到上午十一时和下午四时，开放十五分钟，各人可以吃到爱吃的食物，其他的零食自此一切禁绝了。

本来不是绝对可禁的事，经过这样的调整，正是最开明的举动。还有看闲书，也是儿童的常事，无法禁止的，老师们索性办一个读书会，把我们所有的闲书搜在一处，淘汰了一些有害的读物，增购了一些必要的书籍，在晚间八时三十分自修终了以后，把膳堂开放，作为临时的阅览室，这里我们可以看到一切爱看的小说或其他的书籍，一直到九时半为止。中国小说的大部分和许多林译小说，我都在这个时间看到。

入校的时候，我插入二年级，到宣统二年毕业，这三年间，我在和煦的阳光之中长大了。以后我曾经一步步地踏进了其他的学校读书，又其后我也曾一步步地踏进其他的学校教书，但是我总是怀恋着我的母校。经过上海的时候，因为小学堂已经物换星移，我很难得进去，但是我总得在它的旁边，瞭望曾经住过的教室和寝室，耽玩曾经游过的操场和球场，潮水荡漾的小河慢慢地流着，河边的小树慢慢地长大，星星的白发也慢慢地侵入了许多小学生的头颅，可是温暖的依恋的心还是不断地跳着。

我们的沈先生曾经因为我的矜持而加以诰诫，也曾因为我的特立而加以奖饰。陆先生更细切。记得一年放寒假的时候，在寒风料峭中，我还兀傲地穿着夹袍，陆先生郑重再三地劝我换上棉袍。还有一次我生着脚气病，陆先生几番亲自给我料理汤药，其后病重必须迁地疗养了，吴采人先生乘着唐校长的马车送我上船，还另行派人送我到家。这一切的温情，我都得永远地记着。

我常常地幻想着，以为一切的学校不是知识买卖的场所，而是人生长养的地方。就使学校中传授的知识，不但正确，而且丰富，可是知识仅仅帮助我们解决生活问题，然而生活问题不是整个的人生。我们要在阳光中生存，要在自然中发展。我们需要适当的训练，但是不要固定的教条。我们师生的相处要纯真与诚挚，不要利诱与威迫，更不要奖励与处罚。时代是不断地向前，而我的幻想也永久地只成为幻想，失望的悲惨啊！

谢谢我的母校，至少在回忆中，我曾经一度看过这种幻想的实现！

我为生活所驱驰，曾经到过不少的地方，我也曾经担负过教育界各阶段的职务，但是我终极的目标，正是一个理想的小学里的教师。我要看天真烂漫的儿童在风和日暖的空气中成长，像一株株美丽的花卉，在向阳的山坡上开放。我的快乐不是栽培而是欣赏，我要欣赏他们自由的合理的发展。但是现在我无从度此清美的生活，就是将来，在种种的社会环境已经转变之后，像这样的学校，也许无从再现，只剩得一痕心影，永远地留着。

○ 原载于《宇宙风 · 乙刊》1939 年第 13 期

上海的声音
1939

—— 内山完造[1]

虽说是盛夏，八月的上海的黎明是凉快的。

东方还没有白的时候，到市场去的卖野菜的，就齐着"唉喝唉喝"的勇敢的声音，成为行列地通了过去。不一会儿，麻雀唱歌蝉儿鸣叫，泼剌的朝晨到来了，就从远方听见"方糕……白糖糕……"的声音。并不十分干净的男子，在胸膛上从肩头吊下一只一尺见方的三格的木箱。龌龊的木箱里，米粉做的甜味的方形的，白色茶色的，柔软的点心，并列在布巾上面。是颇有风味的上品的好吃的东西，一块是三个铜板，若吃了四块模样，足够代替朝上的面包了。就在中国人之间，仍是高级的点心，是先生、老板他们的食物。

电车公共汽车的车站上聚集着到银行公司去

①

① 编者注：内山完造，日本冈山人，1916—1947 年居住在中国，主要经营内山书店，自起汉名邬其山。著有《活中国的姿态》《一个日本人的中国观》《花甲集》等作品。
② 图注：内山完造（右一）与鲁迅。刊载于《大公报》1936 年 10 月 22 日。

办公的人们的那时候。"卖报……申报……时报……新闻报……"报贩快步地在人缝里钻走。办公时间过去了，时计是十时、十一时不客气地进行着。太阳渐渐加了热，鞋印在沥青路上踏得一塌糊涂。把裤子卷到大腿的赤裸的两个孩子，从两方拉紧了一个大蒲包，沉重地提着，"冰哦冰哦……卖冰哦……冰哦冰哦……卖冰哦……"的急口交换着叫喊。这是走着卖天然冰，所以顾客是劳动者，孩子们。

要是在日本卖金鱼的"金鱼……唉！金鱼……唉！"使人听着无论如何像打瞌睡的声音的时候，在上海则以勇敢的高呼："冷面！"用花生油浇在日本看不到的开水煮过的面（即日本的细"餛饨"）上。加上酱油、醋、辣椒油等，无汤的冷吃的"餛饨"，味道实在是"好！好！顶好！"若是在东京一带，黑漆的食物箱等里面，正中央满满的堆着，以上述的种种的药味，配成复杂的味道，卖了出去，我想一定保证得到江户子（即东京人）的好评吧。

还有一种，就是豆腐花的来了。在桶中做有 Kinukoshi 豆腐那种软的豆腐。用豆腐的杓子薄薄的掬起来，放在钵头里，少少加味点煮干酱油的汁。在这里面也加点少量的四川名物的榨菜（京都名物叫酸茎菜那样的野菜，用盐和辣椒渍过的东西）的菜屑与干虾，再浇点辣子。这也是颇清淡味的食物。我很爱吃的。

到了下午四点钟渐渐单影出来了，有时甚至凉风徐徐吹来，从南方。"夜报夜报！大晚夜报……"二三人嘴里说着，来卖夜报了。与"夜报夜报"之声相混，听到"He——Otareta"这样的声音。想着是什么呢，真有妙的贩卖声，本人现了出来。

什么呢？ Kueo——rodoeta——n，即桂花绿豆汤也。

突然听起来是优美的音律的呼声：

"Badannri！ shintuo！"

这呼声实在有种种，是白糖莲心粥，有人模仿梅兰芳的声色，别人用尚小云的声色，用着俳优的声色，在以文字有点不能表现的肉声之中有种种有趣的音节。

一到夕暗渐渐将这些热闹的贩卖声向远方追去的时候，Karan karan karan

karan karan 的在铁锅里放着银杏，用石决明的贝煎着。银杏"求求"的老是吹着水。有时发出"普斯，扑斯"的声音。"烫手来热白果！一个铜板卖三个！两个铜板卖七个！"这个呼声也很有趣味，寓律非常好。Garan garan garan 的煎着。这白果（银杏）的贩卖声变得幽微的当儿，恰好是各店家也熄电灯、关门的时候。街上只有路灯的光照着了。

○ 原载《文艺》，1939 年第 3 卷第 3/4 期，第 90 页

石像上的联语

1941

——陈毅

人们经过上海静安寺路马霍路口对正，必见某大洋房门前那两个石像，端拱而立，甚似古代富贵人陵墓前的翁仲。它所居的地位颇似补龛，而像大龛小，仅可容身，迫仄得有点可怜，且全用三合土制成，殊粗劣，天下之贱工也。

我非名流或文学家有心去考究用直唐塑，或工愁善感无中生有而大写一番，实因我住在离石像不远，经七八年之久，亲见它有几次的沿革，触发起我

---

① 图注：上海静安寺路马房前之两石人，相传此处为黄歇之墓。刊载于《旅行杂志》1930 年第 4 卷第 1 期。

的意思，如骨梗在喉，吐却始快。

它最初的主人是谁，愧我不是上海通，无从考究。现主人则显然是跑马厅的跑马会，我相信初做这石像的动机，仅系装饰作用，如汇丰银行门口一对铜狮，但铜狮还有"不列颠的狮子"的涵义，石像就不见得有甚么意义了。

那石像不知由何时起，受人们焚香烧烛，顶礼称神，虽未见得怎样繁旺，但似乎每日必有。以前，它因余地太狭，香烛无地安插，常斜倚在脚下，故自腰以下，早被香烟烛火。熏成灰黑，且半黏油腻，很似一个榨油厂的老司务。主人知禁止无益，"去之则可惜，毁之则重劳，事贵因循，何必改作"，便替它在龛前所余数寸的地方，围上高三五寸并凿有洞眼的铁栏，铺以黄沙，使香烛可插，各得其所。主人似乎说："好，我爱其饰，尔拜其神。"当时我还不大注意，直至数月前，主人再勤加丹漆，将整个门面弄得有点庙貌庄严，而在石像之顶题上似联非联、似标语非标语而又含有西文翻译气味、不成对比不谐声韵的排句，左云"给许多太平予亲爱的中国"，右云"赐快乐繁荣予上海的人民"，才触动我较深的思索，那简直是像运亨通，不次超升，由石像升门神，由门神升为上帝了！

我未习过神道学，未明白拜神的起源，但在书中仿佛记得出的有："黄帝乘龙升天，民号哭攀留之，龙化而为弓，故弓一名乌号。""见披发而祭于野者，曰：不及百年，此其戎乎，其礼先亡矣。""祷于尼丘得孔子，孔子生而首上墟顶，故因名曰丘云。"和秦始皇、汉武帝之"登泰山禅梁父"，就是古人拜神之卓卓特著者。

世事历久失真，往往无从矫正，先民设祠立庙原系崇功纪德、激劝后人的手段，与今时某某纪念碑和政府褒扬令如："××早岁服膺革命，备极贤劳，××之役，厥功尤著。兹闻溘逝，震悼殊深，应予明令褒扬，以彰忠荩，着给治丧费若干元，将生平事迹宣付国史馆，以表国家笃念勋劳至意，此令"的原意，无甚么两样。然而无知的民众，竟会把庙宇视作求福的对象。

中国人迷信，外国人也迷信，我曾到过天主教国家渡过一个圣诞节，他们将圣马利亚的画像抬出巡行，围得人山人海，各家焚香烧烛，所至若狂，并强迫人脱帽致敬。我曾到过日本，他们的神社、寺庙，拜神的人相当多。而各国较古的城镇里，礼拜堂的数量不会较警察署来得少，迷信的程度不见得谁比谁聪敏，谁比谁文明，强要将它分析的话，只有静与杂、整与散、专与滥之别而已。"富酧神，贫问卜"就是迷信心理的单简诠释。鬼神星相之说，会跟贫富不均的存在而存在着，禁之不了。

跑马厅各门口均立有管门夫，无论马之跑不跑，行人想停脚探探内容，必遭门夫挥手赶走，他的无声之声似乎说："不准站立，有犯门纪。"但同一主人的石像门前怎么又特别整理而任人拜神呢？我很幸运，受世界上殖民地最多之国家的庇荫，达廿余年之久，"受一廛而为氓"，其中种种闻见，极有理由令我思疑他们必有"殖民学"的专门教育，而课程中必有一些如"殖民地或权力所及地，原有之风俗习惯，不论美恶，凡与治权无关者，概保留之"之类的原则。否则石像上怎么会有大言炎炎的繁荣赐给上海，且将和平给予中国，而数量又是许多！

该排句在中国文学上无此句法，但衡以西文八品词（主事位暗藏），"给"字是动词，"许多"形容词，"太平"名词与介系词，"亲爱的"形容词，"中国"受事位，适合文法。故此我疑心它是译文。而口气之阔大，极似外交大臣，至少驻在国大使职的外交官。内容空洞，却非谎言大家不办。

石像自然是石像，那能在它身上求出道理，但它倒底是人工造的，在人事上，我不便细说，请你参看《中国近百年外交史》。在神道上，我亦如淳于髡所谓："今者臣从东方来，见道旁有禳田者，操一豚蹄，酒一盂，而祝曰：'瓯窭满篝，污邪满车，五谷蕃熟，穰穰满家。'臣见其所持者狭，而所欲者奢，故笑之。"烧几角钱香烛，叩几个头，便求得各人所欲的幸福，世界上哪有这样便宜，但明知无效仍然去做，便是自欺。人既自欺，当然亦欢喜接受他人的谎言，此谎言之所由发生也。

讲到说谎，其意义更加广泛，《战国策》就是"全本谎学大成"。书中人物完全以善说谎话发迹，最著名的苏秦，一身兼佩六国相印，是中国史上空前绝后相印最多的宦海红人。《战国策》里仅得一个不同作用的反派小生——乐正子春，"齐伐鲁，索 × 鼎，鲁以其赝往，齐侯曰：'使乐正子春来言，则吾将信之。'鲁君请于乐正子春，乐正子春曰：'胡不以其真往也？'君曰：'我爱之。'对曰：

上海记忆 131

'臣亦爱臣之信。'不辞而行。"

又，中国史上以平民为天子之始的流氓皇帝刘邦，他第一次露头角捞到一个老婆，就是用撒谎得来，沛县土豪吕公拜寿敛钱，他胆敢"署曰贺钱万，实不持一钱"。吕公反因此看上了他："'公始常欲奇此女，与贵人，沛令善公，求之不予，何自妄许与刘季？'吕公曰：'此非儿女子所知。'卒与高祖。吕公女即吕后也，生孝惠帝及鲁元公主。"

外国人亦无少异。我隐约记得幼时读过蒋维乔所编国民教科书中有一课："华盛顿少时游园中，以斧斩樱桃，父归见之，怒曰：'樱桃吾所爱，谁斩之？'华盛顿惧曰：'儿斩之。'父喜慰之曰：'孺子诚实可嘉也。'"发觉有一个不说谎话的人，便如行沙漠得甘泉，可反映出说谎已成社会习尚了。

人亦有爱听谎话的理由，据心理学家说，美丽的谎话可弥补人事上一些缺陷，正如叫化子晚上发梦做富翁一样。又"苏东坡守黄州，好强人谈鬼，却以谈尽，则曰姑妄言之。"十元、五十元批一部相命同参，就是买一大篇看来半通不通的谎话式的希望，来聊以自慰。现代的政治家，几全是"谎言大学"毕业生。如果你有这样能耐，将他们的宣言演讲之类，悉数收集，至若干年后取出来比较一看，包管你笑坏肚皮。各国舆论单独攻击德国宣传部长戈培尔是谎言专家，是有点冤枉的。那末，石像上面的题句，可不足为奇了。

社会上许多事已经变成商业化，商品受供求律支配，"必先有求者然后有供者，求者愈多其价愈贵"。故予亦曰，必先有爱听谎话者，然后有爱说谎话者，爱听者多，爱说者更多。"人有不得者，皆反求诸己，然后得之。"然而世界上最善说谎话的动物，只有人，毋信人之言，人实诳汝。

○ 原载于《宇宙风·乙刊》1941 年第 48 期

钟声篇

—— 王仲鄂

好久不往外滩一面跑过，对于黄浦一带风物就起了模糊。从回溯中勾起一些往事，四年前的外滩，不是天天要经过的所在吗？在各色车辆杂沓来往中间，我总是迎着朝阳踏进那里唯一的公园，看潮水起伏，风帆来去。有时遇大轮船出口，拉着沙哑可又洪大底一声汽笛，往往使我放下了正在阅读的《阿娜·卡露列娜》，目送此庞然的船只，向东南水道中缓缓驶去。

这些是往事，随便拾起一点，旧日无忧无虑底心情，总令人发生一点惆怅与伤感，虽然现在的时代不配伤感，可是，这是因为今昔之感而引起的微喟，正如伤风之要咳嗽一样，无可避免。

最近以偶然的机缘路过外滩，虽然也是朝曦甫上的朝晨，车马络绎，可是总觉得萧索与荒凉，只是江海关上面的大自鸣钟，还以沉着的音节，敲击出单调的音乐，接着是报时的钟声"堂……堂……"地散播在明朗的空间。在荒凉与萧索的心境中，听到这单调的音乐，穆然的钟声，真是撼人心扉，使人忘记了尘俗的营逐，回返到理智澄清的境界。

对于江海关钟声的悠然意远，使我爱听，已是好久的事。八年前的一个夏天，我初来海上，住在近外滩的一所大楼中，每当灯昏月落，惺忪间听得"堂堂"数声，常会惊醒，觉得世途方长，在人生的道路上所取的步伐，需要沉着坚实，正与此钟鸣一般。我想，假如这座大钟是有生命的话，一定非常寂寞，

不然何以它报出的钟声，带着一点寂寞的意味？

江海关的钟声，好算是外滩风物之一，使我引起种种回忆。这钟声令人的心境回到如中世纪时代的感觉，回到田野，回到纯朴无华的生活中去。你决计知道一首传诵的诗，其后二句是"姑苏城外寒山寺，夜半钟声到客船"，江海关的钟声，也使人回到诗意的境界中。

其实姑苏不止寒山寺有钟声，凡属大丛林，都有一口大钟，挂在大雄宝殿东侧，与一面大鼓相对。不过寺院的钟声音调与江海关的不同，用木槌撞上去的声浪皇然而不堂然，但是令人悠然意远则一。儿时每到附近的寺院中去游玩，定要攀住了木槌撞一次钟。那时，还是"少年不识愁滋味"，撞钟仅是好玩而已，对于音调并未发生好感，可说是漠然无动于衷。

有时在某一寺院中，我们常可以见到和尚在"撞七钟"，一个小和尚坐在黝黑的大钟边，旁边的一座香案上供了香烛纸锭等物，还有一个牌位，上面写着"亡妇某某氏之位"等字，烛光是黯淡的，恰与这黝黑的角落调和得来，和尚迟缓地撞着钟，"皇……"地一声，口中念念有辞，多半是在念往生咒吧。这样的撞钟，共要撞四十九天，名为"撞七钟"。据说幽明异途，魂魄在阴曹就借了撞钟的音响，发现一道金属的光亮，使暗黑的阴司通明，好让亡人不致摸索进行。

① 图注：江海关新屋之鸟瞰，其前为理船厅及海关码头，江中为水警驻防所、浦东江边及空场，为海关储藏所及焚土窑。刊载于《图画时报》1928 年第 436 期。

在故乡，每当寒夜梦回，就能听到这宏远的钟声隐隐送入耳鼓，和着深巷犬吠，每使我们要起战栗，好像已被钟声沟通了幽明的鸿沟，鬼怪将跨入房中，攫我而去。于是塞住耳朵，蒙了被头睡着。

可是在月落乌啼的夜晚，同样听到山寺传来的钟声，情调恐怕又是异样的吧？那孤寂的旅客，一定因为作客异地，又兼睡在湫隘的船中，不能入睡，遂被这静穆的钟声，掀起一些惆怅，一点乡思。

寒山钟声既这样令人入于遐思，就很容易引诱一些游客去探访胜迹。其实这仅是一座破落的寺院，转弯抹角，踏上钟楼，去欣赏这座被诗人赞扬过的大钟，并无特别可爱之处，仅是把钟平放在楼板上，不能再用木槌去撞。听说这口钟已是赝鼎，原物给人家买去，改铸刻字刀等小件利器了。这虽然仅是一些传闻，但在我们一群后之游者，总不能不感到唏嘘叹息，且对于这美妙的诗句，更其向往不止。

山明水秀的佳处，有钟声点缀，确是美妙的音乐。音节虽然单调，但意味却是深长。西子湖畔以南屏晚钟为最佳景色之一，可见在夕阳明灭中，听一杵钟声的怡然自得了。这多少带一点禅味，自喧嚣繁华中来的游客，领略一点禅味也可以洗涤尘俗，犹之鼎食之家，难得尝一碗新炒的园蔬，往往其味无穷。可是现在到南屏去真的能否听到钟声，恐怕还是问题。也许和寒山寺一样的令人失望呢！除了蔓草乱石以外，怕已经没有这种含有诗意的景色与风物。

在上海，南屏晚钟既只能想象一二，寒山寺的打钟也仅只诗人笔底的渲染，于是偶然听到江海关大钟的报时，就觉得可爱，好似把我们的灵魂已带回乡土。现在这个时代真是一个严肃时代，和欧洲的中世纪相仿。据说那时伦敦和巴黎很清冷幽暗，而市民每日的音乐，似乎只有那警觉理性而黜逐热情的多数寺院内的钟声。可是历史为什么会这样地残酷，上海在绚烂繁华的高潮中，已逐渐蜕变为清冷而幽暗，一如昔日的伦敦和巴黎？

我们再不能见到霓虹灯光使暗黑的天幕照耀成一圈红海，汽车首尾衔接，往来如织。在此时，只有一些黯淡的路灯，送行人归去，行人用急促的步伐，在黑夜中匆匆各自走回家中。商店已把最后一批顾客送走，把排门关上，就是橱窗中的灯光都已熄去，因此使行人没有留恋的意思。白天，汽车已是难得看见，倒是我们在古装西片中常见到的蹄声得得，一辆马车把主人送进府邸的玩意，可以在此地遇到。总之，这个时代令人感觉到像处身于中世纪时代，就是连江海关大钟的鸣声也是如此迟缓的，寂寞的，警觉理性又是排黜热情！几时能使沉迷于醇酒妇人的少年公子，热衷于物价腾踊的大腹商贾等等，都被此严肃的钟声荡涤去身心中的贪婪与卑鄙？使他们蓦然惊起，知道时代所赋予的使命并非如此这般呢？

五月的熏风吹来，江海关的大钟在笑了，它见过上海的繁华，接着被炮火所摧残，乃至见到上海的阴黯与衰微。它又一次在报告时刻，"堂……堂……"，好像在说："让恶的一切阴黯与衰微下去，善的一切再次新生。"

○ 原载于《万象》1942 年第 1 卷第 11 期

我与上海
1943

—— 包天笑[1]

上海，全世界闻名的一个大都市呀！

以中国的土地而为他国人所治理，实为中国全体民众的耻辱。今当租界交还之期，《申报》拟出一特辑，嘱写一文。要写上海已往的事，上海有伟大的历史，只怕写百万言也写不尽。曾记得有一时代，上海市政府特设了一个上海通志馆办理此事。要写上海未来的事，为了复兴大上海，千端成绪，也是太怕写百万言也写不尽。当世君子，必能肩任这两种艰巨工作。愚以衰朽，只能就一点记忆所及，琐琐屑屑，写一点我与上海接触的小文。

我的第一次到上海，那年是八岁吧？距今整整地有大十年。那一年，吾父亲到上海去访友，忽然栽倒在父执贾先生室里。因为病势甚重，贾先生打电报到吾苏州家里来了。吾祖母及母亲得电大惊，因为从前民间非有极重要的事，决不肯打电报，以为父亲必然不起了。于是我们全家到了上海。当时从苏州到上海，既没有火车，又没有内河小轮船，只有雇用民船要三天三夜才到上海，因为日间开行，夜里要停泊（倘然是脚划船，昼夜兼行，一昼夜可到）。吾祖母与母亲在船上食不下咽，只是垂泪，以为父亲必是无幸了，谁知到了上海，父

---

① 编者注：包天笑，江苏吴县人。初名清柱，又名公毅，字朗孙，笔名天笑、春云、微妙、迦叶、拈花、秋星阁主、钏影楼主等。著名报人，曾创办《苏州白话报》，主编《小说时报》《妇女时报》《小说大观》《小说画报》等，著有《上海春秋》《海上蜃楼》《包天笑小说集》等，译有《空谷兰》《馨儿就学记》等作品。

亲的病，已经好了大半，合家欢愉，不言可知。

①

父亲既是病愈了，贾先生便请我们在他家勾留几天，还请我们到各处游玩。游玩的地方，我已经不大记得了。只记得有一次曾坐了马车到黄浦滩去看大火轮船，又曾到了四马路一家华总会（当时名称，其地在现今世界书局相近）去吃茶，那个地方前半是茶楼，后半是烟馆，中间有许多玻璃柜，陈列着各种各样的动物模型，像博物院一样。

小儿所喜欢的是食物与玩具，我这次到上海来，喜欢吃的是一种瓜馅馒头和广东店里的大杏仁酥与冬瓜膏等。玩具全是日本货，一块钱可以买一木箱，一木箱中有二十余件，都是很小巧精致的。当时还有一印象，人力车夫（那时不叫黄包车，只叫东洋车，因为人力车是从日本传来的）所戴的帽子作圆锥形而竹制的，极像我们家里的酱缸盖，见了辄作大笑。

自此以后，我不曾到过上海。及至十七岁父亲故世以后在十八九岁的时候，我曾到海上海一次，那时内河小轮船已通了，匆匆即归，也没有什么可记。

我们有几个朋友，在苏州观前街开了一家书店，唤做东来书庄。因为我们有几位同学留学日本去了，日本的地图（可怜我们中国，当时连略为精印的地图也没有）、文具、纸品都很精美，为国人所乐用，我们都从日本由小包邮便寄来贩卖。同时又到上海去贩买新书，以开风气（其实上海那时也贫乏得很，不过梁启超的《时务报》一出，风气为之一变）。因此我便常常跑到上海去，而且常常跑到虹口日本文具商那里去购买物品，又到各书店去搜求书籍，因为他们公举我是东来书庄经理呀（那时张云抟②也开家书店，似名求知书社，我们与之对立）。

---

① 图注：包天笑，刊载于《大亚画报》1929 年第 151 期。
② 编者注：张一鹏，字云抟，苏州人，为张一麐之弟。

其时我曾到上海，考过南洋公学师范生，未取。拟随亲戚某君至上海谋职业，未成。我家贫亲老，靠教书糊口（十七岁父亲死后，就踏出学堂门，做教书先生），以考书院为副业。厥后，吾友戴梦观君介绍我到南京蒯理卿先生处襄理笔札，蒯先生极能奖掖后进，深蒙器重。那时他正在上海要办金粟斋译书处，于是我便同王小徐、汪允中诸君，到上海来了。

我个人正式住在上海，就在那时候起。那一年，我认得了上海不少新学界人。因为金粟斋译书处租屋在白克路登贤里，我们屋子的后面便是吴彦复所居，章太炎就住在他家里，我们朝夕过从。东面是薛锦琴女士所居，章行严有时也来，后来彦复的女公子吴亚男，就嫁了章行严。

书馆中人，我们便认识了《中外日报》主人汪颂阁。颂阁是汪穰卿（康年）的令弟，耳聋而办报极有精神。上海报纸的第一革命，便是《中外日报》起。因为以前《申报》《新闻报》都是那种有光纸一面印，从《中外日报》起用现在的白报纸，方始两面印了。又，从前《申报》《新闻报》都是直行到底的长行，从《中外日报》起方始用短行了（那时候时报馆尚未开）。中外日报馆的西文翻译是温宗尧洗生（号钦甫，今司法院院长），东文翻译为叶浩吾先生，一大桌，两人对面而坐。

我又在这个时候，认识了商务印书馆夏瑞芳先生。因为那时金粟斋译处的书急于出版，而上海中国人自办的印刷所不多。我们分头交商务印书馆及吴云记印刷所等排印，而我们每天必自己亲往校对。为什么呢？我们有几部是严又陵先生所译的，如《穆勒名学》《原富》等，都是哲理的书，非寻常校对的人所能胜任，所以非亲自往校不可。

那个时候，商务印书馆的规模很小，其地址在北京路河南路转角。据夏先生告诉我，开办的时候资本仅有三千块钱。我去印书的时候，排字印刷工人也不到三十人。他们做点什么生意呢？就是翻印英文教科书。那时上海的中国人读英文，教科书也是舶来品，英国人就把教印度人读的那种英文教科书教我们中国人，英国人本来以未来的印度视中国人呀！不过那种书没有译文，当时商务印书馆就译有华文，可以华英文对照，就是所谓《华英初阶》《华英进阶》那种书。

这时上海的编译事业渐渐发动，还有许多日本留学生从日本印好了书，寄到上海来发售的。因此夏瑞芳先生颇想发展，但他是一个外行，常常来问我："什么书可以印吗？""某种书可以印吗？"我常怂恿他："你可以增添资本，办一个编辑所，请一位名人主持其事，将来应出的书多着咧。"他唯唯而未决。后来商务印书馆火烧了，大概他保

①

险费是拿足的，上海人有"烧发"之说，果然他一烧而发达了。于是他增添资本，延请张菊生先生为编译所主任，一跃而为上海书业中巨擘。

上海有一个张家花园也是时代的产物，在平常每逢星期日，士女如云，联翩裙屐，恒为名倡狎客啜茗谈情之处。一遇国有大事，便成为民众开会之场了。因为在当时的上海，简直没有像张园安垲第那样的一块时髦的地方。张园主人张叔和是前清一位辞了官的道员，他自己常常在那里招待，正像陈公恒先生在《古今》杂志上所说的"一等那摩温"了。为了帝俄时代义勇军的事，吴稚晖先生在张园演说。你们不要看了吴稚晖先生现在有些老态龙钟，当时一拳头便打穿演说台上一只红木台面。那天那班青年学生，踏破椅子的也不计其数。但是张园主人并没有一句说话索赔。

金粟斋译书处解教后，我又在蒋心栽先生（名智由，即蒋百器将军的尊翁）的珠树园译书处里理译务。旋又在叶浩吾先生所办的启秀书局襄理译务。这班译书局都不久长。第一，办译书局的都不自办印刷，连发行也不甚注意，书生不能理财，是其一弊；第二，当时办译书处的以开风气为宗旨，本不想赚钱。钱用完了，不能后继，便即关门大吉。

我那时仍回苏州，以祖母年高，仅此孤孙，不欲远离，然而祖母旋即弃养

---

① 图注：上海商务印书馆。刊载于《东方杂志》1932 年第 29 卷第 4 期。

了。吾乡彭诵田丈介绍到山东青州府中学堂当监督，以青州府知府为吾乡曹根荪先生。明年，又挈眷往，在青州府中学校两年余，曹根翁他调，我也辞职归。其时上海的友人如狄楚青先生，我到时报馆，曾孟朴先生请我到《小说林》，而我的一生文字生涯，就定局于这个时候了。

我本想家眷仍回苏州，一人独留上海，然而有许多朋友却劝我家眷不必回苏州，以家庭经济言，上海房租较贵，其他也相仿佛，我听了他们的话。我家庭住在上海，就在这时候起了。我最初是住在爱文义路①，后来一度住居老西门，旋迁至爱而近路②，现在居住在爱麦虞路③，人家说我是"三爱主义"，所住居的马路，必是"爱"字打头呀。

我初入时报馆时，薪水每月八十元，殊为优待，回想吾友孙企渊先生早我两年入申报馆，薪水仅每月二十八元，即总主笔张蕴和先生薪水亦仅三十余元。我在《小说林》取薪水四十元，仅去半日，那时生活程度较低，我每月过款有一百二十元，尽足敷余，而且我在余暇还可以写小说。然而我一无积蓄，最大毛病就是我好作挟邪游，辛苦得来都付了买笑之资。所以我的朋友劝我把家眷留在上海，很有深意。不然，我现在的家庭正不知作何状况。吾乡父老往往不肯把青年子弟单身送往上海，可见得不是没有远见。

上海的所以如此繁盛，全靠中国的内乱，每逢中国内战一次，上海就繁荣一次。最先是太平天国之乱，大家都避难到上海来了，那时交通还不大便利。辛亥革命以后，许多遗老也都住到上海来，倾其宦囊，买洋房、购书画，度其醇酒妇人的生涯。此比伯夷叔齐槁饿西山，自然要漂亮得多。厥后内战较多，避难到上海来的人较多。到了上海便胶着在那里，不肯回去，于是上海的人口愈来愈多，到如今达有五百万人之众。

上海的恶势力为什么如此的增长，全靠着外国人的牌头。白相人，鱼肉市民，人人切齿，然而敢怒而不敢言。但一半也是由上海市民有以酿成之，明明是中国人，为什么要入西洋籍？明明是中国人所开的店，为什么要挂洋商旗？

---

① 编者注：今北京西路。
② 编者注：今安庆路。
③ 编者注：今绍兴路。

明明是中国人自己的房屋，为什么要委托外国洋行来收租？不用说，原是想用外国人的势力，以欺压同胞，降一级，就是要仰仗白相人了。我想到有一时代，打官司非经白相人的手不可，法官、律师悉行一手包办。当时有句名言叫做"官司只打半场"，斤头讲好，竹杠敲着，则分其利，当事人所得真是微乎其微。我不知道租界收回以后，这种余毒还存在不存在呢？

我住在爱而近路的时候最久，有二十余年之多。那一条弄堂唤做庆祥里，一头是爱而近路，一头便是界路，越界路即是北火车站了，其地是公共租界极北处。爱而近路弄口即为一小菜场，而界路走出铁楞门即为火车站。我贪其便利，所以住此很久。然而夜间从望平街报馆回去，爱而近并不爱它近呀。有一年，夜深同去，劫去了三次大衣（上海人称之为剥猪罗）。第一次，被劫去后，过了两天，他把当票寄回到报馆里，而且写了一封很客气的信（这封信在《晶报》上登过）。原来我的大衣袋里有人家写给我的一封信，上有姓名、地址，他可以按图索骥寄到报馆里来。我便将大衣赎出，披在身上，不到一月，又被劫去了。第二次被劫，衣袋里并没有信，他也不曾将当票寄回，幸亏汇司巡捕房之力，给我到典当里去赎回。又未到一月，又被劫去了。每一次被劫，他将手枪对准了我，我便乖乖的自动把大衣脱下，交给了他。这是持不抵抗主义的，因为他有手枪，我没有手枪呀！

汇司巡捕房的张连本，我和他很熟，为了大衣被劫，我屡次光降巡捕房。他劝我，在捕房里领一枝防身手枪（当时有例可领），我们来教你放手枪的法子。我不敢领。第一，我的眼睛近视，掏出手枪来，他倒先放了；第二，我家中小孩子多，不愿有手枪；第三，他不过要我一件大衣，我给了他就完了，他并无伤害我之意，何必用枪打死他。但第三次被劫很厉害，他剥了大衣，还要剥取里面的袍子，幸而远远有汽车来，他们才停手。然而内衣袋里一金表，也是爱而近牌子的，已被他携去了。从前我每逢深夜由报馆回家，觉得道路修长，在人力车里，曾吟有一句诗道"爱而路近天涯远"，盖"而"字可作"尔"字解，但下句并未完成。自爱而近牌子的金表攫去后，方续成下句道"一日思君十二时"。

从第三次被劫后，大衣一去不复返矣。其昨齐卢构兵，巡捕房忙于防范边境，也不复注意及此。每次被劫以后，劫者就向自己身上一披，以避侦者之目。吾内人有点迷信。她说："这件大衣，过了贼气，就不要它吧！"这件大衣是狐皮的，全身温厚，制时费百余元，然而穿了已七八年，典当赎出时不过四十元、五十元。那时候上海路劫案极多，据说都是从赌场里出来，赌输了，出来劫掠一回，再到赌场里去赌，所以赌场与盗贼相为因果，赌场的害，不但是制造盗贼，而且也制造了贫穷、自杀种种的惨事。我希望租界收回以后，第一先扫除这个污点。

我在时报馆十余年来，并没有闯过大祸，小祸是在所难免。辛亥革命以后，江西某武人带了手枪到报馆专来见我。因为那时候的报馆室卑地小，大家可以跑来责问。不像近来的报馆，巍巍大楼，而且门禁森严。在时报馆的同事中，前有陈景韩、雷继兴、龚子英、林康侯诸君，后有毕几庵、刘襄亭、戈公振、夏奇峰诸君，都相爱重。报馆里倘然吃官司、上公堂，那末自有我们总理狄平子先生出场呢。

这一个时期中，我曾到过日本一次，看看他们的报馆，真是小巫之见大巫，深为惭愧。回到上海后，曾写了一本《考察日本新闻记略》，由商务印书馆出版（在二十年前，早已出版了）。然而就知道中国自己不能造纸，新闻事业是永远不能发达的。后来我对于新闻事业很为厌倦，我就脱离了时报馆。不到几年，狄楚青先生对于新闻事业也表示厌倦，把时报馆卖于别人，也脱离新闻事业了。

大概要摆脱一种职业须要一点勇气。我看有许多同事，摆脱以后，绝不过问，他们都有这种勇气，怎么我不能呢？这是我的没有勇气，也是我的没有才能呀。我想第一步脱离新闻界后，第二步即脱离上海，可是结果呢？不是和上海的出版家周旋，便是与上海的新闻界打交道。这是我的习性使然呢？还是我的命运注定呢？真个像一个弄蛇乞丐，舍此竟无蛇可弄吗？曾有一度，忽动弹冠之兴，到南京政界去混了两年多（七年以前的事），更其没有意思了。还是回到上海来，做一个市民。

我以为我的眼睛里不会再看见有租界收回的一天了，而竟有这一天，试想我的欢欣鼓舞为何如？这不但是我的欢欣鼓舞，也是全市民的欢欣鼓舞呀！我希望今后的统治阶级，治理这个大上海，至少总要比有租界的时候，胜过一筹，方才对得起筹划收回租界的人，方才对得起帮助我们收回租界的人，方才对得起住居在上海的一切市民。我以上海一个小市民的资格，我深望可以吃得饱一点，住得安一点，吾愿已足了。孔子云"君子食无求饱，居无求安"，古人云"平生志不在温饱"，但我非敢为君子，也没有大志，觉得即此已足。但能如此，我将忍死须臾，拭目以观诸公的德政。

○ 原载于《申报》1943 年 8 月 1 日

也算是老上海
1943

—— 张一鹏[1]

我在上海居住的时间零零碎碎，拼拼凑凑不过十几个年头。在小小的生命中，只占据了七分之一。可是从开头看见上海，直到现在，却占据了时间达六十四年之久。

记得第一次经过上海，我才九岁，是光绪庚辰，因为这一年先君韶笙公中了进士，授职知县，签分直隶候补。于是回到苏州故乡接眷北上，雇了一只民船，走了三日两夜才到上海。船靠苏州河的南岸，大约是现今盆汤桥附近。这苏州河河面极阔，几乎望不见北岸。从船上登岸，要走过浮在水面的木排，约二十余丈。登了岸仍是一片汪洋，稻田纵横，由小路穿出，突见热闹市街，像苏州山塘或者木渎的模样，这就是著名的大马路。

我父亲母亲原要想荡荡马路，但是我和我的妹妹聒噪着他俩，定要吃广东月饼。这广东月饼是父亲每次由上海回家总要带几个给给我们的，所以印象最深，一到上海，就牢记着这四个字。父亲没法，就带我们到了棋盘街一爿广东茶馆，喝的是乌龙茶，吃的就是广东月饼。不一刻仍旧同到船上，约摸夜半，母亲将我兄妹在睡梦中喊醒，船已离开原处。我们一共五人，搬到一所极大的

房子。糊里糊涂，走了曲折的矮而狭的她方，来到了一间极小的房间，我们不知不觉睡着了。及至天亮，我和妹妹被好奇心鼓励，一层一层的爬上去，豁然开朗，才晓得这所大房子，建筑在水面上，而且是活动的，很快的在那里前进。正在疑惑，父亲亦来了，方始详详细细的告诉我，这叫大轮船，是招商局的"保大"轮，一直开到天津，每一个人的船钱，要十两零五钱银子。

过了九年，那时我已十七岁，我父亲告老回家，又到了上海，一切景象和九年前大不相同。搬下大火轮船，进了一家旅馆，在二洋泾浜的北岸，叫"泰安栈"。因为父亲病重，没有耽搁，雇民船又回到了苏州。又经过五年，我已二十二岁，癸巳科江南乡试，居然考中举人。当时风气，举人可以把三场做的文章印刷出来，上首附载履历，订成薄薄的一本，名字叫"朱卷"。这朱卷随便送给人家，人家多少总要送一份贺礼，俗语叫做"打抽丰"。我于是带了几百本朱卷来到上海，借住在亲戚家。这亲戚是住在大马路，记得门首有大字的墙招"万康酱园"，大约是现在永安公司地位，很新的三楼三底，租金只有二十四元。承他介绍去见一个年轻的巨富，浑号多称他"黄宝宝"，法租界外滩的地皮码头全是他父亲的遗产。他收了我的朱卷，送了我二十元钱，不觉欣然。又有朋友介绍了一位吴统领，这统领是一名副将，带两营兵驻在吴淞口。本来上海的吴淞是有一条铁路的，上年被御史参了一本，说铁路是奇技淫巧，中国礼义之邦，岂可任令异端潜入煽惑民心。这篇煌煌大文，载在《经世文编》，御史姓刘名字已经忘记，皇帝大怒，严令两江总督即日拆毁。所以我到吴淞不能乘坐火车，改雇马车。是日吴统领着实优待，并且叫两营将士发了一百元送我。打抽丰的结果，收到了将近三百元，居然满载而归。但是我后悔得很，当时泥城桥的地皮每亩百元，倘然把打抽丰的钱多买了地皮，如今是面团团了。这几年来，稍有新思想的读书人渐渐在那里私下研究些算学、格致（即后来的理化）、翻译等各方面，惭愧得很，我亦算其中的一份子。可是无师传授，往往弄得走投无路。我们的宝库，只有制造局、广学会所出的几本格格不吐的译本。如今好了，盛宣怀设立了一个南洋公学，先招考师范生班，我居然考取入学。

南洋公学是在徐家汇乡下，校址是一家停办的丝厂，后来的校所就是现今的交通大学，乃是三年后新建的。当时学校左右全是田地，没有几处洋房，星期日跑到租界，没有黄包车，二把手坐不来，所以大家多是徒步的。在租界上无非到作新社、文明书局两家新书店访访朋友，看看新书。如果碰着大雨，脱去衣，或者走现在的静安寺路往西，或者走西门望南，全是泥泞载道。在南洋公学住了不到一年，英文读到文法第三本，读本读到第四册，算学却学会了代数，不过是些破碎的学科，便又离开了上海。这一回虽然比上两回耽搁的时候很长，但是不大到外面，所以见识不曾增多。

从此流浪复流浪，忽然流到了万里云南，遇到了辛亥革命。云南是九月九日宣布独立，混乱了两个月，虽然跟跟跄跄跑回了上海，可是所奉的使命却非常重大，乃是蔡锷都督派我参加各省代表大会来选举共和国第一任大总统的。记得是阴历十一月上旬，路过香港，天气酷热，汗流浃背，仅仅隔了两天，一进吴淞口，狂风砭骨，奇寒惊人。这时候的租界比前大不相同，因为内地各处兵荒马乱，有钱的同胞多往上海跑，市面非常繁华。但是像现在到处多是赌场、舞厅、影戏院等娱乐场所一概没有，所以除了妓馆之外，只有一座张家花园，简称张园。它矗立在泥城桥迤西，两旁虽然仍是稻田，中间已筑成平坦马路，马路两旁，是高大洋楼。夕阳影里，车水马龙，夜间尤为喧闹。我那时在

《时事新报》当总主笔，工作烦杂，哪有工夫去玩。《时事新报》和《新闻报》《申报》《神州日报》《时报》《民立》是当时的六大报，多分布在一条望平街上。《申报》主人席子佩将《申报》出卖，我替他寻到买主，以十万元成交。现在的馆址是新买主移建的。

以后民国十年，我从北京到上海执行律师职务。二十六年从苏州到上海治病。那都是近年的事，虽然沧海桑田，变端百出，见到听到的人很多，不须老僧饶舌了。

○ 原载于《申报》1943 年 8 月 1 日

上海行
1944

—— 烟桥①

　　我是乡下人，以前难得到上海，记得处女行是在民国二年的正月，到铁道协会投考南京的民国大学。翌年的八月，我在一个小市集上当小学教师，那位校长赵省身先生，时常听到他的从北京大学回来的公子汉威兄说起北京的四大名旦，尤其称扬梅兰芳博士的演戏艺术。这时候梅博士到了上海天蟾舞台，省身先生从《时报》上见到戏目，便喜不自胜约我去观光一番。我对于戏剧虽然一窍不通，但是这位数一数二的名角，失之交臂，未免可惜，因此表示同意，就在决定后一天动身。

　　午前趁轮船到苏州，赶到火车站，当天只有四等车还没有过，计算到上海还来得及看当夜的戏，便不惜纡尊降贵，费了四毛钱，挤入聚集着短衣群的车厢里去。当然已无虚座，只好借着衣包物袋，暂时坐坐。到了上海，定了旅馆，吃饱了肚皮，就到天蟾舞台，戏票好像一元两毛钱。那夜有王凤卿的《文昭关》，唱得并不怎样卖力。梅博士唱的是《宇宙锋》，我听不出唱词，省身先生是懂得一些剧情的，经他的约略讲述以后，才知道这是一出有唱有做的好戏。唱的部分既婉转又圆润，记得白乐天的《琵琶行》有"间关莺语花底滑，

---

① 编者注：范烟桥，字味韶，以号行，笔名含凉生、鸥夷室主、余晷、西灶、乔木、万年桥、愁城侠客等。江苏苏州人。曾创办《星报》，主编《珊瑚杂志》。著有《中国小说史》《鸥夷室杂缀》《吴江县乡土志》《茶烟歇》等。

幽咽泉声冰下难"的两句，把它来形容比拟，最切合没有了。做的部分，有时笑，有时哭，有时苦，有时怒，种种情感、心理，表现得恰到好处。

有许多人没有注意戏目上有"代演《装疯》"字样，在未上金殿以前，纷纷离座，我们当时也没有注意，但是为了"人间难得几回闻"，一定要听到他唱完最后的一个字，方肯还去。所以瞧见第一排上已有空位，两人便走过去补了缺。这时候梅博士唱得更够味，做得更可爱，在假装的疯态里，流露出哀怨的情绪来，借着疯病而尽其嬉笑怒骂之致，好像画龙点睛，在这最后的一场，方是最精彩的神来之笔。我们在他"临去秋波那一转"时，欣然而返旅馆。

为了那天是礼拜六，要不荒教务，非得礼拜天还去不可。我们已经尝鼎一脔，不妨像王子猷剡溪访戴，乘兴而来，兴尽而返。这一回计算食宿舟车所费和戏资，花不到十块钱，最经济没有了。我还写了一篇十足外行的剧评，寄给包天笑先生，登在《时报》的《余兴》栏，得到有正书局书券一元五毛钱，比省身先生多一点"回力"。后来有人编《梅兰芳专集》，把这剧评转载过去，更是得意，现在想想真是幼稚得可笑。

①

屈指一算，乘四等车做"梅迷"的故事，距今已隔三十年，我是头童齿豁，已非张绪当年。想不到梅博士和我同庚，去年中秋在榕园的千龄宴上会见他，虽然嘴唇上多了一撮小胡须，可是还有着白皙的皮肤和漆黑的头发，好像他并没有度过风云变幻的三十年，我想假使他再鼓余勇，重演《宇宙锋》，还不至完全失掉三十年前的风韵呢。

○ 原载于《万象》1944 年第 4 卷第 3 期

---

① 图注：梅兰芳旗装。刊载于《十日戏剧》1938 年第 1 卷第 30 期。

双城记
1944

—— 王仲鄂

　　要把这样两个不同的城市加以评说比较，这是很难的事。但是这题目对我太感兴趣了，自己的童年既完全消磨在一个城市中，而在另一城市住了近十年，差不多把宝贵的少年时代等闲蹉跎过去，这样再说对于这二大城市没有一点感想，那是令人难以置信的。

　　苏州是我的故乡，自幼小以至受教育，没有离开寸步，当我襁被远去时候，确有点依依不舍。此后就在上海一直生活下去，尽有许多人在这样大乱动时代纷纷奔赴遥远的不知名的城市中去，我却安分地株守在这里，没有跋涉远方。这样说来，我应该是非常爱好这大都市的了。其实不然，也许憎厌的心情较之爱好更甚，而所以呆在这里一住十年的缘故，无非是生活的惰性使然。矛盾怅触，一时也无法解释这种错综复杂的心理。

　　曾经在另一刊物上说起我对于居住在二个城市中的好恶，觉得人生真是充满着太多的矛盾，既爱之，又憎之，完全以主观的心理变化而起变化，所谓习久生厌。无怪社会上对于婚姻问题常多波折，仳离重婚数见不鲜，若把对于某一城市的欢喜与厌倦而言，后者的矛盾实在是"小焉者"而已。不过就以这些矛盾的感兴，足够我们来谈谈这二大城市，因此终于把这个甚难的题目写到纸上，试就较为熟悉的随便谈谈，庶几能在轻易逝去的年华上，刻划一个浅浅的记号而已。

生活在江南一带的人，对于苏州和上海都有一点印象，即使他没有亲身经历过这二个地方。一说起苏州，大家都能联想到是一个方言很"软"的城市。曾有人把中国的方言划分作几个区域，而以苏州及环绕于其四周的不少县城，诸如上海、无锡、江阴、常熟等，统称之为吴语区。各地的方言都有差别，音调、轻重、清浊，即小之一村和一村也有分歧，但以"吴语"为领导，这是值得骄傲的。上海是一个五方杂处的城市，其实所讲的言语乃是各地方言的什锦，并无独立性。但上海人独喜欢模仿苏州人说话，多少带一点轻蔑和笑谑的成分在内，这是进化的城市对于落后的城市的示威，如其苏州是通商大埠情形，恐怕便要相反。苏州人说话"软"，这对于学习其他方言或外国语多少有一点便利，容易学像，但是仍不撇开吴语的本腔，却有弄巧成拙的可能。有很多人能讲清丽的国语，但也有不少人打起"苏州官话"，颇使人觉得软硬不调和。至于上海人的以吴侬软语来调笑，故意把语尾拖重，实在是"丑恶的夸张"，一无是处，失去了吴语的本来面目。其实在苏州人口中，极为自然，决不致这样扭捏作态，令人作恶。听苏州人美丽的语声，最好在春二三月，有山塘街上的十七八小女郎，拿了一筐白兰或珠栀，沿街叫卖。放翁诗"小楼一夜听春雨，深巷明朝卖杏花"，恰像写的是苏州景色。

苏州以深巷出名，街道狭仄，分立两旁的都是黑漆墙门，虽无摩天的高楼，但"风火墙"的高度至少有三层楼房这样高低，在这样狭长而又黝黯的巷中走路，另有一种森然的感觉。但点缀在这街巷中间的，有卖花女郎的叫卖声，清脆悦耳，这种语音，便是真正住在苏州的也很难学像。从前看西片《虹影花声》，白塞罗茂饰卖花童子，一声婉转的"卖花呀"，听之回肠九曲，不禁要想到山塘街上的卖花女郎。虽然东西语言不同，但情调的和谐，却是一致的。

上海肩担负贩者不擅叫卖，大都是利用竹木等器的敲击。例如我曾在所谓上海的心脏区域住过一些时候，每夜辄听到"的的笃，的的笃"的声音，后来才知道是出卖馄饨面的担子。有的直接如讲话般的叫卖，"杜米要伐"，或"西瓜要买西瓜"之类。总之，上海的叫卖声单纯直入，缺乏音节的美。苏州则不然，他们自己把叫售的货物编成一种韵语，用高低不同的声调喊出来，如其说这种叫卖声有音乐性，也不算"奖饰逾分"。如苏州卖水果的小贩，在此时秋实已成的季节，他们挑满了一担梨、橘子、橄榄等东西，沿街喊卖，这一连串的水果名字，加以赞美果品的形容，如橄榄的脆、橘的甜、梨的香，亢爽而奏节，实在无法把这种声浪传之楮墨。他如卖五香豆的，卖熏鱼、面拖虾、五香小鸟的，都各有其编就的歌唱，在薄暮时分沿街叫卖。就是卖西瓜，其唱卖和上海迥然不同。

苏州的瓜贩分两种，一种是上面所说的贩卖四季鲜果者经营，他们卖水果每天要经过几条街巷，几家缙绅之家他们都已熟识，夏天的西瓜只要向老主顾兜售，讲好送二担或三担，瓜季一到，不必叫卖，只需按户分送。另外一种则是载上一艘小船，苏州城内多的是河道，只桨容与，一边在船上喊卖，赞美西瓜的甜，其经过大概在日中时分，声音带着懒洋洋的催眠意味，也许卖瓜人自乡间黑早起身来城，此时正需睡的时候，但为出售西瓜，不得不打点精神，但总有一些懒散的成分。卧在竹床上，听到这样的卖瓜声，真够使人昏昏入睡。

有一次在苏州听到卖芋奶头。在一个阴黯的朝晨，秋雨方罢，昨晚从乡间送了祖父的葬仪回来，在"不识愁滋味"的少年心坎中，忽有一缕凄凉的感觉。我在屋子的外进，听外面街上一个老妇人喊卖芋奶头，在寂静的氛围中愈觉得哀婉动听，生涯大概不十分好，卖声一直接续着，没有间断过，直到渐渐远去，似乎已到巷尾了，我还听到低微的呼唤。老妇人的身世可怜，特别引起我的同情和感喟。

有人把苏杭并列，认为都是"天堂"。其实，以风景秀丽，杭州是无愧于这称谓；以享受的予取予求而言，"天堂"的尊称还应属于上海，什么东西都有得买，最好的食品，最好的衣着，最好的住宅都聚合在此地。当然，这些"最好"的东西，和普通一般人无份，仅属少数阶级所独享，杜工部所谓"安得广厦千万间"的希望，在眼前只能让诗人去幻想，尘世盖有填不平的坎坷，非一朝一夕可以使世界达到理想的境地。

住在上海的人，大部分过着鸽子笼式的生活，一幢房屋中挤了不少人家，这类房屋大都陈旧得可以，雨天必漏，晴天多灰尘，白日里必须开灯，到晚上闹哄哄的声音仍不宁息。初来上海时，第一个给予我的印象便是白天也需要电灯来工作。此时说来，未免要贻鄙陋之诮，但的确使我感到诧异过，尤其像我这样需要眼镜已有十余年来的人，灯下工作至少要略感异样。这是使我憎厌上海的种种理由之一。办公究不能和跳舞相比，舞场中跳舞，即使灯全熄灭，不致踩到对方的脚尖，但一切正常工作都需要天然的光亮，在不甚调节的电灯下面办公，损伤目力还在其次，精神上的不愉快，却是最大的缺点，因此不能不使你神往苏州。

苏州的住宅大都很宽大，有的大得令人觉得太浪费了。屋前有天井，屋后有或大或小的园地，园地上不必布置得怎样引人入胜，能够种些无名的花草菜蔬之类，就足够一家的享用。在上海，花园住宅成为高贵的享受，在苏州则不然。苏州的居民并不把享受看得很重，他们需要的是"实惠"。因此园林中没有精巧的布置，奇花异卉的种植。情愿在一弓隙地上种些青菜养几头鸡鸭等等。房屋是老式的，宽大高爽，和上海的狭仄挤轧恰好相反。

只是，石子路不能同上海的柏油路比较，因为要行驶汽车，才有柏油路的建造，但这使没有坐汽车的人们也叨了光。在柏油路上散步，尤其是在旧法租界迤西的几条静穆的马路上漫步，如其说这是人生的一种享受，也不为过。但苏州的街巷是石子砌就的，步行既感不便，坐车也觉颠簸。就是城外的马路吧，也显得窳败不堪，这种路好像用黄砂铺成的，因为年代久远，渐渐露出峻嶒的石块，只是比较城内的街巷略阔，其他没有什么优点。破旧的马路上行驶的除人力车外，便是破旧的马车。马匹也是驽劣得可以，在这样古旧的城中似乎应有这种敝败的点缀。

苏州城内有不少河道，近年来虽经拓宽街道，填平小河，但有不少河道保留着。乡下载了稻柴瓜果都打从这些浅狭的河中运到城里来。还有阴历七月将尽时，河中常见载了一船放焰口的僧人，缘河摇出去，铙钹齐鸣，烟雾缭绕，另把五彩纸糊的荷花灯，里面点了蜡烛，沿河散放。在黑黝黝的河水上，飘浮着闪闪的纸灯，念经船已渐渐远去，水灯却摇曳着微弱的光芒，还没有熄灭。这种一时的胜会，如其宽容了迷信的谴责，实是良善的风俗。中国民间的迷信举动大都与娱乐合流，如迎神赛会，如神社演剧，都可作如是的看法，这样对于他们的辛劳终岁而有近乎愚蠢的举动，大可原谅了。

城内的小河，为用大抵如斯，但有人即以苏州为中国之威尼斯，未免恭维过甚。没有航海的人来谈域外风光，当然是痴人说梦，但就所见图片上的及影片上威尼斯风景，清丽古朴，河道整洁，迥非苏州可及。说穿了，苏州的河道实在污秽有余，清洁不足。清晨常是为沿河人家涤洗便桶的所在，而中午又在原处淘米了，即此一端，就是未出国门者也可知道是中西异趣的了。上海却因物质进步而足以骄傲，抽水便所的灵便清洁，即是一例，虽然尽有人"使而不抽"，而使后来者遗臭之感。此外如水汀的温暖与冷气的阴凉，都是拜科学昌明之赐。升降机使人到十层楼房如履平地，不致像爬南高峰般使人连气都透不过来。不过凡此种种，在乱离之世的今日，都已成奢侈的享受，而且这种享受用之适宜，使成为公众之福，在荒淫甚于严肃的上海，大都是用违所长，成为有闲阶级所独享。这是上海的可爱处，也是上海的可憎处。

吴中素以风景秀丽著称，关于这方面，前人的描述极多，拟简略一提。苏州城内的园林除狮子林以假山闻名外，其余的园林都不值一观。沧浪亭在府学相近，可说是城南唯一的佳处。城外的留园一年比一年衰老，真有美人迟暮的感想。和留园相近的西园寺却是一个大丛林，香火极盛。其他如被上海人艳称的灵岩，其实除了山上一座寺院外，了无佳趣。天平山的风景却好一点，尤其当深秋时分，满山枫叶红艳耀眼，够令人流连忘返。山上的泉水清冽，称为吴中第一泉，则是昔人的美誉了。此外邓尉探梅、石湖望月，都是春秋佳节的及时行乐所在，也各有其动人之处，如要称赞，可以各各写成洋洋的文章，绝不是这篇小文所能容纳的。城内外更有不少的塔，足以为这古旧的城市增光，从上海去的可以在车厢中望见北寺塔，由南京来，虎邱塔先入旅客的心目中。其他还有双塔、瑞光塔，都是年代久远，屹立在寺院的前面，虽然显得有些老迈，却在风雨晦冥中目击时代的变化多端，一无圮坏的现象。

假如有机会在城河沿唤一只小船，向南缓缓驶去，经过了疏朗的青旸地，转一个弯，不久就可发现一片阔大的河水。横贯在河上的是一条长桥，无数半月形的桥门洞跨在水面，使你不能数清桥洞有五十三个还是五十二个。这座长桥在烟波浩淼中度着寂寞的岁月，如其在黄浦江上有这样一座大桥，通到浦东，而在中央部分建立拱门，划分行人和车辆的道路，至少要使伦敦桥黯然失色。那时外白渡桥将自嗟老大，虽然它有一个庞然巍伟的外形。但是这么座长桥和着它的许多环洞只隐居在水乡一角，不求闻达，孤芳自赏，如遯迹山林的高士一般。

但上海有些什么呢？郊外仅存的龙华寺已经衰败得不堪。高桥算是海滨唯一可以玩玩的地方了，却是单调得可怜。南京路上的保安司徒庙，伧俗揪溢，实在是大都市的赘疣，杂在许多公司商号中间，太不调和。又要赞美故乡了，如苏州盘门的瑞光寺，僻处城南，左右疏林掩映，远处城墙拱绕，景风沉郁，确使人肃然起敬，有苍茫不尽之感。

苏州有不少茶馆，老老少少借此消闲，在这里除了吃茶之外，一局棋一碟烧饼，几张报纸，听听闲言闲语，一个易逝的上午就这样捱过了。老茶客把茶壶交给堂倌，还家吃午饭，下午仍然蹲到这所茶馆，继续吃茶，虽然是二度光降，但只要付一笔茶钱，因为茶壶没有掉过，堂倌给他保留了上午吃剩的这柄茶壶。在一间广大的屋子中，声音嘈杂得不堪，满地是瓜子壳、橘子皮之类，桌椅的年岁相当高迈，有时坐下去要发生"支支架架"的声音，老茶客却能在这种氛围中闭目修道。他们大都情愿放弃掉家中的安乐椅，明窗净几的环境，而在这样黝暗的人声如沸的屋子中，消磨一些时间，排遣这份淡淡的岁月。

苏州的设立茶馆，因此久矣夫被人目为腐化与落伍，有的甚至以为是封建遗毒，那可更其莫测高深了。其实如能用之得当，真是最最简单的和胜友聚会之处。老年人在功成身退之后，每天一壶茶，乐其天年，当然也不能说是奢侈的享受。至少这辈洁身自好，在茶馆中"证道"的老人，比之自认德高望重、倚老卖老，藉办慈善事业而大捞其油水的名流要清高得多。年青人如不沉缅在茶馆里，难得跑跑，不见得就能落伍或腐化。因此对于茶馆的看法，觉得还需加以一点宽容。在一切都市的娱乐没有输送到这个古城来的时候，除了阀阅之家的公子哥儿能够走马章台流连风月外，所谓平民的消遣只有茶馆的享受，而这种消遣也是当作娱乐看待的。所以要褒贬茶馆，觉得还是瑜多于瑕，而且这是足以代表地方风物的场所，一定要视之如雠，加上腐化和落伍的罪名，持论未免近于偏颇了。

苏州有不少茶馆，正如上海开设了无数咖啡馆与茶室。相形之下，上海却又以物质取给的便利，穷奢极丽见胜。茶室的主要营业不是卖茶卖茶，而是出售各色点心，有的且有乐队演奏，饮啄之余，还可以有跳舞之便利，而且一切灯光的布置、器皿的细巧、座位的舒适，与苏州茶馆相比，至少有一个世纪的相差。在苏州，只有在隆重的婚丧仪式中，主人以细乐吹打，对于来参加盛典的宾客，表示欢迎，特别谓之"音樽"，其余地方，可说绝无音乐助餐的场面。但是在上海随便吃一次点心，就好像有"音樽"的供奉，豪华奢侈，和茶馆比较可说有一段长的距离。就使人沉缅的一点而言，其实还是后者的可能性大。不过我们都不想热烈地卫道，而且即使是严肃的战士，也容许一些合理的消遣，所谓"一张一弛，文武之道"，茶室与茶馆的功罪方面，还是存而不论的好。

听说现在苏州也有新型的茶室出现，咖啡茶座跟着风起云涌，是否这够算苏州的进步呢？苏州曾经有过一个公园，经过战争的暴风雨以后，荒芜不堪，到现在还没有恢复，不能好好的建设起来，连带附属在公园中的图书馆也化为乌有。对于人民直接有健康性关系的公园和图书馆没有重兴的一日，对于声色口味的尽情步武上海，在进步的天秤上衡量，不见得需要很重的砝码吧。上海吸收了一切进步的事物，崛起为现代化的世界都市之一，当然值得歌颂。即以出版物的蓬勃就可睥睨全国，向以文化城见称的北京都不能伯仲，更不必把苏州来比较了。可是我有一个偏见，苏沪虽然近在咫尺，但是苏州最好少沾染一些都市的气息为是。不同的城市有不同的风光，各自凭着自己的特点发展，至少要比东施效颦好得多。

癸未岁阑记于水香堂

○ 原载于《万象》1944 年第 3 卷第 12 期

初到上海小记
1949

——言燕堂

××兄：

金陵旧历大除夕，有一个不平凡的雾晨，石头城上白茫茫，难望"眼底吴楚空阔"。待雾散，万里青空，正是理想的飞行日。赶火车落伍者的我，今夕何夕？竟侥幸地搭上中航京沪班机，七十五分钟后，安降在龙华机场了。阔绰吗？算一算票价和行李超重费，只合到四块袁大头，却换来无限安全迅速！在这短短的旅程中，不止一次想到地上火车的拙笨可笑，那蜿蜒的购票阵比太湖七十二峰（鸟瞰）还来得逶迤，壮烈的车厢冲锋超过任何一次徐蚌作战（鸟瞰），至于劫后余生立足在车厢中黑压压的一群逃难客们的滋味，我算没福分享受了。

曾记得蒋先生下野次一天早晨，我正挤上列车又被挤了下来，愤恨夹杂空处，报纸上大半版登载着当日政局的剧变，也刺激不起我的精神。唯某报描写蒋氏黯然辞帝京的情景，稍稍赢得我的同情和惋惜。最后是"座机徐徐升起，达钟山三匝，然后向东南云雾中而去"，文情并茂，飘飘入神！大有王摩诘咏桃源"春来遍是桃花水，不辨仙源何处寻"的味况。然我今日情景不犹是耶？这般联想，仿佛使我精神更能和物质配合"一般高"地飞上天空！不用说晕机是绝不可能，连带一些尘俗的念头都完全升华了。这美妙的经验，红尘上唯有初恋中的男女偶或遇之吧？

小弟，东西南北之人也。但说来惭惶，上海尚为初到。此话怎讲？尚须稍加注脚：孩提时虽尝因家君作客，莅临斯邦，但终以"自然境界"看上海，与此地"功利"不相侔；成年以后，车舟往还，也时常上下码头车站，但止于海的边缘，非能身入"海藏"者也。当机临申江上空，整齐杂色的都会建筑，闪闪在早春阳光之中，灿烂平静，犹如少女春睡初醒。然则这下界的善恶，不也就像少女一颦一笑里，隐藏有无限血泪，无限恨史，随着浑浊的黄浦江向东流去。

　　自洋务以来，上海原是制造新闻的场所，想象中的上海，一定是"花花世界"。但下机伊始，已便发觉文不对题，有着初到新大陆的留学生应有的失望。××，全国报纸都用头号标题登刊上海的新闻，但住在上海的市民反而对本市发生的重大事件漠不关心，火药库爆炸听不见，火烧闸北看不见。上海实在太大了！身在其中真摸不清这世界一切活动是谁在掌握，只好叫人们暂顾目前一己的利害和得失。一般说来，上海住家是极不适宜的，但住惯上海的人，却有一种重土难迁的习惯。的确，物质上的方便常常支配我人的活动呢。

　　代表一切物质世界有二件要事，第一是金钱，第二是女人，二者有一种微妙的共通性，那便是"浮动"。上海即为极端浮动的社会，百年间一直浮动在这滨海地区，也因为它的浮动，故能适应时潮而不陆沉。金钱的重要反映在"有条有理，无法无天"一句成语上。在这儿，愈能赚钱的活动愈少：大富赚小富的钱，小富赚外帮的钱，此外剩有一群建造都会繁荣的附属品。商业气氛下的上海市民，连带处理日常事务也显得敏捷取巧，一种投机迎合的心理，所在都有。市场的灵敏，叫人难以置信，一艘小军舰载来三五百美国水兵，就能兴风作浪。待风平浪静后，正不知多少血汗金钱在诉说沧桑！

　　女人们无论老少都爱打扮，都想用物质的配备巧夺天工，以图超过她们应有的本质。但我觉得这种努力，往往收效甚微，有时反因分工太细，从头发直到脚指甲怕有二三十种分工，反而把大体忽略了。往常未到上海，常闻为天下美女荟萃之所，其实不过是一窝蜂走的"时尚"。不幸地，服饰的趣味上又遭到所谓欣赏家们致命的支配。××，恕我不便再加形容，以免刺伤了伊们的心。此外，一个初到上海的人，还看出上海女人一些特质，多少和一种原生生物相近，且读以下一段小撷拾：

民国二十九年秋，有一位著名的生物学家在云南滇池无意中发现一种古怪的生物，它比"变形虫"还低级，最奇怪，它的全身一切器官除为生殖而外都已退化……生物学家在显微镜内见它逍遥自若，快乐异常。仔细观察后，断定这种生物的存在，别无目的，完全是为了"结婚"。

要说女人们喜卖弄"噱头"，那末男人们也何尝落后。尽管是穷到脚跟，不能少几套毕挺的西装，国产烟酒几乎完全销外路，上馆子不讲口味，价钱愈贵算愈好。我认识有几位小报记者，平日苦造黄色新闻，收入不足赡妻养子，但沙哈起来，一沙就是几万金，面不改色。大亨们则无一不喜谈政治，见解当然幼稚可笑。再者，无论贫富，似乎对于做官都发生浓厚好奇与兴趣，因为做官本身就是"噱头"呀！

择一个晴朗的下午，不为别的，专为漫步，则上海闹市的景色正不便错过：三十年来憬憧的红头阿三，此刻是看不到了。街上永远是乱嘈嘈的，但嘈乱中多少保有秩序，三轮车指挥汽车，汽车指挥电车，电车指挥警察，川流不息，共存在狭窄的柏油路上。漫步在行人道上，营营声中，大有打眠茶楼书场的奇趣。商店总是敞开，用尽方法招徕顾主，故即会少人问津，也不显得寒酸。行人们都像煞有介事，又都像在互相考察欣赏，熙来攘往。法国女子矫健

①

---

① 图注：龙华寺。刊载于《中华》1933 年第 20 期。

的步法，感受多年东方气息的白俄女子的步法，摩登丛中黄棉同志们悠闲的步法……啊！啊！光是步法，就够欣赏一下午呢！

孤山邓尉的梅花大放，接你的来信南国已到春浓意倦的季节，但在上海，季候的变迁还要从少女的装饰上去探取消息。大都市内虽也点缀几座公园，不过一些草地一些常青树罢了。著名的龙华寺倒也去过一趟，自出徐家汇，便是一片贫瘠的菜地，春风送过粪香，一路看不见一株老树，更无论老树着花。龙华寺不胜残破凋剥，看来只配让荣誉人士作疗养所。奇怪！诺大一个销金窟竟化缘不到香火钱，想必和尚们缺少噱头了！龙华附近有几个私家花园，门户深闭，说是为防散兵游勇，但只要肯花钱，仍可"走私"，赏玩之后，更叫人觉得这都市距离自然确实很远了！

××，这世界世利的倾轧，投机的狂热，贫穷和豪富尖刻的对照，以及出卖灵魂种种黑暗，并非一个匆匆过客所能深识。人间的阴森，都像夜幕遮在霓红灯的光彩中，显得神秘灵妙了！"夜上海"的景色是旖旎动人的，站在国际饭店的高层，下瞰全市，不能再说上海不是天堂。这吞吐五百万人口的野兽，一刹那间在我的凝注中升高了！我此时穆然欣然，想推窗飘出，想忽拜倒……记取！天堂是要从隔岸去观照的！

○ 原载于《论语》1949 年第 173 期

PART 3

上海生活

旧时上海

上海房租问题

1921

——端六①

上海之房租，几与世界最大都会之房租在同一水平线上，大凡所谓两楼两底之家，不如伦敦之一楼一底，而其租则相若。盖上海之两楼两底，每年租金，自二百四十元至三百六十元不等，地位在租界以外或租界内僻静之处，构造极其粗糙。然其年租合之英金，则自三十镑至四十镑也。此等租金在伦敦距市稍远之地方，即可得一非常整洁之家，而其适于居住，较之上海之两楼两底，有过之无不及。夫以我国生活程度之低，即在上海，亦不及英伦三分之一，而房租乃竟相等，岂不可怪？

吾前在《东方杂志》草《宴会与奢侈》一文，谓国人仅注意于衣食二项，而不讲求居住卫生之道，在读者视之，或亦责其不达时务乎？今苟为中下人家设想，则年薪不过二三百元，以之居一楼一底之家，恰足以偿其租耳；若居两楼两底者，为数且不足也。如是则中下人家不能讲求居住卫生之道，而其家庭乐趣毫不存在，乃逞其欲于饮食衣服，彼以为此项用费虽有时稍奢，犹不及居住稍安之多费也。如此心理的作用，自为热心毅力者所不必有，然一般人众则不能过责也。

上海及其他租界并其附近之房租日益腾贵，原因无非人口之增加。今国内

---

① 编者注：杨端六，原名杨冕，湖南长沙人，留学日本，为中国货币银行学开拓者，中国商业会计学的奠基人。

政局不安，内地人民被驱而入外国势力范围之内，此租界人口增加之原因一也。租界及其附近，因居住营业得享安全之幸福，是以工商业有长足之进步，内地农民或小贸易者群趋租界以谋生计，此人口增加之原因二也。中外贸易逐渐发展，外人之来中国经商者，率以租界为大本营，同时本国大资本之事业亦群起与外人竞争，由是租界繁盛之区及交通便利之地，均为大公司大工厂所侵占，故租界附近愈觉人满之患。此虽非人口增加，而其引起房租之腾贵，则与人口增加无异。

近来中外商业均极疲滞，上海亦受其影响。说者谓房租可望低落，然以建筑材料之贵，新筑之家不仅愈形粗糙，且为数亦不多。据一月二十五日《字林西报》，塞门德土①及砂之价比一年前加高一倍，石灰加高百分之五十，砖瓦加高百分之二十五至三十，故租界附近新筑之家毫无永久性质。抑吾更闻上海建筑多无永久地主权，建屋出租者类多租地二三十年，故其所建之屋亦仅望其维持二三十年之寿命，此中国地界房屋之所以多窳也。

然而上述各种理由，均不足以尽房租腾贵之内幕，此外还有一极大原因，即地价是也。上海因商业日盛，人口日增，租界附近一带之地皮骤加其价，即龙华地方，亦号称二千余元一亩，闸北一带地价相若，用如此高价之地以建房屋，房租自不得不贵。地价腾贵之原因，大略与房价腾贵之原因相似，然其中又有别。房租根于地价及其地物价而涨，尚为合理，地价之涨则不必根于他项事实，地主见供不应求，遂相率而要求高价。此种利益，经济学上谓之自然的增价（Naturalincrement），地主不劳而获，贫民实受其困，此社会政策所不许也。设土地能归国有，则问题无自而生，即不然，能于土地移转时重课其税，或严定价格，不许特别加价，亦足稍纾社会之患。今两者均不能行，则坐视地主之跋扈而已。欲解决此问题，还有一法，地价之腾贵，固半由于地主之跋扈，而同时有促成之者，则交通不便是也。即如闸北地方，若推广之，可至于吴淞。苟道路通达，车马如织，则虽距上海较远之地，亦可适于居住。然今观北接江湾之两道，一北四川路，一宝山路，皆屈曲窄隘，不便于通行，欲往来

---

① 编者注：此为英语 cement（水泥）的洋泾浜沪语，亦称水门汀。

租界之人，务求近于租界之处而家之，于是租界附近之地价益暴腾而不可遏。

　　吾人观法国租界之布置，始叹两国当局者之明暗有天壤之别。法国租界鉴于英租界植基过小之错误，乃于地方未至繁盛以前，预将马路划出，马路之宽为英界所不及，且直线甚长，不似英界之局促。此种设施，实今日各国市政所同然者。吾人观南北美、澳洲之新市街图，反以证之伦敦、上海、东京之小规模，始觉设计者之眼光过小，贻害于今不浅。闻日人经营大连等处，即取法乎上者。吾国市政素来不讲，当局者醉生梦死，对于市街建筑毫不过问，人民购地建屋，自然图利用其地皮至于极大限度，不顾与全局规模有妨碍，是以一在中国地带即目睹形形色色之建筑，有三角形者，有多角形者，有大者，有小者，有凸出者，有凹入者，其结果致大道变为羊肠，而交通阻塞甚矣。吾不知居民亦有感于中否也？

○ 原载于《东方杂志》1921 年第 18 卷第 5 期

租屋
1924

—— 胡寄尘①

当江浙二军开火的时候，沿沪宁沪杭两条铁路的各重要地方都驻满了兵。苏浙两军的距离一天一天的近了，冲突的机会一天一天的要成熟了。苏州、昆山、黄渡等地方，避难来上海的人不计其数。

上海方面虽然比较平静一些，但是一般住在中国境内的居民也非常的恐慌，以为一旦战端开了，上海一隅也是免不掉要波及的。

这时候，我正住在西门外，离斜桥差不多只有三五十步，在那消息吃紧的时候，我每次出门，只见路上大车小车搬家往租界上去的络绎不绝。但是我总镇静着，不敢轻易搬家。直等到九月二日下午四时，我从公司里办完了公事回来，坐了车，由北朝南一路上搬家的人越多了。因此便联想到民国二年上海开仗时的情形，恍惚炮声便隆隆的在耳边鸣，恍惚我就是个逃难的人从沪南逃到沪北去。其实差了，这还是十几年前深刻在我脑筋里的影子，今日重映在我的眼帘前，这幅避兵的小影，能将我带回到十几年以前去，这时候我不信我不是在梦中。

过了一回，车子已到了我门口停了下来，我才好像从梦中惊醒了一般的，

---

① 编者注：胡寄尘，原名有怀，字怀琛，后改寄尘，别署秋山。安徽泾县人。曾任《神州日报》编辑、商务印书馆编辑，并先后在中国公学、正风学院担任教师。1932 年受聘于上海通志馆任编纂。著有《中国小说研究》《中国小说的起源及其演变》《中国小说概论》等。

忙付了车钱。敲门进去，我妻一见我，便问道："外面的情形怎样？闻说旅馆里人住满了。"我听了这句话，一时回答不来。她又问了一句，我才说道："怕甚么，等打到我门前了再说。"我口里虽然如此说，心里实在那里"拍拍"的跳。

我妻又道："打还没有打，已经有人冲进门来抢劫了。"我听了这句话，由不得不急急的问道："甚么？甚么？"我妻道："还算好，没有被他抢甚么东西去。"我听见这句话，心里又安静了一些。

我妻接着说道："刚才我在楼上，听见楼底下人声喧嚣，等我走下楼去看，才知道是三个流氓借着租房子为名，硬敲开门来，被女仆骂他一顿，才骂跑了。你想，他不是打算抢劫是甚么？我家门上又没有贴召租的条子，怎好敲开人家的门来租房子？况且这时候人家都往租界上搬，又哪个不怕死的肯搬到这里来呢？我因为民国二年全家被人家抢完了，所以今天不期然而然的要疑心到他们是抢劫的流氓。"

我道："三个人是怎样的人呢？"

我妻道："我没有看见，据女仆说，两个穿夏布长衫，一个穿短衣，说的别处地方的话。"我闻言，也疑心他们是抢劫的流氓，心里默想着非搬家不可。想了一回，又去找女仆，想向她问问明白刚才来的三个人是怎么样。刚巧这时候女仆出门买东西去了，没有找到。这时候我的十二岁的儿子已从学校放课回来，进门第一句话就道："要打了，明天放学了。"说着，拿校里发出来的油印通告单给我看。我也无心细看。

我儿子道："我们学校里派了几个茶房，分驻在昆山、苏州各地方打听消息，如今有一个茶房从那边来，说是青阳港今天开仗了，校里连忙发通告单放学，用汽车搬东西……"

我妻听了这话，面如死灰一般。我自己虽然看不见我自己的面色是怎样，恐怕也和平时不同罢。这时候，我知道搬家是必不能免的一着了，就将我前一二天预备了一条计策，拿出来实行。向我妻道："搬往哪里搬呢？租界上房子固然没有，就是有的，我也住不起。你看，身边只有一张十元的广东银行钞票了，还不知市面上通用不通用。就说不搬，米已卖到十八元一担了。不得已，还是照我们昨天的计划，将我的书箱往美育学校里寄一寄，将衣箱往法租界当

168　　　　　　　　　　　　　　　　　　　　　　　　旧时上海

铺里去当一当，也算是寄存在他那里。好在我们这里离法租界不远，真真打来了，再逃罢。"

我妻道："这样也好，衣服我都清理好了，你的书也清理好了么？衣箱里的衣服很多，很零碎，非我自己去不行。如今时候不早了，你便叫车子送书箱往学校里去，我便上当铺去，好么？"

我道："正好。"当时就自己出去叫了四部黄包车，分头搬东西。我的三十几只小书箱，两部车子搬了三次才搬完了，同时我妻带了两车衣箱往当铺里去，只留着女仆和儿子在家里守门。

我第二次送了书箱出去回来，我妻也回来了。她第一句话就道："刚才我们不在家里，又有人来租房子，真是怪事。"我就问女仆道："还是那三个原人么？"女仆道："不是，一个女人，一个男人，那女人倒很阔，那男人穿得是短衣服，手里还拿了一根棍。"我道："这真猜不出他门是甚么人了。"我的儿子说："不是，那男人是着的洋装，哪里是短衣呢。"我至此才恍然大悟了，然到底不知道他们为甚么要到这里来租房子。又问女仆道："你怎样对他说？"女仆道："我说没有房子租，他就走了。"

我又向我妻道："当了几元？"我妻道："你想当铺里恶不恶，我想每只箱四十元好当，谁知他共当四十元，多一元也不要。唉，听说苏州的当铺里，那些兵硬要拿旧铺盖当十元八元，不敢不当，他们这样恶，应该如此。"

我道："闲话不必说了，现洋呢？还是钞票？"我妻道："一半现洋，一半钞票。"我道："钞票好用么？"我妻道："已用完了。"我呆了一呆，还没开口，我妻就从衣袋里摸出一张房租收条来给我看，说道："管门的人看见我们搬家，他说前月的房钱还没付，不许搬了东西走，后来没法，只好和他说明白，等到当了钱来付他，如今他已拿去二十四元，付了半元车钱，还有十五元半在这里。"

我闻言暗想道：身边一元零钱也已付了车子钱，只剩得一张十元钞票，加上当来得十五元半，共二十五元半，能够支持到几时？万一真打起来，要往外跑，究竟往哪里走？心里一刻也不宁，这样的坐在家里不逃，比真的逃还要难过。

片刻，吃了晚饭，我就吩咐佣人早点将门关紧了，免得有流氓冲进来。刚关上了门，就听见敲门声，敲得很急。我先在里面问是何人？外面说是送信。这个邮差送信送惯了的，我懂得他的口音，才开了门，接到外埠寄来的一份报。门还没关，又有一人走到门口来问道："这里有房子租借么？"我一看那人，很沉静的，面上带着忧郁之色，并不像是流氓。我就问道："你是哪里搬来的？"他道："是枫泾避难来的。"我道："为甚么租房子租到这里来？"他说，旅馆里都住满了，住家的房子也没有了，实在没有地方住，只好乱问一声这里有没有空房子，任便多少钱不管。我道："几个人？"他道："一个女人，连我自己两个人，最好家具也一并借。"我低头想了一想，我家房子是很宽的，在这时候落得租给他。这时候，我妻也赞成租，便带他往楼上去看，一个统楼面连家具、电灯讨他二十元一月。他并不还价，就答应了，付了十元定钱，说道："停一回就来。"

　　租房子的人去了以后，我妻往楼上去收拾家具，预备将楼上租给人家，而自己住在楼下。这时，我独自一人坐在楼下，在万籁俱寂的黄昏时候，不由得发生种种的感想。我们自己打算搬家了，却还将房子租给人家，这是怎么话？我们住在上海的中国地界，虽然不比租界上安乐，却比内地好得多了。我在昨天还痛恨住在租界上的人家将房子转租给人，做投机之事，是没有良心。但是我自己呢，不是和他们一般么？而且万一打起来，我们还是逃么？还是不逃？

①

　　这样的想着，疲倦极了，不得不沉沉的坠入睡乡里去。在睡着的时候，忽然下了一场大雨，天气凉了，新凉逼着我的肌肤，将我逼醒转来。想要加一件衣服，便往楼上去找，找了半天，找不着。我妻道：

---

① 图注：胡寄尘。刊载于《新剧杂志》1914 年第 2 期。

"这倒糟了，不是一齐放在箱子里当下去么？"我闻言，没话可说，但是冷得熬不住。我妻道："哪个想得到天气凉得这样快，但是我也太糊涂了……"

这时候，那租房子的人还没来，我们只希望他来了就可以再收十元，再向女仆借五六元，凑满四十元，往当铺里去赎出衣箱来，拿了应穿的衣服，再当下去。但是雨越下越大了，那人还没来。

○ 原载于《小说世界》1924 年第 8 卷第 4 期

上海的居宅问题
1928

最大的博物院

上海好比是一所最复杂的、最奇特的、最丰富的博物院。在那里，什么样的人物都有，自吴鉴光、丁甘仁、哈同，以至最新式的科学家；在那里，什么样的社会状况都有，自虹庙的烧香、哈同路某宅的宫庭生活，以至最新式的欧化的舞蹈与其他娱乐；在那里，什么样的交通器具都有，自独轮车、塌车、轿子、马车、人力车、电车，以至最新式的汽车；在那里，什么样的房屋都有，自江北氓氓船改造之土室、草房、平房、楼房，以至设备得最新式的洋房。这其间相差相距，不啻有二十个世纪。时时的到街上去默察静望一下，见那塌车与电车并行，轿子与汽车擦"肩"而过，短服革履的剪发女子与拖了长辫子戴红结帽顶的老少拥拥挤挤的同在人群里攒……这还不够你的鉴赏么？世界再没有一个博物院有那样复杂完备的活的"陈列品"了。

在这些隔离了太远的社会情况之中，尤以房屋为最可使我们注意。氓氓船改造的土室，门口只容一个人出入的，真有些像穴居土处之景。这些房子现在在近市场时已不大看见了，它们渐渐的跟了上海市场的扩大而移到更远僻的郊外去了。我们还常看见的是平房，最简陋的平房，即在很热闹的地方也还有，如海宁路、北河南路以及宝山路一带都有。这些房子也一天天的在淘汰，然而数年之内总不会就消灭了的。一楼一底的楼房是上海现在最占势力的房屋建筑，每一条里建造好了，其中纵的横的，都是这些楼房。至于带了花园的或设备得较讲究的洋房子，那也不大多，且也与江北人的土室渐渐的移到市外去了。

　　一楼一底，只有两间最小的——现在是一天天的小了——房间，再带一个更小的亭子间及一个厨房就够了。所谓"冒充的"洋房，也只于屋前多了一块极小极小的泥地以备种些小草花，于后面多了一个小浴房，小得真只可以容得一个浴盆的而已。如此的，密密切切的，用了最经济的方式，一排一排的把这些楼房造了起来，一亩地起码可以造成十六幢的房屋，那真是最生利的一种产业，以最小的地皮得最大的租钱！

① 图注：上海中山路平民村之住宅，门前有小花圃，可供莳花之用。刊载于《良友》1936年第119期。

　　讲到他们的构造材料，那更是单薄得可怕。当他们定了桩，当了大柱梁时，一根根的大柱和主梁，那真是太细得过分了，有如一个瘦得只剩了皮与骨的人的臂膀一样，简直不像人的样子！于是建了一层墙，于是树了一层一层的板壁，其板之稀薄与多缝是当然的。隔邻的语声，差不多都可以嗡嗡的听得见。有时还可以望得见——由板缝中——他们呢。于是再加以一层红漆，不，哪里是漆，直是用红水刷刷而已。于是一切都告成了，待住户迁移进来居住了。而住户却总是满满的。

睡眠问题

于是我们来了睡眠的问题了。住宅当然不仅是为了睡眠，然而上海的人民的住宅，却往往的连睡眠的地方也感不足了。最幸福的是那许多人，他们有了客厅，还要书房，还要餐厅，还要什么什么……其次是那些简单的家庭组织，他们把楼上的一房作为卧房，而楼下的一间作为客室兼书室。亭子间或放东西，或住着亲戚，或为育儿房，老妈子照例是住在楼梯下面的。

这样住着的人是有福了，他们的睡眠是不成问题了。

然而上海的最大多数的人却不是他们。大约有百分之三十是没有固定的床位给他们睡的，这些人都是伙友、堂倌之类。他们在白天把铺盖卷了起来，放在暗隅。到了很晚的晚上，店门关上了，方才把铺盖取出，铺了起来，或放在地上，或放在柜台上，因此就倒身而睡了。在平常人的家中也常有这些的人，那大都是混一口饭吃的寄住的亲戚，或老妈子、听差，或丫头之类。这样的人总不下于上海总人口的百分之三十。

还有，百分之四十以上，却是虽有固定的床位，而所谓房间却狭小得可怜，只能容一两个人和一个床的。他们的房间，哪里是一间正式的房间！以前有人说，一楼一底的房子可以住得六家人家，我只不信，后来实地一考察，也许还要不止了。例如，最阔的两家，一家占了楼上客堂，一家占了楼下客堂，其次是亭子间的一家，其次是楼梯下的余地是一家，楼上梯边余地又是一家，厨间是一家，还不共是六家吗？更可以算是七家的，则楼上梯边又可以搭了一个阁子，极矮极矮的，在这阁上，也可以住着一家了。这还算是中等气象呢。更有我亲自看见的，一间客堂楼之上可以住了两家三家，那是一家各只有一个床位，用布幔（或竟不用）隔了起来而已。在这样情形之下，到处是密密的人体，到处是鼾声，到处是语声笑声，这一夜的睡眠如何能安呢。有一个迟了一点回家的，敲得后门蓬蓬的响，至少要惊醒多少家的人！要跨过多少人的门户!

住宅的问题还不能成为大问题么？

火险与寿险

大都市的住宅问题，也许竟都是与上海一样的难解决的。记得前年曾在伦敦出版的一个周刊上，见列一幅很有趣的讽刺画。一个人住在某个 Hall 的三层楼第一百三十几号房间里。有一天，是他的生辰，有人送一件礼物给他，那是一只活的羊，很有趣的一只小白羊。他开了门，见了这羊，不禁的呆住了。送礼物来的人执着回单簿，等着要他签字，他也忘了。原来，他心里焦急的是将如何处置这可怜的小畜生。三层楼上第一百三十几号房间里难道可以养得下一只活羊的么？

仅这草草的一幅讽刺画，已把大都市的住宅困难问题在各人心上重重的提醒了。

然而这种困难在现在的经济制度底下，要打破也将十分困难的打破呢？也许这只有等之于将来，将来呢。

所谓上海的住宅问题，却还有一个更重大更可怕的问题在！

我常和朋友们说笑过，"你们要是去保火险，万不可不联带的去保一保寿险。"这并不是纯然的笑话，这乃是含了眼泪在眼眶中，苦笑的说出来的。

上海的火灾，也许要占各大都市的第一位，差不多无一天无之。有时，且一夜有三四处同时着火。当然的，像上海这样的住房还不容易失火么？每当一处失火了，跟了来的便是住民的被烧死的新闻。我曾很留心的注意过，过去的三个月间，有一次失火，烧毙的人数在七个以上，再有一次是五个，其他一次一二个人被烧死，或被灼伤而死于医院的，那是更多，不可胜记。报馆里的先生们哪里肯把这些性命的损失当作一件大事呢！他们忙着记载张作霖的专车升火待发，忙着记载某某要人请客与其谈话呢，区区上海市民之烧死几个，在第三张的角上登了出来，真还算是他们的恩典呢！

唉，唉！你知道他们是如何的被烧死的？别的大都市，四五十层的大厦，几千百间的卧房，失火时烧死了一两个人，还要大惊小怪的暗传着评论着。上海的一楼一底的房子，离地不到一丈高，却反一失火烧死了四五个人是常事，这是什么缘故呢？

这原因并不难知道。原来，上海住宅的楼梯往往是狭得无可再狭，峻峭得无可再峻峭的，登上去总有些危惧。木材又是最易引火最不耐烧的材料。于是一失了火，第一当其冲的是这个楼梯。楼梯一烧断了，常常的最快而且最容易的烧断，在楼上的人觉察到之前，楼上的人自然是逃生无路了。好几次，好几次的失火烧毙人命都是这个原因。当然还有别的更大的原因，那就是全屋的引火材料太多。

居住在这种的房子里，我们能不栗栗危惧么？我们的生命的安全，真有不时的被侵害之危险。许多人都知道保火险，却不知道同时的去保更重要的寿险，我真有点不解！

生命安全运动

无论什么人，只要他是还没有极端的厌世的，总知道护卫自己生命的安全。然而我们上海的居民，却对于自己的生命安全问题，疏忽到令人不可解。他们一天天见报上记载着失火的新闻，因失火而烧毙了多少人多少人的新闻，他们却一点也不动心，一点也不表示什么态度。是否因为火还没有烧到自己的身上来，所以仍抱着"各家自扫门前雪，莫管他人瓦上霜"的态度么？不对的，不对的，我告诉你们！这个态度完全是错的。这完全因为你们是太懒惰了，太贪眼前的安逸了，所以疏忽了生命安全与否的大问题，疏忽了不可知的何时将降临于你们身上的大问题。你们要起来，为自己生命的安全之故而起来！不要为了一时之情逸而忘了明日即发生之危害！

起来，立刻起来为住宅问题而运动，为生命安全问题而运动！

这个运动的标语是：

第一：房屋建筑材料，须改用不易引火者。

第二：每所或每排房屋之后，至少须备有水门汀建造之太平梯一具或数具。

第三：严重取缔房产经理者或所有者之偷工减材，不顾居民生命安全之一切行动。

一面要求行政官厅严格管理或督促房主的改革，一面当由民众自己出来严密的监督他们。他们犯的故意杀人罪是不知有多少次了！

十五，十二，二十九夜

○ 原载于《文学周报》1928 年第 4 卷第 251/275 期

上海的茶馆和酒店
1928

—— 红鹅

酒　店

本篇所说的酒店，是专卖酒的酒店，虽也有下酒的酒菜，然而还是专靠所卖的酒好歹，藉招徕主顾。从前四马路的豫丰泰，颇有盛名，夜市散得极迟，往往一二点钟的时候，还有许多酒客，纷纷光顾。

章东明的牌号，在这种酒店中，算第一块老牌子，凡是欢喜喝酒的，都欢喜喝章东明的酒。四马路、大马路、公馆马路、南市，无处不有章东明的酒店。究竟哪一家是真正的老牌子章东明，却非是喝酒的内行人，分辨不出。

王宝和酒店，在上海这类中的酒店队里，也算是一家好酒店。王裕和酒店，与王宝和相差一字，据说是和王宝和特地做鱼目混珠的。高长兴酒店，也有许多的喝酒人，欢喜喝他们的酒。

言茂源在四马路，生涯的挤摊，不下于豫丰泰，但是常常打债务官司而关闭，可算是酒店中多事的酒店。余孝贞在小东门大街，从前小东门花烟间盛时，余孝贞的酒，极盛行于花烟间中，因此有余孝贞花酒的雅号。自小东门的花烟间被禁迁移，余孝贞花酒的雅号，便渐渐的被湮没不彰了。

章同源，章同茂，都和章东明相差一个字，自然不言可知，抱着冒牌的用意了。老同顺酒店，据说他店里的酒，也可以一喝。陈贤良的酒，欢喜喝的人很多。同三美酒店里喝酒的人，堂子里的乌师最多，在乌师帮中，同三美的酒，很有些佳誉。方壶酒店，是新开一家酒店，据他们自己说，他家的酒，确实从绍兴产地运来，在上海的酒店中，算是第一家好酒。方壶地在香粉弄中，酒色香粉气，倒是绝妙的好词呢。大概喝酒的酒人，差不多都是酒店中喝的。

上列诸家酒店，便是喝酒人所称道的。有许多糟坊，也有兼卖热酒的，但是糟坊所卖的热酒，不及酒店的酒多多，喝酒的人，情愿喝酒店的酒，不愿喝糟坊的酒。糟坊的酒只可用在菜中调味，不能供人过酒瘾。饭店菜馆中的酒，须看他们邻近有否有好酒店开着。若是邻近有好酒店开着，他们也有好酒卖了。酒店中常把水和在酒中，尤其是一般小酒店和兼卖热酒的糟坊。还有一家同宝泰，也是上品。这同宝泰不特在上海有名，在天津也很有名。天津三不管后面，有同宝泰分店，天津人逢有大应酬时候，所喝的酒，定要在同宝泰买的。王裕和在天津也开着一家，但是终不及同宝泰的生涯好。

茶　馆

上海的茶馆，不过是供人聚集的所在，谈不到"品茗"二字。因为冲茶的水，是用自来水的，比起什么的山水、井水、涧水，风味早差得许多。茶叶虽有什么雨前、龙井，但是也没有十分好货，大半是上海人的喝茶，不在茶叶和水面注意。因此上海的茶馆，不过是供人聚集的所在了，谈不到"品茗"二字上去。现在上海最上等的茶馆，推南京路的一乐天和仝羽春二家。这二家初开市的时候，晚上是雉妓聚集之所，夜间八点钟至十点钟，那南京路上一带所住的雉妓，都在那二家茶馆中拉客招徕。后来经捕房严禁，如今便没有了。

福州路有三家大茶馆，一家是四海升平楼，一家是长乐，一家是青莲阁。三家茶馆中，尤其是青莲阁，远近闻名，誉驰海内。凡是初到上海的人，必到青莲阁赏光一次。其实青莲阁也没有什么特殊的，却是福州路一带雉妓大本营。到青莲阁喝茶的人，除了上午是有几帮商人的茶会，下午起到夜间停市止，差不多都是雉妓盘踞在上，凡是上流社会和束身自好的人，平日无事，万不肯踏进青莲阁，负那嫖雉妓的恶名。四海升平楼从前和青莲阁一般，也有雉妓的市面。跑青莲阁的雉妓，是扬州帮的雉妓；跑四海升平楼的雉妓，是苏州

帮的雉妓。长乐虽在一条马路
上，都没有雉妓上楼，长乐附
设书场，每夜听书的人，倒也
不少。一乐天和仝羽春，另有雅
座，取价甚昂。

　　先施公司也曾开过茶馆，名
唤先施茶楼。五龙日升楼，是上
海有名的茶馆，虽是旧茶馆，却
是知道的人很多。五云明泉楼，
旧时和日升楼望衡相对，现在
早变做永安公司了。还有几家茶

①

馆，如乐园，其名与先施公司屋顶花园乐园相同，《自由谈》与《申报》的屁股
名相同。

　　城内的得意楼，在新年中，尤其生涯热闹，湖心亭四面环水，风景特佳。
临江的茶馆，十年前有一家第一楼，在南市外马路，后来被火焚毁，现在改造
了大达轮步公司的货栈。虹口一带，有几家广东茶楼，六马路的龙园、新闸路
的近水台、虹口的万阳楼、十六铺外马路的中华楼、法大马路的群乐居、新北
门口民国路的新新楼，这几家都有特别的茶会，很能使人注意，其实正是群魔
聚居的窟呢。

○ 原载于《上海常识》1928 年第 43 期

---

① 图注：上海青莲阁茶楼。刊载于《良友》1935 年第 112 期。

都市漫话
1930

无论哪一个人，直接或者间接，和小菜场总有若干的关系，从老米饭青菜汤吃起，到燕翅席贵族大菜止。从喉咙进去到肠胃，再从肚里化为肥料出来，这一个大循环里，总逃不了小菜场的过程。在小菜场里，我们可以看见蔬菜鱼肉虾蟹贝介种种动植物品，各样东西有各样不同的颜色，不一致的气味，青黄亦白黑，甜酸苦辣咸，应有尽有，包罗万象。小菜场好像一个雏型的社会，错综繁复，份子最多，而且贵贱不同，阶级显明。研究社会科学的，对于社会上经济的组织，物质的支配，总得有深切的了解，才可以明白社会上种种现实状况的由来，我们到小菜场去，我们要研究小菜场里的哲学。

女太太们上小菜场好像上战场一样，小菜场里的菜贩们，自然都是"严阵以待"的，为了几个铜子或者几棵菜而起争执，并不是稀奇的事。伊们对于菜蔬的选择，鱼肉的拣剔，不厌繁琐，不怕费事，眼睛鼻子手指头，都是相互并用，以求最后的决定。至于价钱方面，那是比较物质还来得重要，顾客们互相探问价钱，竟和探听军情相仿，菜贩向顾客讨价，又像下战书挑拨一样，唇枪剑舌，闹个不了。等到东西买到手，精神也就差不多了，在上市的时候，没有一个小菜场里，不是闹得震天价响的，大约就是这个原因罢。

当你走过小菜场的时候，你不妨放慢了脚步，作五分钟的观察。菜贩们立在自己的摊后面，眼睛不是对顾客的篮里望，就对着自己的筐里看，嘴里一面喊着，手里还要连贯的动着，这无非是推销和招徕的意思罢了。譬如卖萝卜的菜贩，他要常常翻动那菜筐，拣最大而肥白的萝卜，拿在手掌里抛动着；鱼摊上的鱼，多半没有气息的了，鱼贩们还要卷起了衣袖，伸手在水里捞动，其实伸手到水里一捞，至少可得两三尾鱼，他却在水桶里兜上几个圈子，然后紧紧握住了一尾鱼，好像鱼要跳走的样子，出水的时候，还在那里洒动着，这无非是示意顾客，鱼是"活"的，实则鱼贩嘴里的"活龙活跳"，意思就是"不弄不跳"罢哩。

①

至于买小菜的顾客们，他们脸上的气色，就有种种不同样的变化。譬如一位女太太要买竹笋，伊走过笋摊的时候，脚步就慢了，眼睛望在笋筐里，打量了一会，才后问价钱，这时她的脸色至少含有希望的表示，笋贩所讨价钱，如果过大或者奇贱，脸上的表示又要一变，价钱讲妥了，就开始拣选，如果那一只笋的头太长太老，照例要叫笋贩削去，笋贩因为削去得多了，分量就要减少，不能多卖钱，于是薄薄的削掉一角，女太太不同意，必定要他多削，这时候她的脸上就有重大的变化，因为经济的原理最简单，人家便宜就是自己的吃亏，当然不能不慎重其事，最后一步便是给钱，铜子好像子弹，决没有虚发一颗的道理。

---

① 图注：上海的小菜场。收藏于中国近代影像资料数据库。

从早上六七点钟直到上午九十点钟，小菜场里的人，进进出出，忙个不停，鲜艳的颜色和腥臭的气味，同时送到人面前来，那里面有悦目的青红色，有自然的泥土气，有可怕的血肉，有不和谐的腥膻气味。小菜场的地上，十天总有十一天是潮湿的，里面的空气混浊的时候较了清净的时候多。摊菜的木架，陈菜的筐箩，都是小菜场里唯一的用器。当天还没有亮的时候，深黄的灯光下，就有许多的菜贩，挑了他们的货物，赶上菜场去。不多一刻工夫，枯瘦骨立的架子上，就堆装了不少的肉鱼，以后越聚越多，木架子渐渐的隐藏起来了，直到吃过中饭，那一副一副的架子，仍旧露骨的向着人。

　　除了有菜市的时候，小菜场里就一点没有趣味可言，冷清清的水门汀上，东一块湿，西一块干，四周除了一根根柱子以外，毫没有装饰。不过在早上就大不同了，一样一样的东西陈列起来，横拢的，竖放的，堆起的，平铺的，一种种都不同样。有的一个人管理七八只筐箩，有的除了一堆葱姜以外，无有别的东西，至于附带的卖买家用品的小贩，也有借了小菜场做大本营的，此外糟坊、南货铺、火腿店等，更有不少棚设在菜场的附近，因了小菜场而附带产生的店铺，一时也说不尽。不过荐头店的开设在小菜场附近，间接之中实然含了直接的意思，想来决不是偶然的。

　　上海全市所有的小菜场，计算起来，总不下三四十处，单就公共租界而论，就有虹口、新闸、爱而近路、汇山、东虹口、马霍路、百顿路、福建路、梧州路、松盘路、杨树浦等十三四处，菜摊的数目全数在四五千左右，工部局每年在各小菜场所征收的摊捐，将近二十万元，其数也甚可观了。普通的菜场只盖平屋，规模较大的就有一层或者两层楼房，大都为水泥建筑，南京路的铁房子小菜场，一部分卖"生的西菜"，虹口小菜场里面花色最多，告诉我们国际口味的地方不少。

　　小菜场里的情况，四时不同，菜蔬鱼肉也有时令的关系，小菜场告诉吾们气候的变换，同时也告诉吾们社会的情况，至于市政的良窳，居民的习常，小菜场更是一个绝妙的"问讯处"哩。

○ 原载于《申报》1930 年 2 月 27 日

到浦东去
1930

——周瑄农

浦东和上海只隔着一条黄浦江，包括川沙、南汇、宝山、奉贤、上海五县管辖的地盘，总称曰浦东。浦东和其他内地的乡下情形一样，但因为它与物质文明的上海都市相对处，于是尤更加衬托出它饶富的乡村风味来！我们过久了都市生活的人，常常觉得精神的被压抑，我们就不妨找到乡下去透透气，浦东你是随便哪一刻都容易去的。

——编者

意料不到在一九三〇的八月里，竟会同着叶浅予、钟世璋冒着烈烈的太阳走上小轮船，到我的故乡去！

故乡，浦东川沙的一角！阳光打在水面上，现出各种金黄的线条，反照的热，使我们不敢坐在狭小的舱里，所以船后的甲板是我们的坐位。后面拖着一条方头的大船，激在船头上的水花，时常飞在面上。

在船行后的一刹那，那滚滚的波涛、流动的浮云及一切自然的景象，竟把我们的视线移动！太阳的光芒，冲破了迂缓行动的白云，炽火般的炎热与一阵轻飘的微风，经过我们的面上而照在汹涌澎湃的波涛上，闪出彩色的晃耀，这是多么美丽的景象呵！船的向南，许多伟大的建筑物渐渐消失，我们已由黄浦江进了白莲泾，由小的都市，进了大自然的抱怀中。

喜动的我们，开始固有的特性了！浅予拿着镜箱找对象，他穿了黄斜文短裤，厚袜，很使人注目，世璋也给对面坐着的女子诱惑了，丢了报，与我谈女人了！那女子虽未见得美，但在船中已够有"皇后"的资格了！她因白衣与黑裙中间的腰带太紧，所以很显明地现出纤细的腰部及隆起的臀部，露出了膝盖以上的皮肤。"不虚此行！"我记起了R画家在影戏院中有女子坐在他身旁而说的一句老套，也说了！

接着谈女人，大约太响吧，许多年老的年轻的同乡们，把惊异的眼光注视我们，所以迁地为良，就分道到船头上，坐在当盘的下面。

从浓茂的梧树中，看见几间水泥堆成的小屋，树下的河边，一群群的鸭在水上泅来泅去！受过训练似的，大家都很亲热似的聚在一起，摆摆尾巴，"甲甲"叫着。在船近的时候，它们从在水面上飞泅，想冲出重围，一种惊惶的状态，实不能笔写！

太阳钻进了乌云后，天气变了！煤灰式的乌云流动在空中，一堆堆的结合，一堆堆的分散！无数光辉的条纹在云中闪出，而轰隆霹雳的雷声，也随着闪光展动了人们的耳膜，接着一阵暴烈的狂风，就是潮水般的大雨！呵！我们只好钻进不愿坐的舱中。

不幸得很！正在暴风雨的时候，船老大为视线所阻，错了路线，把河里的鱼网拉破了，一根三寸围的铅丝，围在发动机上。船停在河中受狂风烈雨闪电雷声的惊怕！船夫们冒着雨跳入河中，狠命地工作，但在一小时后，雨是停止了，而船仍在河中！浅予倡议赤脚，世璋和着，他俩爬到蓬舱中去了，浅予换了在虹口游泳池里出过风头的黑色泳衣，世璋也短裤短衫，他俩不因雨为烦闷，反而精神饱发，真使我钦佩！

在大家焦急的声中，我们的趣剧就开始！浅予说"还有几里？""七八里吧？""上岸！去走！"经过许多的考虑，我也脱了鞋袜领导前进！一条席，一只篮，一个包裹，是我们的行李！三只不同色不同式的草帽，三套不同样的服装，一副眼镜！呵！我们太滑稽了！在泥泞的小路上，肩着行李，汗从额上流下，眼上完全是水泥！我们愈走愈有兴趣了！

"一二！一二一！"世璋喊口令了！

"不是操的时候呵！来，Volga！Volga！Volga！Volga！"

呵！在十余里长的长的水泥路上，肩了很重的行李，虽然疲乏，但真愉快呢！比坐在咖啡座上喝"维司威"高出十倍！

河的对岸，一个年轻的小姑娘指着浅予说："不着裤子！妈妈！来看一个不穿裤子的男人！"

在将到陈水关桥约有一里路光景，我发觉了那轮船也在后面来了！

"同志们快跑！比船先到！"

"慢慢吧！可看看船上的姑娘哩！"

"因为有年轻的姑娘，所以要跑得快啊！"

在世璋说我是好虚荣的孩子后，就狠命的跑，终于比船先到！

我看见那姑娘在船窗中对我们微笑！呵！为什么笑呀？同情我们吗？冷讥我们吗？管它！她是终于笑了！笑了！

实在太疲乏了，平静地等到安眠时间。

①

稻田中的虫声，树枝上的鸟歌，把满天的星光赶走，东方微透的光辉，射进昏暗的空中，消灭了灰色而沉静的夜色。他俩在阳光尚未上升的时候，已离开了床（在第一部电车的时候吧？哈哈）。睡在房内的我，也经"太太"的催

---

① 图注：《到浦东去》原文插图，叶浅予绘。

　　　　　　　　　　　　　　　旧时上海

醒，为避去某种嫌疑起见，"忍痛"了出来和他俩到田野里去！凝结在草上的雾珠，因脚的振触，一点点落下来！他俩又赤脚了！在似雾的天气里，拍了几张照，后来在河边看见了一个渔夫，所以他就丢了摄影机，找小竹头，做钓子，掘蚯蚓，拍苍蝇，忙得了不得，各物齐备，就赤膊在炎烈日光下坐在水桥上去钓了。浅予在屋右，世璋在屋后，我呢！与我别有二十天的"太太"谈天！寂静无声的河水中有绿发般的青草，迅速的招展，阳光从芦苇中透来，杨柳的倒影与钓竿映在河面。一大群鱼——一二寸长的小鱼，运动了轻飘灵敏的身体，从黑暗的河底，经过绿的草丛游着。在它们游去的时候，平静的水面上起了水泡，渐渐扩大，大，大，渐渐消灭！结果，浅予钓着四寸长的一条，二寸长的四五条。世璋呢，只有二条。他是把饭放在篮里，等鱼来了，再用手把篮拉起。

午后恢复了我们的服装，带了三脚架，二只摄影机，走在西边稻田的小路上向市镇上前进！在横沔江边，十几只江北人的网船停着。他们一个家庭一只船，爷妈儿媳都睡于斯，食于斯，息于斯，和爱的空气，常绕在他们的船头。

市镇——孙小桥。几爿什货店罢了！而茶馆及烟间却各有三爿之多！虽然禁赌禁烟很厉害。我们到镇经过茶馆的时候，却寂静无声，人们对我们很用力的注视，小孩子们跟在后面。买了一只西瓜，捧到茶馆里大吃。羹匙呢？到对过饭店里去借！可怜，门口挂着"随意小酌"的饭店里，找了多时，才找到三只三式的破匙！小孩子们围着看我们吃，好像我们的一举一动有神秘的存在！把镜箱对他们一照，他们都吓得跑了！胆大的孩子，还在门口偷看。

站在桥上对桥下的船摄照时候，一个年老的太太经过身边，对她们同伴说："这是看风水吧！罗盘也变了样子！"啊！看风水吗？不！我们在归途上，还听见说我们是"修电灯司务"呢！摄影机到了乡间，竟有这样的新名词。在都市里的人们，梦也想不到吧？孙小桥回来后，世璋为着家务，坚决离了我们，在他上船后，我给他一个飞吻！大家笑了！笑声惊动了船中女子伸出头来，啊！她不是与我们一同回来的吗？几位从未到过上海的老太太要求我们拍照，据说拍照是传子传孙的东西，所以她们都换了衣服，很正经的坐在椅上，任我们的摆布！

啊，天啊，浅予忽然生小病了！硬着头皮我来，心里是多么惊慌啊！拍得不佳，她们要以为触霉头而"寿命告终"哩！所幸太太之照全佳，谢天谢地！

夜！灰色的天空布着寂静，月亮与星光，时明时灭，树枝有细密响声，田野的虫歌，在沉静的空气里流散！柔软的晚风，吹来了稻香，润湿的露水，慢慢地降下！呵，庄严而威重的夜！幽静而美丽的夜！这样温和的空气，被个刚从市镇上回来的农夫冲破了！他带来了意料不到的有趣，我们的笑声，又陶醉在夜色中。他说："你们到孙小桥去的时候，茶馆里的赌徒，推翻了牌向外飞奔！烟间里雅片鬼，丢了烟枪从后窗爬！他们以为你是县里派来的便衣侦探，手里带着刑具哩！"哈哈！摄影机是刑具！黄斜纹短裤与白帆布帽是便衣侦探！

阴历六月二十四是乡间的一个节日，各处庙宇及市镇都打醮，农女们穿了新的衣服一队队的到市镇上去。我们怎能错过这次机会呢！饭后与浅予到横沔去！这是一个比较大些的市镇！街头上充满了许多大姑娘们，柳条布的短衫，蓝的裤子，圆口的鞋，年轻的还插了一朵花哩！棕色的皮肤，坚固的两臂，表现特有的壮美，有的还把花布包着头哩！一根很光滑的辫子，拖在背面，有阵阵的耀目。她们成群结队的向庙宇走去，她们的举动纯洁而天真！我们跟着走，庙中道士先生在大唱曲子，庙前一个卖糖的小贩，大呼五更调，引得大姑娘们笑声，振动了树枝上的鸟歌。浅予恐怕又要像世璋般的给我坚留，所以他说在横沔下船吧！呵！我……

在归途上，我独自走着，寂寞地走着，柳条临风颤动，幻出种种舞姿，映在河面上的晚霞，发出美丽的绿色光辉！稻田中有被割的，都堆在一起，草边卧着一头牛，嘘气似的呼声从鼻中吐出。远处有农夫呼鸡的声音，烟筒中冒出混急的乌烟，在一线阳光中盘绕，呵呵！浓烈而美丽的烟呵！在我行走的时候，大地上已淹没在模糊的平静中。愿天给我一个机会，我们再能重返故乡，再希望热的姑娘也来参加，在雪花飘飘的冬天里！这次，实在太寂寞了！

九月追记于四重天

○ 原载于《时代》1930 年第 10 期

吃在上海
1934

——钱一燕[1]

　　上海五方杂处，华洋咸集，所以人生四大要素中第二项的"吃"，在这里也集其大成，可称洋洋乎大观，我来把它分析而选辑起来，就写成了这篇包罗万象的《吃在上海》。

　　"吃"的分类，把商店来做本位，似乎有头绪些，否则，一部廿四史，从何说起？

　　这里姑且分作菜馆、酒家、点心店、茶楼、糖食肆、咖啡馆、水果铺、南北货商、药材店、小吃摊担十类，尽我所知道的，分别详简叙述。记者旅沪十年，老上海当然不敢称，可是对于吃的一道，自信倒还不算门外汉，这篇就算是经验之谈吧。

　　还有一点附带声明，这篇之作，全凭经验的记忆，绝对不曾参考什么书籍记载，倘使有不知道的地方，宁缺以待高明补充，不肯强不知以为知，信口开河，这点既经声明，那末篇中的或详或简，当然可以获得相当的原谅了。

---

[1] 编者注：钱一燕（1907—1936），据 1936 年 10 月 7 日《新闻报》所刊载刘春华《投稿人的悲哀》一文中，知钱一燕为《新闻夜报》撰稿人，日夕写稿，因肺病去世，时年仅 29 岁。钱一燕在诸多报刊上发表作品甚多，如《旅沪两旬之生活漫记》《呢喃随笔》《夏之杂话》《唱片漫谈》等。

菜 馆

上海的菜馆，大概有广帮、平津帮、徽帮、闽帮、镇扬帮、杭州帮、苏帮、四川帮、本帮等几种，从前在上海县昙花一现的河南帮飞霞菜馆，因为营业不得其法关了门，后遂无继起者，此刻最出风头的，要推广帮了。

广东馆子，在上海的历史，原也不算浅近了，可是出人头地，大为时尚，还在近五六年里才走了红运，在五六年前，徽馆正风靡一时，以馄饨鸭号召了两三年，但在当时我们就明白这情形是不足持久的，馄饨鸭虽然美味，然而要靠它来做生命线，究竟太单调而力量太薄弱了，因为上海人喜欢一窝蜂，所以能够盛行一时。果然不久，其盛况便给广东馆子取而代之了。

广东菜馆的优点，就是菜味丰腴，花式新颖，如太牢食品之类，尤觉气派，宏盛之至。菜馆布置设备多考究华美，富丽堂皇，为了菜肴的气魄雄伟大方，布置的设备精丽雅洁，在上海菜馆中，自然可以独擅胜场咧。能执广帮菜馆牛耳的，当推冠生园、杏花楼、大三元等几家。

平津帮就是俗称京馆的，菜味以精腴兼长丰盛，也是它的特色，侍役的规矩整肃，可以见到旧京官僚气息遗留。悦宾楼、致美斋（现称致美楼）等，是此帮的佼佼者。

徽馆上海极多，大中楼发明馄饨鸭仿佛是这一帮里的革命军，各家仿之，至今还有一部分势力。徽馆中的锅面，比别帮为出色，而且实惠。

福建馆子，小有天人人皆知，福建菜浓淡都极腴美，而花式之别致，只有广东菜可以和它争斗，有几种，简直我们吃了还不晓得它是什么做的，不瞧菜单真唤不出名儿。

镇扬帮的菜馆，自当推老半斋、新半斋首屈一指了，肴肉、干丝的风味，真够得上一个隽字。

杭州馆子，最近才在沪上露脸，杭州饭庄、知味观两家，都能推陈出新，醋溜鱼、家乡肉，提起便垂涎三尺。

四川馆里的菜，以爽辣见长，不吃辣的朋友，当非所喜。豆腐一味，乃其名制，都益处可称为上海川馆中的巨擘了。

苏帮各馆，以甜美细腻著称，在上海的潜势力着实可惊。

上海本帮菜馆，不用说，本地人自然欢迎它，菜味浓厚，实惠，价格也便宜，鸿运楼是本帮中的第一块牌子，商界开张以及逢年过节，都惠顾它的多，生涯极好。

已经关门的河南帮飞霞菜馆，时运不佳，关了门，真可惜，他们的菜肴，不浓不淡，别有风味，侍役多中州人，气派和京馆一般无二，我们在上海菜馆史上，这是值得回念的一件事。

酒　家

所谓酒家，并不是那时下担着酒家招牌新式菜馆，这里说的是真正卖酒的酒家，如高长兴、言茂源、豫丰泰、王宝和等便是。

我们知道酒的销路，当然推绍酒最好最普遍了，绍酒的味儿，醇原和平，是酒中王道之师，不比烧酒的猛烈霸道。所以它会成为社会上最受人欢迎的一种酒，为了这层理由，上海的酒家，浙江绍兴帮便成了此中祭酒。

酒家大都冷热酒兼备，著名的老牌子酒家，把酒做主体，只考究酒的好坏，酒菜是副业，虽然规模大些的，冷菜都备，但老酒客并不重视这种菜，倒是摆设在酒店门前的熏腊摊，酱鸭、熏猪脑、红烧猪舌、龙虾、飞飞跳、大转弯、酱牛肉、辣白菜，这一类下酒物，生涯鼎盛，越是大酒店，这门前的摊子越是花色繁多，为真正老酒客所欢迎。

中国人上酒店，等于外国人的上咖啡馆、酒排间，所以上海的小酒店特别发达，差不多平均每一条马路上，至少有一家酒店，多至十余家不等。四马路是上等酒家的荟萃之区，我们在华灯照耀之时，常常可以瞧得许多面孔红通通的面熟朋友。

点心店

一日三餐以外，点心似乎也占据十分重要的地位，在餐时未到的当儿，肚子有些饿了，这时候，便需要吃一些点心来点点饥，于是乎点心店也就适应需要而产生。

上海的点心店里所有的点心，大概是汤面、汤团、馄饨、汤糕、炒面、炒糕、水饺、小笼馒头、锅贴、八宝饭、冰糖山芋、猪油糕、烧卖，各色过桥面之类，沈大成、五芳斋、北万馨、徐大房等几家，乃此中巨擘。不过这类旧式点心店，座位多不知讲究，营业越好，招待的方式愈觉令人难受，不敢领教，我们跑进去，除掉抱定一个"吃"的宗旨外，其余的事，一件也没有好感的印象。真的，这种旧式点心店，太墨守旧法，不知改良了。最近沈大成的赠奖券，大约也算是他们中的改良事件了，我想。

近几年，新式点心店应运而生（应运，应时代的命运也），福禄寿、精美这几家，以座位静洁为人称道，不过有些点心，价格较昂，但东西确实不差，福禄寿的汤团、千层糕，精美的面，我都每吃不忘。

粤馆中也设有晨点，早晨到冠生园饮食部或大三元、新雅、侨香等去吃早茶，一小碟一小碟的广式点心，别致而实惠，花费无多，可以吃不少种点心，他们每小碟不过一两件点心，代价之多一角左右，是胜过其他点心店的一种长处。

茶 楼

喜欢喝茶，也是我国人的特性。茶楼，在各处城市乡镇，都很平均的发达，上海是有名的大都市，自然茶楼要特别的多了，大约比酒店还要多出三分之一以上来。

邑庙①豫园里的湖心亭、得意楼，南京路上的一乐天、仝羽春，天天座上客满，已关掉的五龙日升楼，居然成了有名的地名，永远占据了上海历史上的重要一页。这类旧式茶楼，中下阶级顾客为多，我们跑进去，会感到乌烟瘴气，一切设备，都比较完善得多，人坐在里面啜茗读报，环境既好，精神自较舒适，而且有点心可以任意叫来吃，何等便利，所以上流的顾客，自然而然的趋之如鹜了。

---

① 编者注：今上海城隍庙。

糖食肆

说起糖食，好像不过是消闲小品罢，不吃似乎没有什么要紧，可是人的脾气，最是闲不得，"饱暖思淫欲"，糖食，好像便是给人们泄闲愁的东西，吃惯了的人，一天没有吃，简直会"嘴里淡出鸟来"，此糖食肆之所由兴也！

外国人嘴里，时常嚼着留兰香糖、巧格力、太妃糖，中国人则蜜饯、山楂糕、寸金糖、玫瑰水炒瓜子、冰松糖、粽子糖、椒盐胡桃、蜜糕、肉脯等物，为消闲妙品。苏州地方对此最考究，上海人凡是消费的玩意儿，从来不敢后人，何况这原是"国粹消费"，当然不肯让苏州人专美，于是糖食肆乃满布各马路。

南京路日升楼一带，从浙江路上，弯到石路过去抛球场为止，这一段是糖食肆的总汇集地，也是最考究的糖食肆的所在地，老大房、天禄、申成昌、老大昌，以及新从苏州分来的悦采坊，各店有的还有支号，真是十步一店，随处有吃，大马路跑跑，买些回去嚼嚼，写意哉，上海人也！

摩登朋友，自然要学外国人的吃糖食，上海的西式糖果肆，也着实不少，中国人开设的，要算冠生园最最规模宏大了，支店遍华租界，西式糖果糕点，无美勿备，从低廉的到高贵绝伦的糖食，一应俱全，主人冼冠生君，要可称此业巨擘。参观本刊各期的冼君著作，可以知其详情。

咖啡馆

这一项所在，的的确确是地道来路风尚了，除掉都市社会里，内地是没有见到的，由此可知是一种摩登的吃的享乐去处。

在上海，不客气的说，醉生梦死的人们特别多，他们需要不规则的耳目口舌之娱，咖啡馆，就是可以供给他们这种需要的。

咖啡馆里，真的跑进去规规矩矩的吃一杯咖啡的，这简直要给一般人笑你是乡原曲辫子了。你要明白，跑到咖啡馆去的目的，并不是去喝什么咖啡的，干脆些讲，乃是去吃女人嘴唇上的胭脂！这话你明白了吗？

这里有妖冶的女人，红的嘴唇，白的粉靥，轻挑的娇笑，肉感的引诱，这里是目眙不禁，握手无罚，甚至搂抱、接吻，揿"电铃"（"电铃"亦称"沙利文面包"）……一切胡闹的动作，都可以在座位的绒幕布里尽闹。可是，有一点应当注意，你要自问是不是熟客，够得上这个资格？或者口袋里大拉斯充足，也可以"一朝生，立刻熟"，否则你冒昧地轻举妄动，轻则博得女人们的白眼，重则或者要吃眼前亏。

话也要说回来，这其中，原也有比较上规则整齐，有礼貌些的几家，不过生涯还是可以胡闹的几家好。

上海咖啡馆的繁盛区域，一在英租界北四川路一带，一在法租界霞飞路一带。北四川路的大都是国人经营，霞飞路的却多属外人开设，顾客的中西区别，也可以拿这做标准。此外别处零零落落的也有几家，总也不及这两处的精致设备罢了。

①

当那红绿线条的霓虹灯光笼罩着的门口，里面有的还透出些音乐声响，在傍晚、夜半，你瞧见有醉醺醺的人直冲到人行道上来，或者面上满呈着疲乏的笑意，这些人，他们是从咖啡馆里放任地意兴阑珊出来了。

水果铺

水果富营养质，且含酸性，能助胃消化，西人在餐后多喜欢吃一些，适口

---

① 图注：霞飞路上最大的俄国咖啡馆。刊载于《时代》1932年第2卷第12期。

润肠，确是卫生之道。

唇吻干燥，出行口渴，这时候就益发想念到水果了，何况吃水果和吃糖食一样还具有消闲的作用，自然为人们所欢迎。

上海地方，并不出产水果，都是从各产地运输来的，如天台山蜜橘、新会橙、金山苹果、福建橘子、花旗橘子、汕头柚子、暹罗文旦、广东甘蔗、芝麻香蕉、檀香橄榄、奉化玉露水蜜桃、天津雅梨、北平白梨、山东莱阳梨，以及柠檬、菠萝、荸荠等等，都大宗的销到上海来，适应都市里一般人的需要。

水果行的总汇，在南市十六铺、苏州河外白渡桥等处。从大的行里，散销到各马路开设的水果铺来，供给人家零购。南京路上几家水果铺，营业兴盛，没有宿货，价格比小店铺反而便宜，送礼，可以装纸盒，尤其便利。

你如果一打听上海水果的销路，可以使你舌呷不下。再，上海的水果铺，栗子季里，都带卖糖炒熟的良乡栗子，这是水果铺的专利。

南北货商

因为上海是国内最大的贸易口岸，事实上百货都荟萃到这里来，集其大成，南北货在上海的销路，不用说，是"大宗"了。

上海的南北货商店，规模大的，简直在内地是找不到的，他们凡是一应装

①

---

① 图注：南京路上南北货铺子。收藏于中国近代影像资料数据库。

进肚子里去的各种南货北果，无不应有尽有，从最便宜的碱砂糖、白糖、花生等物起，以至最名贵的燕窝、白木耳、蛤士蟆、南腿等等，都有都有——规模小些的，当然这些价值昂贵的物事不会备。此外如近几十年中发明的调味粉、酱油精、果子露、肉脯之类，古老时代南北货店所没有的东西，此刻都有了，甚至白兰地、葡萄酒、以及糖食肆中所有的细点，上海的大南北货店里，全都会包罗万象的有卖。

规模最宏大的几家南北货商店牛耳，当推南京路上的天福、邵万生、三阳等几家，三阳和邵万生，历史悠久，资望在同业中也算得老前辈了。

广帮的南北货店，称为京果店，他们有些杂食货店性质，而以广东干食物为主要货品，南京路上的易安居、北四川路上新开的其发等，都要算此中巨擘手了。范围小的广东京果店，在虹口一带，触目皆是，这是因为上海的广东人太多的缘故，而虹口又是粤人的聚居区域。

先施、永安、新新，三家大公司的南货部，实在兼有江南的南北货和广东京果店的性质，各物搜罗宏富，色色俱全，尤以先施的为最大，他们的南货部，迤逦日升楼上一长条的一面，在别处南北货店中买不到的吃局，他们也许不会教你跑空趟。

上海的南北货，价较内地为廉，而物较内地为美，这是贸易口岸各物先经过这里的缘故。

药材店

笑话，吃药都是上海好，要推全国第一了。一、药物齐全；二、药材质料可靠；三、撮药便利，且有代煎的创举。

这里先说国药店。上海的国药店，现在要算徐重道为规模第一，他们的支店有十一处之多，而每个支店，不是因陋就简的设备，都是和总店一般规模宏大的。

蔡同德、胡庆余、冯存仁，都是上海药材店中巨擘，首屈一指者，资望亦深远。

买人参洋参之类，以蔡同德间壁的同懋为最可靠，价格也十分公道。四川商店的白木耳，考究而靠得住，燕窝亦好。

民国路新北门的雷允上，是苏州分设上海的一爿大药材店，他们以"秘制六神丸"驰名全世界，日人欲以十万金易其方而不售，至今他们合药还只是每传一代只有一个人晓得，要闭户合制，不许旁人瞧着。外面劣品仿冒甚多，最近在上海已破获一起。雷允上的发达致富，全是靠此一味"六神丸"的专利。难怪他们不肯将秘法出售，要做子孙终身的衣食之源了。

代客煎药，是徐重道首创，徐重道富革新思想，此即其一端，每帖药煎费一角，用热水瓶盛装送到病家，这在孤身客最多的上海，真是十分方便的一件事，现在大些的药材店，都已仿行了。

像徐重道等的大药材店，都有干的熟药出售，如丸散之类，装潢可与西药媲美。又撮药每帖均附有滤药器一个，这都是国药业科学管理的进步的表现。

虹口一带，广东药店很多，他们的熟药，如营业重要之一种，有许多药，在广东药店中是撮不到的。

再说西药业罢，不必说，这又是上海为全国冠了，并且，上海的西药大药房，几乎每个人家都有自己专利发明的出品的。九福制药厂的"百龄机""补力多"，中西大药房的"胃镲"、五洲大药房的"人造自来血"，这些，都是全国风行的国制西药。至于舶来西药，当然是西药房的主要药材，不用说凡是西药房，哪有不卖舶来西药之理。不过据近年来的西药业状况调查，据说舶来西药的有国制西药可代替者，日见其多，舶来西药的销路，比前几年只有跌下去，这倒是提倡国货声中的好消息。

上海的西药房实在太多了，而专恃花柳病药生涯立足的小药房，尤指胜屈，随处可见，足见上海淫风之甚，遂有此畸形的状况。但，不要忘记，上海是都市，这种现状，是世界各大都市所共有的吧。

小吃摊担

有几种根本原因，使得上海的小吃摊担所以这样发达。因为上海的居民，冠越全国，总数达三百余万，这三百余万的居民，大部分布住满了全上海的弄堂住宅，这弄堂中是小吃摊担营业最适宜最合需要的所在，不论大人、孩子们，谁都在三餐之外，需要吃些吃嚼，或是消闲，或者点心，此其一。

上海来谋生的人，既然有满溢之患，那些贫民贩夫，岂有不谋一个容易谋生而有持久性的职业干，挑着担，摆个摊，卖些小吃或点心之类，这是最好的一条出路，而靠得住有生意。有一个卖油炸虾饼的人，他每天担子出来，不到二小时，即空了担回去。据他讲，每天可平均净赚一元左右，你去想吧。况且本钱多少，小大由之，轻而易举，于是小吃摊担，在上海日见其多，此其二。

上海有几种特殊的所在，为内地所无，如交易所附近，洋行附近，海关附近，那些报关行中人员、洋行跑街，以及交易所客人，天天在外面跑的流动职业，有时三餐都不得定时，于是附近摆设的点心小吃摊担，莫不利市三倍，这不是一时的情形，终年如此，所以专靠交易所、洋行、报关行等为生的小吃摊担，在上海是不知有几千百人，恐尚不止，这是上海的特殊情状，此其三。

摊担的小吃，除不卫生的不要去说他外，至于像早晨和午夜的馄饨担、汤圆担、广东包子、牛肉面、广东干点心等，的确价廉而实惠别有风味。"虽小道，必有可观者焉"，小吃摊担在上海吃的部分上，倒也占据重要的地位，不可忽视。

○ 原载《食品界》，1934 年第 8 期，18—21 页

谈谈夏天生活
1934

—— 傅彦长

地域决定了生活，生活决定了意识，生活与意识都是有了集团之后才存在着的。一个人的自由生活，往往是脱离了集团生活之后的休息，因此永远与集团意识是冲突的。一群少数人所能够过的优越生活，永远必定与大多数人的集团意识是冲突的。大多数人挤在一处的平凡生活，永远不能够把自然界最最柔和的空气来一脚踢开，因此他们就都不能够像一群少数人的一到夏天总去过着同春秋两季有一样空气的生活了。

南方的夏天生活，比起北方的来，似乎较接近于自然些。我所生活过的夏天，到现在已经有四十多个了。其中大多数，都是在上海的我的家里混过去的。上海的夏天生活是南方的，因此赤膊赤脚的自然风景，当然要比北方的要多一些。我所经过的夏天生活，同大多数的南方人大致是一样的。这就是说，白天里我欢喜家居不出，免得在太阳底下去散步。一到晚上，如果没有什么不便，我总要到街上去散步的。所谓散步，往往还包括着去拜访友人，大谈其天的这一件事情。

晚上出去散步的嗜好，其实是我十七岁以后的事情。十七岁以前，我的夏天生活，就我现在所能够记忆的，无非是家居不出，赤膊赤脚，睡在床上看看小说书而已。十七岁那一年，我认识了几个年纪同我差不多，大家都欢喜在街上大散其步的年青人。那时候我们认为最优秀的节目，是先在街上大散其步，走到九点钟左右，在武昌路一家冰其林店里，各吃一杯其价甚为便宜的冰其林，自然是各付各的账。有些时候，我们也会提早时候去散步的，这一顿晚餐就到一个姓徐的同伴的哥哥家里去吃。姓徐的哥哥是一位很有名的中医，他可以时常让弟弟带一群年青人来吃晚餐，足见他的脾气是最和年青人合得来的了。

二十二岁以后的几年，我在一个女学校里教书。我一肚皮装满着板了面孔的见解，以为即使在夏天，家居时候也不应该赤膊赤脚的。晚上出去走路的嗜好，我那时还维持着，不过武昌路的冰其林是不去吃了。要去拜访的友人，自然比以前的还要多些。有时候，我们也不在家中吃晚餐。那末，总是二三人的局面，地点在四马路广东馆子的某一家，吃的总是一碗不其昂贵的蛋炒饭。

这以后，我在东京住过一个夏天，我知道吃冰是那时候才开始的。日本人的振作精神多少带着些马鹿气，在当时虽使我佩服，现在却觉得他们真有些愚笨了。到现在，还使我很佩服日本人的是男人可以赤脚而穿了西装，在街上走路的事情，这似乎比华侨足着缎鞋，身穿西装的还要痛快一点。尤其是日本女子时时赤脚的事情，真使我们感到以前全身披挂的无聊。"大约孙吴与东晋、宋、齐、梁、陈，自成一种风俗政教。其后惟五代之南唐差近之。隋唐之风俗政教，皆衍于北朝，与南朝无涉。"以上一段所引的说话，其详，请去看夏曾佑的《中国古代史》第四八〇页。我引这几句话的用意，要人人知道，带一点土气的人是不要紧的。到现在，吴越一带的地域，即使在全世界上也是最时代化之一了。

只要在夏天生活下去而没有意外的死亡的话，一天天我们总会体验着一切的。把游泳一件事情来说吧。现在，会游泳的人是一天一天的多起来了。这是夏天生活中最好的一种。不过，我有什么话可以说呢？我欢喜用水，尤其在夏天，我时常与水在接近着的。所以我到现在还没有下过游泳池的水的这一件事情，朋友们个个很奇怪。

我现在的夏天生活还是同从前的一样，白天家居不出，赤膊赤脚，但是小说书却看得很少了。晚上出去散步的嗜好，现在也没有了。我以为个人的生活，连夏天的也包括在内，愈能够闲散的就是愈属于完善的一种。挤在一处的工作场，尽管有时代化的种种设备，但以全身披挂，就是不像样的缘故，所以即使有冷气，其生活也是无聊的。平凡人物的自然生活，如一到夏天就赤膊赤脚，虽在精神上不见得振作，但就生活上说，却是很高明的一种。

○ 原载于《时代》1934 年第 6 卷第 6 期

纪游
1934

—— 猛克

　　上海的气候虽然变化得快，在今年春天，可出游的晴朗日子也却并不少。今朝才醒，就看见身子沐浴在淡黄色的太阳光中。我勇敢地跳起，要破格的早起一回。推开窗，晨风凉飕飕的。邻家晒台上，已立着两位小孩，用劲的擎住纸鸢，在试风哩。"又是难得的春日！"我披上了大衣，找着根打狗棍，橐橐地，匆匆跑下楼，走出门去。那意思，仿佛是要寻个地方游一下子。

　　游必须名山大川，然而在现在这样的世界，身非名公大人，未必有配游的资格。庐山自然不敢去，杭州？连车钱也不够。但我终于被载在一辆华商的公共汽车上，向真如送走了。

　　车子忽然颠簸得催人呕吐。面朝车窗，则东方图书馆已赫然在望，那残存的石墙和圆柱，真好像看照片上罗马教堂的遗迹。马路旁的铺店，虽然曾经谁费过一番苦心破坏，但闸北的市政究竟是复兴了，如当铺之类的建筑物，就偶然也有几处小兴土木。

　　车子更加摇晃着身子，性急地追赶什么似的，那蔚蓝的天底下，遥远的树林田野和人家，也像被什么吸引着，飞也似的向我奔来。乡下也诚然可爱的，单是这些景物，一跳进久居大都市的人们的眼中，就至少要觉得新鲜。所可惜者，是这仿佛多余的一条欠伸得毕直的人工马路，还有偶然哺哺驰过的几部汽车。在什么田园诗人看来，这就不免有些伤雅。倘若是一条蜿蜒而不铺煤屑的

"天然"官道，有几张肩舆互相招呼着往还，或者还添几把叽呀叽呀的土车子，上载一两位红鞋细脚的乡下姑娘，那倒很有意思了吧。

我在围绕着水果摊子的地方下了车，沿着一条溪涧漫步地走。涧边有不少洋槐，有时也可看见几株杨柳，太阳通过枝叶，在水面印出千百条影痕，接连地拉长，跟着又一同隐去。涧水倒流得并不急，然而色是浑的，臭味特浓，简直使你连片刻的停留也不敢。偶然也摇来一些船只，都吃水甚重，察其内容，却原来满是黄金色的肥料。

行不上半里，涧流穿进一个小市镇。看入镇的指路碑，这便是近边还办有一个专为华侨子弟们读书的大学堂的真如市。镇上的街道，大约不及三尺宽，倘有两位不留神的行人，对面摇摆着走过，那是难免要碰伤臂膊，发生口角的吧。街石有的断了，有的塌下，有的还竖直半截身来，从洞口探望下去，便隐约看得见黑色的污水，潺潺地奔流。除了几家杂货店外，大多是饭馆、面馆、茶馆之类。生意都好得很，特别是茶馆的客人多。伙计们呵嗬地呼应着，提了一把铜壶兜圈儿。不少浑身泥浊的肮脏汉子，将箩担任意的横搁在街心，卷起袖子去选就一个满意的坐位，要茶要水，寻找人谈闲天。可见乡下人虽然不修边幅，很不像人样子，但对吃喝的事却也一样高兴的。假设我们偶然也坐在这样的茶馆里，一面喝茶谈话，一面听着街石下潺潺的流水声，那真不知是一种什么味儿呢。全镇棋格式的组织着七八条街，中段被涧水分开了，有几座石桥连络着交通。桥下是不寂寞的，许多粪船停靠着，男子汉聚在船头抽旱烟，女人们提着桶衣裳走下桥去，远远的就互打招呼，哈哈地胡调。"入鲍鱼之肆久而不闻其臭"，这话是真不错的。然而我终于掩住鼻子，赶紧的往回走，一直走出了这市镇。

天蓝而高，太阳当中挂着，我卸去了大衣，觉得热，但只要有口风来，便又一身轻了，这确是难得的春日！不过我的游的兴致，早已阑珊，就这么的向着那有宽阔的马路，有摩天的大厦的上海走去。

○ 原载于《申报》1934 年 5 月 1 日

避暑闲话
1935

—— 周劭

　　写下这个题目，觉得有二个意思：第一，是表示我正在避暑。这是最要紧的，因为不佞并非要人之流，报纸决不肯给我做起居注，登起《××避暑××》的消息；而且避暑的地方也不好，并不是庐山或是莫干山，引不起新闻记者访问的兴趣，然而其为避暑则一也，于是不得不给自己登个广告，以表明我是真真在避暑，并不是住不起上海而在乡间混混也。

　　第二，是闲话。原来不佞写这题目时，也曾仔细考虑一番的，本来想写《闲话避暑》，后来想不好，"闲话"两字放在上面总有些刺眼，君不见易君左乎？可见"闲话"两字放在上面实在不大吉利，于是硬把它放在下面去，这样一来似乎觉得心安些。然而"闲话避暑"和"避暑闲话"的意义是完全不同的，"闲话避暑"是客观的说法，总不免有些棱角尖刺，免不了刺痛他人；"避暑闲话"却不然，是主观的说法，因为我自己正在避暑，而所说的都是避暑中可有可无的话，这正和"偶过竹院逢僧话，浮生又得半日闲"的话一样的意思也。

　　提起逢僧话，不佞最近遇到精究内典的张汝钊居士，此公曾为《袁中郎集》作《中郎与佛学》序，为人颇妙，茹素而常开荤，缀经屡打麻将，亦幽默中人也。他谈起佛教六祖马祖的历史："马祖渡江而来，至大佛寺，到大雄宝殿，以禅杖叩如来金身曰：'是干橛矢，塑此何谓？'指挥徒众，纵火焚之。"我们看来，似乎颇难解，然而马祖却仍为佛教所尊，实则与我辈读书人不大敬惜字纸，而乡妪庸奴有惜字会的组织一般意思也。这桩故事出诸居士之口，亵渎如来尊者颇甚，然想不致于开罪印度人，即开罪了印度人，亦不大要紧，因不佞并非佛教徒，而佛教又并非中国国教，这实无强迫人家恭敬的必要也。

今年一切都好，乡间据说是大熟之年，收成当在九成以上，这实是一件好消息，虽然武汉一带又是大水为灾，然这也常有之事，我们只要打开报纸第一版，只登着长江黄河水位高低上落的消息，只要不决大口，便觉得满意，而且今年的大熟又是上应天象，下应人和的，雨水又是那么调匀，乡下人连赶水都不必，老天早给他们安排好了，这正是"风调雨顺，国泰民安"，看来升平气象又在目前。不佞忝在草莽，敢不歌舞鼓掌？况当此国家承平之日，避避暑也不见得有人会目为"避暑碍道"或"妨害救国"，此则不佞又一个说数也。

不佞行年二十，此行方始领略午睡滋味，李笠翁有云："午睡之乐，倍于黄昏，四时皆所不宜，而独宜于长夏。"大暑金石流，北窗高卧，虽不一定便是羲皇上人，然念起"纸屏石枕竹方床，手倦抛书午梦长。睡起莞然成独笑，数声渔笛在沧桑"这等机缘，似乎非头二等要人领略得来。吾乡非渔米之乡，渔笛不大听见过，然渔夫在河中摸虾还可见得，醒后走出门去，看看也还是一样。论语社中，语堂先生最悟到此中三昧，故尝以"宰我"自况。但据张鲁庵先生考证，泗朱中的宰我，并非"书"寝，乃系"画"寝，盖寝者孔家孔子曰店的寄宿舍也，但建筑颇马虎，并不用士敏土及钢骨，而宰我为艺术大师，从而以花花绿绿颜料画之，故夫子不许，以为朽土之墙用德国颜料画之，未免不值得，犹如艺术大师不用西洋油布而用宣纸一样可挨一顿骂也。此种解说法倒颇新颖，不知曲斋老人及鲍世故两位先生已在《论语新解》中提及否？

不佞年事虽长，然颇有小人脾气。遇人，每喜事问，如在冬天，或夏天，必问人以"冬天好还是夏天好？"的问题，而人家给我的回答往往不加思索，在冬天，必说夏天好，在夏天，则必说冬天好。其实在冬天，人类受严寒朔风的压迫，想到夏天明朗的天气，而夏天的蚊蚋酷热却并不记得；等到夏天再去问他，而他的回答却又矛盾了。于此可见理想与现实相差实在太远。现在大热的天气，不佞也想问问诸位这个问题：

"冬天好还是夏天好？"

○ 原载于《论语》1935 年第 70 期

吴淞行

1935

——东篱

　　近几天来人的精神硬是振作不起来，任什么事情都做不下去，譬如到晚上明明预备写一篇短文，可是不待执笔睡意已经来纠缠着了，没有法子，又得实行明知故犯自骗自的方法了："先睡罢，等明天早上起来再写罢。"明天早上何尝能真写，结果还是听凭时间慢慢的过去。

　　几天来看了好多篇报纸副刊上登载着关于游春一类的应时文章，晚上临睡前，忽然像是心有所悟般想道："精神振作不起来，莫不是在都市中住得太久闷坏了？那么，我该趁这良辰美季找个机会脱开这吵闹的都市，到野外去寻求，享受一点自然方面的赐予？就是说，该到野外逛逛风景去？"我明白，我该有个郊游，成年到底只是在都市中奔波着，让生活的链子锁得紧紧的，精神方面自然免不掉有时感到很无聊的。

　　到吴淞去，我在想。远处地方不但花费大，时间方面也不允许，去吴淞，一天工夫正够用，花费很小，而且这里又是我曾经住过三四年的旧地，玩起来一定另有一番情趣。我打定好主意和妻一道去，妻也是天天叫苦，说是自从跟我来到上海，都市里的热闹地方既然没有逛逛，更不知市外野地都是些什么样的，她比我更闷。孩子也抱着去，三个人一路。当我把这话告诉妻之后，她乐极了，跳着笑着，一面口不连声地问我沿路的情形。她带着欢快的心情拍着孩子睡了。

早上起来，扫兴得很，不但天阴，并且还刮起很大的风，我们抱孩子游吴淞的计划看来不能实行了。孩子生来还不到半岁，吴淞猛烈的海风他是吃不消的。中途变计，我去搭重擎的伴。

"两个人去没有什么意思。"一见面，他就这么说。他如不去剩下我自己，我也是不愿意去的，可是除了这一天，我再没有一整天的空闲时间！怎么办呢？想了一会，想好了，跟他说："同萧博、石迁一路去好吧？"

重擎答应了，一同到萧博家里，会石迁不到，但另外加入四民，还是四个人，四个都想到郊外玩玩的人，边说边笑一同出发了。

我们四个人从一条小路向天通庵车站走去。重擎作主人，他出了五元钱，叫我作全权办理买票买物一些事情，因为他们认为我对于这条路是最熟识的人。

天完全晴了，渐渐热起来。同重擎一出门时，他说我应该穿棉袍，不然会受寒，我回他说过一会一定会热起来的，现在果然不差。很快活。

当我们走到天通庵车站旁边时，火车已经开来了，要是想搭这班车只有赶快买票。于是我这全权就跑起来。穿过收票人身旁时，他向我要票，我急得向他摆摆手，他放我过去了，我呼呼喘喘地一面停下身子一面掏出钞票，卖票人说五元一张的钞票掉不开，可是火车在这时就要开了，急中生巧，我打算先上车然后补票的办法，想定后就再往站外跑，我要拉重擎三个人急速上车，可是那个剪票人却把我拦住了。

平常日乘火车，常常看到站员摆给一班穿戴不体面乘客们难看的脸相，如果再让他们查到一点差错，那就必要小题大作发挥他们的一套公务哲学了，教训着，讽刺着，甚而是谩骂，遇到他们高兴时，伸出手在别人脸上贴个烧饼也并不是少有的怪事。那时，我总是望着眼前一幕活剧不知怎样处置自己坐立不安的心神。结果，照例对他们这般人积存多一层的憎恨。想不到，现在同样的事情发生在我的身上了，那公务人员不但拦住我，反而拖住我的胳膊。

"什么事？"我有些耐不住了，气愤愤地问。因为我要立时登上火车，再晚就来不及了。重擎他们这时也从对面走过来。

"票！"他凶狠狠地强着我要。

"没有票。"

"没有票不行。"

我真急了，这不是故意的为难么。我想大概他认为我是揩油朋友了，想到这里更生气，我拿出昔日作运动员时的威风，一下子把他推开了，推得他险些跌了一跤。

"怎么，你动手动手！"他不责备自己动手，倒来说我？

从站房跑出来一个路警、一个站员，气势汹汹要向我来个大包围的阵势。这我都不怕，论拳头，他们也不是我的对手，论腿脚，我作过二年多万米跑的赛员，只是火车已经开走了，既然赶脱了，我且和他们评论评论罢。

重擎、萧博、四民都奔过来，以为闹了什么乱子，他们和路警碰到一起了。

自然这中间需要一番口舌的，他们越是不肯让步，我们越不肯退后，这事情实在是他们理屈！他们凭借一点权势就来留难人，实在不该，我们赶脱了这班火车，却正是在这种留难之下作了牺牲品！后来他们明白我们不是揩油的，也就罢了，但我们却只有等待下一班车了。

谁说这不可以叫"行路难"呢？从前常在书本子上见过这种字样，但那多半是说明行路之所以难，难在山川阻隔和路途崎岖，而现在的行路难却难在人们的故意留难上。

一刻钟后，我们四个生气的人，坐上第二次开来的火车。过一分钟，车又开走了。

"他一定以为我们是揩油的。"萧博又提起刚才的事情，说完歪头望着窗外的虹口公园。

"如果不是怕多事，耽误工夫，对于这种无理的蛮行，一定要给他个迎头痛击的，一定要抵抗一下！"我自己说过这话，虽然内心里还觉得不大舒服，接着也就暗自消气了。这年头不如意的事情太多了，这一回还不是小焉者也，特别是当我望到车窗外的自然景色，更不由地压下去刚才不如意事件的追忆。

一个深锁在都市中的人，对于自然景色的爱好程度，该不是文字所可以表明出来的吧？说真话，要不是抓到今天这个机会出来也，许都不知道春天怎样来的。

冷眼看去，田野上只是绿绿一色，其间夹杂一些黄的菜花，那是最耀眼的。但你如仔细一点观察，就看出绿绿一色还另有轻重。那随风摆动的垂柳，他们的嫩芽嫩叶是绿中透黄的，竹林稍绿，老树是浓绿的了，然而最新鲜的绿色该算田里的麦苗，一片一片的连绵不断，你可说这是些悦人观感最完美的地毯。空气新鲜，风也不夹杂半丝邪味，要么就是播散出来的菜花的香气。在几座破旧的茅屋近旁，或是竹林丛中，当那艳丽的红色桃花映入你的让都市尘垢久迷的眼帘时，你真要因此引起一番轻快之感。我们的谈话转移到景物上了。

"生活锁住了我们的身子，生活还可以使我们忘记了春天，我们这些都市中的可怜虫。""绿柳桃花，相映成趣，好得很。"萧博和四民说完话，转动着身子。

火车继续前行，像一匹大马，在碧绿的田野中驰驱着，愈是前行，我们就距离目的地愈近了。

火车在最后一站停下了，这里是炮台湾站。崭新的洋房，比从前的站房好多了，那么，这应该感谢××帝国主义"一·二八"的炮火吧？倘要那次站房不受炮火摧毁，恐怕还不会建造出这样一所像样的新屋。穿过站房，我们走到黄浦江边。迎面吹来阵阵的海风，但是天气很热，风也就不显得冷了。黄浦江，波涛滚滚，浑黄黄的。江口扯起一簇簇的风帆好像是一个村落。水色渐变灰白，但当连到天边的地方又是黑沉沉的了。到这里，眼界一宽，人的胸怀随着展开不少。这里"一·二八"以前，我每天必来散一次步的，现在一看，很有些与前不同的地方，真的，有些地方对我简直是陌生的了。

---

① 图注：吴淞入海口的风景。刊载于《红杂志》1923 年第 47 期。

闷人的都市气息，滚你的去罢。我尽量呼吸着新鲜的空气，跳着，笑着，叫着，我们好像到了一个新的世界。顺着江堤，我们一直走到尽端，这里也就是黄浦江和扬子江的交汇点，眼前的水面更显得宽阔了。

几个卖地栗的远远跟过来，以为一定可以作一次生意，想不到我们没有一个人买，他们失望之余，快快地走开了。只有一个人，他已经和几个灰衣人讲好了生意，很高兴地同他的主顾们谈起闲话，一面还指手划脚指着远方的海面。

望着那残废了的炮台，绿树青草虽然还健在，但那些卫护国防上的武器设备却一无所存了，当我们走到旁边时，连岗位上都空空的没人守着。我们要走进去看看，但旁边摆着的甘蔗担子主人却说进去不得，他说一定要在上海领得照会才能通行。既然如此，我们也就算了。

我们要顺便到宝山走走。

这里到宝山还有很远的路程，我们雇了两部小车坐。坐小车，算来我这才是第二次，第一次就在"一·二八"战役时，那时我要到苏州去，上海到黄渡的火车处在××飞机淫威之下，不能开行，这一段路只有步行，在步行当中，我坐了一回，那回坐着很不舒服，到后还是舍车就腿。这回坐一会，觉得并没有什么过不去的地方，当我听那单调的车轮响声，这响声在辽阔的田野里叫着，我几于忘记腿脚的麻木了。

车夫推得非常稳当，有一次过一个小石桥，桥很窄，稍一不慎，就可以翻进水沟里，我们坐车的人非常担心，车夫却满不在意地推过去了。说起来，走这些田间小路，没有小车还没有办法呢，黄包车坐起来虽然舒服，却不能容两个轮子在这窄小的路上行走啊。大概是也就因为这种缘故，小车在乡间还得以存在着。

老太太，还有年青的姑娘媳妇在田里铲着地，弯着上半截身子，春风吹着她们的脸，太阳天天晒着她们的脸，她们的脸又黑又黄又红的，当真没有头上的帕子洁白，没有身上的衣服新鲜，她们也是为了生活呀，顾不得风吹雨打太阳晒的，正像我们锁在都市中的可怜虫一样，为了奔波生活，几乎都忘记春天到来了。

一会，车到了宝山南门，我们下来了。

时候已经到了正午，我们早经打算好用一顿汤团作午餐。来过宝山的人，大概没有不知道"汤团西施"的。据说城里有一家卖汤团的，有一个好看的女招待，人们就管她叫西施，西施既然美，有名，汤团也跟着增了声誉。

走进汤团铺子，我们全在等待西施的露面，好瞻仰瞻仰她的人才。说来好笑，我这三四年的老吴淞，倒未曾见过西施一面。

屋子里出出入入倒走过好几个女人，审视她们的面孔，不对，说明白些她们的相貌还不够。过一会汤团都端上来了，西施却还没有来。

"西施不在了？"萧博低声问，翻一翻眼睛笑。

"像是听人家说早就不在了，听说嫁人了。"四民回答着已经吃完两个汤团了。

"扫兴得很，扫兴得很。"

这是一间小穿堂屋子，很清爽，除了几只方桌太师椅之外，再无杂物。墙上悬着两盏书写"宝善堂"的纸灯笼，久久不使用，已经沾了一层灰土。

我觉得，这里的汤团确是不错，恐怕西施的得名还是靠着汤团吧？这里的汤团，无论皮面、馅子，作得都好。

在这一间僻静的小穿堂屋里，一面吃着汤团，一面望望西施的脸，或是和西施谈几句闲话，这一定别有情趣。不，这想法想错了，若果西施真在眼前的话，我们也许遏住取笑的情趣，发出一种同情之感吧。至少，重擎会为了她这职司而引起一番感伤的，他素来就很重感情，人道主义的色彩很浓厚，正因如此，别人常常抓住他这忠诚的弱点，欺他，骗他。

我在想，西施最初那一天登场，也许她没有想到食客们的别项居心吧。到后来，就算她已懂得，但因为生活关系，也只有听其自然了。如果她再由职务份上觅得了如意人，那可真是无巧不成书，吻合了俗语"将计就计"的话。

应该体谅西施的苦衷，不应该存些无聊念头，她这职业当真不容易作，这里面正含有大量的人生路程上的苦辣酸咸呢。

吃完汤团，我们再到江边，当我们走过一家戒烟所的门口时，看到墙上写着很有意味的两句话。

"想想，满饭好吃。"

"看看，满话难说。"

初看很费解，后来我们明白了，明白这是说及从前满清的，但是写在这里的墙上，似乎有些不对。

重擎在扬子江边作了一首七言古诗，可惜我忘记了，不然倒可以抄下来。他才只费不到两分钟，他这方面的造诣很深，他这人很有天才。

我们回到炮台湾。我们走进中国公学的大门。门虚掩着，一进门，沿路的荒草把石块都盖满了。大操场上荒凉一片，煤屑路旁冬青树长得比我都高了，但在"一·二八"之前，它们才栽到土中不满四个月。两座小黄楼屹然僵立着，炮弹洞穿了礼堂，顶盖粉碎；还有那场北面的二层红楼，墙倒屋塌，宛若一个受伤的兵士。你会因此憎厌战争的，它们都是受了"一·二八"××帝国主义炮火的洗礼的。我忽然想到，莫非我走入中世纪的废墟中？那些蔓草，那些冬青树，那包围在草丛中的几朵桃花，以及颓垣断瓦，还有一股死沉沉的气息，如果在黑夜来到这里，倒很怕人呢。

我们又向西走，在乱草中走，在乱砖瓦中走，每一个地方，每一间屋宇，每一个角落，都很容易引起我个人一两段轻飘飘的回忆，我在这里居留有很长的历史，就连校外的田陌、沟渠、江边，也有些地方深深留在我的记忆中的。

在楼房破壁中，有各种不同的题字，这是很可使人费些心神的纪念品，从个人身边杂事题起，题到整个世界的变态为止，其中还是与"一·二八"有关的题辞多，这都是旧日的同学题的，字句中充满了激昂和慨叹，由此，你可以推想出他们书写时的情形。可惜没有带纸笔，不然按条抄下作一块板子印出来，倒是很别致难得的文献呢。

校河里的水，依然是清清一色，随着风势不时皱起一阵微波，只是建筑物都毁坏了。从前在操场上宿舍中来回飘荡着的甜密的情歌，或是吵闹声，呼喊茶役声，留声机的唱奏声，还有，整齐的洋装哥儿，漂亮的年青小姐，迈方步的老教授，都无处寻求了，这些全成了过去的陈迹。

我给重擎他们指点着，哪里是校园，哪里是男女生宿舍、理发所、浴室、饭厅、教室、科学馆……他们也都为这残废的中公抱有一番共同的慨叹。

年年桃红，年年柳绿，顺着自然的时序，这老中公还有它们来点缀寂寞，只是那些深埋在地下长眠的枯骨，他们那些为国捐躯的男儿们，要到哪里才能

找回来呢?

　　"也许我这一只脚下就正埋藏着我们的抗 × 英雄的枯骨呢。"萧博说这话当真不错,当日吴淞战事激烈时,随着楼房的轰毁,一定要有些武士们共同殉身的,听说这里原就住有很多军队。

　　时间已经是午后四点半钟了,我们重行回到上海,这一场废墟巡礼,使我们忘记了和煦的春光,胸怀中让阴沉的气息,压窒得连一口气都难得呼吸出来。

〇 原载于《创作》1935 年第 1 卷第 2 期

---

① 图注:被炸毁的吴淞中国公学。刊载于《建国月刊》1932 年第 6 卷第 5 期。

上海城隍庙
1935

——张若谷①

城隍庙老土地

我家住上海城隍庙东邻凡三十年。城隍庙是我童年的旧游地，直到如今，不分晨昏寒暑，从家里出来到我工作的地方，城隍庙是我日日必经之处。因此，城隍庙中上至商店老板，下至货摊小贩，他们个个认识我的面孔，至于我姓甚名谁，他们或者未必知道。可是，到了地方有事戒严的时期，我的特别通行证，就靠我一张脸。这张货真价实的照会，无论哪位警察都是一望而知，随时可以发生意想不到的效力。因为城隍庙附近的公安局、保卫团、救火会，所有负责维持地方治安机关中的人员都认识我，而且信任我是一个安分守己的人物，我在城里住了三十年，受到当地人士的照顾实在不少。我可以说，除了宗教信仰这一点之外，我是属于城隍庙民众集团中的一分子。

民国十七年，我印过一本叫做《文学生活》的小书，傅彦长先生写了一篇序文。他提起有一天，我陪他和周大融先生同在城隍庙里走路，走了好几条他们以前没有走过的小路之后，他们便给我取了上海城隍庙"老土地"这一个别

---

① 编者注：张若谷，原名张天松，字若谷，上海周浦镇西八灶张家宅人。1925年毕业于震旦大学。天主教名为马尔谷。曾任上海《大晚报》记者、《时报》记者、南京《朝报》主编、上海《神州报》记者、《大上海人》主编、天主教《益世报》南京版编辑。著有《旅游历猎奇印象》《异国情调》《文学生活》《马相伯先生年谱》等。

号。到后来，我竟给朋友们叫出名了。有一位徐景贤先生，在北方看见了傅彦长先生那篇序文，认为我的朋友有意开玩笑，一方面称我是天主教徒，他方面恭维我是"老土地"。他于是大打其抱不平，在北京《益世报》上，写了一封很长的公开的信给我。这样一来，"老土地"这个别号，倒反而连在北方的我的朋友们也都知道了。

我和城隍庙发生关系，的确由来已久。我的父亲活着的时候，他老人家每天的习惯，清早要到湖心亭去吃茶，黄昏必到庙前街上酒店。我是一个独养儿子，从小跟着父亲上茶馆上酒店。九曲桥湖心亭中有一个叫做老枪的堂倌，去世已经近十年了，他每到新年必定要送我一大筐的大红福橘和一小荷包的元宝橄榄，我对于他有很好的印象。那时我还不知道这是茶馆堂倌对于常年老茶客的一种孝敬，即俗称的"打抽丰"。后来，父亲忽然转变兴趣，看中了春风得意楼三层楼上的坑榻，得意楼便变成了我父亲的会客厅，因为我的父亲在暮年时是在法律界服务，他常约当事人在得意楼接洽事宜。他每天必到得意楼去，风雨无阻，比楼下的说书先生还更要准时。直到民国十七年春天，我父亲去世的第二天早上，竟有得意楼的几位老茶客，特地赶到我家里来祭吊的。

① 图注：上海城隍庙大门。刊载于《旅行杂志》1928 年第 2 卷春季号。

　　　　　　　　　　　　旧时上海

若以资格深浅而论，城隍庙的真正"老土地"是我的父亲。因为不但茶馆酒店里的堂倌都熟识他，他们而且都是非常尊敬我的父亲，有什么纠纷事件，常请他做个调解人。住在上海城隍庙里的人，他们都认识有一位喜欢带小洋狗上茶馆酒店的和事佬先生，这位有爱犬癖的和事佬先生，就是已经死了八年的我的父亲。

城隍老爷的来历

每逢旧历的初一月半，城隍庙里香火要比众鼎盛。星期日，到城隍庙里轧热闹的多半是男女游客。每月只有初一月半两天，是善男信女们烧香还愿的日子。

到城隍庙烧香的善男信女，他们往往先要向大殿两旁陈列的八个石皂隶像叩头。八个皂隶都是有姓有名，东面四个是升钱、房昌、朱明、杨福，西面四个是王昌、金齐、嘉周、祥陶。这八个阴间里的差役，着实要比阳世的司法警察威风得多。据卖香烛的人说："若使烧城隍香不先拜皂隶，必定要肚皮痛。"因此，烧香的男女，都是先向八个石人，烧一些锡箔当作贿赂。

在前殿所供的是金山神主像，一般善男善女都称他是"坐殿城隍"，也有人说他是豫园主人潘方伯者，都是无稽之谈。在事实上，城隍老爷是端坐在后殿的那尊红面神像，至于高踞前殿的是汉朝的霍光像，由吴王孙皓封为金山神的。

红面孔的城隍老爷，前身原来是元朝的一个遗臣，后来吃过明朝朱太祖的俸禄。他姓秦，名裕伯，字景容，是上海秦氏大族的老祖宗。关于他的出身履历，有不少的记载文献，可供参考。最近有秦锡田（城隍裔孙）辑的《秦景容先生事迹考》五篇，附《上海县城隍神灵异记》，是材料比较最丰富的一本。

在秦裕伯一生事迹中，最可以使人注目的，是草鞋皇帝朱元璋三次叫他出来做官，他两次都托故婉辞。在第三聘书中，朱太祖晓以大义，裕伯才入朝为待制，做京畿主考官，并出知陇州，最后病死于浦东陈行乡长寿里。

秦裕伯怎样会做起上海的城隍老爷来呢？根据秦温毅的《上海县城隍说》，秦裕伯卒于洪武六年，讣闻于朝，太祖震悼曰："生不为我臣，死当卫吾土。"着即敕封为本邑城隍神。但是关于城隍神位的来历与沿革，已不可考了。

今日端坐城隍后殿中的城隍像，他穿着的冠袍还是明代的遗制，但不知是属于哪一种官级。神像的脸涂抹得血一般的红，也不知道含的是什么意义。或者是象征他的忠勇的血气，或者还是出于塑造人的自由发挥。

红面孔的城隍老爷，脸上的红光，红得仿佛是喝酒喝得醉醺醺一般。说起喝酒，使我想起了城隍老爷上酒店有趣的传说。话说前清光绪年间，城隍庙左边，有一家酒店，常有一个老人在那里喝酒。有一天正逢月半，许多善男信女，把庙宇包围得水泄不通。酒保对老人说："老先生，今天庙里正是热闹，你老人家为什么不去观光呢？"老人叹口气说："啊吓！你真不知道咧！他们到这里来烧香，目的都在求财求名！还有婚姻、家宅、终身、流年、诉讼、疾病也要来问我，我哪里能管这许多事呢！所以趁他们喧闹的时候，到这里来独酌数杯，倒还清静得多……"话犹未完，酒保多少机灵，知道他便是城隍，急忙下拜，可是爬起身来，那个老人早就不看见了。

民众寻乐场所

城隍庙本来是上海城内居民唯一的娱乐场所，自从创设了小世界游艺场以来，到城隍庙游览的男女，比从前更形拥挤了。除了每月初一月半进香的一般善男信女之外，又添了许多闲人。小姐太太们穿着时式服装到百货摊上拣买便宜货物，公子遗少们上茶馆听书，游手好闲之徒到游戏场调情寻乐。正也为了游客分子的复杂，城隍庙便变成了一片乱七八糟的大百货公司，一个近代化的庙会市集，一个平民化的民众娱乐场所。

城隍庙里的杂货小摊是素以货价便宜出名的。考据各种小摊的来历，是宣统年间上海大水时期，有人把各店存积的水渍货，陈列在小摊头上，廉价出售。城内居民因为贪其便宜，所以都到城隍庙去买水渍货。投机的小商人看见生意既好，开支又省，等到水渍货卖完，索性再贩卖其他廉价的东西。在没有发生抵制日货运动以前，城隍庙便成为大日本帝国货品的大倾销场所。当初小世界尚未成立，有人创办劝业场以推广国货，结果竟敌不过小摊的竞争，宣告休业，改组为今日的小世界游艺场。

男人们到城隍庙去，有些是上茶馆去品香茗，那两条九曲桥中的湖心亭，是风景最美丽的一家茶馆。手巾小账分文不取，不过如有外国人光临，每客百数十文的茶价便要增加至三角，这是一种把糖精渗进去的茶，叫做"特别茶"。得意楼共设茶座三层，容积较大，生意也比众兴隆。前清光绪年间，城内风俗淳朴。有一般烧香的妓女，开风气之先，居然也登该楼品茗，但地方当局看不惯男女杂坐的现象，把得意楼封闭了。后经楼主再三泣求，罚金了事。这件旧事，凡是在得意楼吃过三十年以上的老茶客，都能回忆追述。

①

也有下午上茶馆专门听说书的闲人，也有提了鸟笼在九曲桥畔耀示他豢养的可爱的鸟儿，也有在旧书摊上的破肥皂箱书架里，翻寻中国孤本和外国杂志的。也有耽于美食的朋友，特地赶到城隍庙吃油鱼、鸡鸭血汤、酒酿圆子、卤肉面、紧酵馒头、糖粥、汤浇素面、韭菜蛋饼的。

女人们到城隍庙，除了背着黄布袋吃素面的烧香老太太之外，有许多装饰入时的小家碧玉，都喜欢到小世界底下几家首饰店里挑选假钻假珠和人造的宝石，也有乡下姑娘喜欢在珠宝摊上买假翡翠，到得意楼听书的终是限于极少数的有闲阶级的城里太太小姐。城隍庙里的商人，对于男子顾客往往常有失礼的地方，可是对于女人们终是招待殷勤，执礼甚恭。譬如讨价一元钱的东西，女人即使还价一角，他们决不会开口骂她一声。为了这个缘故，城隍庙里买东西

---

① 图注：上海城隍庙湖心亭茶馆。刊载于《声色画报》1935 年第 1 卷第 2 期。

的顾客，女人终居十分之七八。

在环龙桥一带的测字算命相馆，光顾的人也是女人多于男人。虽也不时有西装青年去问婚姻流年，他们多半是有心去寻开心。特别是几家女相士馆中常有这种现象。至于女人光顾测字摊的，大半是托代写书信。有时也有目不识丁的少女，收到她情人的情书，叫测字先生念读时那样发窘的神情，是多么可以摄入照相镜头的景象呀！

外国人到城隍庙，不是到骨牌店买麻将牌或者买象牙烟嘴，便是到四美轩一带的古董店里去搜罗古玩。日本人喜欢收买红木细作家生，葡萄牙人、菲律滨人喜欢买瓷器。他们都会说几句中国话，因此一般在城隍庙专门给外国人做翻译的"露天通事"，他们最喜欢替英国或美国人服务置办物事，可以从中取利。若使看见是日本人，或菲律滨人，他们都只好皱皱眉头，摇摇头颅。幸亏上海城隍庙常有国际世界旅行团来观光，否则，"露天通事"们从此要没饭吃了。

也有附庸中国风雅的外国男女，他们游览城隍庙时，终不忘记去参观豫园中的几家不公开的园囿。萃秀堂中的大假山，点春堂中的小假山，内园中的小灵台等，都是使他们留恋不忍遽去的名胜。

城隍庙的讴歌者

近人中，以艺术的立场而赞美上海城隍庙者，有傅彦长先生。十年前，他写过一篇叫做《中华民族有艺术文化的时候》文章，他说：

在出城隍会的时候，至少可以看出中华民族的民众有集团的组织力。赤膊惯了的店员们也会收拾得齐齐整整，穿了马褂长衫，骑在马上，拿了一面有"令"字的旗，很有秩序地排在队里巡行。就是观看的群众也自然有一种很静穆的态度。……民众热烈的情感，集团的合作行为，要清洁的欲望，平常粗茶淡饭惯了的，到迎神赛会的一天，不能够不有表示了。……他们在那个时候，人人热心，人人铁面无私，人人不作儿戏的举动。所希望的就是清明的政治，公平的判断，有赏有罚，一秉大公。他们为了这种希望，有集团的合作行为，有清洁的布置，有热烈的情感，有严正的秩序。

西班牙文学家兼政治家伊本内兹，在他遗著《一个小说家的周游世界记》中，也赞美过上海城隍庙中的九曲桥湖心亭。他赞叹那座"老爷花园"Jardindu Mandarin 在中国人心目中视为名建筑，正像西方人心目中的埃及金字塔及华盛顿的白宫一样。

前新天安堂主教达文德，他游览上海城隍庙时，他先赞叹豫园中玲珑的假山、曲折的小道、古怪的门户、龙形的瓦墙，这全部卓越的建筑物，都值得艺术家们注意。次说到那蜿蜒的九曲桥、那弯曲屋角的湖心亭，是可以绘入图画的好景致。至于接近湖心亭那座半西式的小世界娱乐场所，他认为是暗示中国人疏忽他们古代艺术的遗产。最后他描写到城隍庙大殿，那庭中的古香炉和雕刻得极其艺术化的屋角神龛，下午的庭场变成热闹的市场，使人想到耶路撒冷圣殿前的卖买者。

火雪明先生，寓居城隍庙大殿二楼邑庙董事会中已十余年，编有《上海城隍庙》一书，是一本导游的指南，同时也是一部补郦里之史之阙的文献。书中附火雪明先生的《金山神主开光记》，记当日盛况，称开光之时用去朱墨笔百余支。公祭台上陈列珍馐宝物，秦汉以上鼎瓦，估价万元以上。深夜风寒，老太太们团团坐于庙堂内诵经者达五六百人。庙宇全部用锢骨水泥制造，造价五万元。雕梁画栋，仿造古式，楹槛髹漆为全部《三国志》。城隍庙董事会董事为

秦锡田、叶增铭、顾履桂、姚福同、凌纪椿、杨逸、沈周、方彦臣、杜月笙、张效良、黄金荣、陆志清、王子纲、秦锡燧等。

上海通社于民国二十三年四月二日，在《大晚报》出版"城隍庙专号"一期。内刊吴静山先生的《城隍庙沿革考略》，道静的《外国人眼中的城隍庙》等篇文字。该社并请城隍庙画匠临画城隍神像一幅，现藏上海通社中。

友人王敦庆先生寓城内近十年。他幼年游

---

① 图注：《上海城隍庙》，火雪明编，黄文农绘图，上海小东门内邑庙董事会 1928 年刊行。

城隍庙时，对于星宿殿入口的韦驮和各星宿神像曾发生极大的兴趣。他自认从那个时候起便开始欣赏和评价中国木刻像的艺术。可惜那几尊木刻的作品，现在都已毁于火劫了。今日在庙旁成佛处陈列着的偶像，已远不及当初他所看见的那样精致。

漫画家张乐平先生每次游城隍庙老是有流连忘返的样子，记得去年旧历除夕游览城隍庙，他剪了不少很生动的黑影画发表。这儿的几张速写，都是他的最近杰作。

若使读者们看见这篇文章，不肯取消我那个"城隍庙老土地"的别号。那么那位高卧城隍庙大殿楼上的火雪明先生，他住在城隍庙中已十多年了，他编过一本极有趣味的《上海城隍庙》小书，至少限度，他该被称做为"城隍通"吧。

好在上海城隍庙老爷本身的来历是有些不明不白。平民出身的朱元璋皇帝，莫名其妙地把一个元朝的远臣诰封做起城隍神来。我辈随便把"城隍庙老土地""城隍通"等衔头胡乱送人，也不致于受城隍神前两位判官老爷的谴责吧。

廿四年五一劳动节

○ 原载于《时代》1935 年第 8 卷第 1 期

说书场里的听客

1935

—— 健帆

自从无线电播音盛行以来，要是你在热闹的马路上闲逛，或是你家里有收音机的话，你总会听到弦索叮当琵琶合奏的弹词节目，那便是起源于苏州，倍受沪杭、沪宁两线各埠茶馆里听客所欢迎的说书了。要是你是江浙两省中的人，最好能够听得懂苏州话。久而久之，你听惯了悠场悦耳的声调，辨别得出所唱的词句，明白了书中的故事和说书先生滑稽幽默的穿插，你便会渐渐地上了听书的瘾，到了时候，很急切地要想继续听下去哩。

可是从无线电收音机里听书，虽能够足不出户，听到许多各种不同的大小书——这里所谓说大书，就是仅用一把破扇子和一块醒木的开讲评话；至于说小书，那就是一个人或两个人用琵琶弦子弹唱的弹词——但是说书先生的面貌态度和说唱时表演的神情，却无从知道的。有许多无线电听众，怀着好奇的心，便赶到播音电台去，实地参观。可是参观的结果，反使你异常失望。因为播音室里可不比在说书场中。说书先生说唱时自由得很，可以不必装模作样把书中人的举止行状描摹出来。还有那些新出道的，或是弹唱新编就弹词的说书先生，索性把脚本放在桌儿上，一边看一边念，那还有什么意思呢？据说有一位开讲《英烈传》的许继祥，因为他有咯血症，身弱体亏，有一个时期，他索性躺在播音室里的沙发上说书。他身旁还安放着一只凳子，预备碰醒木之用，个中秘密，真不足为外人道也。

要是你真想欣赏说书先生艺术的话，那你便该进说书场去，那里的形形色色，我可以写一些儿在下面：

我父亲很喜欢听书，所以我从七八岁起，便跟随他老人家同到书场里去了。好在小孩子既不必另惠茶资，只消乖乖的静坐在一旁。书场里有的是各式闲食，尽可以嬲着父亲，买来大吃大嚼。况且我生性好静，人家都笑我像小姑娘一般，自幼便不喜欢活动。因此我坐在书场里，竟安之若素，一些也不觉得烦闷。起初虽莫明其妙地听不懂说些甚么，后来经父亲在回家时加以讲解，我也很用心的侧耳细听，便自然而然地听出滋味来了。我在小学读书的时代，每逢寒暑假和星期假日，便会独自一人，带了十几枚铜元——那是节省下来的点心钱——到城隍庙书场里去听书。那时上海的书场都荟萃在城隍庙的豫园里，租界上的书场要推汇泉楼最老。直到如今，这古旧的书场还依然存在。它的地址在石路上一条小弄堂里的楼上，要从一很狭小的扶梯走上去。若是你第一次去，最好有熟人引领，因为很不容易找寻。当初的说书名家，像谢少泉、谢品泉的《三笑》，王绶卿的《倭袍》，王子和的《玉蜻蜓》，王效松的《水浒》，赵

① 图注：上海的书场。刊载于《图画日报》1910 年第 169 期。

筱卿的《大红袍》等，我都曾经听过。可惜他们都早已故世了，如今所存者，老辈中只有叶声扬、严焕详、郭少梅、凌云详、张福田、魏钰卿、张云亭、朱耀庭、朱耀笙等几个人罢了，他们的书，我也不知听过多少回，如今还很热烈地爱好着。至于我听书的资格，却十十足足积有二十年的经验了。

上海的说书先生出过三次风头。除现在无线电播音盛极一时、方兴未艾的风头最健外，第一次是十六七年前的屋顶花园和游艺场，争相罗致说书名家，什么新世界、大世界、天外天、楼外楼都另辟书场，包银从五六十元至百余元。可是比了近来三四百元一档的无线电台名家说书，已不可同日而语了。第二次是六七年前的旅馆书场，首倡者是东方饭店附设的东方书场，后来各旅馆相继效尤，差不多都将大礼堂改辟书场，许多有名的评话家和弹词家几被罗致一空。那时节的说书先生也曾大红大紫，居然哄动一时。可是不到一年，因为各书场竞争太烈，开支浩大，以致入不敷出。你想，很大一个旅馆书场，只不过是一种附设事业，却把专借婚丧喜庆的大礼堂被占了去，减少了一大笔的收入，书场里的听客又不能天天客满，自然难以维持，陆续歇业了。

如今只有东方书场因为基础稳固，又是旅馆中独一无二的书场，所以生涯依然极盛。至于东方书场的设备比了城隍庙里的古老书场却高出十倍，地位既极舒敞，男女又可以杂坐。书场内虽也另辟女客座，仅限止男客混进去；男客座里却像影戏院游艺场一般，女客也可以来杂座的。你要是带了夫人或女友去，便不怕分离了。城隍庙里的旧式书场可就不然了，男女既须分座，而且界限极严，双方不敢越雷池一步。要是你第一次进书场去，先该认清楚男女的座位，万一糊里糊涂错了位子，那就要闹笑话了，终至堂倌引领你坐正了才对。

至于书场里的布置却和老式茶馆大同小异，有长桌，也有方桌。听客的座位大半全用长凳，所以坐久了，很不舒服。有几位常年老听客，从家里带藤椅来，放在特设的地位，那是他包定的了。就是不到，也要付书钱。说书先生的书台和学校里的教坛差不多大小，不过比较高一些儿罢了。说书先生的座位，不论冬夏，都放着很厚的椅垫。

如今该说到书场里的一般听客了，那好似另一社会，各成系统。约言之，可分三大类：第一类是老听客，第二类是普通听客，第三类是新听客。所谓老听客也者，又叫做书场里的撑头，他们至少要有一二十年的听书经验，又是风雨无阻，认定一个书场每天必到的，才能名符其实。他们有的是杂货店里的老板、地皮捐客、珠宝商人之类，有的是门可罗雀的中医、家有恒产坐吃不完的小富翁，还有做买空卖空的交易所经纪人、终日游荡不治生产的公子哥儿、年高德硕的老太爷和多子多孙的老太太，诸色人等，不一而足。最要紧的，还在一个"闲"字。他们既度着安闲生活，每天上书场听书，也算是固定消遣。

其实这班老听客，哪一部书没有听过？而且翻来覆去不知听过多少遍。并非百听不厌，全神贯注在说书先生的艺术上面，却是各有目的不同。一般自由职业者把书场当做他们的市场，有了一个聚会之所，对于买卖上就便于接洽一切。还有爱谈家常的太太们，没有开书之前，便和熟识的邻座听客，一长二短的谈起家务琐事来，不是说自己女儿们的孝顺，便是说媳妇儿的不听话。诸凡赌经、奶奶经，一切别人家的闲账，都是她们谈论中的资料。

最有趣的，有的人好像在家里没有睡醒似的，特地到书场里来打一个瞌睡，说书先生说唱些什么，他一句都没有入耳。更有人到书场里来吃闲食，自始至终，不停的嚼吃，购买食物的费用，却大于书钱好几倍。

购到书场里的食物，差不多全是精品，小贩川流不息地捧着各式果物在你面前经过。假使你中意的话，只消你向他望了一眼，再伸几个指头，向所需要的东西指了指，他便会依你所伸指头的价格，把食物放在你面前的桌子上。在这彼此静默中，交易而退，丝毫没有妨碍肃静无哗，只有说书先生说唱声音的空气。

再说书场里的秩序，可在学校课堂之上。一个能容三四百人的书场，在客满的日子，说书先生尚未登台之前，自然和普通茶馆一般的异常喧闹。及至说书先生醒木一拍，堂倌高喊一声"开书"，书场里的声浪顿时静止下来，这比教师登坛开讲还要加紧严肃。这当儿要是还有人窃窃私语，那就老实不客气，邻座的听客们齐回过头来，众矢之的般向谈话者连作"嘘嘘"之声，暗示着停止谈话。假使你带了孩子，不幸在这时候"哇"的一声哭了出来，那你只得牺牲听书，付了书钱，抱着孩子，立刻逃也似的望外便走。

书场里最多的要算是第二类的普通听客，他们大半是中下社会，每天忙里偷闲的听一回书。好在所费无几，却可以消磨三四小时的光阴，既能一饱耳福，又有热茶喝。再费一二百文，便可以买几样闲食嚼吃，什么枣泥糖咧、糖山楂咧，一年四季的精致细点、水果糖食，应有尽有，不胜枚举。而且他们的欣赏能力很强，对于说书先生艺术的高下，品评极严。要是这个书场里，聘请了名家响档的说书人，包管可以天天客满。要不然，便会五台三飘档——这是书场中营业清淡的别名，意思说五只台子，只坐三个人，这一档子书，听客只剩寥寥无几的撑头，差不多全已飘完了。

新听客该轮到初上书场的特客和星期假日的公司洋行职员了。他们偶而在星期六、日的下午，三五成群的到城隍庙里来闲游，顺便到书场里去听一回书，只是借着歇脚罢了。近年来还有一般无线电听众，他们从收音机里听到的弹词节目，觉得娓娓动听，津津有味，无奈但闻其声不见其人，未免抱憾，因而特地赶到书场去，瞧那说书先生的庐山真面目。岂知不看则已，一看之下，总是大失所望。原来说书先生大半是染有烟霞癖的老枪，所谓隔墙西施，又好比苏州老婆在邻室说话，误以为十七八妙龄女郎也。因此书场里常来摩登女郎和西装少年，可是听了半回音，匆匆即去，一望而知便是来瞻仰说书先生的风采的。

照说呢，无线电播音这样发达，书场里的营业该受影响了。然而事实上适得其反，因为书场里的听客根本不喜欢听无线电里的说书先生多唱开篇赞美货品的口头宣传，你想，一小时中，归纳起来还不到一刻钟的言归正传，有谁愿意听下去呢？

至于书场里的冬暖夏凉，不是身历其境的，再也体验不出的。冬暖，因为人多了挤紧在一块儿，可比水汀还热；夏凉，并非归功于电气风扇，却是说书先生阴阳怪气的风凉话，可以使热汗自干。只是信不信由你！

廿四年四月十二日

○ 原载于《芒种》1935 年第 1 卷第 3 期

上海的茶楼
1935

—— 郁达夫[1]

　　茶，当然是中国的产品。《尔雅》释"槚"为"苦茶"，早采为茶，晚采为茗。《茶经》分门别类，一曰茶，二曰槚，三曰蔎，四曰茗，五曰荈。《神农食经》，说茗茶宜久服，令人有力悦志。华佗《食论》，也说"苦茶久食，益意思"。因此中国人，差不多人人爱吃茶，天天要吃茶；柴米油盐酱醋茶，至将茶列入了开门七件事之一，为每人每日所不能缺的东西。

　　外国人的茶，最初当然也系由中国输入的奢侈品，所谓梯，泰（Tea，The）等音，说不定还是闽粤一带土人呼茶的字眼。

　　日记大家 Pepys 头一次吃到茶的时候，还娓娓说到它的滋味性质，大书特书，记在他那部可宝贵的日记里。外国人尚且推崇得如此，也难怪在出产地的中国，遍地都是卢仝、陆羽的信徒了。

　　茶店的始祖，不知是哪个人，但古时集社，想来总也少不了茶茗的供设；风传到了晋代，嗜茶者愈多，该是茶楼酒馆的极盛时期。以后一直下来，大约世界越乱，国民经济越不充裕的时候，茶馆店的生意也一定越好。何以见得？因为价廉物美，只消几个钱，就可以在茶楼住半日，见到许多友人，发些牢骚，

---

① 编者注：郁达夫，名文，字达夫，以字行。浙江富阳人。，1921 年参与发起创造社，开始文学创作。1930 年参与发起中国自由运动大同盟、中国左翼作家联盟。曾主编《创造季刊》《创造月刊》《洪水》《新消息》《大众文艺》等杂志。著有《沉沦》《茑萝集》《文艺论集》《小说论》《达夫全集》《戏剧论》等。

谈些闲天的缘故。

上面所说的，是关于茶及茶楼的一般的话；上海的茶楼，情形却有点儿不同，这原也像人口过多、五方杂处的大都会中常有的现象，不过在上海，这一种畸形的发达更要使人觉得奇怪而已。

上海的水陆码头、交通要道，以及人口密聚的地方的茶楼，顾客大抵是帮里的人。上茶馆里去解决的事情，第一，是是非的公断，即所谓吃讲茶；第二，是拐带的商量，女人的跟人逃走，大半是借茶楼为出发地的；第三，总是一般好事的人去消磨时间。所以上海的茶楼，若没有这一批人的支持，营业是维持不下去的，而全上海的茶楼总数之中，以专营这一种营业的茶店居五分之四；其余的一分，像城隍庙里的几家，像小菜场附近的有些，总是名副其实，供人以饮料的茶店。

譬如有某先生的一批徒弟，在某处做了一宗生意，其后更有某先生的同辈的徒弟们出来干涉了，或想分一点肥，或是牺牲者请出来的调人，或者竟系在当场因两不接头而起冲突的诸事件发生之后，大家要开谈判了，就约定时间，约定伙伴，一家上茶馆里去。这时候，聚集的人，自然是愈多愈好，文讲讲不下来，改日也许再去武讲的；比他们长一辈的先生们，当然要等到最后不能解决的时候，才来上场。这些帮里的人，也有着便衣的巡捕，也有穿私服的暗探，上面没有公事下来，或牺牲者未进呈子之先，他们当然都是那一票生意经的股东。这是吃讲茶的一般情形，结果大抵由理屈者方面惠茶钞，也许更上饭馆子去吃一次饭都说不定。至于赎票、私奔、或拐带等事情的谈判，表面上的当事人人数自然还要减少，但周围上下，目光炯炯，侧耳探头，装作毫不相干的神气，或坐或立地埋伏在四面的人，为数却也绝不会少，不过紧急事情不发生，他们就可以不必出来罢了。从前的日升楼，现在的一乐天、全羽居、四海升平楼等大茶馆，家家虽则都有"禁吃讲茶"的牌子挂在那里，但实际上顾客要吃起讲茶来，你又哪里禁止得他们住。

除了这一批有正经任务的短帮茶客之外，日日于一定的时间来一定的地方作顾客的，才是真正的卢仝、陆羽们，他们大抵是既有闲又有钱的上海中产的住民。吃过午饭，或者早晨一早，他们的双脚，自然走熟的地方走。看报也在那里，吃点点心也在那里，与日日见面的几个熟人谈《推背图》的实现，说东洋人打仗，报告邻右一家小户人家的公鸡的生蛋也就在那里。

物以类聚，地藉人传，像在跑马厅的附近，城隍庙的境内的许多茶店，多半是或系弄古玩，或系养鸟儿，或者也有专喜欢听说书的专家茶客的集会之所。像湖心亭、春风得意楼等处，虽则并无专门的副作用留存着在，可是有时候，却也会集茶客的大成，或坐得济济一堂，把各色有专门嗜好的茶人尽吸在一处的。至如有女招待的吃茶处，以及游戏场的露天茶棚之类，内容不同，顾客的性质与种类自然又各别了。

上海的茶店业，既然发达到了如此的极盛，自然，随茶店而起的副业，也要必然地滋生出来。第一，卖烧饼、油包，以及小吃品的摊贩，当然是等于眉毛之于眼睛一样，一定是家家茶店门口或近处都有的；第二，是卖假古董小玩意的商人了，你只教在热闹市场里的茶楼坐他一两个钟头，像这一种小商人起码可以遇到十人以上；第三，是算命、测字、看相的人；第四，这总算是最新的一种营业者，而书目却也最多，就是航空奖券的推销者。至如卖小报、拾香烟蒂头，以及糖果香烟的叫卖人等，都是这一游戏场中所共有的附属物，还算不上上海茶楼的一种特点。

①

还有茶楼的夜市，也是上海地方最著名的一种色彩。小时候在乡下，每听见去过上海的人，谈到四马路青莲阁、四海升平楼的人肉市场，同在听天方夜谭一样，往往不能够相信。现在因国民经济破产，人口集中都市的结果，这一种肉阵的排列和拉撕的悲喜剧，都不必限于茶楼，也不必限于四马路一角才看得见了，所以不谈。

○ 原载于《良友》1935 年第 112 期

---

① 图注：南京路日升楼茶楼。刊载于《上海特写》1939 年第 1 期。

夏天逛公园
1936

—— 平斋

"先生，吃些什么？"

"DDT！"

在中山公园的一角，我听见一位青年进客这样告诉公园茶室里的茶房。游伴们都为这句新鲜的答案哈哈大笑，然后，叫他拿几瓶汽水来。

天气渐渐热了，公园里的游客突然增多。这是全上海最便宜的消遣地方，花一百块钱就可以拿到一小本门票，一共五张，全上海十三处公园任何一处都可通用。从六月一日起，公园关门时间已延长到晚上十点钟，所以，在花了二十块钱之后，只要你有兴致，你就可以从一清早一直逛到深夜。公园里有茶室，外滩公园有西菜和蛋炒饭可吃，顾家宅的复兴公园却有广式点心，花前小坐，放怀大嚼，未始不是人生一乐。

可是，"你打了防疫针没有？"

不知道为甚么，上海人特别喜欢吃刨冰，各公园的茶室里也就常常大量供应。是不是干净合不合卫生呢？我没有听见有谁检验过。那位想吃DDT的游客喝的汽水是"××"牌子，而"××"牌子的饮料，别人倒代我们的卫生局检验好了。检验的人是美军MP去找的，他们曾找出了二十二种饮料"内含不洁及有害成分，不宜作为人类饮料"。

工务局修理这十三家公园，成绩的确是有的，刚刚胜利的时候，复兴公园椅子上的木条都给人家拆下来当柴烧了，现在都已修好，涂上一层绿漆，和四围的浓荫衬得相当调和。

可是，如果你是一位女游客，我就又要问："你穿了高跟鞋没有？"

因为，随便哪一个公园里的柏油路上，都疏疏朗朗的布满了洼下去的小坑，有深有浅，有大有小，万一你看看四面的风景实在太美丽了，或者一个不小心鞋跟就嵌在这些星罗棋布的小小陷坑里，就会有发生悲剧的危险了。

公园，当然是孩子们的天堂。快乐的母亲推了精巧漂亮的童车在公园里慢慢走着，是多么美丽的一幅图画！

可是，如果你的孩子已经五六岁了，喜欢问长问短，寻根究底，那末，你带他进公园之前，还是多考虑一下好。因为，公园里面有些事情是经不起你的孩子寻根究底的。譬如说，虹口的中正公园里常常有人蹲在地上打牌九，有些赌客还不过是十来岁的大孩子，他们一面赌一面嚷，我还看见过一次打架。外滩公园里多的是奇奇怪怪的女人，她们打扮得奇奇怪怪，走路看人的样子，也着实很有些奇奇怪怪。到了夜里，她们有时就向别的游客拉拉扯扯起来子。如果你的孩子问起你来，你怎样回答他呢？

不过，中山公园（就是以前的兆丰公园）里的动物园却很可以去看一看。那些动物们是幸福的，动物园的面积并不算大，可是这几只兔子、猴子、鹅、三只熊、一只鹿却比普通的上海人福气多了，它们实在数目太少，所以虽然也许有些寂寞，却从来不闹屋荒。有人在走到动物园去的时候，会因为闻到了路上和公园水潭里一阵阵的气味而头晕目眩，甚至于想吐，但这实在是给我们大家一个最好的废物利用的机会，你想，仗打好了，留下了多少从此毫无用处的防毒面具？大家戴了防毒面具逛公园，不亦漪欤盛哉！

○ 原载于《申报》1946 年 6 月 5 日

高桥海滨浴场印象记

1936

—— EL

一位新近从北平来沪的朋友说，有一次他问刚从上海玩了回去的某女士道："您这一次从上海来，可能告诉我上海究竟有些什么呢？"

"唔，上海么？"那位女士显然现着失望的样子回答说着，"我倒看不出有什么新鲜的玩意儿，就只觉得那里尽是房子。房子外面是马路，马路上尽是人！"

的确，就是在上海住惯了的，也有这种感想，每天一睁开眼，身子在房子里，房子里早也就有和自己同一感想的许多人，从家里或办公室跑上马路，那街道上又是些人，而且比屋子里还要多，重复回到房子里，再碰到的又是些人。上海的地狭、屋小、人众，被这位北平女士形容刻画得尽够了。

在夏天，这上海的三部相——地狭、屋小、人众——除了极少数的享受阶级者外，格外的叫人觉得悚然。于是在室内温热高到九十六度的某午，偕着这里开头所引的那位北平来的朋友，冒暑到高桥海滨浴场去。

我们已经在渡轮上了，黄浦江里的水，混浊得像流动的水门汀。太阳正午直射，屏着气一丝不动而闷晒的太阳，蒸腾得这江水在一片片翻动着的浪花上，散出像热油锅里钻出来的一股气味。我们先在房舱里坐了一会，觉得背上的汗已由湿透而淋漓了，于是卸了长衣，手执轻扇。其实我那朋友手里拿着的一柄扇子，约摸有一尺二三寸长，是扇骨上刻有御制诗的宫扇。踱出房舱，在甲板上拣了两张帆布椅子，面朝着船头坐了。一位儿船上打着钟，船身慢慢地离开码头，岸上的嘈杂声音，渐惭地远了，终至于辨别不出黄包车上所坐着的是男还是女，这渡船已经驶向江心朝北进发了。

一阵阵地江风，虽然有些像从厨房间里或浴室中吹出来的，经不起接连的紧吹着，汗渍的人背和帆布的椅背，已经不发生瓜葛了。我那朋友手中的大扇子，也已经把扇页收折拢来，拿在手里，轻轻地敲击着自己的大腿股和手掌心，在这样大热的午天，竟有像"风清月白"之夜的闲适态度，恐怕在装有冷气的屋子里，也找不出这种人罢。

近看四周有十来只帆布椅，有几个外国人坐在那里，指着两岸，有一搭没一搭的在谈天，风从一位西洋太太的头上吹过，金丝发倒挂着在黑而圆的遮阳眼镜旁，她举手朝鬓边掠上一掠，昂着颈子，乘势的将头颈摇伸了一摇。我们再朝着那几只空着的帆布椅上打量了一下，将头靠向后面，尽量地闲闲地歇息了一会子。

江中停靠着许多外洋来的装货轮船，鹤喙式的起重机上吊着一捆捆的货物，有的在卸，有的在装。小工们在太阳底下赤露着酱色的上体，涂上一层油亮亮的汗汁，在那里忙着工作。我们的渡轮在船体旁掠过，只听得一阵阵地汽机关着起重机的辘辘声音，忽近忽远，忽续忽断，已经有好几条大货船在我们旁边经过了。

经过西渡、东沟、庆宁寺……渡轮在转弯、停靠、倒车、顺车中忙着。忽地我那朋友指着船尾后正在赶着前进的一艘白色巨轮，叫我看那船首龙骨旁的船名，霎时间两船已相并而行了，那船看上去有两万吨左右，通体白色，靠水面是绿色，白的浪花分向左右两舷劈开，那种四平八稳，昂然自若的雄姿，大有君临浦江、盼兴自豪的气概。我细看那船首上，知道这船名为 Filex Roussel，是一条法国邮船。那朋友本来是久居欧洲老于出门的，他道："你不要单羡慕它现在江面上的平稳安闲，一到印度洋里，遇到天气恶劣的节季，就要颠簸如箕了。而况一到地中海，那闷热的难受，远不及我们在这只渡轮上临风舒适呢！"

船到高桥，上了公共汽车，不到二十分钟便到了海滨浴场。我是旧地重游，对于那里的大概情形早已胸有成竹。我那朋友却是初次莅止，东张西望的

当中未免顾此失彼。据事后他告诉我，你初以为这个海滨浴场一定是落着上海人的俗语叫做"噱头势"而已，哪知道那里竟有一个沙难，虽比不上青岛、大连的气派，比了水门汀砌的游泳池真要高明多多了。而且还有一个大餐堂、小花园、草厅、蒙古包，可以游泳、垂钓、燕息……他最后的一结，便是"玩头倒不小哩！"他无疑的在满意当中，就把他的个性流露出来了。

　　我们先在滩边的草厅中略坐了一会，呷了些冰水，海的氛围笼罩了我们全身，又有一阵阵地海风接连着向身上袭击，禁不得这样的内应外合，一腔烦热，早已化归乌有。我那朋友，更去租了一套游泳衣，着实地道的泅了个海水浴。我一个人沿着滩边跑了一会，看看北面一带尽是蓝白色线条组成的蓬幕，再高些的岸地上，一排又是几十间小屋子，绿纱的窗门，面前种了些杂树，前面临海，后面尽是田野蔬园。我私地里自忖，在这样赤日当空的炎暑底下，见了这种景色，已经大有凉意，要是真能在这里住上一两宵，在黑沉沉的夜里卧听那海里的潮音，加上大量的凉风，远远地再送来几声夜航的汽笛，怕不要盖上薄棉被么？想到这里，不禁心理上起了个寒噤。便又折回来，走过淋浴的喷水泉旁，看见有四个身材相仿的青年姑娘，正在一字儿排着等待摄入镜箱，那呼笑的声音，打破了我的"凉意"。我想还是去看看我的朋友罢，于是向滩边走去。那里的风真大的可爱，从我的袖口裤管里吹进去，顿时我膨涨而变为肥

---

① 图注：上海高桥海滨浴场正门。刊载于《旅行杂志》1936 年第 10 卷第 8 期。

硕了。这时正走过出租游泳玩具的小亭子，那里挂着几个空心的橡皮人，那种"虚有其表"的样子，和我被风吹大着的衣服壳子有些相仿，我正暗地里要"噗赤"笑出来的当儿，我那朋友把头浮在水面上，提高着嗓子喊道："喂，老兄，在那里出神着做什么？还是下水来浸浸罢！"

"很够了，"我也高着喉咙回答着，"这里还不错罢。"

我那朋友的嘴里，刚吐出"有意思"三个字来，一个浪花卷来，他又鼓动着手脚动起来了。

直到六点钟我们才离开海滨，临别的时候，我对那朋友道："下次贵友某女士再到上海来的话，何不请她到高桥去走一遭呢?

○ 原载于《申报》1936 年 7 月 13 日

说汽车

——中五

　　生平第一次看见汽车的地方是汉口。时间是一九二二年的夏天，太阳把树影投射在马路上，热风里蝉声叫得怪起劲。我从夔门里初出外来，一肚子的高兴，发见了许多梦想着的新奇。从轮船里下来，随着旅馆接客的人走，脚夫挑着行李在后。我同几个十几岁的朋友在马路中间缓步的行，忽然间听得背后"乌乌"的叫，接着是"哗哗"的响声自远而近，回头看是一团黑簇簇的怪物正往我们冲来。我们连忙往路边退让，眼睛注视着它冲过去，警奇与恐惧的心情在各人的脸上。

　　"请走路旁边吧，先生，谨防汽车冲倒你。"从旅馆接客人的口里，我第一次学会了认识这黑簇簇的怪物：汽车。如其当时有人要我把汽车作一个比喻，那末我一定把它比做箭。在偏僻的边省度着和平与静止的生活，没有见过多少近代文明的产物，只有"箭"在我的理想里算是惟一迅速的东西，因此，我想把汽车比做箭。我欢喜汽车，因为它所代表的是力的冲动，是坚决，是肯定。惟一讨厌汽车的地方，是它排泄出来的煤气。

　　后来到了北京，夏日黄昏时，常同几个朋友在道旁树荫里散步，一天的热闷得了消解。最使我们感到不安的是当汽车驰过时，每每引起一大阵尘沙，再经一阵风的吹播，视线与呼吸器官都得遭受暂时的阻碍。听人说，那坐着汽车在街上横冲直撞的大部分是官，这使我无形中明白了官的威严。

到了上海后，发现汽车比北京多，但坐在车里的却另是一种人，头发不是黑的而是黄的，衣着不是长袍而是西装。可是横冲直撞的神情则是一样，除了车轮引起的尘沙比较北京少。每天翻开报纸，不时看见汽车冲死人的消息，五十元一条性命据说是官价，这使我初次明白中国人的性命不值价。某次一个朋友在街上走路不慎，被汽车冲倒在地，巡捕走过来将他扶起，喜得伤仅及皮肤，但当时目睹的路人已笑他是"阿木林"。多么美丽的称呼，当你从生与死交界的线条上逃了出来。

①

一九二五年秋天的一个早晨，霞飞路上的一个私立大学前发生了一件汽车撞倒脚踏车的惨祸，倒霉的是我的一个同班的朋友，他在课堂内的座位在我的旁边。事情是这样的：他从家里骑着脚踏车往学校里来，正在转弯往校门口走，忽然间被一部急驶来的汽车冲倒，车轮辗着他的一部分身体，衣袋内的烟盒已被辗坏。一时急慌了许多同学，大家诅咒着开车人的蛮横与疏忽。这位朋友被送进广慈医院里去呻吟了两周，居然平安返校，朋友们喜着有了这么一个奇迹。往生与死交界的线条上，他去；从生与死交界的线条上，他回来。

后来大学迁到了近郊，夜间进出不方便。为了怕"剥仔奴"，从影戏院内看了夜场出来或是为了其他的事须得晚归时，总是一部汽车回校，生活虽已无形

---

① 图注：郭安慈女士被选为上海小姐及得奖之汽车。刊载于《今代妇女》1930 年第 13 期。

提高，但方便却真方便。再后大学里预备了大汽车接送学生，那更方便，只须有了四角小洋便可以来往一趟。上海的大学，本是公子哥儿游散的地方，坐汽车自然是教育最重要的一部。我幸而没有错过。

　　一九二九年我到英国留学，在伦敦大学里挂了一个名，住居则在近郊。早晚来回学校，代步的是公共汽车，一种漆着红色的高大的车，分上下两层，上层允许抽烟。在公共汽车里得静坐半点钟的时光，才到纳尔逊纪念碑前，然后再步行到政治经济学院去。最初觉得看看车里各种人的典型，望望经过的街市、广场，以及其他景物，颇有一番乐趣。后来渐渐的厌倦了那几副常见的面孔，几条烟雾迷离的街，平凡的桥梁与泰晤士河，发现在车上看书是消磨半点钟沉闷的最好方法。

　　从学校里归来时每是夜间，一天的疲劳后已无力再翻阅沉重的册页，替代物常是一份晚报。可是每晨半点钟的阅读，使我认识了不少的人，在车声中我领略了他们的言行，比着在图书馆工作时另是一番滋味。到图书馆终嫌太严重，好像提着旱烟管上衙门，在车上看书则颇悠闲，好像在灯光下，口里衔着一枝烟卷，为《论语》写文章。

　　我最不喜欢伦敦的汽车 Taxi，不惟车的形式太陈旧，走起来迟缓的状态有若一个乌龟，四只脚在地上慢慢的爬。除了搬家与往火车站等必要时刻外，我决不坐汽车，要是能够避免。在伦敦坐汽车是一种惩罚，不是乐趣，与巴黎恰恰两样。巴黎的汽车不仅外观好，走得快，而且汽车夫最识相，他能揣摩到顾客的心里所含蓄着的秘密。要是你同一个女朋友同游，汽车夫决不同你为难，他能给予你百分之百的自由。当车驰过树林中，他把车缓缓的开，轻轻的让你有着优越的机会，来享受人世间难得的幸福。有许多人在汽车里实现了他的理想，天堂的门忽然为着他们开启，温暖的露水浸开了馥郁的蓓蕾。谁说汽车不是一件神圣的东西？你得尊敬它，你得感谢它。

　　在英国一个著名的大学里读了几年书，汽车同我发生了不可分离的关系。我虽则没有自备汽车，却几乎每天有汽车坐，同学们中有汽车的实在太多了。其实在英国买一部旧车也够便宜，花上几十镑钱，你可以有一部车到乡下各处去游览风光，走到火车到不了的地方去。某次一个导师的夫人劝我买一部旧车，代价便宜得只要五镑，我一时心里颇想买，后来一想有了车便得服侍它，服侍车也像服侍女人一样的麻烦，常常会出毛病，终于决定了不买。

星期日多是消磨在驰逐里，几十里的道路后，一家野店，一次下午茶，冬天对着一炉火，夏天临窗一阵风，真有说不出的畅快。有时下午课余时也是这样。

最近一个春假内，我同两个朋友驾车到英国南部去旅行，一周的时光，经历了多少美丽的村落，从海边爬上山顶，又从山顶走到海边。最使我不能忘怀的是有一次一个同学为了要表现他的驾驶优越，特意将车走入泥泞的小道，偶尔不慎，车轮陷进了路旁烂泥里。一时大家惊惶的下车，互相讨论着怎样把车弄出，用力从后推，不成；其他的方法，也不成。幸得在无法中见了一部送货的小车驶来，车中人不待我们邀请，便下车来帮助我们，各种方法都试了，还是不成。他嘱咐我们稍待，一面将车开去取了一串铁链来系在我们的车上，由他的车拖曳，才算回复了原状。过路人的热忱使得我们感激，酬谢了他五个先令，他谦让后始收下。车再开动了，同车的人才开始责备开车的那位同学不应将车开入这样的坏路，以致陷入烂泥里，开车的认错了事。当时我最感动的是车出了事，大家不怪开车的不好，却都尽力想法看怎样能把车从泥里取出来。要是在中国，大家一定先同开车的闹，闹到把开车的骂死了时，车还是不能出来。依我想，东西文化的分别就在这一点。

在英国，长途汽车同火车是处于敌对的地位，彼此互相抢生意做。汽车的票价比较火车票来得便宜，虽则时间较长，只要没有急事总不妨。我从乡下到伦敦去时，常由长途汽车来往，夏天临窗望着起伏的山冈，草原与牛羊，村落与教堂的塔尖，觉得非常快活。冬天则坐长途汽车比坐火车冷，寒气有时往骨里攒，而且遇着雾大时便在白天也得在中途停下，受下一阵闷与寒。雾气里，两只黄眼睛看不见走路，"乌乌"的笛声尽管响，四个车轮还是不敢动的快，一部车像一条受了伤的老鼠在地上爬。近年来火车减价，坐长途汽车便宜不了许多，因此我多了许多坐火车的次数，少受了多少风寒。

几年前回到四川去，在重庆城里看见了马路与汽车，惊喜着这是民国成立后仅有的建设。一个朋友要请我坐汽车往城外一个花园里去吃饭，他挥手招来了一部车，我看车前的牌子知道不是营业车，便问这车是否他的所有物，他说

①

不是。汽车夫聪明，对我说这是某军官的自用车，某军官往前方去打仗，车留给姨太太用，姨太太要想赚几个零用钱过日子，便叫汽车夫把车开出来做生意，得来的钱汽车夫也可分润。我听了真佩服那位姨太太的经济手腕，但听人说像她这样有才的重庆城不只一个，顿时感觉到自己的见识渺小，深自悔恨自己的愚昧。

从重庆上成都，论路程不过四百英里，若在外国，不要一天工夫即可到达，但此路却非两天不可。破晓时我便去搭车，可是等到了八点钟车才开，走了不远便停了，汽车夫打开车箱检查机器，说是某处烂了一个小洞，必须补好才成，可是一时找不着修理的地方。正无办法间，一个乘客从口里吐出了一块橡皮糖，说是这可以用来补洞，果然马到成功。"汽车吃橡皮糖"成了全车人赞美的焦点。在两路口附近，汽车夫开车去加油，油加满了，他还提几桶油上车来，客人中有的责备他说汽车已经载得过重，不应再做生意。汽车夫愤慨的说："要不做点私生意，这个鬼事情有什么干处！"原来成都的汽油比重庆贵得多，从重庆带几桶油上去是一个好生意，做汽车夫比做灾官好！往后经过一段泥路，车轮发生了毛病，汽车夫下车来到茅店里去买了几双草鞋，把草鞋捆在平轮上，车又继续开行。"汽车穿草鞋"又成了全车人赞美的焦点。

从重庆开去，不远便是一座高山，崎岖的不平的路，时常把汽车送往岩下去，极乐的归宿。在路上我们还看见过翻车的事，看见了还不够数，终得自己来一次经验，喜得是倒在土里，叫几个农夫来把车扶起便算完事。车篷是木板做的，车子一上一下，各个人的头上都得加上几个包，没有便是奇迹。车开过乡间时，牛羊闻声飞奔，狂吠着像大祸的来临，鸡犬也是一样。不知从什么地方来了这般样的怪物，惊扰了自然给予它们的宁静。过村镇城市时，顽皮的孩

① 图注：影星胡蝶与她的汽车，陈嘉震摄影。刊载于《艺声》1935 年第 4 期。

子们用小石往车掷来，表现了他们对于时代的反抗精神。坐了一天的汽车后，我真像经历了几百年的历史，各种社会的心理交错着成了一幅印象派的画。

从四川再出来，重复了一次经验还不够，因为经验是需要充实的。汽车在马路上走，正值大军在东路开差，一路上旌旗蔽天，说不出的杀气腾腾。遇着这样时节，除了停车在路旁恭候武装同志们走过之外，只有一声不响，恐怕冒犯了虎威。某次遇着一个年轻的暴汉，开口便是一大包口水往我们吐来，嘴里还嚷着："老子们开差都走路，你们这些龟儿子还要坐汽车，真是不成话！"无论谁到了这种境地，都要钦佩军人的威武与高贵，谁不应让他吐点口水来增加一点自己的光荣？人说扣车是极平凡的事，我们总算受了意外的恩赐，平安到达了重庆，脸上的口水早已被风与日吹晒干净。

几年前，在南京一个学校里吃白墨饭时，同事中有的是由学校用汽车接送，这显然是对教授们有不平等待遇，可是这般坐车来上课的人还常说教书本是勉强事，只因为某主任一心要请，说明以汽车接送才来。有一次，一个教英文的外国教授，从课堂讲毕出来，眼见汽车不在，大发雷霆似的对着一个过路的人发问："汽车怎么还没来？"这人虽位置并不亚于该外国教授，却被认做了茶房，原因是他穿上了一件蓝布袍子。不久后某主任兼任某大学校长，汽车又多了一部，一身何能尽坐，如不想别的方法。

教会学校的大学校长月薪只有三百元，不说比不上国立大学校长的薪水，便连国立大学校长的一部汽车也比不上，其理由安在？假定一部汽车在南京的寿命为三年，车价为四千元，那末每月的 Depreciation fee 为一百一十元，汽车夫月薪为六十元，油费为一百五十元（别奇怪，因为汽车能吃油亦能吐油），再加上修理以及其他意想不到的花费，总计一部汽车的用费在三百元以上，所以说一个教会大学的校长抵不上国立大学校长的一部汽车。国立大学校长的伟大，教会大学校长的渺小，其差别好像一个大象与一个蚂蚁。

某部最初汽车是公用的，后来进化到部长有部长车，次长有次长车，总务司长有总务司长车，甚至庶务科长有庶务科长车。某次部内人员因公出外，总务司说是部内无车，要打电话打汽车行里去雇，而同时庶务科长的车却停着没有人用。还有一次该部某参事到部，因为没有雇着黄包车，便拉长了两只腿在街上走，天是阴阴的下着微微的雨，地是一片泥。忽然间一部汽车冲来，某参事慌忙的让开，衣服上却已溅上了多少点泥浆。睁眼看车里坐着的是一个提着菜篮上市去买菜的江北老妈，号码则与总务司长的车相同。某参事入部后，笑着对同事说："焉有参事而不及总务司长之老妈者乎！"另一部虽各司长皆有车，但内中有一部是新而漂亮的车，为防各司长争夺计，漂亮的车由各司长按月轮流使用，这好比几个人合讨一个老婆，又好像一个人同时有了几个老婆。友人某君曾任某一部总务司长，他本可有汽车坐，却不坐，说是良心上说不过去，无怪他的官老做不大，后来竟称病还乡，告别了新都。

听说去年某市长为了要整顿恶习，叫警察干涉以挂有机关牌子的车送学童上学，可是结果是在距学校大门较远的地方下车，学童再多走几步到学校。教小孩子们作假与舞弊，是我们这一个时代最良好的公民教育。

在行政机关的人有公家的汽车坐，是中国的伟大处，世界上没有其他的国家能有这样气魄。记得一九二三年底，英国工党在总选举中胜利，麦唐纳 Ramsay Macdonald 出任首相，由穷酸一跃而为显贵并没使他发昏，他却能保持着平常的风度。每夜十一点从国会辩论完毕出来，他没有汽车可坐，依旧像未上台前一样的走进地道车站里，忍着疲劳回到汉蒲特斯的家里去。倒是他的一个老朋友格兰蒂 Alexander Grant 看不过意，买了一部汽车送给他，又恐怕他没钱请汽车夫和买汽油，还送了一点股票给他作维持费。以后麦唐纳可以免去坐地道车的麻烦，靠了这宗赠予。格兰蒂是一个实业家，与麦唐纳在苏格兰北部是邻居，他两人有着好几十年的关系。这桩事至今还流传在英国人的口里，作为政治清明的一个证据。

从我初见到汽车时到现在，虽则仅有十四年的光阴，却已有了这样多的经验与见闻，我怎能不将它们一一写下？

○ 原载于《论语》1936 年第 79 期

海水浴

——索非①

这篇东西还是民国二十五年的夏季写成的，当时因为自己觉得不惬意，就塞进稿夹里搁起来了。自从上海成了孤岛，我们很久很久没有看见海了，于是不免怀念起来，海是一个多么值得萦念的东西呵！

偶检稿夹，这篇不惬意的东西却抢先地跳进眼帘来，立刻被勾起了三年前的情景，虽然那是一回布尔乔亚式的无聊的事情，但多么值得人憧憬呵，尤其是困居在这孤岛里的我们。

什么时候我们能够重见海，在一望无际的海边重新呼吸自由的空气呢？也许每一个人都这样怀念着吧！我愿我这篇不惬意的东西会做成一个先兆！

民国二十八年一个阴暗的春天记

一

几个月前，妻就常常谈论着要到海滨浴场去见识见识那边的景色，说如果有一个好天气的休假日，就不许放过那种机会。

休假日是不大容易逢到的，还是抓取一个星期日吧——是我的意见。

兴趣终于到达了高潮，选取了一个仲夏的星期日。根据平常过日子的经

---

① 编者注：索非，本名周祺安，安徽绩溪人。曾任《微明》主编、北京《国风日报》副刊编辑，而后在上海开明书店工作。抗日战争胜利后，索非赴台北工作，开办友信书房。

验，看了过去几日的好天气，未来的星期日的天气也一定是很好的。

事前约了华和均，他们是一对热情的夫妇，我们每逢出去游玩的时候，常常约着在一起的。并且还约了妻的哥哥松。据说松从前在家乡的时候是游泳的名手，但到如今已经差不多二十年不下水了。我还约了每天在浴场有着公事的超，要他先在浴场预定了凉房，并且预备下足够饮用的凉开水。

星期日，是一个好天气的星期日。一早，松如约来了，均和华也来了，随后超也来了。我们这一群六个人分提着预备下的面包、果酱、水果、糖果之类，游泳必备的游泳衣自然是最主要的携带品，我还异想天开地带了一支鱼竿。我们分乘了五辆——妻和华合坐一辆——黄包车，向北京路外滩市轮渡码头出发。本来预备乘坐七点钟开的一班船去的，时间已经赶不及，只得等八点钟开的一班船去了。

到海滨浴场去的人真多，简直是国际性的，无论哪里的人都有，白得仿佛全身敷上了粉的英美国人，红棕色的印度人，老是仿佛多喝了酒的醉汉似的俄国人，和我们同一种色的日本人……男男女女，老老幼幼，挤满了候船室。候船室四面搁着铁栅，人被关在铁栅里，这感觉仿佛被囚在牢狱里一样。

人这样多，我们担心着船上的座位不敷分配。要航行一个多钟头呢，如果没有座位是不很妥当哩。于是计划着怎样抢着去攫取座位，我和超担任了先锋，松和均填充了后备，我们用方法挤到铁栅门边，准备来一场生存竞争似的搏斗。

船到了。船把满肚的人通统吐上了岸以后，牢狱似的铁栅门开了，立刻像汹涌的怒涛一样，全部的人都压到船上，一刹那间，船上的座位已经到处填满，再也找不到一个可以憩一憩屁股的地方。我奇怪我这一回怎么这样地懦弱，连一个小小的座位都挣不到，时代的狂澜也许就会这样地压倒了我而终于被遗弃了吧。

人的骚动稍稍安定以后，妻和华首先发见我被挤在一个角落里。

"座位呢？"华嘲笑地问我。

一阵热气从我的脚底用了高速度飞升到我的头顶，我的脸、我的耳、我的颈都感到被埋在热气里，我的脸一定很红，我深深地感到惭愧，非但不曾挣得足敷分配的座位，并且连自己的座位也不曾挣得。我只好用一句可怜而又硬气的话说："我不要坐！"

"你不要坐，人家却要坐呢。"妻说这话的时候，虽然是带了笑容说出来的，但我已经体会出她在生气了。

妻自从遭到了那种讨厌的一时难能治愈的疾病以后，神经受了很大的损伤，变成容易动火，一件小小的事情，常常会使她生很大的气，因此精神愈过愈坏，身体愈过愈瘦，仿佛终年在病中一样。今天因为我不曾完成我们的预期，以致使华也像我一样地挤立在人丛中——这一点，也许就是使她生气的主因。因为妻的待人接物是非常恳挚而热情的，今天是我们主动着邀他们同赴浴场，自然我们是主人了。主人不事先给客人预备好座位，而使我们的客人也像一般的游人一样拥挤地立着，这主人就会因为非常的失礼而感到内疚哩。妻的生气虽然一半是因了她自身的疾病，一半也一定是因为这个缘故。

我无可声辩，只窘急地痴呆地立着。

船开了。在满船乱哄哄的人稍稍安定了以后，我放眼四瞩，发见松在一只挤满了人的长凳的角上似坐非坐地蹲着，均依在华的背后静静地立着，超呢，超却在船尾的边沿上，那里有一排凳子，超在许多外国人中间安然地坐着，并且还占住了两个位置，一个用了他的一件上衣，一个却只用了一束报纸。

经了超的招呼，我们才一齐挤到船尾，妻和华总算有了座位。

船尾的风真大，吹乱了妻和华的头发，也就吹回了我们的快乐。妻已经回复了平时的欢乐的状态，一手指着船尾给水轮鼓起来的水花，一手向我招着说："来！来！我请你吃冰其林。"

我看见了妻的可爱的姿态，听见了妻的可爱的笑声，并且还看见了冰其林一样的可爱的水花，不觉心花怒放，"哈哈"地笑了起来。

"毕竟超是旅行的惯客，今天要不是超，我们的腿将会立断了哩！"华若无其事地理了理吹乱了的头发，仰起头来，睨着我带笑地说。

这分明是在骂我，我的脸不觉又绯红起来。

二

轩敞的草厅，像真的蒙古包，排列得整整齐齐的一个一个的用蓝白相间的柳条色的帆布支搭起来的帐篷，一所一所十分廉洁的凉房，以及一望无际的草地，一望无际的沙滩，一望无际的海水……期望了好久的海滨浴场的景色尽在我们的眼底了。

一群群的摩登男女走进了更衣室，等到被更衣室吐出来的时候，变得更摩登了。

我们这一群：妻和华穿着一身酱色的游泳衣，却戴上绿色的帽，帽上凸着发型的花纹，看去仿佛满头绿发，脚下兜了一双草鞋。差不多长短，差不多肥瘦，差不多的装饰，显露在仲夏的阳光之中，白白的手臂，白白的腿，突着的乳峰，突着的屁股……女人们的特有的美，这时候完全无遮地暴露了出来。尤其是妻，一向是弱不胜衣的，这时候仿佛成了游泳的健将，英勇地，另是一个人的样儿。

均、松和我，三人三个样，均是棕色，我是灰色，松却是黑白相间，在我们这一群中间算是最摩登的了。

超有公事，不能下水，却送我们到了海滨。

在水边，我为妻和华赁用了两救命圈，一只是妖艳的粉红色的，一只是优雅的天蓝色的，为的是使她们更加显得美丽。

游泳池的水色和水性，我和妻曾经体验过几次，这海滨浴场在我们却还是初出茅庐第一次。当我在被太阳炙得像热锅似的石板地上以及碎石子多于沙粒

---

① 图注：高桥海滨浴场的人们带了唱机在篷帐中听爵士乐。刊载于《时代》1933 年第 4 卷第 9 期。

的沙滩上走着的时候，看见这一片烂污泥浆似的海水，心里有点后悔，这当前的景色有点使我失望了。但等到下水以后，啊，海水毕竟是值得赞美的。

"唼！"一个尖锐的叫声飞过水面，这叫声带了水气，特别婉转好听。

华从来不曾下过水，今日还是第一次的冒险的尝试，她一把拖住她的唯一的人，像瞎子走夜路一样地，蹑手蹑脚，怀着一颗战栗的心，跟住了均慢慢地前进。一个浪花打到她的腰里，她受惊地叫了起来。刚才的美丽的叫声，就是华所发出来的。

看不见尽头的海岸，不知道有多少长的沙滩，一望无际的海水……

一个从海面打到海岸的黄色的浪头，冲过了浮标，冲过了载浮载沉着的一群游泳的男女，终于爬上了沙滩。"嘻！"沙滩仿佛发出了一个鄙视的声音，浪花惭愧地留下了一点泡沫，无颜地退回去了。

海面浮动着无数的浪花，浮动着无数的人，浮动着无数的笑声，浮动着无数欢乐的心，浮动着海风吹不去的俪影，浮动着炎阳炙不怕的爱情……

华始终不曾离开过均一步，总是这么紧跟着，紧跟着。妻却在某一个时间里离开我而蹚水去了。我一时贪图潜水的快乐，不时的沉到水底去，等到我找寻的时候，妻已经不知道蹚到哪里去了。

莫名的恐怖涌上了我的心头，我极目四瞩，到处找寻。除了和均在一起的华的绿头以外，再也找不见第二个绿头。我问过了华和均，华和均说不知道，问过了松，松也说不知道。

我几乎哭了起来，用了噙着眼泪的近视的眼睛，像失了母亲的孩子找寻他的乳头一样，如在平地奔跑一般地涉着海水到处找寻，浪花溅满了头面，惶惑地，可怜地。华、均、松他们也敛起了欢乐的心，到处找寻一个失去的人。

在浴场的范围以外，在"过此便有危险"的界标以外，我隐隐发见一个浮着的人，躺在粉红色的救命圈里，头上似乎还戴着一顶绿色的帽。

"一定是她！"当我回头看见华的救命圈正是天蓝色的时候，我这样断定。像惯于涉海的水手一样，不，简直像水上飞机一样，我不顾一切飞将过去，浪花在四面溅动，我只能够看见一点溅起来的泡沫。

在危险地带浮动着的正是我唯一的她。于是我做了一个老鹰抓鸡般的姿势，猛地一抓把妻抓了过来，拖进了安全地带。

"唷"，妻受惊地怪叫起来。

我的心因惊悸仓皇而跃动得非常厉害，一时平息不下来。任凭妻怎样怪我不该去故意惊吓她，任凭妻怎样骂我缺德，我只能够呆瞪瞪盯着爱妻，紧紧抱住她只管喘气。

"危险呀！"我稍稍喘定了以后，指着柱在身边的界标说。

"呀！"妻发见了界标，方才醒悟过来我的动作是在救护她出离险境。她立刻显出爱抚的眼光，双手捧住了我的头，甜蜜地亲了一个热吻。

于是海面上重又飞满了笑声。

三

"当当！当当！当当！……"浴场的警钟急促地鸣着，提示给人知道已经是涨潮时候了，不会游泳的人应该退回到更安全的地方，否则海是无情的猛兽，它会把你吞吃下去的。

于是我们一齐退回到浅水的滩边，静候着领受潮浪的洗礼。

远处的海面出现着一条白练，这白练向海岸势汹汹地奔来，渐渐听见它的怒吼的声音，渐渐看见它的白沫在浪头上滚动，它像千里龙驹的驰骋一样，汹汹地奔上了沙滩。沙滩依旧"嗤"地发出鄙视的声音，浪花虽然依旧羞惭似地退了回去，但不久又滚了上来，并且一个接着一个，像前线上的杀敌的战士那样涌上沙滩。海风很大，它像疆场的战鼓一样助长了浪头的威势。广大的沙滩终于软弱地屈伏在浪花之下而给无情的海渐渐地吞噬下去了。

我们躺在浅水的滩上，让潮浪冲击着我们。每一个潮浪盖着我们的时候，我们挟着一颗欢乐而又恐怖的心，尖声怪叫起来。

大部分的游泳者都已退到近滩的安全地带，只有几个大胆的俄国人和日本人还在外边迎着狂浪。

我们，一些胆小而不会游泳的我们，虽然爱着广大的海，虽然爱着凉爽的海风，虽然爱着如万马奔腾的狂浪，虽然爱着高站在浪头的浪花……但受不住像山一样压下来的气势，我们也像沙滩的示弱那样一步步尽往里退。最后，依了华的提议，索性离开了水，退到不会给浪花溅到的沙滩上坐定了，像隔江观火那样，安闲地观赏着海潮的景色。

凉爽的海风迎面拂着。离开了蕴着暖意的海水的我们，这时候感觉到一点凉意，像初秋的晚上一样的凉意。

"什么时候了？"妻提起了众人的注意，"肚子有点饿哩。"

没有人确实知道现在是什么时候，太阳虽然已经斜在我们的头上，但在这里我们已经迷失了准确的方向，谁知道现在是什么时候呢。不过肚子有点饿的一个事实，却是大家都感觉到的。

我们暂时离开了海滨，去找寻那预定了的凉房。赤着脚在沙地上走，光着臂腿在烈日下晒，这在不习惯的我们，是感到有点不舒服的。尤其是妻和华，下水时候穿着的拖鞋，出水的时候已经找不见，不知道给哪一位摩登男女穿去了，因此妻和华也只能把白嫩的脚往热沙里闯。

①

"喂！快来喝汽水！"超正捧着一只满盛汽水瓶子的洗脸盆，显得十分费力似地在向凉房去的路上走着，看见了我们的时候这样地喊。

我们一窝蜂拥上前去，连抬带拆地一齐拥进了凉房。

"预备好的凉开水呢？"我问超。

"气死人！"超先来这么一个怨声说，"我昨天关照得清清楚楚的。我的仆

① 图注：高桥海滨浴场休息处。刊载于《图画时报》1932 年第 853 期。

欧不中用，他什么也不曾预备。今天委屈了诸位，将就些喝点冰汽水吧"。

我们毫不客气，拿出了带来的面包、果酱、水果、糖果之类，喝着冰凉的汽水大嚼起来。

"就是这凉房也还是刚才赁定的。"超仿佛还有一点余气，似怨似怒地自语着。

"哈哈！"我们吃喝得十分快乐，不约而同地笑着。

"怎么啦？"超的疑问。

"哈哈！"我们又笑了起来。

超有点都市病，神经过敏，多疑心，我们特意用笑声来寻他的开心。

一并排二十多间的凉房，每一间都是独立的，而构造的型式却完全一样。大部分的凉房都被外国人包月的租去了，只剩下几间临时应客。这里的空气也还清新，天气也还凉爽，风景也还可以，设备也还周齐，没有机会到北戴河、牯岭、青岛，甚至莫干山去避暑的人们，这海滨浴场却也是价廉物美的避暑胜地哩。

饭后看了表，已经三点多钟，而想下水的兴趣还是很浓，又下到浅水的滩边浸了些时。

风很大，浪因了风显得很高，潮还没有涨定，不绝地爬上沙滩。柱在这浴场里的指示水的深度的木偶，有几个已经灭顶了，有几个可怜地只露着一个头，几个大胆的游泳者爬在这可怜的头上表演着跳水的精彩的节目。

因了渐涨渐高的潮水，因了高得像一匹小山的浪头，因了夹着水气的海风，因了逐渐西斜的烈日，我们这一群胆小的游泳者终于结束了这难期的胜会，一齐走上了岸，在一个装置得十分雅丽的淋浴池那里淋浴了一会，再回到凉房里去稍事休息，准备回去。

我们重又走进了更衣室，等到再被更衣室把我们吐出来的时候，已经回复了原来的形态，不过每一个人的脸上、臂上、背上、脚上，都凭空添上了一层"健康色"。

碰得巧，不曾遭着什么磨难，安然地回家了。

看了看跟着回去的鱼竿，颇有一点对不住它的意思。

○ 原载于《宇宙风·乙刊》1939 年第 4 期

上海的西菜馆

1942

——洁

不论大宴小酌，逢到请客，首须考虑的便是将用何种方式出之。一般的说来，往往以中菜或西菜作为一个先决问题，然后再计议地点、菜馆、酒肴及其他。这种情形在喜庆堂会或业务上宴会、或亲友闲谈叙旧，几乎成为颇费考虑斟酌的一个问题。这在从前物价低廉的时候，还不用斤斤较量，奈在近三两年来倒不得不缜密的计算一下，不然的话，单是加一小账，再加小小账，连带堂彩难民捐、干果台茶等"苛税杂捐"，到付账的时候，已够使你心惊肉跳，尴尬坏了。

爱吃西菜的认为有五种优点：一、有一客算一客；二、价目固定；三、不必主人横敬竖敬地噜嗦个不了；四、不宜酗酒猜拳；五、整洁高贵。于是西菜在近十年来真是风靡一时，时髦人当然不必说，学时髦的也管不了大菜刀会割破舌头，至少是不用筷，以面包当饭，还已够新鲜的了。

大菜司务以甬广两帮居多

西菜是跟着洋大人的关系而来的，而洋人足迹所至，最先必是海口，同时广东、宁波两地的人刻苦耐劳，富于开发精神，所以追随洋大人在船上工作的很多，这才学得一套煮大菜的本领，当非偶然的。

广东帮大菜馆从前和宵夜馆是一而二，二而一的，像石路广雅楼和五马路的竹生居等，在二十年前三角小洋一客大菜，有面包、白塔油、果酱、一汤、一鱼、一饭，还加咖啡一杯和香蕉一只。这种店铺现在几乎绝迹，所存者只会满记和东新楼附近的几家，但价目至少每客三元半，而且还没有白塔油，香蕉也不翼而飞了。这种菜馆演化得最进步的要算冠生园，现在南京路总店楼座，中午尽多大学生光顾，哪里还有四元半一客的西菜呢。另一种广东帮的西菜比较更高贵（那是指当年的市况而言），就是四马路一带的一枝春、一家春等，且注明"番菜馆"字样，在十多年前四马路的红倌人要尝尝夷人风味，尝尝光顾那些番菜馆，但，听说目前的营业已很清淡了。

甬帮西菜馆多设在东区

靠近外滩的几条马路全是洋行区，昔日的繁荣，单看汽车挤塞在那些大厦的门口，已可见所谓大班大写康白度之流的威风了。于是一班宁波帮大菜司务都拣择这一带相当的地段开设了好几家西菜馆，一天的营业只靠一顿中饭，另外早茶和晚点作为带头戏。一到夜晚，那里的顾客便寥若星辰，正所谓"早夜市面不同，整天只靠一中"。那种馆子的菜是大锅菜，因为中午前后全是洋行职员，在差不多的时间落写字间，于是一窝蜂的挤到这些菜馆里，不择座位，不择味道，嚼了一顿便算数。所以同时招待一大帮顾客，只得用一大锅菜去应付。那里价钱稍廉，上菜迅速，巴望顾客吃完起身就跑，那才可使前客让后客。而且许多老主顾，有专门伺候的仆欧招待。可惜，太平洋战事的结果，把四川路、江西路一带弄得生气全无，洋行大班销声匿迹，这才害得仆欧们长吁短叹呢！

① 图注：五十年前之吃大菜对比。刊载于《良友》1936 年第 113 期。

要问宁波帮西菜的味道，吃过青年会西菜（八仙桥和四川路的会食堂不同，前者是甬帮，后者是广帮）都能体味到。至于最高等的宁波帮作风，恐怕要算金谷饭店吧！那里午餐十二元半，晚餐十五元，较开幕时已涨起三倍了，但门庭若市，这大概是地段坐落得优良的关系。

外国老班的西菜馆

西菜馆老班很多是外国人，但正要上灶下灶，配菜下锅的全是来路货司务，近年来已不复见。十年前老吃西菜的，把指头一翘，说南京路 Marseille 的法国大菜，风味之佳，真是无出其右。是的，最使小孩子欢喜的莫过临走时的一包糖果了吧，其他何尝有异。听说这菜馆关门之后，大菜司务头脑马瑞曾帮过新都饭店，亦轰动了一些老爷姨太太之流。

德国来喜饭店的猪脚也是老吃大菜的"西菜经"之一，听说那饭店的女主人每天必躬自在厨房里打转，但真正动手的岂不还是咱们贵国人。好在有德国老班，总算地道的德国菜了。从前一元五角的全餐还奉送地道柠檬冰水等，现在已是二十六元，而且还追随了中国作风，加一小账，以敦睦谊，可不知道外国食客是否一视同仁？

首创 DDS 咖啡馆的白俄老板，听说出盘时已经赚饱，早把法币折换了美金，横渡太平洋到美国去另开 DDS 咖啡馆了。即使现在的继任老板，身边亦复麦克麦克，标榜俄国贵族大菜，高贵的中华士女，于欣赏沙皇巨室的穷奢极侈之余，很愿来此一尝异国佳味。只是可惜近来缺少了一帮英美豪客，这才有些冷静，听说每客亦不过二十元稍出一些吧。

还有一枝异军，印度咖喱饭馆，这也是西菜馆中一枝标新立异的菜馆，主力军便是咖喱鸡或咖喱牛肉拌饭，还有椰子粉、糖浆等，弄得甜咸皆备，爽辣俱全，确是有特殊风味的拌肴。这种菜馆在江西路有两家，现在因鸡贵、牛肉贵，椰子来源绝，地道的咖喱粉不易买，听说成本大增，加之顾客减少，所以营业亦大非昔比了。

○ 原载于《政汇报》1942 年 3 月 25 日

车、马、道路

1943

——王仲鄂

城中车马应无数，解得闲行有几人？

——张水部

有一个时期，电车和其他公共车辆不时涨价，颇引起一般人的物议。原是便利大众的交通工具，现在变得不便利了，至少说是不能用昨日同样的代价来达到目的地了，于是激起一些公愤，可是仍没有效果。最好的抵制办法据说还是"不合作主义"，车价涨，我们有的是腿，提倡步行。这一个的呼唤很获得许多人的同情，于是人行道上的行路人不断增加，印上各色脚步，正如波涛的此生彼灭，没有间断的时候。步行是好的，其间寓有运动的意义，且有人列傍晚的散步为一日间例行的工作，而散步可以容你冥想，容你闲眺，有时会使你对于人生发生大彻大悟的见解。所谓"道旁的智慧"，大概在于这种偶然的彻悟。当然，也仅指薄暮时的散步而言，至于晨间要奔赴办公处，为了要赶在九点钟以前让自己的名字落到签到簿上，或是要赶到课堂中听教授第一句的演讲，那是决无闲眺与冥想的道理，不得不以一本正经的姿态，加倍快的步伐，匆匆地赶，赶，赶，其心境之紧张，正不亚于一千米接力赛的运动员一般。

尤其是居住于都市中的人们，市政厅早已为居民铺砌好平整的人行道，道旁的树枝在此时初夏的日光中已经抽发苗条的绿叶，无论你的步伐是急促或迟缓，都给予一种舒适的感觉。至于夹列在人行道中间的柏油路，虽是在不过火的评价下，不失为人类文化高度发展中的产物，却是于开始写这篇小文之初，就不预备给予庸俗的歌颂。铺造一条柏油路，原是为买办阶级之流的汽车平稳地驶过之用。而汽车不是人人能够享用的交通工具。

因此也看不惯红绿灯和指挥交通的印度巡捕。二者只是为汽车的行驶而存在的。站在广衢的四岔路口，作为一个不被人觉察的观察者看来，横路口虽有无数的人力车、老虎车、塌车……簇拥得路口俨如一座小小的丘陵，红灯决不轻易变为绿灯。如非，如非是有一辆汽车"嘟"地一声，追踪于这一座丘陵的后面，管制交通的印度巡捕才感到值得把指挥棒由纵变横，开放横路的绿灯，让这些休息了足够时间的车夫重上征途。这时，黄包车夫像一群获释的囚犯一般，喜出望外地拔脚飞奔，重载的老虎车、塌车辚辚赶上，以免错过这仅有的时间，接着汽车也扬长穿越四岔路口而去。跟在后面一丈路远的一辆黄包车，正以最迅速的阔步飞跑过来，其巴结与努力的心境，堪称并世无两，可是刚赶到岔路口，绿灯已变为红灯，指挥棒方向的更换，严厉有若执法如山的法官的判断，判断你最后一辆黄包车只得打了一个半圆形的圈子，留守在白线以内，等待下次机会。红绿灯是无情的，指挥棒太严厉了，对于最后一辆人力车的至诚和巴结视若无睹，因为服务的目标，在彼而不在此。偏狭和虚荣，恰与人间其他的不平事一般。

随着战事的变化，年来汽车数量已减少到十分之一，往日车如流水马如龙的胜景，早成为历史的遗迹，红绿灯遂为人们所淡忘，孤零零地矗立在路畔，迎送朝晖与夕阳，昔日的不可一世的光辉呢？这该可拍手称快的吧。

人力车现在可以比较便当地通过路口了。在一个步行者的目光中，最舒适的车辆还要算人力车。速度的徐疾恰至一个理想的程度，叨了柏油路的光，不致有些微颠簸，只是轻缓地跳动，如其害消化不良症，饭后坐一次人力车，准会把东西慢慢消化，其功效如同服食一切酵素片剂一样，虽然和车夫论价钱是一件麻烦而头痛的事情。马车也逐渐中兴起来，这是富于中世纪情调的交通工具。假如在去龙华的煤屑道上，暮色苍茫中有一辆马车从容驶去，蹄声得得，车轮辘辘，间杂着御者呼喝，怎么不使人感到"四围山色中，一鞭残照里"的意境？马车的形式，以一种后轮庞大，车身宽敞而又高爽的最好，马匹要选壮健高大，有昂然千里之势，项间如能饰以一串耀眼的铜铃，可使跑时丁丁作声，鞭丝插在御者的座旁，摇曳生姿。好马不大需要鞭子的抽打，只听到马夫一声"嗯……嘘"的口令，便会跑动。都市通衢中偶然曾见到过这样理想的一座马车，恰巧车中坐的是一个风华盖代的少女，端庄和凝重，彩色纱巾在微风中飘忽，街路上嘈杂紧张，配着这幅如画图一般的景色，像一瞥的惊鸿。目击者想起车中少女的姿势，只有"乱世佳人"四字可以概括他瞬间的感印。是溷浊之中的清丽，尘世原有不少琐屑的矛盾。

马生长在都市中，仅有驾驶的功能，确是用违其长。何以不利用它在原野驰骋呢？除了驾车，只会在狭隘的芳草地，几匹马载了矫健的骑师，泼剌剌地奔跑一圈，作为赌博的工具！都市的人们太聪明了，豢养好无数匹燕北骏驹，比赛先后，多少人为了一串数字，寄托在最先到达终点的一匹马上而梦魂颠倒。如其这一个数字所代表的马胜利了，他立刻成为富翁，多幸运呀，祝福奔驰在芳草地上的马匹都是千里神驹。年年有不少人为了这匹千里马做着白日梦：宿债可以还清了，该是娶一个美丽的妻子的时候了，制几袭新式衣服，上杭州去玩一个畅快等等，等等。赛马的引诱力是惊人的，连最智的人也想投资一下，碰一碰自己的运气看。

在承平时日的春半踏青时分，都市的郊野如中山路上，西人驰骋往来，确成一时风尚。不过在今日说起已如过眼烟云。极目郊野，只见四蹄飞扬，尘土滚滚，古代游牧民族的雄姿如同在我们眼前复活。尤其当此春末夏初的气候，凡属晴天，总有骑马来去的游客。乱花渐欲迷人眼，浅草才能没马蹄，这不是最理想的驰骋的季节吗？但是谁也不能否认现实的残酷，炮火洗刷掉一切，不独马匹凋零，征为别用，就是骑马游客，大都集中于指定地区，一时难获自由。抚今追昔，"风和闻马嘶"的机会，我们只得待诸异日。至于中国人欢喜运动的呢，骑马似乎还不大流行，粗线条的运动对于都市儿女不大能够接受。最适宜的还是陪了爱人各跨一架自由车在龙华、江湾兜一圈，这也可以算作中西好尚不同之一吧。但是骑马与自由车之间，假如不曾武断的话，是有崇高与猥琐之分。马上英姿，至少含有男儿志在四方的意味，若是换了一架自由车，便觉得平淡无奇。

尤其是都市中的自由车，离实用渐远，一部分人认为这是时髦，正如戴黑眼镜涂口红一样。凡事趋于时髦就不免庸俗，承平时对于一辆自由车，以为是贩夫走卒所用，大家俱以鄙夷的目光看待，现在自由车到了扬眉吐气的一日，但也反映了人类前倨后恭的炎凉态度。世上最悲哀的事大概莫过于这类被自己所嘲弄的喜剧。

①

在都市间行驶人力车或踏自由车，因为路面平整，便利不少。若在内地小城市，街道多半用石子铺砌，就有颠簸不平之苦。有时石子路中央凹下去成一泥洼，车轮滚过，可以使乘客身体向上一耸，虽不至翻出车外，却要受到小小惊惶。又因街道狭仄，已有行人和人力车来去，脚踏车很难平安驾驶。因此碰撞行人的事时有发生。行人的讨厌脚踏车正如脚踏车上人讨厌行人一般。驾车者偶然不慎，碰撞了行路人后，虽然没有损伤，只是轻微的一碰而已，所得回答先是一个复仇性的白眼，接着就来冷冷地一枝箭："不会踏，就少出来献丑！"现在有几条通衢已经拓宽，这种争吵事件比较少得多。这是就城内而言，若是城外，已由街、巷、弄等名称转变为"马路"的称谓，有二倍于石子路的宽阔（只是少一层柏油的遮盖），且有马车、汽车行驶，情形自然不同。

城内城外骑马的人比都市普遍，春秋佳日或岁时令节，便是石子街上也有

---

① 图注：上海街头的双人自由车。刊载于《中华》1938 年第 69 期。

骑马的游客。马蹄声敲击在石砌路面上，清脆而有节奏。在荒街冷巷中，难得有一匹马"得得"跑过，人家小孩，甚至连大人在内，都要赶到户外，以欢迎的心情，观看驰过的白马。只是豢养在内地的马匹绝少雄健高大，总是瘦瘠的居多。至于城外的几辆马车，更其不像样子，局促辕下，大约已过中年，虽然识途，但是力量有限，如其有四个以上乘客，车夫往往要求分乘两辆，减轻老马的负担。至于饰以铜铃的油壁香车，可算绝无而仅有，停在城外较大旅馆门口，以备外来游客的雇乘。近来城中也可通行马车，这是街路拓宽以后的事，若是曲街小巷，仍以人力车来得便当。

照我国眼前建设的发展而言，汽车不致阔绰到平均每几人有一辆，如金元王国所发表的统计，因此柏油路不会普遍至于各县各镇。我们遂只得停留于人力车的阶段了。若是马车，照理说来利用兽力挽车应比人力来得更其人道，但以近日粮食的匮乏与飞涨，连乌秣的料量，也成问题，养活人口尚且艰难，还要维持马的生活，确是一件蚀本生意。于是只有为人力车喝彩，尽管让来自汽车普遍之邦的外人斥为非人道，但人力车为普遍代步工具，是无可否认的事实。

可是在都市中我们还可以看见一种独轮车，这本是乡野的阡陌间通用的交通工具，尤其适用于农村搬家，往往一面堆置了箱笼什物，一面坐了妇人和小孩，男的就作为车夫，推着辘辘进行。如其专用于坐人，则两侧共可坐四人，都市中所见的就是如此，而且不必结了熟识的同伴共坐，车夫沿路招唤乘客，合满四个不相识的同路人，即可推行。速率当然很慢，但取费极廉，乘坐者并不以陈旧而加摒弃。为了只有一个木轮，都市中人美其名曰"一轮明月"，则是出于象征主义者笔下的美称。如其阴历十四五月明之夜，在静安寺下了电车，走上极司斐而路[①]时，就有独轮车来向你招揽生意。在寂静的马路上，坐着了一辆木车，踽踽行去，确是别有风味。你可以听同车者的闲谈，有时车夫也要加入攀谈几句。坐了地下的"一轮明月"，而有天上的一轮明月送你归去，马路是冷清清的，路旁的树木寂然不语，只剩木轮发出"咭咭槺槺"的声音，你定然不会相信是处身于都市，但不容你不信，道旁矗立的是洋房，对面有二道白光

---

① 编者注：即今日的万航渡路。

射来，一辆汽车倏地驶过。

这是都市的好处，也是它的矛盾，因为要行驶汽车，而有柏油路的存在，于是一切车辆甚至古老的独轮车可以和现代化的交通工具并驾齐驱。有时这种独轮车装了一车砖瓦或是菜蔬，被后面汽车喇叭声追急，推车人一阵慌乱，左右手失去平衡的力量，木车立即翻倒，如其是蔬菜，损失倒还可以，若是载的一车砖

①

瓦，那就不必说了。这种不大不小的惨剧，时时可以遇到。但不能不钦佩独轮车夫对于生活的执着，虽有危险，仍不愿抛弃掉这个行业，依然按着世代的习惯，以推车为生。同样，凌晨骑了自由车送牛奶的差使，也觉得是一个难于讨好的工作，只要有一次意外，情形就不可设想。但是为了生活，送牛奶人还能多所顾虑吗？

由此观之，道路是需要宽阔平整，交通管制是要审慎执行，但决不和少数汽车阶级相关。

○ 原载于《万象》1943 年第 2 卷第 12 期

---

① 图注：浦东的载人独轮车。刊载于《图画时报》1929 年第 546 期。

北窗下
1944

—— 含凉

"高卧北窗下，无异羲皇上人。"

这是五柳先生《归去来兮》以后消夏时的得意语。我住的亭子间虽然也有北窗，可是坐在那里，只觉得骄阳咄咄逼人，就是偷得浮生片刻间打一个中觉，既没有熏风入户，又没有绿荫蔽牖，醒来时，汗流浃背，一切烦恼又兜上心来。哪里比得上五柳先生的舒适，更够不上羲皇上人。不过五柳先生的乐天委命，在今日之下，不期然而然的会使我有着同样的心情的。

在弄堂里，陆离光怪，万象包罗，要是有着江文通的生花之笔，倒可以写成许多面相的。可惜我既非江郎，早已才尽，辜负了眼前很好的题材，从来没有描画过一个字。偶然想到以前享过了一些荫下之福，在夏天总是科头跣足憩坐芭蕉庭院里，看看架上的家藏旧籍；开了收音机，听听十鸽乱盘的播音；从井里拉起沉浸了半天的西瓜，剖着大啖。在种种回忆里，觉得已如隔世，不知道此生还能重温旧梦否？那末现在所处的五浊恶世里的生活，也应当记些下来，作一种对照啊。

自从闹煤荒以后，上海人的燃料兼取木材了，聪明的看弄堂人就合了股，到四乡去收买杂树，把长的截成短的，粗的劈成细的，一天到晚，伐木丁丁，好像住在深山里了。有时供不应求，他们在黄昏时分还在工作。我忙了整天，正想就寝，却给那沉重、枯燥、单调的伐木声震得头昏脑胀，哪里睡得着。古人说"万物静观皆自得"，这话我不甚相信。那些杂树在苗生的地方，长着绿叶，参差地点缀在山丘上或是田野间，固然有可爱之处。可是给人倒了下来，成了一段一段的，好像四肢都截去了，只剩光杆的身体，尽管静观，哪里会自得。并且从听觉上说，那笨重的铁器，着落在顽强的木料上面所发出的声音，可说是天地间最丑恶而惹人憎厌了。堆得比人还高的许多杂树，变成很整齐的"捆"，一担一担挑出去，顿时四大皆空，不禁合十念阿弥陀佛。但是隔不到半天，又源源而来了。天下有伐不完的杂树，上海就有用不完的燃料，他们也是有着做不完的工作，赚不完的利益，而在我却有受不完的烦恼了。

裸贩者叫卖声是一般弄堂里普遍可以听到的，并且从朝晨的"新闻报老申报"前奏以后，一直要若断若续到子夜的"五香茶叶蛋""方糕茯苓糕"为止。有许多好像鸟兽好音之过耳，漠然无动于衷。其间最使我不能不有动于衷的，是"杜米要哦？"近来米价已到"万关"，卖米声忽然沉寂起来了。难道大家都到有儋石之储么？还是都在辟谷么？还是已经直接到郊外去采办么？还是阮囊羞涩，只好望米兴叹么？我想上面所猜测的都有可能性，尤其是最后的一个猜测最普遍。像我就是属于这一种人，明知米袋里一天少一天，不久就有箪瓢屡空的危险，明知没有接济大家挨不过的，明知在最短期间米价不会下降的，明知黄浦是跳不下去的，但是有什么方法可以点铁成金呢？所以听到了"杜米要哦？"的叫卖声，心上总是怦怦地动，好像静止的池面，突然有顽童把石子投来，"咚"的一响，使池边安坐的人吓的跳起来。要想问问价钱，觉得太无聊，就是进了万关，还得九千多，试问有多少财力？够买多少米？望屠门而大嚼，虽不得肉，聊且快意。如今听卖米而张着馋眼，只有空咽酸泪的分儿了。

从窗口望出去，平坦的柏油路横躺着，上面有各种大小不同的轮子辗过，时间、精神、心血，随着轮子转去。我

---

① 图注：叫卖的报童。刊载于《时代》1934 年第 6 卷第 1 期。

作种种比较，动着轮子的苦力车夫似乎不及我安逸，可是他们倒可以解决了果腹的问题。我还是相形见绌，自愧不如。靠着轮子的辗动而努力于功利主义的自私者，我更没有他们或她们的才干能耐，我惟有羡慕与嫉妒交织而成愤懑。有许多人来往都是安步当车的，有的很安闲舒泰，有的很匆忙急促，但是我想决不是无事而好动，而我静坐在这里，似乎比他们或她们好整以暇些。苏东坡说："无事此静坐，一日如两日。"一日当作一日过已经很苦闷了，怎经得起一日要当作两日过呢？

在平日，到了晚上，各家的孩子们放了学都到弄堂里踢皮球、拍羽毛球、穿跑冰鞋赛跑、滚弹子、唱流行歌曲，闹成一片。把弄堂改作运动场，已成了上海的普遍现象，虽然感到空气的不宁静，也有些憎厌，但是想到孩子们活泼的天性，没有正当的场地给他们或她们去逞欲，在这一点最低限度的空隙作为螺蛳壳里的道场，也是应当寄与同情的了。我正恨不能年光倒流，回到童时，和他们或她们一起玩去。所以我看见苹果似的面颊上，淌着黄豆大的汗珠，体念到他们或她们身心上的愉快。看见棍棒似的小腿上一朵朵红药水涂着的血花，佩服他们或她们的勇敢。我情愿给他们或她们闹得我文思断乱，一点不恨。我还喜欢听到稚嫩而天真的呐喊，并且他们和她们从友情的结合，而作友谊的竞赛，胜固可喜，败亦欣然，更值得爱敬的小团体生活。

"山雨欲来风满楼"，这里没有山，只好把夏云当作山，因为"夏云多奇峰"啊。我们乡间有着两句"占候"语："夏雨北风生，无雨也风凉"，那么一旦油然作云，沛然下雨，在僻处北窗下的我，自然是心安理得了。虽然前面还有着等大等高的房屋，所能让未雨之前的阵头风吹过来的，只有不到一丈阔的空间，风来了，处处阻挡，处处留难，吹到我北窗下已经打了一个很大的折扣了。但是知足不辱，毕竟还是起一个阵，多少添了些凉意。不仅把盘踞在空间的热气赶散，而且连弄堂里随喜的人群也赶散了。望出去好像天地也宽展了许多。我坐着听那瑟瑟的雨声，仿佛一滴一滴落在心腔里，忘记了在炎夏，似乎已到了新秋。这难得遭逢的顷刻之间，我是暂时离开了尘网。

○ 原载于《万象》1944 年第 4 卷 2 期

上海生活

卧病杂记
1944

—— 王仲鄂

我对于自己的健康，平时很有自信力，以为虽然不能显露突出的肌肉以示绝对的强壮，但药石与我无缘确是事实。有时曾想起害几天病，当然是小病，多么得好！我正是一个寄人篱下的人物，每天除例假外别无休息的机会，一天有八九小时在伏案工作，大家都称之谓磨桌子的工作。于是在长时期的"磨"之后，情愿以小病为觅得休息的理由。这心境自然是很委曲很矛盾的。谁愿意整天躺在床上，而所喝的乃是苦涩的药味呢？但由于请假为难，偷闲不易，不得不利用这苦肉之计，于此亦可见小市民的悲哀苦闷之一斑，决非以想象所可及的了。

今年五月初旬的某一个下午，阳光艳艳，当许多人们正在讨论怎样消磨周末的时光，我一个人却忽然觉得身体似乎很不自在，心想要能请假几天休养休养才好。这种偶然的想头，当时想过也就算了，谁料第二天果真因病的缘故不能工作，更出人意表的，一病竟达三月之久。病起揽镜，形销骨立的形状，几乎连自己也不能认识。"大病一场，"我暗地想，"把我的躯体变了，把我的观念也变了，可怕的病的侵袭呵！"卧病的时候，家人连书报都不许阅读，但是思索的千绪万端恰与江潮起伏一样，没有休止的时候，"多感"有时遂成为苦痛的一件事，盖我的脑力在此时亟需休息，而偏偏大跑野马，孟子以自己的"好辩"为不得已，然则我在病榻上的瞎想杂感，也是不得已。当然和孟子所谓的不得已，其贤不肖，相差不可以道里计了。

初病时候，只有些微寒热，以为休息一二天就可好的。但为了谨慎起见，立刻请医生诊治，吃汤药。但寒热一天、二天没有退，第三天有些心焦了。可是你无法和病势倔强，只得卧在床上，蒙被休养。彼时正是立夏节近，家中特为制了酒酿，以为这节令的点缀。一阵甜香的味道透入嗅觉，虽然垂涎欲滴，可是为了身体的健康，不能进食。朋友来看望的，都说大概休养一星期可以痊愈了，我自己以为有一星期的时间也可霍然，于是耐心地闭了眼睛等待着，希望病魔快些离开。

一星期过去了，可是寒热表所指示出我的体温，仍为三十八度左右，一无变化。医生说楼下太闹，还是住在楼上去，一个人占据一个房间比较清静些。那时我尚可起床勉强行动，医生的嘱咐是对的。我家本有二个房间，一在楼上，一在楼下。楼上的房间原为大哥所住，这次不得不使他委屈一些，搬到楼下来，由我去占据他的房间。于是小楼一角变成了我的疗养室。这所楼房是沿街的，其实除了房间中只有我一人块然独处外，并不见得怎样清静。街上自朝至晚有各色的叫卖，间以每天至少有一次的争吵或相骂，而最不堪的附近有几家铅皮店，其实成为店的仅一二家，其余都是铅皮地摊而已。铅皮店唯一的工作便是在马路沿边敲打铅皮，使它平整。不断的"拍拍"之声，振耳欲聋。有时听得讨厌，恨不能起来和他们评一评理，是否在马路上敲打铅皮是应该的？但据说他们在马路上工作，是经过疏通，取得特权的，天下唯"特权"二字是处世最高条件，一切可以藉特权来行使属于常态以外的事情，我当然只有默尔而息了。

可是到了夜也不见间得安静，时时被老鼠的猖獗使我在睡梦中惊醒过来。小楼上老鼠的活动，堪以"横行不法"四字来概括之。即使是白天吧，它会一溜烟地自阁楼上爬下，沿镜台滑下来，穿过房中心的地板，在箱子背后咬啮零星废物。一到晚上，更是它们的世界，此起彼落，宛如世界即将毁灭，骚动得如热锅上的蚂蚁一般。有时捉对打架，"吱吱"地叫，其声尖厉，不堪卒听。这种吵闹，总要待曙色朦胧，才开始安静。我于此时方能宁静一会，安睡一些时候。

据说有人在大热天的书房中挂了一幅《寒山雪意》图就觉得有寒冷的氛围气，因之也不觉得汗出如浆的苦恼。这一方面固然是夸奖这幅画的出色，艺术手腕的高超，但另一方面也是表示心理环境之足以影响到现实。又有一个故事，有一个修道功深的术士，在盛夏时日，周围置有炭炉多只，他端坐其中，手不挥扇，一些也不觉得热，据说这名之为"心定自然凉"。我处身于这样似清静其实喧嚣不堪的环境中，也觉得有改变心理环境之必要。于是设想自己的屋子是建在深山岩壁之上，窗子外面，有一片明净湖水可以望见，对楼人家的窗帘不是往来于湖上的一叶风帆吗？一切的喧闹争吵，便是山下农家在忙于他们劳作的声音……我感到些微安慰和平静。处身于乱世，唯有这样的白日梦才能使我们忘记尘世的苦痛于万一，不惟仅是病中的移情作用而已。

日子一天一天的过去，寒热已经有三星期了。医生为我验过血，确定为中型伤寒症，即使寒热能退也需要绝对休养一个时期，一切似乎非"天相吉人，早占勿药"，如一位友人写给我的慰问信所说的这般容易了。每天横在床上望着窗子，街上有各种食物的叫卖声引诱你去想，想买一些尝尝，可是不能够的，为了身体的缘故。起先是白糖梅子，叫声彻天，大概生意愈好，他的兴致愈高，因此也喊得特别响。白糖梅子的卖买过后有枇杷和粽子的叫卖，盖立夏才过，又近五月榴火的端阳佳节了。馋涎欲滴的安慰只是轻微的叹息。何以会一病至此呢？懊恼与焦虑充满了整个心胸，其实这与病态无益，但是也无法使我乐观些。

医药在此时是相当名贵的。有时为了某种针剂，非设法托了熟人去说项才可买到一盒，价钱的贵是次要的问题。我想起密契丽在《飘》中写南北战争时医药匮乏的情形。

①

---

① 图注：上海卖五香豆的小贩，陈传霖摄影。刊载于《文华》1933 年第 38 期。

南军方面的伤兵病院中麻醉剂已经完全用罄，只有用生鸦片来加速伤兵的死亡，以期减少痛苦。但为了活人止痛的药剂，却无法觅得。眼前正是烽火遍野的时代，我们尚可利用熟人高价等方法来获得需要的药品，比之一八六一年顷的生活享受显有霄壤之别。那么我们处身于此乱离的时代，不能不说是尚属幸运的一群了。

热度至第四星期尚没有退，到夜间不能安眠，这使我感到苦痛万分。床上的臭虫已经繁殖到相当程度，开始在晚上活动起来，一个十分衰弱的病再经吸血的生物四处侵袭，失眠之余还要东扒西抓，更其觉得长夜漫漫的苦痛。我闭了眼睛试数一二三四以至于一百一千，可是没有用，正如喝下去的汤药、注射的针剂没有把病状减轻一般。我怀疑这种默数法的疗治失眠症是欺人之谈，是半瓶醋的科学家、心理学家给人开的玩笑，不然何以会没有一些效验呢？

环绕于我四周的是死一般的寂寥吗？不，决不。房间中鼠子的剥啄、蚊虫的飞哼以及邻室小孩呼奶的啼声，此起彼伏，在耳鼓中嚷成一片烦恼的声响。在街头，夜市面却很热闹。各色各样的点心叫卖声不断地传来，诸如火腿粽、豆腐花、方糕、汤水圆等等。对门楼上更有麻雀的"扑拍"之声。惟其有人深夜在打麻雀，才有这许多夜点心担子的出现，做这种及时的生意。我注意到有一个卖方糕的每夜总是通宵营业，十二点钟、二点钟、四点钟以及清晨七点钟都有他的脚步声和叫卖声。他的生涯是否茂美，不得而知，但就其憔悴的呼声，嘶哑的喉咙，在乌黑的长街上独行叫喊，想来生活之清苦，是不言而喻的。大部分的点心担子在午夜二时以后绝迹。接着几个算命的盲人敲着铁尺，"当当搭，当当搭"，声音急促，结队觅取归路。他们平日的敲打声常是"当——搭——"缓和而有韵律，虽然音调是非常单调难听。但现在的声音显得很匆促，可见他的敲打是为了惊醒过路人的不要去和瞎子碰撞，决非在深夜尚有代人细算命造的雅兴。有时有一二单身人经过，打起京调，"听他言，吓得我……"边走边唱，准是戏馆三层楼上的看客，大有余韵未尽的样子。还有一个丑陋的私娼，已经站在街头四小时之多吧，还没找到顾客，但是为了明天的饭米，不得不以强拉的手段，竭力想出卖业已逝去的青春。于是发生争执相骂，结果是不欢而散……

安静得不多时候，接着是"隆隆"的粪车声，一长串的车子，推过街道，天色渐露鱼白，房东人家饲养的一只雄鸡发出啼声，而这个疲惫不堪的病人呢，一夜间竟不曾阖眼，又要开始第二天的如囚犯一般寂寞和忧郁的生活。

这种失眠症随着病状的无法改善而蔓延着，因此不得不乞灵于安眠药片，使我能得到片刻的宁静。但是一片安眠药只能维持三四小时的熟睡，每在深夜蘧然觉醒，要重新回往黑甜的梦境，又是不可能的了。

母亲不知不觉消瘦了多少，为了我的病而使她频受多少磨折，这是在我生命史上永远不会忘记的。谁知寸草心，报得三春晖！母亲的为我憔悴，为我料量汤药，煞费心思。她在百忧如捣中给我的安慰的语句，恰如悬挂在病的惊涛中的一盏明灯，使我的心地澄清了不少。母爱是太伟大了。

在这次久长的病中还有一个愚蠢的插曲，即是一面虽然在请教中西医作合理的疗治，一面家人还在代我烧香问卜。据说有三个死了的伤兵在纠缠，需要把"客人送去"，才可使病体霍然。母亲本来笃信此道，为了她儿子的病，什么都情愿花费，当然决不吝惜这种颇具神秘的占卜。依卜者的指示，家人备了鱼肉三牲，银锭纸缎，点起香烛，在我病榻前默默作祷："你们去拿银子吧，不要在这里了。这里是苦地方，苦人家，你们拿了银子到好地方去吧。"做好做歹，恭谨而又畏葸地送掉这三位"客人"。我对于鬼神论是一个绝对的叛徒，排斥一切迷信的说数，但不忍拂逆母亲关垂的苦心，终于在摄氏三十八九度的体温下让家人完成了这支滑稽的插曲。

一直到病后第七星期的结尾，体温才恢复常态。当母亲和大哥第一次扶我坐起时，觉得周围是一个异样的面目，是这样的生疏而又这样的亲切。我重新戴起平日一刻也不脱离的眼镜，揽镜照容，竟使我吓了一跳，病的侵袭，会把我的肌肉完全销蚀，瘦削的脸庞，使自己无法认得自己。"骨瘦如柴"的成语，到这时才觉得并非是言之过甚的疏状词。不，何止是骨瘦如柴，连拿一把茶壶的气力都没有！

这是一段太长的梦魇，自五月初旬的樱红蕉绿的时期起，以至浮瓜沉李的天气止，我一直在床上和药铛茶垆为亲。除掉费去了大量的金钱之外，亲戚友好予以无限的关切和珍贵的馈赠，不得不在记述我生命史上一大创伤之余，表示由衷的感谢。病起之后，我竟视眠床为畏途，每夜的入睡成为恐惧的功课。幸亏失眠症早已消失，过不多时，即能安然入睡。我似乎经过了一次战争的摧残，重又回返到平静的家园中来。

有人问我病起后有什么感想，我的回答是健康是可贵的，切愿努力保住健康，以为从事于生存竞争的唯一条件。假如这篇小文别无什么兴趣的话，则希望读者人人健康是我最先也是最后想要说的祝福。

十月之晦记于燕庵

○ 原载于《万象》1944 年第 3 卷第 10 期

食在上海

1947

——许钦文[①]

在上海，无论衣食住行，都可以说是便当的。穿得漂亮，吃得丰富，住得高大，电车汽车，往来得迅速。不过，同时在另一方面，也穿得褴褛，吃得简陋，住得肮脏，拥拥挤挤，行路为难的。从十八岁起开始漂泊的我，虽然上海不曾有过连接半年以上的居住，可是屡次经过，多方面的走到，各阶层的生活情形都有些印象。抗战以来，十年之间，只于去夏回来时经过，停留一个晚上，许多印象经久以后淡漠模糊了，关于食的却有几点仍然很清楚。由于交通的便利，生意发达，货物不难从各处运来，多中取利，可以减轻买主的负担，普通的食物，上海没有很贵的。到处有茶馆，可以冲到茶水，到处有面店粥店，随时可以进去吃一碗。这于流浪者很便当，也是使得我避难内地，每到一处，临时不能解决饮食时所深切想着的。

提到上海的饮食，我总要联想到亡友元庆。当初他在报馆里工作，寓在一间放楼梯的暗室里。我在浦镇教书，暑假和他同寓。我们知道炒虾仁在上海很普通，可口，并不很贵，香梗米饭也不错。可是我们的收入不足以语此。每到傍晚，我踱到平望街去等他，看他从高大的洋房里出来，一道回到矮小的暗室

---

① 编者注：许钦文，原名松龄，学名世栿，字钦文，笔名蜀宾、高阳等。浙江绍兴人。著有《故乡》《毛线袜及其他》《赵先生的烦恼》《鼻涕阿二》《西湖之月》《仿佛如此》《许钦文小说选集》《许钦文散文集》《鲁迅小说助读》《呐喊分析》《鲁迅先生的幼年时代》等。

里。我们没有包饭，每餐临时解决。照例经过许多菜馆都不回顾，连面店也不敢进去，总是在粥店里共进晚餐，吃粥的地方大概在低低的楼上，一进去就觉得热烘烘。等到吞下两碗稀饭赶快出来，衣服贴住皮肉，总是做了搭毛小鸡。后来他在立达学园教书，我已出了好几本书，我们都已为有些人所熟识。我从北平南回，一同被请吃饭，炒虾仁可以大嚼了。记得有一次，在北四川路的闽菜馆里，二十四元的一桌菜。全鸡全鸭，还有整只的烤乳猪，吃得亦醉亦饱。我和元庆都有些负担，下一餐，仍然只买几个烧饼一边吃一边走，一道走到江边去。住在上海的人大概匆忙，招待客人总只一餐，我们常常在这样的情境中。

无论是往来海门台州，或者天津北平，在将上轮船或者下运船的时候，我们总要上菜馆去吃一餐，因为在船上，一有风浪我就吃不下饭。所叫的菜，大概是炒虾仁和咸菜肉丝汤之类，对于这种菜并没有特别的味感，觉得原是这样的，信口嚼着，知道我们还在上海，或者确已到了上海。不大咸，也不淡，上海菜就是这样的上海菜，无论什么闽菜馆、川菜馆，式样尽管不同，味道总是差不多，同真在福建、四川菜馆里所煮炒的，味道差得很多了。就是天津包子，其味也是淡薄。正如人，从各地方来，住在上海不久，总就染上了点洋场气。在上海，以地名菜的虽然很多，却很少保持着本色的。

在上海的闲老虽然也很讲究吃食的，可是一般在上海的人，对于吃食，大概并不多花时间，不像内地的许多人家，一天到晚无非忙于三餐。反正来得便当，在上海的人，等到肚子已饿，或者到午到晚了，再打算怎么吃也不迟。以前在川南游玩，每到场上找着炒菜馆吃酱刨肉，所谓味大，是又咸又辣的。菜馆里总是先泡得茶来请你喝，再向对面或者隔壁的猪肉店大声呼喊"割半斤肉来！"然后慢慢的切好下锅。虽然可口，但如不是趁着轿夫息脚之便，将要等得不耐烦。我在杭州爱以点心当饭吃，汤面、馄饨和汤圆，照例一餐吃三样，同时叫好，慢慢的来一样吃一样，虽在冬季，不会冷却。在上海连吃两三碗排骨面当一餐饭，却是吃了一碗再叫一碗的，因为来得快，无须等候。鲁迅先生住在北四川路一带的时候，有一次我去时正是吃饭的时候，就一道吃便饭。据说菜是包月的，每天送去，鱼和猪肉都配上一点，已弄干净，自己煎炒就是。每天不同，也是便当的一点。总之人多，可有人专门理值，因之一般人可以少花时间于吃食，这可以说是上海现代化的地方了。一个人在上海吃饭的时候，我常常搭着电车特地赶到一家俄国的西菜馆里去。那是专给下人吃的粗菜，只是一盆汤，就大量的吃不完。还有大块的牛肉。我知道，如果长期住在上海，我也是吃不下的，因为少有劳动的机会。除非是专用体力的，在上海的一般人都吃不多。去夏在旅馆里，妻见到两个茶房在品吃一个腌鸭蛋配一餐饭，觉得奇怪。虽然这也是战后生活困难的一种现象。可是比较起来还算是好的。像四川的轿夫，所谓饭菜，只是在辣酱碟子里润一润筷头罢了。因为吃得不多，一个腌鸭蛋也是勉强够用的。经过两餐内时间，我们一家五口都没有吃饭，只是买得面包馒头等物来吃，因为可吃的东西多，把点心当作饭吃，本是在上海的普通办法。

〇 原载于《自由谈》1947 年第 1 卷第 4/5 期

PART 4

上海散记

旧时上海

物质文明的上海

1927

—— 西滢

有人说，上海是中国的文化中心。同时又有人说，上海没有文化。我们看来，上海的确是中国的一个文化中心，而且确有它特殊的文化。人生最大的需要是衣食住行，这第四项，据说在最新的学说中占有特别重要的位置。不看见胡适之先生游历了欧美回国，第一次公开的发表他的感想，就大鼓吹汽车文明吗？上海的汽车比较目下的纽约固然望尘莫及，可是比较大战前的伦敦、巴黎，恐怕也不会相形见绌到哪里去。而且听说上海的洋车虽然没有消灭，它的数量也只不过比汽车多一倍，那么完全淘汰也该不是很长久的事。并且汽车之外，上海交通的方法多的是：电车、公共汽车和五六年前我们在欧洲还没有看见过的无轨电车，像蛛网似的联络着，像流星似的飞闪着。那么，胡先生所希望的汽车文明虽然还没有实现，可是在"行"的一字上，上海的文化是很可以自豪的了。

我们再到静安寺路和霞飞路的附近去走一回，就可以看见无数的宽敞的花园、精致的别墅，住在里面的舒服，我们相信一定远胜于北京的清故宫和古代的什么阿房宫、金谷园。就是经过上海暂住的旅客，也一定会觉得大华、华安的饮食起居比哪一个大都会的旅馆都比得上罢。

再走到南京路，极大规模的百货商店一连就有三个，其余的中国的、外洋的种种色色的衣食杂用的商铺，五光十色，叫人眼睛都看得晕花。此外有的是戏园、电影、咖啡馆、跳舞场、公娼、私娼、赌场、烟窟，以及种种说不出想不到的奇奇怪怪的消遣的花样、娱乐的场所。我们还能说上海没有文化吗？我们能不说上海是中国的一个文化中心吗？

对于上海不但不恭维，而且常常表示不满意的，大都是一般自命为知识阶级中的人，就是有时被朋友们称许为学者、思想家，而吴稚晖先生叫作"吃豆腐的"，也就是上海人口中的穷酸。他们说，除了前面所说的物质的供给，上海便什么都没有了；他们说，上海不是做学术思想的功夫的地方；他们说，上海的空气塞住他们的呼吸，所以他们不在上海的，总想永远不来，住在上海的，总想早早的他去。就是提倡汽车文明的胡适之先生，住在中国汽车最多的上海，还念念不忘没有几辆汽车的北京，总希望革命军快些打到北京，他好回去继续他的学术上的工作。

这班知识阶级中人——就是穷酸——的嫉视上海的理由，我们可以说，第一就因为他们是穷酸。物质文明发达的社会，和其余的社会一样，有了正面就得有反面。霞飞路一带的皇宫似的建筑固然不少，可是上海大部分人的住宅都是鸟巢似的蜂窠似的弄堂房子。上海人住花园别墅的固然不少，更多的人却夏夜赤身的睡在马路的两旁。就因为穷酸是穷酸，他们的生活是与后一种人比较接近些。他们生活上的不安适虽然绝对的并不比别处大，可是相对的却比别处大得多。也难怪他们厌恶上海了。

可是这样完全物质的解释只可以算是一般知识阶级轻视上海的部分的理由。他们的不喜欢上海，根本恐怕是由于上海人的人生观同他们的太不一样。上海人对于人生一切，第一个标准是金钱，第二个标准是金钱，第三个标准还是金钱。金钱固然人人爱好的，不说上海人，不说大家称为"拜金"的美国人，就是我们觉得极不落俗的法国人，都被他们本国的大文豪司坦达儿（Stendhal）认为爱金钱胜过一切的民族。可是在他们，金钱总不是唯一的标准。在他们，金钱之外总还有些值得尊重的东西。上海人却比他们专一了。你说思想，他问思想多少钱一斤？你说学术，他问学术能不能发财？一个英国的著作家说英国人不知道看重文艺思想，比法国人差多了。他说，要是法国的大文豪法郎士（Anatole France）和大政治家克雷曼梭（Clemenceau）同时走进巴黎的交际场，法郎士至少可以得到与克雷曼梭同等的注意；要是英国的大文豪康拉德（Conrad）同大政治家科仲（Curzon）同时走进伦敦的交际场，大多的人就只见科仲不见康拉德了。可是在上海，不要说像王国维那样的寒酸学者走进交际场中时不会惹人注意，恐怕连大政治家走进去——纵然中国人敬重达官贵人的遗传心理是很大——也不过引起与大洋行康白度同等的注意吧？

本来，文艺思想有什么值得尊重的地方？政治家为什么要比康白度占优胜的位置？世间哪里有比金钱再可靠的标准？对于这种疑问，我们想不出，也不信会有可以使上海人满意的答复。我们提起，也不过是推想为什么一般自命为知识阶级中的人不喜欢上海的原因罢了。同时我们也常常奇怪，为什么有上海人在前，美国人还独享"拜金教"和"大拉崇拜者"的美名。我们不免代上海人抱屈呼冤了。

○ 原载于《现代评论》1927 年第 6 卷第 139 期

家 1935

—— 谢六逸[①]

你想移住上海，我要用"不以家累自劳"这一句话来劝阻你。

远道的友人来信说，不久要把家搬到上海，我赶快去信劝阻。我的信里，大致说了下面的一番话。

向来人人称颂上海是文化的中心，也有人以为这里是乐土。实际上海有什么文化可言呢？就以教育一端来讲，我在上海住了十几年，自己的孩子就不知道应该送进什么学校才好。市立小学似乎较之私立的好些，有办学经费，校舍也宽大，可是学生收得太滥，每一间课堂都挤满，对于儿童卫生不知注重。前年，我的小女儿在某市立小学读书就染了百日咳，虽然每天治疗注射，可是已经来不及了。废学半年不用说，弱小的身体和病魔抵抗的情形，令人心酸。百日咳是显明的疾病，学生患了这种病，当局一点没有觉察，让病者照常到校，也不知道隔离，致令传染别人，真不知是何缘故。像百日咳这样一望而知的疾病，尚且如此轻忽，至如肺结核一类的病患，当局之若无其事，可想而知了。

小孩不送进市立小学，还有什么地方可以去呢？那就只有弄堂（近于家乡

---

① 编者注：谢六逸，字无堂，笔名中午、宏徒、路易、谢宏徒等，贵州贵阳人。曾创办《趣味》半月刊和《国民周刊》，主编《立报》副刊《言林》。著有《水沫集》《茶话集》《西洋小说发达史》《文坛逸话》《日本文学史》《日本文学》《童话学》《小说概论》《欧美文学史略》《新闻学概论》《童话与史诗》等。译著有《伊利亚特的故事》《海外传说集》，编有《小说创作选》《模范小说选》等。

的小巷，但嘈杂污秽，百十倍之）小学了。这一种小学，收费甚轻，然而所收学生常超过校舍的容量。一间课室除了教师站立的地方之外，全是长凳。学生三四人挤坐一排，犹如罐头里的沙丁鱼，看去密密层层，尽是小头在那里摇晃。在这样一种情形之下，如何能"教学"呢？教师倒有他的好方法，就是来得个凶，打手心、立壁角，都是补救教学效率的方法。小孩的心里一骇怕，便什么都得忍耐了。这种弄堂小学，就连儿童卫生、儿童训育都谈不上了。昨天早上，远远地传来了一阵"咚咚喤，咚咚喤"的声音，仔细一听，原来弄堂小学的音乐教材是"凤阳花鼓"。向来家庭教育是补助学校教育的。但在上海，家庭教育就非特殊注意不可，要靠学校是万万不行的。

①

假令你住在上海，将来你的儿子也许要进大学罢，这里供给你一些参考的材料。上海有的是大学，国立的私立的，货色一应齐全。你知道中国的大学变成什么样子了？学校里的功课，全用讲演式，教员须从上课第一分钟起，叫喊到末一分钟止，然后才可以不发生问题。在名分上应该要学生用手做，要学生动笔写的，他们也要听演讲。学生是要在一种怡然自得的心情之下，在课堂上听取"说书"和"传教"的。求学的目的，只在安然享受上课时间的五六十分钟。如享受得还不错，就算满足。不然身体虽安坐椅上，眼睛也注视黑板仿佛

① 图注：上海雷米小学。刊载于《建筑月刊》1933 年第 1 卷第 12 期。

凝神恭听，其实神游数里之外，等于睁开眼睛在参禅。我这里一说，你必以为我在挖苦青年，罪无可赦。其实青年中有此种分子乃是事实。如要谈到责任问题，无论搅到什么时候都弄不清楚。

至于谈到大学教授，那就更大有可观了。大学教授在上海能值几个铜子呢？上海有的是富商大贾之流，这就是住在上海的人所崇拜的。有人初次和你会面，开口问道："恭喜在何处发财？"你如回答："在华东大学任教。"对方的脸色就沉了下去。你必须回答他说："在华东洋行混混。"对方就肃然起敬，结果不免说出敝行买卖还请照顾之类。大学教授和富商大贾、新旧官僚比较起来，都有逊色，所以大多数早就有了"觉悟"，就是为学术奋斗的意念一天淡似一天，而趋赴利禄的心呢，一天浓似一天了。"尺波未涸鱼先散，一骨才投犬共争"，瓯北的这两句诗，其实是指这一班人说的。他们知道"洋场"的滋味比什么地方都好，抵抗不过物质的诱惑，于是把大学当作尾闾，虽然身列讲坛，然而目的却在于做官。有官做时便去做，及到红运已完，又仍然跑回学校，打起洋腔，"Boys and Girls，读书要用功呀！"认真教书的也有，那就被嘲为"用功的教员"，同时被大家看做傻瓜。如要受人重视，必须第一次上课时，自称在政界我认识孔某，在商界认识虞某。有的听了这一番说话，便以为"这可好了，将来饭碗有望，一切西装、求爱的费用，大约不成问题"。

学校行政呢，则有两大秘诀，一是尽量造几所辉煌的屋宇，二是买收数十百亩的农田，做的无非是装点门面的工作。此类羊头狗肉的法门，还用得着什么博士名流去做呢？请一两个百货店里专门装饰橱窗的店员去办学，不也就胜任了么？我不相信百货店里的店员比不上博士名流的本领。

上海的日常生活，你也想知道一点罢。在这里我们所最感不便的，就是一种莫名的喧嚣。这种喧嚣，是从各种声浪混合而成的，不能够明晰地为您指出是哪一种声音。其重要的成分约有几种，就是机械一类的东西，好像不断地在摩擦，在敲打；其次是因社会萧条之故，商店大减价，为了招致顾客，吹打着没有调子的乐器；再次就是类似争吵的人语声。只要你在这个都市的圈儿以内，无论什么地方，都能感觉到这种喧嚣。

你也许说，学校远在郊外，难道不能免掉这种喧嚣么？其实不然，例如赛球运动之时，理应喧哗，可是冷冷落落，鸦雀无声。有时我看见了奇妙的情景，一个长大的大学生，走在前面，忽然另一个蹑足走上，猛力用手一推，拔步便跑；被推的或是倾跌一跤，或是拼命的追赶，旁观者便大声呐喊。诸如此类，从童骏的行为而来的喧哗，我以为倒是可以节省的。又如上课时，退课钟虽响，教员的话没有说完，室内的人没有退出，此时教室门外已经拥挤不堪，有的在推，有的在嚷，马上就要攻进。虽然座位是固定的，一人必有一座，然而非此不足以表示悦乐。许多无谓的喧嚣，即在郊外，也随处有之。

还有我们日常生活所不能缺少的蔬菜，您如住在上海，将大失所望。这里的蔬菜不知是否隔夜浸在水里的，永远是不新鲜的、乏味的。即使到最大的公设市场去买，也未必能够得着好的。像家乡的白菜、芹菜、萝卜那样的色泽鲜明，滋味清香，在上海我就从没有遇见。由这一点您可以想象上海附近乡村的贫弱，同时也就明白了都市这一只"铁手"的可怕。还有最严重的问题，乃是住宅，这是您所知道的，略去不提。

不过您得知道上海有的是娱乐，然而是腐烂性的。跳舞场倒闭，这有何可惜，报纸的社论却大为叹息，以为上海地方又少了一种"市面"，现金的流通不免受了影响云云。您看这是什么一个社会。

袁中郎说，"人情必有所寄，然后能乐。故有以弈为寄，有以色为寄，有以技为寄，有以文为寄。古之达人，高人一层，只是他情有所寄，不肯浮泛虚度光景。每见无寄之人，终日忙忙，如有所失，无事而忧，对景不乐，即自家亦不知是何缘故，这便是一座活地狱……"不错，能有所寄，固然很好，但是住在上海，寄点什么好呢？跑狗场、回力球、跳舞场我从来没有进去一次，即进去也看不懂。有时偶然带小孩到 Capital 去看整本的《米老鼠》，只有这个是我的寄情之所，然而整本的《米老鼠》不常有，所以终成了一个"无寄之人"。不过最近却学得一桩本领，就是在三层楼上看书疲倦后，咚咚咚跑到底层，跟小孩子一起嬉戏。习之已久，凡是小孩子大哭的时候，我能在一二分钟以内，使得他们大笑。我对自己的女人说："有了这桩本领，您如再养小孩，我能做一个没有奶的奶妈。"

上海有什么足以夸耀的么？租界里的摩天楼，如国际饭店，只是敦睦邦交、送往迎来的地方；摆渡桥畔的百老汇房子，虽然号称东亚的高楼，然而其中空空洞洞，一无所有。这里没有文化，更不是什么乐土，值不得称颂或羡慕。

您没有结婚之前，我写信给您，说："聪明人不愿结婚，甚至不必有一个家。"您来信，气忿忿地抢白我一场，道是："你们有老婆的人，哪里知道没有老婆的人的苦处呢？"今番您想移住上海，我又要用"不以家累自劳"这一句话来劝阻你了。

想说的都说了。朋友！您的那个"家"，究竟是来的好，还是不来的好呢？

二十四年九月五日

○ 原载于《宇宙风》1935 年第 2 期

露宿
1942

——周鍊霞①

记不清是在哪一年？恐怕已有十多年了！曾经听人家说过一则笑话，说是"有一个乡下人初到上海，因事要横过南京路。乡下人没有都市常识，自然不懂得红绿灯的指示，胆子又小得像芝麻，他看见红灯时，面前的车辆，川流不息地比梭子还快，当然不敢举步；绿灯时，正想跟着别人走，但一见到身旁停着的汽车，接连好几辆，却又不敢在它们前头走过，深恐它们突然开动，来不及躲避，这样一连串地开上来，自己岂不要辗成了肉浆？所以他走前两步，倒退了三步，要想绕到一串汽车的后面，才能放心地穿过马路，谁知还未绕到，车子已像流水样地过去，横垛里又换了红灯，这乡下人从早到晚，也没曾走得过去。第二天还是一样，他忽然聪明起来，认为从家里每天来回地跑，太费力了，索性把被头铺盖背在背上，天晚了累乏了，就放开铺盖在人行道上睡觉，天明再走。无奈这乡下人胆子实在太小，老远看见车子就吓得倒退。终于在南京路上走了一星期，仍旧没有走过去，他气起来，讨厌上海的路太难走，就背着铺盖还是回乡去，做一辈子的乡下人"。

这一则笑话，编得相当幼稚，只可说是笑笑罢了，谁相信会有这样的人呢？然而，世界上的事往往是出人意外，无论如何，我在听这笑话的时候，是

---

① 编者注：周鍊霞，字紫宜，号螺川，湖南湘潭人。擅仕女人物和花鸟，工诗词。画风格清新，设色明净，诗词多佳句，著有《嘤鸣诗集》、《学诗浅说》（与瞿蜕园合作）等。

万想不到十多年后，竟有人——而且是许多人，抛了温暖的屋子和舒服的床，背了棉被到马路上去"露宿"。这完全是事实，是眼前的事实，当然不会是笑话。

最近星期日的上午，我到康脑脱路②去访阿虹。她正在做菜，卷起袖子，拿着一柄小刀，像我的砚池那般大小的砧板切着雪里蕻；她一看见我，放了手招呼我坐下，给我一杯茶。

亭子楼虽然小得可以，却收拾得很整洁，我就坐在床上，一面帮她剥笋，一面谈话。我告诉她，金小姐快要结婚了，打算和她合送一份贺礼。于是，由结婚谈到柴米油盐，她弯腰在房门口的小煤炉上端起一只饭锅放到洋风炉上，又到房门口去加了几只煤球，把汤锅炖好，回身擦擦手，皱皱眉说："结婚有什么意思？……啊！告诉你一件事，这里的赵师母死掉了。"

"哪一个赵师母？"我淡淡地问着。

她把揩布向桌上一抛，坐下来说："你不知道她姓赵吗？就是你称赞过的，说是这两上两下屋子，十几户人家之中的皇后，"她拍了一下我的手臂，继续说，"就是那个女教员，不呵！是你目中的皇后，现在崩了驾啦！"

我说："哦！是她么？年纪还轻，身体也蛮结实，怎么会死呢？是不是害了急病？"

她说："与其说她病死，不如说她是穷死。"

我立了起来说："她是大学生，丈夫也有职业，何致一穷就穷到死呢？"

她叹着气说："唉！在这个年头，文凭换不到米，粉笔灰当不得面，丈夫是个小职员，上有老，下有小，两个人的薪水，也不够养家呀！她们杜米吃不起，每天都去轧米。轧米也没关系，只是她白天要教书，又体惜丈夫的身体不好，总是在半夜起来自己去轧，因为这里的米店上午四时就开始秤卖，六七时

---

① 图注：画家周錬霞。刊载于《上海画报》1927 年第 249 期。
② 编者注：即今日康定路。

休息一程，八时再卖，这样一个上午就可以卖完，不致全日拥挤妨碍左右商店的营业。所以弄堂里人家出钱雇人，每天半夜和天亮时两次到弄堂里高声叫着'卖米啦！卖米啦！'犹如古时代的更夫一样。只要这声浪一叫，每一宅屋子，楼上楼下总动员，一片喧阗，大惊小怪地'前楼嫂嫂！后楼阿姨！快点来呀！卖米哉！'于是轧米的一群都背了棉被到米店门前，把身体裹住，头露在外面，有的坐，有的躺，挨挨挤挤地等着。等得久了，坐的也躺下来，各种不同颜色的被头筒，横排在人行道上，好像一只一只的大春卷。从十一点钟等到大天亮，能不能到手一升米，那就要碰运气，看你是不是'身躺前阶'。万一不幸，老天无情，半当中下起雨来，这许多大春卷，立刻变成一群狮子灯，哎唷！可怜轧米的人们，都把棉被顶在头上。"她一面说着，一面把洋风炉的火拨得小小的，又把汤锅端起放在砧板上，换一只锅烧雪笋炒肉。

我斜倚在小圆桌的边沿上，听得有些出神，这时正看见她一个很美的身段——那富有曲线的背后影。我舒了一口气，要想说两句，又怕打断她的话头，还是一直静静地望着她。果然，她回过身来，把右手的铲刀向门外一指，说："这边厢房里十九岁的儿子，真有他的门坎，天没亮就去等写号头，写得了立刻回家换罩衫，再去等写，写好再回来换，一连换了五件罩衫。再穿第一件去买米，得了米，回来换第二件再去，这样换过五件罩衫，一个大半天倒被他轧着了五升米。他的姨母冬好婆，相反地一粒也没到手，回家就得挨骂挨饿，我在窗口，常常看见她花白的头发，站在后门口拿米袋擦眼泪。唉！她是一个孤苦老太婆，靠在妹子家里吃一口饭呵！"说着将铲刀在锅里拌了几拌，又加些作料，盖好木盖，铲刀就放在木盖上。

这时，我才开口："赵师母怎样穷死的呢？你还没有说啊！"她笑了一笑，坐下来把左腿搭在右腿上，呷一口茶，点点头说："哦！是呀！赵师母天天夜晚去轧米，不知在什么时候，轧来了白虱，而且很快就传染了一家门，她忙了几天的洗涤收拾，才弄干净。后来就这样累病了。但她还是勉强支持着，教书、轧米，仍旧继续努力，直到不能起床，请了转弯角子上药店里医生来看过。吃药也不见效，后来发了一身红痧。去医院看了，据说怕是猩红热，要住院检验。她没有钱，回家挨了两天，等丈夫借得了钱，送到医院已是太迟了！结果，钱花掉人也完了！有很多人说她的病是白虱传染来的，这虽未必然，但也不无理由吧？你想，她还不是穷死的吗？"

我听到这里，似乎赵师母清秀的面容和彬彬有礼的态度，都在我眼前浮动，禁不住有些凄然之感，大概这就是人类的同情心。一时想起自己轧米是在好天晴日，还带有女佣，一前推，一后挡，自己没有气力，还可以借重她们，既不怕横来的人冲散阵脚，自己也不致有轧扁之虞。当枯立无聊，又可以哼哼诗发发牢骚："何当彩笔千军扫，也作长蛇阵里人？"现在听阿虹说来，觉得排长蛇阵比了做大春卷耍狮子灯那毕竟好过得多了呀！又何必发什么牢骚？真是……

阿虹的手指，碰着我的额角，笑一声说："噫！你在想些什么，怎的又不高兴起来？"我仰起脸来对她笑笑，她留我吃饭，我想要走，可是看她那么起劲的搬菜盛饭，似乎不应该辜负她，就卸了外衣，坐上那仅有的靠背椅。虽只一菜一汤，却也十分入味。我向来习惯，吃饭是不大说话的，尤其是这一次，阿虹说着，我只有应一声或点点头。她说的是："你不必替赵师母难过，以为露宿是凄惨的新鲜事吗？但做人要活，就不得不这样。楼下客堂间的小阿舅是高中毕业生，本在轮船上服务，但失业快两年了，常常来借钱。最近不大看见他，据说赚了不少外快。你道怎么赚的？说来也很滑稽。原来许多机关和公司指定用新钞票，于是市面上储备票就升水升到三四成，储备银行门口每天挤满了掉票的人，自然要轧要排队，无疑的是捷足先得，不捷不得。这小阿舅和一班无业同志异想天开，在半夜三更就背了棉被到银行门口，像买米一样地等着。天亮时就有掉票人来，出挖费挖他所占的地位，离门口近的有五六十元可得，远些也有二三十元十几元的。不过银行开门，里面已经客满，门外汉还是门外汉，名列前茅的还可掉到手，立得后些的就此明日请早。可是小阿舅的挖费是稳到手了。你看，这还不够新鲜么？暂时占一方地也可以出顶，居然有人来挖。老话说'上海是寸地寸金'，现在的畸形事实才真是这句话的好注脚呀！"她一口气说了这一段话，同时，也洗好了碗。我躺到床上，一直做听客，没有答话，因为我饭后惯常要觉得疲倦。

她要我去看电影，我因有事，辞谢了。她开抽屉拿钱，把一张纸币交给我——是金小姐的贺礼啊！我看她锁门的时候，又把话归到本题上了！她挽了我的袖子说："像我这样自食其力，一个人开支很小，非但不用轧米，去年买一石米，简直吃得忘记了，不知什么时候吃起？老是吃不完似的。"我忍不住要笑，说："那你的米缸一定是聚宝盆。"她也打着哈哈，下楼，她说："因此我在星期日还可以看看电影，出去只要闩一锁，自由自在，所以我说结婚是没有什么意思！"到小沙渡路，我们分手了。

等了很久，才得挤进廿四路电车，从窗口看见朝阳铺满了的路上，熙熙攘攘的人踪，还有，还有那些坐在漂亮包车里的先生太太们，以及踏着飞鸟般自由车的洋装裤小姐们，我想：当他们或她们在温暖的锦被中正做着甜蜜的梦时，无论如何也不会想到，甚至不会相信，同是一样的人，有的受过高等教育，也会为了要把血汗换一升米，不顾半夜的风寒，而露宿在街旁……

电车隆隆地滚着，我头脑有些胀痛。

○ 原载于《万象》1942 年第 1 卷第 11 期

不占地的家

1937

——丁丁

一般的人都有家。家，不论那房屋的富丽或是简陋，大约总建筑在地上，占去了大或小的一方地。

上海是一个繁华的都市，高耸堂皇的洋房是那么多，有钱人的家真够幸福。然而那贫苦的人呢？他们的家不但没有洋房，而且还是不占地皮的。

第一次使我注意到那不占地的家是在枫林桥。在枫林桥下边的河里，排列着许多船，一条船就成了一个家。

在一个月前的有一天早晨，必须到枫林桥那边的一个衙门里去跑一趟，枫林桥我并不熟悉。因为虽曾到过一次，但那是十年前的事了。十年里，多变的上海，当然情形已经大不相同了，所以在我脑海里虽还留着一个依稀的印象，可是并不熟悉。

十年前的枫林桥，那边有几个衙门；十年后的现在，那边依旧有着几个衙门。不过，衙门虽是一样管理老百姓的，但名称已经变了，因为十年前是军阀的时代，而现在是"革命成功"的时代。

根据依稀的印象到枫林桥去，在枫林桥的北边下了公共汽车，走向南，到了一条河，河的名字我不知道，横跨河有一条桥，我知道这桥便是枫林桥。

站到桥上，望桥南一幢一幢富丽的洋房，多气概，多庄严。看看桥下，河里的水，这样黑黑的，简直是可以称做"墨河"。在河的两沿接连的排列着许多船，船是木船，并不大，上面有芦席做着盖，破旧的。有小孩，有女人，有男子，站在船头或船尾。也有喷着炊烟的，也有木架或竹竿上晒着千补百衲的衣服的，我意识到这一条船便是一个家。

一条船是一个家，我便玄想起来。一个家里也许有两代或三代的人，他们祖父和孩子，阿翁和媳妇，不是有许多的人在一条船上生于斯，食于斯，宿于斯的生活吗？那是怎样的一种生活，我可想象不出来了。

一壁是高大的洋房，一壁是破陋的棚船，相形之下，其间不是相隔的距离很远吗？在不知不觉中，我的脚步站住了好一回，凝视着那"船家"。

衙门虽是改了名称，衙门的规矩终是差不多的，因为在衙门里的人从门房开始，都是老爷，我这小百姓，事情是很简单，但却费了许多的时间，才能诚惶诚恐的退出来。

从衙门里出来，回寓仍须走原路。经过枫林桥，我又站立了一回，看那船使我想到，上海是所谓"寸金地"，生活在船上，便是不占地的家了。

当我离去枫林桥的时候，我的脑海里浮起了一个不通的问题："他们不也是人吗？为什么洋房没有他们的份呢？"

时间真快，匆匆一个多月过去了。天气也变得快，一个月前穿夹衣，现在是热得连穿单衣也嫌累了。

失业在现在是成了普遍的现象，谁能找到一个职业，都是觉得很光荣似的，尤其是从乡村向城市里涌的人那么多。一个乡下的亲戚考取了澳门路一家书局编辑所的学习员，情愿放弃了小学教员赶到都会里来。初次到都市里来过生活，当然一切都陌生，我是一向在上海挣扎的，当然应该担负做向导的工作。

天气是那样的热，太阳像要吃人的老虎，风的屑粒也没有，但我们不能畏怕。我帮那亲戚去买了日常的用品，连着他的行李等，坐上了两辆人力车，向澳门路去。

毕竟，拉车的人是更苦的，汗像雨淋一样的在流，衣服湿透了。他们跑得慢，我们也不能催，车上装着那么多重的东西，天晓得。

从舢板厂新桥向西，麦根路拐弯向北，沿着苏州河走。

麦根路向北，那里是工厂区域，在资本家榨取下的工人的生活，当然是痛苦的，然而比工人的生活更痛苦的，还更有人，于是我第二次发见了不占地的家了。

宽阔的马路是不容许人占据的，马路沿着河。沿着路边的河岸装置着铁丝网，这是三年前"一·二八"时期装的吧？现在已经有些零落了。在路外的河边一连串的搭着许多草棚，这草棚的建筑，下面有桩打在河里，上面铺了板，和马路差不多高，上面便搭起了草棚。

草棚是分了间的，似乎一间草棚是一个家。从草棚到马路上，搭着一条木板，草棚和草棚间不通的，每个草棚有一条木板桥通到马路上，而通木板桥的地方，他们都拆去了一格的铁丝网。

因为天气热，有许多小孩一丝不挂的裸着跑来跑去。男人赤着膊赤着脚，大都只穿一条裤。女人呢？大都只加了一件背心或短衫。看他们走进草棚都得把头低下来，因为草棚是那样的矮小。

我看到了苏州河沿的草棚，很快的联想到了枫林桥下的棚船，船是不占地的，河上的草棚也不占地，而他们的生活，不是一样像地狱般的吗？

枫林桥畔有着富丽巍峨的洋房的衙门，苏州河岸也有着高楼大厦的喧嚣的工厂，简直可以说到处有着苦乐两种相对的景象。所以有人说上海是繁华的大都市，是天堂，那末我也得说，上海是地狱。

到了澳门路拐弯，离开苏州河，我坐在人力车上，有些茫然。

○ 原载于《新时代》1937 年第 7 卷第 1 期

如此虹口
1938

——德罗

在今日的虹口是充满着斧斤丁丁、锯木沙沙等建筑的声浪，虹口，是从战争的毁灭之中准备着重新获取其在上海的经济界上的地位。但是在这一些，一切都和以前不同了。在这苏州河口北的地区之中，所正在生长起来的是一个日本式的都市。一部分的中国及俄国商人是回归虹口去了，但是为数是比较的很少，而一切正在进行中的建筑都是日本人准备开店或居住之用。在吴淞路及其附近的所谓虹口的核心，是从来没有衰落过的。甚至有一二家商店据说在战事最紧张的时候也没有过关一天门。在这一个范围之内，枪弹与炮弹的毁坏，虽然有一些，但并不严重，而现在，一切都已恢复了正常态，不过原来的中国商店现在是都变日本人的了。

在吴淞路、海宁、乍浦路一带，那些最老的日本商店，自然还是在日本人之手。但是在那里，现在是有着不少新的店铺了，若干小规模的商店现在是活跃起来了，他们几乎是完全做着军队的生意，他们所出售的东西，自汽水、香烟以及写真明信片及修指甲器甚么都有。批发店中，出售着日本制造的各种罐头食物和其他物品。但是很是可怪的，其中却也有大宗的国货与美国货，皮酒是完全出售着日本货，但威士忌酒与白兰地等，却是与日本威士忌酒一同陈列着的。

①

妇女的服装

在虹口的不少日本妇女，现在是都丢弃了她们的宽大的和服，而穿起现代化服装来了。所以在虹口的日本人的中心区中，现在是出了不少现代化的妇女服装店及成衣店，在街上也随处可见穿着衣裙的日本女子，而且更戴上最时式的帽子及面罩。不过大部分的日本女人却还是穿着她们世代相传的日本式衣服。而一般店铺中，也还都陈列着日本妇女用的宽大的和服及腰巾。像任何一国的战争时期一样，金钱在日本人手中来去得快，现每一个日本人是忙于挣钱，而已造成了一批新的财主。因战事而来中国的很多的军官兵士，常从内地请假而到上海来休息，所以在虹口区中应运而生的跃起了不少妓院、饭店、酒排间，以供那些身上染了血腰中藏了不义财物的士兵们过他们短时期的糜烂生活。

商业的发展

在苏州河以北，最堪注意的一种发展，是日本人的商业都在积极扩充着。如果我们在街上散步，到处可以见到正在建筑中的大建筑物中，在大方的玻璃窗上写着"大阪"或是"神户"，或是其他日本大城市中的甚么店的"上海支

---

① 图注：吴淞路的日本人商店。刊载于《大陆画报》1934 年第 1 期。

店"。从这一面，是可以见到在日本的制造商人一刻不停地在准备的，是来中国做买卖。

供给建筑材料以及其他各种设备的商行也不少，因为这些商行不只供应着虹口区中一切大建筑所需的材料，同时，更供应着内地的一切需求。这些商行，出售着白瓷浴缸、浴室用品以及其他各种五金材料等。在北四川路上，现在新开了一家专售玻璃的商店，在门上装饰着英文与日文的"玻璃"一字的年红灯。海宁路上，设有一家很特别的商店，是专售各种各式的日本刀的，在橱窗里，在墙壁上，都陈列着大至双柄的，小至柄上都镶嵌着装饰品的刀剑。

晚上的静寂

在白天，虹口虽与上海的其他部分同样的热闹，但是在晚上，是异常的静寂。在很早的黄昏时候，行人是难得看见了，汽车也不见行驶了，在苏州河北的若干区域中，现已恢复了正常的状态，但在若干其他区域中，迄今还是毫无复苏之象。百老汇路底，还是像死去的一般；北四川路底，也是非常静寂。在北四川路的头上，每一个屋子或店铺都有人占住了，不过完全是被日本人所占住的。在施高塔路①附近及狄司威路②的头上，附近北四川路的一带，目下也很热闹，而形成了虹口的第一个日本市。在这里，虽有几家华人、外人所设的店铺，但大部分都是日本人开设的。在这一个地区中，不少房屋并未受到战事的损毁，所以原来住居在这里的日本人是很舒适的。餐馆、杂货店、书店、药房等，现在都很发达。大部分的店都是在战前开设的，但新开的也有不少

至于汇山区就很荒凉，大规模的战争，汇山区受伤甚重，现虽开始着商业的经营，但是其情形是十分凄惨的。倍开尔路③与麦克利克路④及其附近，绝少人烟，而所住居着的仅只是些俄人及其他零落的外人。这些人物，当虹口对于外侨初开放时便进内居住的，那时他们的生活，是恶劣得难于形容，水、粮食、燃料等无法获得的。但这些外人之中，有不少是以低价租得了宽敞的房

---

① 编者注：即今山阴路。
② 编者注：即今溧阳路。
③ 编者注：即今惠民路。
④ 编者注：即今临潼路。

屋，自住有余而转租给人居住。在这个区中住居最感不便的，是不能在晚上行走。但若在晚上，没有出外行走之必要的，那么，他们住在汇山区里，或更住到邻近杨树浦的所在，那倒是挺舒服的。

百老汇的酒排间

除了码头与客栈之外，在百老汇路与杨树浦路上，早开门的是酒排间。虽然这些酒排间大都已不是开设在原来的所在了，但它们却仍多挂着一般水手们所熟习的原来的牌子。昔日的店基，现在有已化为一片瓦砾的，但用原名的新店却都在附近开门了。它们的前途，似乎都是十分乐观的。有几家酒排间，在战事发生时，移到了静安寺附近及西区营业，但现在都已在这区域中重行开张，而二方面做着营业。但是在晚上，那些年红灯照着静寂的街市，也是够凄惨的。这种情形与日本商店聚居的吴淞路、海宁路、乍浦路等相较，恰恰成为一个反比例。在最近的二星期来，中国人开的小商店及小工场，在这区域中，才渐有回来恢复营业的。

日常的生活

迄今尚未到过虹口的人，常会问着"现在虹口的情形究竟怎样？""在虹口，是否有不愉快的限制及困难？"答语是"稍稍有些"。第一，是房租的高昂，并不亚于苏州河之南。还有，要觅一所居住用的屋子，也并不便易。水电等，现在是没有问题了。每一个人对于日本的哨兵须行着热诚的敬礼。华人不论男女均须呈验通行证，如果走过哨兵的岗位时，外人是不用通行证的，戒严之后，非有特别通行证，不论国籍，一概不许通行的。日本人办的公共汽车，白日行驶于各街道中。在白天，黄包车也到处皆有，日本人或中国人经营的汽车，也可以雇到。

二种货币

一个最使住居于苏州河北的外人感到不便利的，是中国的与日本的二种货币。一般的商店中，都通用着中国货币，但在若干重要的日本商店中，却非使用日元票不可。每一个人的身边，在目前，大率都备着有这二种货币，否则，是时常会得无法购买日常生活的必需品的。在苏州河北，日本货币是可以通行无阻的，但在有些场合，使用日元票是比较的吃亏。在虹口，现在是有着不少华人开设的兑换店，专做日元票与中国法币的兑换交易。

充分的生活供应

三角小菜场的营业居然鼎盛，摊主是中国人与日本人各占其半。出售的货物都是曾经剔选过的了。蔬菜之类都是从日本运来的，其中如马铃薯、洋葱头、萝卜、芜青之类，其种与质量，即在中国是未曾见过的。牛肉与鱼类数量是很多，但羊肉与猪肉极少，这大约是因为日本人不爱吃猪肉使然的。凡是日本土产的各食物无不运来出卖，日本酱油及日本调味品在小菜场及若干店铺之中，均得出售，日本制的罐头食物，在任何一家店铺中，种类极多。

高昂的物价

在虹口，一切物价都是十分高昂的。在虹口出版的日文报纸对于苏州河北的高昂物品曾著论抨击，而由官场方面努力的抑低物价，但其结果却是完全的不发生效力。虽然有些东西在虹口是例外的低廉，但以大体而论，却一般的比了苏州河南的物价高了不少，所以在虹口住居的日本人及外国人，尽有不少是宁愿到苏州河南的南京路上，或其他处所去购买他们所需要的东西。

○ 原载于《申报》1938 年 12 月 24 日香港版

烟纸店在上海

1939

—— 新亮

　　不知道从什么时候，有人说是在鸦片战争以后，纸烟如怒潮般地冲来了上海。为了要适应这种环境，有种叫做"烟纸店"的店铺也是在这个时候开始在上海呈起蓬勃的气象，像雨后春笋似的发现于这个大都市里了。一直到现在，烟纸店真可谓是"三步一见，五步一家"，成了全上海最多最普通的店铺。

　　"烟纸店"这名称是如何地深印在吾们的脑中，在吾们的日常生活上，几乎一刻也不能与它脱落。它除了出卖纸烟以外，有的还出售香烛、银箔、油酱、火油、火柴、肥皂及草纸等等的日用品，所以，在上海假使没有了这种"百货"店铺，吾们的生活，将不知会变得怎样的不舒适呢！

　　吾们虽以"烟纸店"这名目来通称，但是，依据它们各各不同的营业范围与资本，倒也不容得吾们来含混。

　　有种是名副其实专售纸烟的烟纸店，它们每日除了在门市上做些零星的交易外，就专门做大宗的批发生意。其中有的是向各大香烟公司去批来了各种牌子的雪茄与纸烟，然后再分条的，或成箱的拿来批给其他规模较小的烟纸店，在如此一转手之间，它们即赚到了不少钱。有的更与香烟厂方面订了合同，将全个该厂所出品的香烟都包了去，这样一来，市面上此类香烟的售价，就可以由它们来操纵，而它们所赚的钱，当然要比上一种多得多。又有国家经理某种牌子的外国雪茄或纸烟的，它们除了与第一种同样地在一进一出上赚丰富的利息外，每一年制造那种雪茄或纸烟的外国厂家，还要依照它们销售的多少，给予一笔很大的佣金呢。

以上，就是上海几家大烟纸店的概况。其次，吾们可以来谈谈规模较小的烟纸店了。当然啦，它们每天所做的生意是不能与那些大烟纸店相比的，但是论到营业的范围，倒要比专做批发生意的广泛得多。它们的买卖从香烟起至各项杂货止，其中包括了一切的日常必需品，甚至于还有带售鹧鸪菜、八卦丹、万金油之类的家庭药品，与糖果、饼干、文具、玩具、针线、邮票等的，总之，只要是你嘴里说得出的东西，不怕在烟纸店里没找处。

每逢到废历的初一、月半或清明、中秋、年关等几个季节，烟纸店就要大做其生意了。尤其是在年关期里，生意不知要比平日增加几倍，以致店里原有的人手忙得不够应付，而不得不需要找些额外的人来帮过个忙的。迷信的老太婆使烟纸店赚了许多钱，什么香烛呀，纸锭呀，香斗呀，送"灶君菩萨"上天的纸钱呀、甲马呀，每一年正不知道要被消耗掉多少，而间接地，烟纸店就得到了无数的利益。

各烟纸店不论是大小，一律都兼做着"兑换"。所谓"兑换"，就是普通的以法币或角子去向它们掉换铜币，在另一方面，又有许多街头的摆贩与小菜场上的菜贩，将他们一天卖去货物的零星铜币，向烟纸店里去兑换法币。此种"兑换"也使烟纸店方面赚了不少钱，因为在将铜币兑给他们的时候，向来须照市上的兑价要升高两三个铜币，好似是铜纸店的手续费。然而，在他们将铜币兑给顾客的时候，则每每要比市价少去三四个铜币。吾们知道，一元法币明明是一百分铜币，在烟纸店里，吾们却始终只能兑得九十九分。它们在如此一进一出上赚得的钱，真要使人们惊骇起来。

烟纸店的所在地与它的营业很有影响，所以，它们大多是在临近小菜场、电车与公共汽车站头，与里弄的进口处的地方，而很少在僻静的阴暗的角落边的。只要是在热闹的中心地段，单只一个狭窄的屋子，或一个小小的摊头，也准会做不少生意。在上海，此种小烟纸店真是多得不可计算，你假使有心去数数的话，倒很可以叫你感到有趣！

关于它们的组织与资本，也因为它们规模的大小而不同，大烟纸店的组织

是很复杂的，有股东，有经理，也有账房，而资本则非上万莫办。其他较小的，只要用上两三个伙计与几个学生意的就够了，其资本也较大的要小得多，大概在数千元之间。最小的一种"夫妻店"，只要丈夫与妻子共同地来通力合作，再加上一个打杂差的学生意，已足够应付一天的顾客了。

为了经营的比较简便，资本的比较不多，上海人只要有上五百或一千的法币的，都欢喜来开一爿小规模的烟纸杂货店，所以，在现在的上海到处就充满了这种店铺。

○ 原载于《申报》1939 年 1 月 22 日

---

① 图注：兑换钱币的上海市民。刊载于《中美周报》1947 年第 228 号。

广告中的上海

1941

—— Peter Fabrizius. P. 著　云玖　译文

几个月之前，我初到上海时，在《字林西报》上看到下面这条广告：

异鸟出售，能学五十余句不同的说话和乡音，如上海话、官话、福州话、英国话；能学狗叫、猫叫、鸡叫、喜雀叫、人的笑声和吹唇声。现拟以一千元出让，欲购者可以先来试听，请随时用电话接洽。

我以为这确是一头天赋独厚的奇鸟，而上海也确是一个国际性的都市。这条广告我也不过是在无意之中阅到的，因为我们阅报时，普通对于这一栏总是忽视不去细看的——这一栏里边岂不是全世界报纸里边都是千篇一律的吗？总无非是空屋出租、速记员求职之类罢了。但这里则显然有些不同，就把上面这条广告来讲吧，这是世界别处的报纸上所稀见的。

和这头能通数国语言的奇鸟媲美的，是一幅无线电的播音节目表。这张表，在每天看见的人们当然毫无可异之处，但在一个初到上海的人，则不免有些触目。节目表如下：

外国语播音：捷克文、法文、德文、印度文、匈牙利文、意文、荷文、波兰文、俄文与西班牙文。

我发现从细阅《遗失》栏即可以知道一个都市的特性。这里的报纸上面，其《遗失》一栏中所刊的广告大都是属于下列的形式：

兹遗失一九三三年十二月八日上海某某公司出给某某君第某某号栈单一纸

特此声明作废。

我虽可以由猜测而知这种已经遗失的栈单、关单和提单，后来仍会被人利用的不过居其少数，但从这种遗失的文件自就可以决定当地的特性，而且如若所遗失的是"栈单"，则尤其足以决定这个东方口岸的特性。不过这句话并不隐含"雪靴只会在莫斯科遗失，香水瓶只会在巴黎遗失，阳伞只会在伦敦遗失（新近还有防毒面罩）和性命只会在支加哥失去"的意义。

避弹汽车——春闺寂寞的女子

有一次，我偶然发现广告一栏不但毫无政治色彩，而且很富于可供消遣的阅读的数据，只要你肯费些工夫去找寻一下子。我常作这种尝试。

我所阅到的第一条，颇使我有些吃惊：

出售别克牌避弹汽车，稍有损伤……

征用身材强壮之俄籍保镖两名……

出售避弹马甲，NN牌子，保证绝对可靠，各国政府及各处警署均经指定采用。

这真是一个可爱的地方啊。我或许应该把我的香烟盒放在马甲的口袋里边吧，则我也就能够避弹了。那辆别克牌子的汽车，为什么是"稍有损伤"呢？难道是碰坏的吗？

我舍弃了这些惊人的广告，另去找寻爱情小说的数据。这是较为令人愉快的方面，同时也是更神秘的一面：

穿灰色大衣的女士鉴：通知太迟了。星期一下午五点三十分，地点在原处，请勿失约。

（我希望这位女士是一个性情和善的人，不致因接到通知太迟而发起怒来，否则也许要累那位先生写信到出售避弹马甲那具信箱里去吧。）

高大黑发在跳舞场扳"角子老虎"的美国先生鉴：星期三晚十点三十分，请与关切之女子接洽……

这类广告的幕后大概都隐着不少的事故吧。那位先生扳"角子老虎"时输去了不少的钱，然而竟因此打动了一位女士的心（我怎知道他是输的呢？想当然罢了。他必身躯壮健，头发黑色，而她则必是身材娇小，面貌秀丽。他必正在准备回美国去会晤一位爱人时看到了这条广告；以下必是接吻、哭泣、嫉妒、争吵、避弹马甲）。

性情娴淑，生活独立之女子，因异常寂寞，愿与生活独立，受过良好教育，已有相当地位之协约国籍男子交友……

这是本年一月间的一条广告。她如向一个月前某一天报纸的同栏内去细阅一遍，则她就可以寻到一个合适的对方：

受过教育之加拿大籍男子，年三十五岁。抵埠不久，俱乐部会员，有相当地位，并不寂寞，愿与娴淑文雅之女子交友……

我很佩服这位乖巧的加拿大先生之加入"并不寂寞"这句话。他显然憎嫌"异常寂寞"这类常谈，所以特地声明他并不是为了寂寞。这是新颖的思想，并含着一些挑战的意味——我如其是一个异常寂寞、生活独立的女子，我便应知晓怎样的做去。

① 图注：《字林西报》上的广告。刊载于1867年1月4日第一版。

阳光满地的海岛和公园

你如愿意跟着我去作新发现的话，我们当暂时舍去这类只刊出住址或房间号数征求友谊的短广告，另去找寻富有刺激性和神秘的事件。

美国注册帆船，将取道群岛开赴加拿大。兹征求愿意协助行船工作，并能自行担负伙食费用之船员五名。品行不端正，身体不健康者，不录……

先生啊！这广告中的话太简略了，你忘了加入几桩必要的资格：须具备正式美国护照，须信用卓著者，须无家庭或商业之牵累者。如若这类条件都是不需要的话，那末就是我也能够介绍许多位愿意的人，和你同去作冒险的旅行咧。

上海也很富于神秘的事件。即使其实并无所谓神秘，但表面上确有些像的：

中国青年，征求爱好阳光不爱月光的同志，惟限于东方国籍者，性别不拘，本日午后一点三十分在兆丰公园会集……

这难道是崇拜太阳者吗？是一个秘密宗教吗？是一种巧妙的生意经，一次政治性的集会，一个畸人的怪想，或一个秘密通讯吗？不论如何，这终是一条异于寻常的广告。

你如把分类栏的广告加以研究，你便能知道每一个主人翁所具的心理。那位征求两个俄籍保镖的人必是一位悲观者。因此，登下列这条广告的人，据我看来必是一位乐观者：

鄙人拟购利息优厚之房产一所，价值以美金二百元为限……

对于下列这条广告你可有什么意见吗："征求善于钓鱼之欧籍女子两名……"（这条广告的本意后来凑巧为我所悉。原来是有人拟开设游戏场，里边一个水池，所以要征求两位女子作钓鱼的表演。）

亚当买高桶礼帽

我时常作效法亚当之游戏，其方法如下：你以一个浑身不挂一丝，对于一切均无所知的人之地位，走进广告栏去，即依着广告里边所指点你的话，去一项一项的购买，去一项一项的学习，去一项一项的照做。你当试行严格遵从一张报纸上所有的广告所指点的说话，一一照着办去。

广告栏里也许有一家衬衣店可以依着身材定做衬衣，你去买一件。你再买一套西装衣裤，一双手套，一顶高筒礼帽，一双皮鞋，一顶洋伞，一条领带，一只皮夹。但买时，你须依着广告的次序一一的买去。结果你也许会拥有一座堡垒，一只游艇，十条波斯地毯，一只电气熨斗，一具梯子，一架缝衣机器，一张代步椅和一具电气冰箱，但两只脚觉得冰冷，因为没有买到袜子。

这种游戏有时真能令人手足无措，但确是很有刺激性的。你走进广告栏时，是一个一无知识如初生婴孩一般的人，但在离开时，你已能通全世界各国的文字，已熟悉摄影术、跳舞、打字、簿记、速记、Bridge 纸牌戏、绘画、绘图、弹琴、天空航行和口吃了——这里，所谓口吃是指怎样矫正这个毛病。并且还能学会"编制电影插曲和短剧插歌，由著名的欧籍制曲家指导"。

生活之映画

这种游戏使你知道报纸上的广告竟能包罗人生之一切方面，不论私人或公众生活，并且无所不达，从你出生的通告起直到通告你的死信为止：

某君逝世，承赐以慰唁，并承赠花圈，深为感激，谨此道谢……

在以上这两件事的中间，你的母亲替你购买孩衣，也依着广告的指点购买全酪奶粉（因为你的脸色不红润），替你雇用奶妈，再后来替你请先生，你自己则寻到一位合适的女子，一个位置，买到一所房屋，征到一位投资顾问，并一位能指导你怎样去翻本的起课先生。我以为你如把一生中所写信答复过的广告和自己所刊登的广告集在一起，则简直就可以编成一部完全的传记，包括你一生的经过、生活的奋斗、所获的快乐、所成就的事业和所遭到的失败，都能罗列无遗。

有的时节，一则短短的广告即能透露本人的身世。数天之前，报上有一条出售"古代德国衣巾箱（一六七三年旧物）"的广告，我们一看之下便能知道其中必包括着一个德国难民的大段痛苦史。另有一条，语气虽较为镇定，但其能透露内情正属相同："教授德文，只求膳食为酬，请致函信箱……"这两条广告是在同一个星期中发现的。

难民所登的广告是有时很有趣的，其中显示曲折的经过怎样改变了他们的生活之路线：

一九二〇年夏间曾在柏林郊外散寓寄宿数星期之王君鉴：请与……通信，地址东熙华德路。

人类史之映画

以上最后这类广告能引领我们另有所发明。这种广告不但反映个人的生命史，并且也反映人类的历史，假若我们用较为广泛的见解去观察的话。其例很多，如：

美国人听了！快再来吃一次在本国所吃不到的中国菜，请驾临……

撤退的人士们听了，动身之前，不要忘记买些中国邮票，带回去分赠你们的亲友……

可靠商行愿代交战国籍人民照管房产……

美国籍女子，年二十一岁，愿充回国途中之临时保姆，以代购回国船票为条件……

这就是欧洲的紧张局势在广告栏里所反映出来的画面。海峡中的战事经已造成新的历史，其影响已及于全世界，这些也都已在广告栏中反映出来。

论到英伦海峡战事这件事，我还要提起从前一件事情。你当然还记得从前勃兰里奥作那次划时代的初次飞行吧。你知道当时的情形吗？我现在已经知悉了。我翻阅从前的《字林西报》，在一九一〇年一月三日那张报上的广告栏中找到下列这节文字：

勃兰·里奥驾着一架分量重于空气的飞机，从法国跨海飞到英国，这次壮举真是历史上的一座纪程碑。跨海飞行这件事是大家都已知道的了，但惟有我们曾亲聆勃兰·里奥君讲述他怎样藉着意志力和 Nervoline（一种成药补品）的补力才能作成这次制服空气压力的伟举。

这位伟大的飞行家承认这次大规模的飞行实在耗去他不少的心思和体力，幸有 Nervoline 这种功效伟大的补药，才使他能够耐受这种艰难辛苦，而抵于成功………"

这时期中的广告还不像目今这般的会说会话，但也已罗列着不少的事故，它们或许不及现在这般有趣味，然而其耐久性倒似乎能超过第一版中的重要国际消息哩。

○ 原载于《宇宙风·乙刊》1941 年第 43 期

法仑斯夜总会养猪
1942

—— 敏

仿佛还是隔昨的事，上海的夜生活正在全盛时代，纸迷金醉，城开不夜，尽多那批痴男怨女，晨昏颠倒，为欢作乐，娱乐场所哪一家不是顾客盈门？尤其是满充着神秘色彩的西区夜总会，如伊文泰、法仑斯和阿真廷那等，处处为顾客尽欢着想，于是醇酒美人之外，更备各式各样的赌博引诱顾客，好在不愁没有千金一掷的寄生虫，于是夜总会老板面团团作富家翁，自在意中。

然而上海租界究非世外桃源，随着世界大战的更趋紧张而受影响渐剧，终于严行节省电力、限制汽油、提早娱乐场所收业时间、减少公共车辆。那些夜总会接二连三的遭受重大打击，已深感营业为难，迨至最近更觉无法维持。曾几何时，上海的娱乐事业已呈

①

---

① 图注：上海的酒吧间。刊载于《中国建筑》1934 年第 2 卷第 1 期。

崩溃之势，往日灯烛辉煌的西区夜总会也变得冷冷清清人迹罕见了！

提起大西路上的法仑斯夜总会，沪人非但耳熟能详，且曾在那里通宵尽欢的也不在少。老板乔易·法仑斯，中年秃顶，三分像美国的喜剧电影明星罗兰扬。往日游客常见他穿着小礼服周旋招待。法仑斯为人精干，鉴于夜总会的末日已至，毅然改行，将法仑斯夜总会的后园辟为农场，脱去礼服，换上短衣，亲自督察中西员工多人，先从养猪和鸡着手。法仑斯夜总会褐色房屋的外表虽和以前一样，进门一望却已面目全非，酒香粉腻的欢乐场竟一变而为禽畜群处的饲养地，叫人不禁兴沧海桑田之感。

法仑斯农场现划分两部，猪鸡各半，鸡约三百头，以羽色区别，各有铅丝网隔开，不许混杂。说来也很有趣，架设赤色鸡棚所用的木材便是夜总会的赌台，无论台面、台脚、横木，全都拆下盖成鸡棚，足见法仑斯的经营农场确是下了决心的。

农场的那面是一排猪圈，长二十五码，阔五码，满地泥浆，大小肥猪本有四十头，近又增加十二头，不久更将续增。此外，并将添养马三匹和其他禽畜。法仑斯对于鸡和猪的饲料非常重视，因为这是有关农场成绩的。猪的饲料以胡萝卜为主，饲鸡的谷类也经挑选，按时饲给。据说法仑斯非待禽畜饱食而认为满意，自己不愿进膳，其经营农场的专心从事可见一斑。

法仑斯非但督察喂饲工作，且亲自收蛋放入孵卵器，校验温度，暇时便计划怎样改进扩充，终日不息。据法仑斯说，他觉得办农场比夜总会有兴味得多，工作至今，所获成绩已很可满意。他的农场所产鸡卵，平均较市上的为大，且尝过的人都赞它的滋味鲜美。场中现有鸡约三百只，逐渐孵化，不久便可增至一千只。

在这个年头经营农场，确是稳妥的事业，法仑斯从消耗场所的老板，一变而为生产者，其精神倒也值得佩服。

○ 原载于《申报》1942 年 3 月 25 日

舞榭沧桑
1946

——《申报》特别报道

> 月寒江清夜沉沉，美人一笑千黄金。
>
> 垂罗舞縠扬哀音，郢中白雪且莫吟。
>
> 子夜吴歌动君心，动君心，冀君赏。
>
> 愿作天池双鸳鸯，一朝飞去青云上。
>
> ——李白《白纻辞》

音乐和女人，是大都会中不可少的点缀品，跳舞是音乐和女人的综合物，在上海的娱乐圈内占着很大势力。舞蹈本为人类文明最早的产物，任何民族在神权时代，舞蹈是敬神祭祖时的一种重要节目。但在现阶段的上海，舞蹈已经变了质。在半明平暗的灯光之下，拥抱着装扮得像妖魔似的女人，再加上洋洋大观的爵士音乐，已成为金钱和色欲的买卖。与过去含有艺术性的舞蹈，相去天壤了。

圣诞节才过去，新年将到，这正是跳舞的节令。都市之夜本来是不寂寞的，这几天格外显得热闹，虽然霓虹灯已被禁止了，但到处仍有许多诱惑的灯光，随时向路旁的行人招手。一阵阵的音乐，在凛冽的寒风中吹送过来。假如你已控制不住自己情感的话，踏进了舞场的大门，那更可以看到动人的一幕。一对对的舞侣，在舞池中回旋，各种乐器交奏而成"夜之曲"，撩乱了人的心弦，在这里，充满了享乐者的狂笑。

上海舞场回顾

跳舞的风气，在今日上海已普遍地流行着，上自达官巨商，下至薪水阶级，尤其是学生之流，都流连于舞场之中。他们婆娑起舞，夜以继日，简直忘却了一切。但跳舞在上海，却只有一段很短的历史。

上海最初的跳舞，原是洋人们的玩意儿，那时外白渡桥堍的礼查饭店、跑马厅畔的卡尔登，每逢星期六和星期日晚上举行交际茶舞，华人是绝无仅有的。民国十二年，一品香旅社也仿办交际茶舞，那时达官贵人寄寓于一品香旅邸者颇多，茶舞倒也热闹，这可以说是上海最早的华人跳舞场。

①

营业舞场黑猫首创

营业性质的舞场首推西藏路宁波同乡会隔壁的黑猫舞厅，备有舞女伴舞，每元伴舞三次，也是那时定下的价格。黑猫舞厅开幕后，一品香的茶舞就无形取消了。接着开设的有爱多亚路的桃花宫、北四川路的月宫、宁波路的立道。但那时上海会跳舞的人很少，错了步伐，翻了筋斗，狼狈不堪的时有所闻，往往为西人所讪笑。而社会方面，亦不像目前的放任，男女搂抱，殊不雅观，颇

① 图注：百乐门舞厅的演出。刊载于《金城月刊》1939 年第 5 期。

多攻击之言，舞场营业并不十分发达。

跳舞流行日久，渐觉习以为常，游人日多，于是新设立之舞场风起云涌，如大东、大沪、辣斐、大华等先后成立，营业均称不恶。那时更有一种小型舞场，乃是投机者吸引中等阶级舞客而设的，如顺风、夜总会、逍遥、胜利、惠令登等纷纷继起，舞票改为每元五跳至八跳，茶资减至二角或四角。至此一般普通薪水阶级甚至商店中的小职员，均做了舞场中入幕之宾，跳舞在上海，慢慢地大众化了。

交际舞解寂寞祛烦虑

跳舞之风流传到中国，已几乎是声色中的一种重要项目了。公子哥儿们大都以交际为借口，达到他们玩弄女性的目的，伴舞的娘儿们好多也是由窑子里姑娘转变而来的，舞场遂为满足肉欲之地。

在欧美各国，跳舞的背景和立场却和中国截然不同。男女双方不是朋友即是同事，因好此道才一起去跳舞的。他们根本认跳舞为一种室内运动，一种美化的情调，所以跳得轻松而自然。解寂寞，祛烦虑，真是别有一番风味。在大宴会上联翩起舞，应拍中节更不可少，这才真正够得上"交际"二字。

初期的交际舞当然是很呆板的。迨后社会上男女间的关系渐趋自由，舞艺更比较轻松，步法也日见复杂，由"慢板"而转为"快板"了。这转变的宗旨不外是异性互相吸引，以美化之音乐旋律，调剂社交之枯燥，此之谓高等情调！

降格以求一元五跳

那时舞场营业虽盛，可是对于顾客颇为重视，不失迁就之意，决不会有舞女大班来介绍坐台子，缠夹不清，使人啼笑皆非。迨后受世界经济恐慌的影响，上海市面笼罩着"不景气"，营业格外迁就，好多一元三跳的舞场不惜降格以求，改为一元五跳。差不多的舞场，都举行下午茶舞，奉送茗点，吸引顾客。可是带了舞侣进去，仍得破费茶资，因为舞场和舞女无非希望在舞票上多点收入。最初红舞星是不屑参加茶舞的，但渐渐在生活鞭子的驱策之下，也有许多改做茶舞了。这是舞业走向下坡的一个阶段。

"八一三"的炮火打破了上海人纸醉金迷的奢华生活。但在国军西撤以后，上海市容又渐渐地繁华起来。那时添了一班由内地来沪避难的富商大贾，这许多挟有巨资而无所事事的人们，纵情声色，使上海的娱乐界畸形发展起来，舞场当然是不会例外的。旧的舞场先后复业，新开舞场也有好几家。但因租界戒严关系，晚舞八时就开始了，每逢星期六晚上，则通宵营业，有几家甚至于每晚通宵。茶舞仍是很普遍的举行着，许多中型和小型的舞场更有所谓午餐舞，如果有兴的话，你可以从中午十二时起，跳至翌晨四时止。

孤岛舞市如痴如狂

那时孤岛上的居民对于跳舞好似疯狂一般，不论白天晚上，舞场里总是坐得满满的，星期六更是拥挤万分。舞池中只见摩肩接踵，万头攒动，洋琴鬼又分外卖力，一曲甫终，一曲又起，累得狂热的舞客不遑息足。全场是笼罩在脂粉烟酒的气氛里，直到舞客们怀中的钞票，尽送进了舞女的皮包中，大家才兴尽而归。这时在漫长的前线，虽有上千万的将士们在浴血抗战，可是上海已听不到炮声了，悲惨的往事，也由模糊而淡忘了，哪里还记得到国难与家难！

胜利后

胜利后的上海，舞场更像吹过春风后的野草，显得生涯鼎盛。美国水手们，袋里贮藏了好几个月来无法消耗的美金票，上岸后当然要尽情作乐一下。舞场老板接得了一批洋财神，真是笑口常开。可是水手们醉后打架闹事，也是舞场中所感觉到头疼的。而且好景不长，水手们的袋里慢慢地空虚了，舞场的营业也随而下落，于是纷纷改变营业方针，仍继续去做华人的买卖。

舞　男

"舞男"这名词，大家也许感到很生疏罢？本来在男女平等的原则下，既有舞女，也应有舞男。在欧美各国舞场中，舞男并不稀罕，他们也和舞女一样，伴人跳舞，在中国这风气究竟尚行不通。

在民国廿六年，百乐门曾有舞男出现。据说他是一向以教授跳舞为业的名家，由某舞女的介绍进百乐门舞厅，每晚在那里教舞，同时随时可以陪伴小姐太太们跳舞。可是昙花一现，没有几天就不见了，以后便继起无人。

○ 原载于《申报》1946 年 12 月 30 日

---

① 图注：百乐门舞厅的舞男。刊载于《良友》1937 年第 124 期。

PART 5

上海文化

旧时上海

评五出上海时髦戏

——陆明悔

1922

　　我有一位乡亲初到上海，要我陪他玩几天，所有上海的繁华所在都去走了一遍，晚上并请他看了五大本上海时髦戏。所到的戏园，除新舞台与第一台卖座稍次外，那几家都挤得很满，其中以大舞台的生意为最好，因为那本《关公出世》还是初出世咧。这几天戏看得我头疼脑胀，几乎害病，因此我却得着一个暗示就是"戏的价值与卖座的多寡适成反比例"，越胡闹越能卖钱，越无理越能博好。我的乡亲未到上海以前就听见人说上海的新戏（指时髦戏），此番来了，非去瞻仰几次不可。我再三劝他不必去受罪，他说："到了上海不去看几本新戏，那是枉到上海走一遭了，回到家乡也没有交待。"于是，我便怀着一个"我不入地狱谁入地狱"的心，牺牲几天光阴，把上海最近的剧界怪现状调查一下。把它们记下来，并不是替他们登广告，乃是教未看过的人免去再上当！闲话少说，待在下慢慢地道来。

《诸葛亮招亲》

　　上海时髦戏中的尤其时髦的，就是那几本"招亲戏"。已经演过的有《诸葛亮招亲》《鲍超招亲》《赵子龙招亲》《猪八戒招亲》等数出，模仿性照科学家解释起来，也是人类心理中含着的一种不可少的原质。譬如，小孩子如果不会模仿大人话，长起来就不会开口，天生的聋子就因为小时候听不见大人说话，无法模仿，所以将来就成哑巴。仿效别人不能就算坏事，但是像上海戏园的近于剽窃的模仿，那就太难为情了。

这本《诸葛亮招亲》先是亦舞台的一个打鼓佬排的，因为扮诸葛亮的是谭鑫培的女婿王又宸，园主想多号召些看客，便与王又宸商量借用一次死老谭的商标，只说这是谭氏的秘本，传授给王氏的。这个牌子掮了出去，就惊动了一般拥戴"伶界大王"的遗老，说王不该给先王爷现眼，妄用圣讳，大逆不道，骂得他一个泰山不下土。其实谭鑫培也是一个目不识丁的戏子，生平只会唱几出死戏，他还不配有排新戏的本领呢。又有人说这本戏中的五音联弹的唱法都是胡闹，谭鑫培决不会唱的。这也叫谭的财运亨通，将死的几年有人捧他罢了，如果他迟几年死，到上海来再没有人捧他，但等他没钱买鸦片抽的时候，怕他不乖乖地到台上去唱"十八音联弹"给人听吗？

上海剧界为了《诸葛亮招亲》一戏，几乎闹成"兴行权"的问题呢。因为大舞台看见此戏卖钱，便趁亦舞台歇夏的当口，把它偷唱了。亦舞台只靠这一本戏叫座，被他们这一偷，那就是夺了自己的饭碗了，派人去同大舞台交涉了一回。那方面根据的理由是，大舞台唱的《阎瑞生》，为什么家家要唱？大舞台唱的《宏碧缘》，为什么共舞台要学？后来请了公正人来断说，《阎瑞生》是时事戏，家家都准唱的，并且不是大舞台第一家唱，也是偷的人家的穿插。《宏碧缘》是天蟾舞台的戏，共舞台就算偷，也是直接由天蟾偷来的，大舞台也是从一条路上偷来的。现在的《诸葛亮招亲》是亦舞台的人用脑筋想出来的，所以不能偷演。大舞台又说："脑筋想出来的戏不准别人演吗？那末《空城计》《李陵碑》《打棍出箱》不都是理想的戏吗？为什么家家都能演？"这方面的辩难是："这是祖师爷传下来的老戏，自幼由师傅教的戏，自然是另当别论啦。……"这些辩论，我也不必去详细记述吧。总之是大舞台的理性稍微欠一些，后来的结果是，中国的伶界向来没有兴行权，无论谁排的新戏，都准许人自由演唱，不过亦舞台一班子人单指着这一本戏吃饭，请大舞台看在同行的面上，不要被外界的人说"戏子真个无义"，唱尽管唱，只是要求改一个名字吧。大舞台被一个"义"字激动良心（因为他们从前排过一本单名《义》字的戏，现在又正排着桃园结"义"的《关公出世》，所以把"义"字看得极重），便把《诸葛亮招亲》

改为《诸葛亮做亲》。这与上海的宏茂昌和宏茂锠、冠生园和冠主园、泰康和秦庸等等冒牌商标，可成先后相辉了。此戏的大概如下：

诸葛亮的未来夫人芳名玉英，是黄承彦的女儿。她的父亲在朝为官清正，遭十常侍的陷害，父女落难，好像《桑园寄子》一样。不过去了两个小孩子，用一个丫头来代替，行路唱几句与《走青山》差不多的二簧。黄承彦虽是文官，但第一次就经唱武生的何月山扮的。他在台上大翻其筋斗，所有抢背、吊毛、壳子等等，莫不应有尽有。这大年纪的老头儿，真不怕摔死！行了一回，父女被强盗冲散，丫头被他们抢了去。玉英小姐被一位仙尼救去。黄承彦回到家里，因为失却爱女，又因天下大乱，便看破红尘，隐居在南阳。他有一个相好的朋友名叫崔州平，时常来安慰他，倒也不觉寂寞。再说仙尼把玉英救去后，教了她几桩仙法，打发她下山完全婚姻，并说明她将来当嫁诸葛亮。小姐遵了师命，辞别下山，可巧在半路上遇见由盗窟中杀了逃出来的小丫头。主仆见面，可没有唱两句《哭相思》。二人又到一个尼庵里去投宿。睡到半夜里，妖怪作起怪来。小姐遇着过仙尼，法力自然不小，区区妖怪，竟被她杀死。由此就得了一本天书。她们后来又走，遇见一道大河当前，崔州平正在这河里泛舟闲游，将她们载在船上，问起名姓，知道是老友的女儿，遂送她们回家。她到家见了父亲，就说明自己应嫁诸葛亮。黄承彦就请崔州平去说媒。岂知他去同诸葛亮说之再四，那没胡须的孔明先生兀自不允，此事只得暂时搁起。有一天诸葛亮在大雪地下不慌不忙地唱反二簧，他这里从容不迫不怕冻坏了后面撑伞的书僮，并且孔明还骑在马上，那撑伞的书僮膀子却也不怕酸痛啊！真是事有凑巧，那崔州平也在这里踏雪寻梅，他便略施小计，把一位会阴阳八卦的诸葛亮诳到黄家。黄承彦便留这位意中佳婿睡在书房里。崔州平存心与孔明闹玩笑，睡到半夜，窗起鼻子学了女子声音，冒了玉英小姐的名去调戏他。他因为三番两次不堪其扰，要想逃走出去，岂知触动"机关"，变出两个活人扮的机关木人来，将他按倒在地。此时又有"机关"变出一座闺房，玉英小姐坐在里面。这样便惊动了一干人，黄承彦跑出来抓住孔明，说他半夜里擅入小姐绣阁，不是招亲，竟成了捉奸了！小姐急于要嫁丈夫也顾不得差耻，自己拿天书给他看，逼他要娶自己回去。崔州平又攒出来做好做歹，诸葛亮实在逼得上天无路，入地无门，只得应允了，这一本招亲就此闭幕了。

这是诸葛招亲的正文。另外的穿插有真刀真枪特别打武的大破黄巾，许多人拚了性命去大打一场，与江湖上卖艺的在露天里嚷"要钱不要命"的没有什么两样。我看见他们打得凶，心里很怕，怕他们一失手把自己人搠一个窟窿。听见我旁边的人狂声唤好，心里更怕，怕他们中了台下彩声的催眠，忘其所以，把手中的兵器飞到我头上来。我想挤出去，到远处去避一避兵灾，又怕扰乱邻座的秩序，他们要骂我"猪头三"。那时我只得闭了眼睛，听天由命吧！好容易听到急急风完结，台上又没有乒乓招架的声音了，睁开眼来看他们的亮相。呵哎，不幸！内中有一个人的耳根下果然"当场出彩了"。究竟怎样受的伤，在忙乱之中无人看见。我旁边两个宁波看客，一个说是真血，一个定要争是假血。为了这个流血问题，几乎台下也来一场打武。幸喜一方面说了一句"是噶来，奉扰，哦同倪前面去看"，二人站起来在我们的背脊上连跑带跳的爬过去。我只见那台上的受伤者在站定亮相的时候，好像有疼痛的表情显出来，但是那时正是死气白脸地要求台下喝彩的紧要关头，挺直身子不敢动，后来重打鼓锣，他才用手摸了摸，见是鲜血，便把手指上的血用嘴去咂干，毫不在意地摇摆着进去了。我心里只是疑想"这是人吗"？

两位宁波先生站在前面，因挡住了几位天津客帮的视线，强迫他们坐下。宁波先生说："阿拉瞜纳交落铜钿呢，沙希？"天津先生说："你说嘛呀？骂人？"宁波方言的音节不美，是各处闻名的。天津人常在剧场里唤"好吗"吊嗓子，非但嘴劲有功夫，并且喊的调门很高，一句"你说嘛呀？"就够上了亿字调。不是全场人群起"嘘"之，这一场浙直战争一开，我们江苏人夹在中间难免又要受影响。

时髦戏的灵魂是五七九音联弹（《宏碧缘》里发明）、真刀真枪（何月山的三本《铁公鸡》《塔子沟》等戏发明）、操兵摆阵（《七擒孟获》发明）、机关布景（由我介绍）、舞带子采药（梅兰芳发明）等几种。这本戏里大概是应有尽有的了，无怪它十分卖座。我再把他们的机关说一说，就算完全介绍过了。

一、南北斗，太极图，空中自转，巧不可阶。（一个圆的盘画成太极图，圆心有轴，后面摇动，哪有不转之理？这个巧妙机关，三岁孩子都会造的。）

二、大镜内忽然现出神尼，来去无踪，真正不可端倪。（镜柜里蒙上白布就算镜子，白布抽开，里面藏一个人，明明看他来，明明见他去，人人都能端倪。）

三、两人并立山顶，忽然土裂山崩，两人悬空，冉冉升入九霄云外，观之骇奇煞。（山是假的，一拉就倒。两个人都用铅丝吊着，自然悬空。亦舞台的戏台高不到三丈，阔不过几十尺，上面还有屋顶盖着，怎会"冉冉入云霄"呵？他们真不知天有多高！）

四、桌子自行，转动灵便，进退自如，机械作用，令人挢舌难下。（桌子是布糊的，里面藏着一个活人，人走，桌子自然跟着走。这种机械作用，小娃娃也想得出，今夜全场数百人，我没看见一个人伸出舌头来！）

（上面引的都是亦舞台广告上的话。）

还有巧妙机关，不必一一细述，就此结了吧！

大舞台的《关公出世》

大舞台自成立以来，就以偷戏为拿手杰作，刚才说过的《诸葛亮招亲》不算外，待我来数一数他的贼赃：

《新茶花》（新舞台）、《宏碧缘》（天蟾舞台）、《苏护进妲己》（亦舞台）、《七擒孟获》（亦舞台）、《许田射鹿》（第一台）、《走麦城》（新舞台）、《铁面白清官》（新舞台）、《刘全进瓜》（天蟾舞台）。

以上是择我个人记忆力所及的写了出来，其余我不记得的只怕还不止此数。大舞台之能立足于上海，全仗这几本偷来的戏救他。他们自己编的戏未尝没有，只是编手太高明了些，没有人敢去偷他的罢了。这本《关公出世》就是他们天才的结晶，我把内容宣布出来，请阅者公评吧。

第一场《大罗天》，演的是天上的事情。中间坐的是玉皇大帝（？）两旁边站了许多稀奇古怪的神仙，每人背上插了两面旗子，一面写着前世是什么人（都是汉高祖时代的人）那一面写后世投胎变什么人（《三国演义》里的人物）。这算给人家一种冤冤相报的暗示。看了这个东西，那般"猪头三"男女就明白天下大乱都是天上的星宿下凡，他们在前朝结了冤仇，天上不许报复，玉皇无法解决，一定要到派下凡间来打一架才肯罢休。怪不得中华民国到了第十年，还有许多人伸长了头颈盼望"真命天子"下凡咧！

玉皇查得下界某处的人民，不孝父母，不敬天地，不礼神明……合该罚他们遭旱荒，吩咐龙王少给他们雨水。谁知龙王倒是心肠忒软的怪神，看下界人民可怜，故意多下了几尺雨，玉皇闻信大怒，说龙王不遵玉旨，违反天条，应该处斩。斩龙的时候，就有机关来了。一根柱子，中间是空心的，里面涂了黑色，龙王绑在柱上，斩的人一举刀，龙王就往柱里钻了进去。柱下有一个布帘子，用人一拉便升了起来，将藏龙王的窄胡同挡住，帘子上画了一条无头的龙形，这时由后台楼上掷一个假龙头下来，就算是龙王斩后显了原形了。这段情节明明是偷的《西游记》上魏征的故事，他们真可谓三只手咧。这给看戏的暗示是：各处的旱荒水灾，非但是事前无法预防，就是发生了灾荒也不该去救济。因为他们遭了天谴，救他们就是违反天意，自己也要遭殃。你们不看见救灾民的龙王受一刀之苦吗？

天上杀的龙头掉到地下来，被一位高僧拾了回去。于是高僧邀同高道就大谈起前因后果天下大势来。龙头封在一件东西里，来了一个冒失鬼的徒弟将盖子揭开，霎时东洋红焰火受火柴的传染烧了起来。高僧走出来连说"善哉善哉"，原来那位顶天立地受人间百世香火的关云长老爷就是这龙头去投胎变的。我今日方知所谓"帝君"者原是妖怪！

此戏一场一场，红的进去，白的出来，麻烦极了，不要说不情愿来看的我，就是那般爱看时髦戏的上海时髦人也表示不满意。观客座中的呵欠声不绝地发出来。台下的混乱无以复加，台上人说话简直听不见，后来只看见关公由小及大，什么上学念书咧，说媒招亲咧，降妖得剑咧，除暴安良咧，张角造反咧……多听见锣鼓，少听见说话，搅得人头昏眼花谁还记得起情节。有人说："与其插许多无用场子空费时间，何不割去一大半，教人痛痛快快早些看完岂不是好？"唉！你们不明白，不是"七时登场"就违反了时髦戏的条例，就不能叫座，他们的敷衍辰光，演的人在台上也觉得僵得慌，只是要学时髦，就顾不得看客的光阴，和自己在台上的"僵斗了"。

戏中有一场所谓机关布景者，倒很可以做此剧的缩形。黄巾军反，在他的巢穴里面有一只大走马灯，先是在布景后面摆着的，前面两张彩片移开，走马灯现出来，几个纸人在里面转，台下的看客连忙拍手唤"好呀！"

全剧共有三场，机关、斩龙、走马灯据其二。那一场就是末场顶顶着重的大机关了。关公因除暴安良，与恶霸结下冤仇。旧小说的条例，恶霸必与赃官通气。此剧也根据此例，关公于是乎落难。他被追兵逼迫，无处逃生，遂惊动了观音菩萨前来搭救。他逃到一个庙的门前，阶级忽然开放，他就钻了进去。追兵到来不见人影，关公突然在桥面上走了出来，白面关公变了一个赤面长髯绿衣绿帽与我们平常习见一般的关公了。追者无法辨认，关公就此脱险。这就是告诉人关公的赤脸之由来。

统观全剧的情节，都是在那种三寸长的石印小说中套来的。那般小书的千篇一律的情节是：星宿下凡、员外得子、番王造反、妖怪迷小姐、公子爱习拳棒、恶霸抢人、公子打抱不平、赃官陷害、公子落难、仙人搭救……大舞台把这许多情节凑在一起，加上操兵、联弹、机关、打武等物，再用一个大名鼎鼎的小说里的人物做一个幌子，就立刻成功这本簇新的时髦新戏，并可以连演数十天而成百观不厌了。唉！上海的剧场！上海的看戏人！

丹桂第一台的戏

麒麟童年轻力壮，办事认真，演戏卖力，不能不赞他是剧界的一个干才。丹桂第一台自归他管理后，经过多少风浪，任过多少劳怨，他却能始终不懈，把一个几番摇摇欲倒的第一台支持到今日之下，而仍能轰轰烈烈地站住地位，实在不是容易的事情。所惜的就是学力不足，新编的戏虽是源源不绝地演唱，若用艺术的眼光去估量他们的价值，那就卑之不足道了。他的戏剧全乎模仿上海滑头书坊的手段，绝对的迎合下流社会心理，专做投机生意。我们单看他登的戏目广告，有时也用什么"大甩卖"等名目，就知道他采取的营业手段是什么了。

他可以说是很聪明。前年某烟公司出了一种香烟，上海全埠飞满了"烤"字的广告，他便利用了这个伟大广告力，排了一本《烤》戏出来。戏的内容虽然不好，而叫座的能力却很大。自从这"烤"字开了端，专门偷戏的大舞台照例模仿排了一本《义》，又有哪一家排了一本《佛》，一个字的戏遂风行一时。

这一本戏，可以说是《烤》的余波。我的亲戚因为生平没听见过"鬼腔"，看见第一台的广告上说得离奇，定要去见识。我亦一时动了好奇之念，遂欣然同往。似此足见麒麟童之善于揣摹观众心理了。

此剧的内容如下：麒麟童扮一个纨袴子，名钱之鉴，终日吸鸦片，花天酒地，不务正事。后来被他弄得家破人亡，流为乞丐，甚至于做贼，做窑子里的王八。他在一家姓李的人家偷东西时，遇着一个女鬼要他去伸冤（同《乌盆计》的情节一样）。女鬼名金月娟，因为丈夫李如冰与大伯李如水的妻子张淑英有了奸情，如水先被妻子淑英害死。月娟过门后，又被勒死。她的冤魂不散，特地找这不相干的钱之鉴来伸冤报仇。钱被鬼胁迫，只得应允她想了一个法子，把这冤情编成一部戏曲。后来女鬼又去逼迫一班伶人，硬要教他们排这一本戏，伶人怕鬼只得应允。女鬼后来又到父亲金永祥家里去托梦，把这回事说明，要求父亲召伶人来演戏。金永祥便托名做寿，请县太爷来看戏。刚刚演完，流为乞丐的钱之鉴来说几句吉利话讨赏钱。金永祥与钱父是朋友，不忍之鉴流落，便把他收留在家里。知县听说他是读书人，便出了几个对子要考他。他对的下联都是乞丐口吻。后来就接演公堂破案，将恶人开膛破肚完结。

这本戏是仿外国侦探小说的方法编的，前面的谋害三条性命，并未说明，只用"附耳上来"就算了事。中国戏中的事实向来没有暗藏的，这种方法可以节省演戏时间，免得台上常常"倒粪"。但是既然要暗藏，就不必前面再演出来，演而不说，非特不能省时，并且更教人模糊不懂。我知道他们的暗藏情节，决不会想到时间经济问题上去，不过是翻一个新花样给人看罢了。

这本戏之最惹人注目的地方，就是广告上登的"鬼腔"。我再把此剧的重要唱工记下来。钱之鉴自叹唱一段半苏半京的二簧，音调同《逍遥津》的《欺寡人》仿佛。后来《遇鬼》一场，把和尚念的《稽首皈依》（鬼赞）合上音乐唱起来。这是伶界做九皇会时念的经，麒麟童异想天开地将它加入，广告上说的"鬼腔"即指此。冯子和扮的金月娟在托梦的时候唱一段《叹五更》的苏滩。麒麟童做乞丐的时候唱了一枝"区区李君甫"式的小调，这在苏滩里叫做"赋"。化子教歌，又唱一枝苏州音的《莲花落》。联弹是五人合唱的二六板，腔调是模仿汪笑侬派戏中串戏唱的什么《滑稽九更天》等等，那都是一场胡闹而已。

他们的唱工虽然有许多过分开搅的地方，但是唱得字眼很清楚，句句教人听得懂，虽不能遽许他们是合法的歌唱，而听得懂就是进步，我总承认他们比一字转几十个腔的"祖传"老调好些。

此剧虽比《关公出世》略高一筹，但是这种"七时登场"式的时髦戏，太把时间的价值看低了。看戏花几角钱倒是小事，这六小时的"坐刑"实在不好受。我看了戏出来，本要送我的亲戚往麦家圈去的，但是不知不觉地走到跑马厅去了。于是我不得不佩服天天到剧场去的时髦姨太太！

新舞台的《济公活佛》

我久闻新舞台的《华伦夫人之职业》的大名。去年开演的时候，我适不在上海。他们今年又演了大半年的《阎瑞生》，此剧从未排过。我不看见此戏，心里老大不放心。这几天我既有陪乡亲饱看五夜戏的预约，又往往在各舞台的广告上看见"来函特烦，情不可却"的头衔加在戏目上面，我想这总是我看萧伯讷名剧的机会到了。于是用我亲戚的名义写一封信给新舞台，请他当一次"特烦好戏的过路客商"，要求他们重排一夜《华伦夫人之职业》。信去后过了两天接着一封用新舞台具名的回信说：

搁置已久之《华伦夫人之职业》，竟蒙先生垂青，曷胜荣幸！惟十九至念三等日已排定连演十五至十七本《济公活佛》。预定座位甚多，未便改戏失约。先生如诚意欲观该剧，能另订日期否？敝台对于此戏，所费心血特深，而社会对之颇为冷淡。如再覆演必待增一番整理剧本之手续，故略需时日。盖照原本直演，恐仍蹈去年之覆辙耳！先生既烦演该剧，谅系知音，个中困难，当在洞鉴中也。按：投书敝台烦排新戏者，每月平均常积数十，而欲观《华伦夫人之职业者》，自开演迄今，只于今年双十节得中华书局李君一函而已，兹得先生，幸逢其二。何日能拨冗惠临务乞示知，因届时敝台拟函知李君请其同莅，以希在观剧座中多获一知己也。

......

看他们的覆信，言外似带着无限感慨的样子。可惜本月二十三日后，我要陪亲戚回家乡去走一遭。我倒不是没有"诚意"，希望新舞台覆我的话亦不是

"言不由衷"才好呀！好在我不久就要回上海的，将来我再花一分邮票去要求一次，那他们的话总可以证实了吧。

新舞台为中国剧场中之先觉，举凡剧场的管理、旧剧的革新和一切布置办法，各舞台都奉为模范。这种情形，在极微细的事情上都能看出。即如各剧场登的戏目广告，从前都注重演员的名字，好像名字占据的面积愈大则声望愈高似的。新舞台出来把这恶习打破，登广告只注重戏名不注重人名。不到三数天仿效者踵起。现在翻开戏目广告一看，家家都用戏名大木戳而不标演员名姓了。他们有这种倡造的精神，我们满想走进戏园就能教人耳目一新。岂知事实上竟大谬不然！我们非但寻不出半点新鲜气象足供记述，反而觉得比别家格外腐败些。前台招待员的恶言厉色；按目茶房的高声说话；戏单上说明"挜卖水果分文不取"，盆子黄篮仍是强挜硬卖；茶壶小洋一角，偏说"特别茶"要收两角；座位地板污秽不堪；走道中任意添设座位；看客拥立台口，这些都是前台管理的不得法。舞台上面的混乱情形，更要算此地首屈一指。场面台设在幕外，男女小孩据满台沿。演员、场面员以及一切观剧闲人同在一个门口出入，

---

① 图注：新舞台。刊载于《图画日报》1909 年第 13 期。

有时候闲人走出来几疑他是剧中人；检场者常在幕底下钻出钻进；布景隙处，常常有人头或全身露出来；最著名的演员在演戏的当口，常掉过脸去偷吃瓜子和糖炒栗子（我见台上遗下一堆一堆的瓜子栗子壳，所以能证明他吃的何物）。凡此种种，都是新舞台独具的或比别家更甚的腐败特色。回想当年十六铺时代的新舞台，前台何等整齐，舞台上何等精神饱满，现在实在退化得多了。新舞台已变成旧舞台咧！

我们看的是十六本《济公活佛》，看客只占五六成座，远不及《招亲》和《出世》戏的热闹拥挤，这部长戏虽亦居于时髦之列，但是没有几音联弹、特别打武、操兵摆阵、旦角舞带等时髦东西，难道这就是敌不过《招亲》《出世》的原因吗？

此剧的情节复杂极了，我且大略说一说：有两个穷儒，一姓盛，一姓李。盛有一子名叫凤山，李有一女名雪梅。二老很相好，儿女早已许配婚姻，用一个玉玦做聘礼。那时正当大比之年，凤山上京赶考。

江南提督军门卢某有一子一女，子奇丑，女绝美。他因为要退职归田，遂在任上与儿子完姻。娶来的媳妇也像嫫母，一对丑夫妇算演了一出丑洞房。新任的提督姓罗，交替完毕，卢便带了家眷回乡。

罗有一个儿子，由家乡到父亲升官的任上去，走到路半，看上了李雪梅，便买通了县官，说李父许婚赖婚，带了教师和家丁把李雪梅抢了去，并用足将李父踢死。

盛凤山考试已毕，不待发榜就赶回家探望父亲。他正遇见父亲在乡下修新坟，问起情由，知道岳父被罗姓军门的儿子所害，未婚妻被劫。他不顾老父，拿了玉玦就赶去寻妻子了，他刚走，报喜的来了，说是儿子中了探花。

罗公子抢了李女到家，打听出她的丈夫中了新科探花，恐有后患，便打发教师带同眼线去暗杀盛凤山。李雪梅假意允从罗公子，在洞房里用酒将他灌醉，解下腰带将他勒死。她自己悬梁图尽，被家人救下，说她谋死亲夫，送到扬州府去严办。

盛凤山追赶罗公子的官船，适遇退职军门卢姓的船。因为罗、卢同音，他又没有问得清楚，就在船旁唤雪梅。那天时已黑暗，船中卢小姐闻声，探头来看，他以为就是雪梅，把做聘礼的玉玦投入舱中证明自己是未婚夫来救她。卢小姐看了莫明其妙，疑这美少年钟情于她，把玉玦当作赠她的表记，就藏了起来进舱去了。凤山见她毫不动心，以为妻子变了心，又在黑暗中看见一双男女影子在舱内做出亲昵的样子，其实是那对丑夫妇在内作怪，他又把他们当作雪梅与人相好，心中气愤，便掉头回家。他走到半路，遇见刺客，说是李雪梅已从罗公子，是她教来杀的。正在危急之际，济公在一块石碑里出来，用手一指，教师反把自己带来的眼线杀了。凤山回到家里，就带了父亲去做巡按御史。巡到扬州看见有李雪梅因奸谋死罗公子的案卷，他疑心李淫荡成性复因通奸杀夫，想起从前刺客口中的话，更疑她居心险毒，就立意要将她处之死地。

先是雪梅在监中遇见一个好禁子，知道她是一个烈女，待她很好。后来她听见新任巡按与丈夫同名同姓，就天天盼望他来以便伸冤。等到公堂相见，果然是丈夫，正要上去相认，岂知盛凤山非但不肯超辖她，反而要将她斩首。赵君玉扮李雪梅，在公堂上自述一番苦况，总算演得不错。因为他纯用京白，所以容易动人，如果用死板板的中州韵去念，那就糟了。中州韵不是"人"说的话，要演人的戏，决不能用非人的中州韵！

盛父随在任上，力保李雪梅不是这样荡妇，要儿子把她带入后堂来私问。中军拿了令箭到监中去提人，那好禁子见巡按抛弃雪梅，气愤不过，疑中军提她出去问斩，便夺刀将他杀死，剥了中军衣帽教她穿上，二人诳出城门，逃到禁子江西的家里去避难。此地凤山得信，差人出去追赶，捉到济公假扮的中军。济公救过凤山性命，所以认识，他劝凤山不必动气，要明白雪梅的好坏，只消日后回转长安到卢军门家婆了卢小姐自会知道。

卢小姐得了玉玦，时常想念船边的美少年，染成相思病了，后来病重死了。卢家刚买了棺材进门，那边济公带了花轿来迎娶。原来卢军门向来信服济公，请他将女儿救活，随便嫁给谁都很愿意。不一时济公果然将她救活，说明要她嫁给盛凤山。议定，盛已到，就此成亲。在洞房里，小姐说起船边的事，并出玉玦为证，凤山始知冤枉了李雪梅，但对于遣刺客谋害的疑团尚不能打破。在这个当口，忽然家里擒着一个窃贼，拿来一审问，始知他就是谋刺凤山的罗府教师，他是被济公骗了来做见证的。李雪梅的沉冤至此方始大白，凤山万分对不起她，立刻要去寻她回来，又被卢小姐拉住。济公说李在江西，但警戒他不要去找，去了定有杀身之祸，他也只得不去。

李雪梅随禁子到了江西。禁子有一个寡姊和一个无母的儿子。雪梅教儿子念书，帮他们耕织度日。有一天她出去采桑，遇见强盗刘香妙调戏她，幸亏又遇见义士杨明等解围。从此她就同姊妹在家里开一个乡下茶馆，不再出门了。又有一天来了一个茶客正是盛凤山，他见了雪梅说许多抱歉的话，并说明自己抛富贵偷跑出来访她回去一同享福。她说一番女子该自立，不应倚赖丈夫，男女怎样不平等，自己为强人所迫，即使失了贞节你也该原谅些才是；女子失了节就该杀头，男子可以同时娶两三个女子作妻，凡此种种，皆由于女子不能自食其力，只得去仰男子的鼻息，做男子的玩意儿。我在此耕种自食，不嫁丈夫，要想代普天下女子吐一口怨气，做一个自立的榜样云云。全剧精彩要算《公堂和》这一场了。这种言论，想不到在上海时髦剧中听见，真是意外的奇遇呵！他们演过萧伯讷的戏剧，这种口吻，或是拾薇薇的唾余也说不定。如果真是如此，则有价值的剧本还能开化演员自身咧。

凤山执意求，雪梅执意不从。禁子由田间回来，将他逐去。到了晚上，凤山在门外跪在雨中哭求，雪梅不忍，放他进来避雨。适遇刘香妙路过门外，听见男女争执声，越墙进去，疑凤山是登徒子求欢，上去一刀将他杀死，又用迷药闷倒雪梅，留下"杀人者刘香妙"的血书，背了她竟自逃走。禁子一家醒来，见大门开放，尸首横地，他不顾性命的赶去。禁子赶上了刘香妙，被刘打昏在地。刘背起女子走了两三步，觉得背上有异，放下再看，女子竟变了济公了，刘香妙吓跑。济公救醒禁子和雪梅。他们说明终身为劳农自食其力，以后就不见登场了。

我写了这许多字，好像烦琐极了，其实只记了三分之二的情节。其余还有：济公擒八魔收入"藏魔洞"；他戏弄刘香妙吊在空中；刘香妙杀嫂盗印；杨明奔丧，吃官司，受镖伤；陆通自尽；许多义士被刘香妙擒去；济公救徒弟变出十几个同样的和尚……都是些专显布景机关毫无意思的情节，我也记不清楚了。

此剧如果将许多不入情理的枝节割去，尚不失为一本情节曲折的传奇派戏剧。其中的缺点是看守李雪梅的禁子，不应该是男子。盛凤山既是一个大官，死后不能没有人来查究。济公处处救人，为什么对于盛凤山独见死不救？（大概他们硬要把此戏编成悲剧，岂不知戏中有了这个万能的"超人"，所有缺憾都容易圆满解决，怎能容悲剧发生呢？）李雪梅的收场似嫌太潦草。盛凤山在卢家招亲，何以不见盛父到场？

以上几个缺点，都就比较合理的情节中举出来的，那些关于妖怪强盗的事迹里面，那是谬点不可胜数，我不屑去批评了。

天蟾舞台的《鲍超招亲》

我们预定的计划是想看天蟾舞台的《狸猫换太子》或《七擒孟获》的。可是轮到我们要去看的日期，他们演的却是《鲍超招亲》。是夜大舞台演《七擒孟获》，共舞台演《赵子龙招亲》，都是我的亲戚要看的戏。但是日期只有一天了。天蟾舞台尚未到过，共舞台的男女合演又未见过，真弄得不能分身了。我的意思以为连看了四晚锣鼓喧闹的戏，今夜宜找一个清静所在以便休息脑筋，于是决计到天蟾，因为《鲍超招亲》是时装戏，总可以比较清静些了。

岂知事实上竟大谬不然！看了这本戏，竟令我回想到二十年前上海老天仙茶园演的风行一时的连台《铁公鸡》了。想不到中国的戏剧界经过二三十年的长时间，伶人的脑筋还同从前一样的"直死不通"！

鲍超就是张家祥的变相，僧王格林沁就是向大人的化身，而剧中情节较之《铁公鸡》尤为荒谬。开场就演小阎王造反，照例的操兵排阵是不会少的。泰安县修文书到京中告急，同治天子坐龙庭，命僧王带领人马去平乱。鲍超出场，扮得像乞丐一样，穷途落魄，宿在一个土地庙里。他是天上的黑虎星下凡，睡着后，真灵出窍，被一个卖豆腐李大公的女儿金凤在睡梦中看见。大公详梦就知道金凤当嫁贵人。那位黑虎星托过梦后，不肯回去，在路上闲游，被乡老周文治看见。周鸣锣纠众，捉拿猛虎。追到土地庙，不见了黑虎，只见一个穿破衣的稍长大汉睡倒在神桌上。乡民将鲍唤醒，硬指他是虎妖要送官究办。鲍大怒将众乡民打退。他们就奔到知县衙门去控告，说乡下出了妖精，请派兵捉拿。鲍超被乡民追得紧急，逃到李金凤家中求救，那时她的父母妹子都出去了。只留她一人在家，就将鲍藏入衣橱里。乡民来搜，不见妖怪乃散去。李大公回来，将女许与鲍为妻，但是没有聘金，鲍乃奔到兖州去问朋友借来一百元。李大公以半数作聘礼，以半数交鲍，令出外购置衣履预备结婚。鲍买了衣服回来，路上遇见一班赌徒，将他的财物统通骗去，只剩身上一条裤子一双袜。他无颜回家，就在树上吊颈自尽。他死后黑虎又出现了，跑出来适被走在路上的僧王军队看见。僧王下令追逐黑虎，到鲍超上吊的地方，虎忽不见，遂将鲍解下救醒，赠他军衣军靴，并纹银三十两，教他回去别妻，限三日内到大营投军。他回家别亲后，投到大营，派为炮兵头目。

看到这里我实在坐不住了，只得退出。头本是不是到此完结我也不知道。天蟾舞台挂第一块牌子的旦角刘小衡，脸孔长得像魁星一样，前额与下颏，突然隆起，成了个南北对峙的形势。额宽凸，颏尖冲，鼻梁凹得很深，又像一个倒挂葫芦。我们看戏，本不必去注重旦角的面貌，但是他们在台上指着夜叉一般的对象，嘴里偏要说是花容月貌，这不是当面说谎吗？

把五夜的戏并在一起比较一下，最卖钱的《关公出世》和《诸葛亮招亲》最不成东西，《鲍超招亲》和这些戏都是胡闹，《济公活佛》如果将枝节删去，并不令那主脑角色济公登场，而易以合理的波折，勉强可算为传奇剧（此剧的结构颇似传奇，我疑他们也是从旧小说中脱胎来的，不过我不能举出证据来）。还有几种上海时髦戏，如《七擒孟获》《赵子龙招亲》等等，我虽未见过，但是听朋友说过，他们的内容与一切"招亲"和"出世"戏，正合着一句北京俗语叫做"一道汤"一个滋味。时髦戏都有神仙鬼怪，为的是有了这些东西就能安插机关布景进去。神怪、摆阵、打武、黑虎星、侠客、强盗、剑仙、恶鬼、画符、八卦……充满了上海舞台，凡此种种，我无以名之，名之曰"义和团主义的戏剧！"

○ 原载于《戏剧》1922 年第 2 卷第 2 期

上海话应该是文学之用语的说明

1928

—— 傅彦长

我是生长于上海的人，说的话是纯粹的上海话。现在把上海话应该是文学之用语的理由来说明，请会说上海话的人大家来注意。

上海话是苏、松、常、太、杭、嘉、湖、宁、绍的集中语，苏、松、常、太、杭、嘉、湖、宁、绍几个地方差不多从南北朝以来就是中原士大夫的集中地。老实不客气地说，在艺术文化方面的上海已经是中华民族的中心点了，更加之有这样底历史的根据，会说上海话的人，为什么不用上海话来写文学上的一切作品呢！

①

我想起从前在幼小时代的读书期了。大约是十五岁吧，在文章上发见了"尧舜禹汤文武周公孔子之道"的这样一句，这句话在我自己的文学思想上面，差不多就此作为正统了许久时候。在那时候，我看小说、剧曲、诗歌三样，真不是文学上的东西。到现在我明白了，所谓"尧舜禹汤文武周公孔子之道"的文章，在世界文学上是没有地位

---

① 图注：傅彦长。刊载于《良友》1927 年第 14 期。

的，是孤立的；世界文学上的东西，只有三样，就是小说、剧曲、诗歌。这三样东西，只许用嘴巴里面所说出的话来写！

可怜的中华民族，以为文学是圣贤之徒的事业！不知道他们坐在茶馆里面所听见的"说书"，就是文学；不知道他们坐在戏院里面所看见的《狸猫换太子》之类，就是文学；不知道他们自己嘴巴上面所流行的时曲山歌，就是文学。可惜在上海，用上海话所写的作品。只有一部《新旧约全书》是文学，但是就是他们这班基督教徒也忸怩得混，宁可读那不甚通顺的文言《新旧约》，或者读那异邦之文的英语《新旧约》，而不愿意给上海话的《新旧约》以一个文学上的地位，依我看来，这实在大可不必。

我现在的希望是，至少在戏院里面的时候，所听到那台上所用的说话，应该全部是上海话；戏院里面所演的剧曲，要是把它写下来的话，也至少应该是全部用上海话。这个希望当然只以苏、松、常、太、杭、嘉、湖、宁、绍为限，决不希望全部中国都是如此。至于用上海话来写小说与诗歌，那不必说，当然是应该的事情了。

这个希望，现在当然不能够就做到，但是决不能够就以此为理由而不去进行。至少现在先应该就建设方面来着手。依我所想到的提议是四样：

一、用上海话来翻译那世界文学上最著名的作品，至少要五百种以上，以小说、剧曲、诗歌三样东西为主。很希望那印度、波斯、亚拉伯、希腊、拉丁、英、法、德、俄、意、捷匈、波兰、义狄希、瑞典、瑠威、丹麦、芬兰、日本之类的重要作品，都有上海话的译本。

二、用上海话来记载在中华民族里面所流行的故事、歌谣、传说、童话之类的东西，能够愈详细愈妙。

三、从小学到大学，应该用上海话来教授关于艺术与科学的一切学问；就是读外国语言文字，也应该用上海话来做批注的文字。这一条提议，我自己也知道不但是在苏、松、常、太、杭、嘉、湖、宁、绍各地方现在做不到，就是单在上海一个地方也现在就做不到。然而这只是现在的提议，将来努力起来，一定做得到。

四、戏院里面剧本的用语，应该全部用上海话。这在前而已经说过，所以不再提起了。这样一来，民众方面的文学程度自然会提高。加之，我们中国从来没有过纯粹的话剧，这种运动在上海尤其要紧。本来程度高的人，通英语，懂京剧，未尝不可以享受戏剧方面的艺术文化。但是这一部分极少的贵族，不能够在上海发生出民族的意识，处处只见其不过是文化方面的奴才而已。

关于上海话应该是文学之用语的枝节讨论，我想起来一定很多，这等以后再来说吧。

十六，一，六日

○ 原载于《文学周报》1928 年第 4 卷第 251/275 期

城隍庙的书市
1934

—— 阿英[1]

　　熟悉上海掌故的人，大概都知道城隍庙是中国的城隍，外国的资本。城隍庙是外国人拿出钱来建筑，而让中国人去烧香敬佛。到那里去的人每天总是很多很多，目的也各自不同。有的带了子女，买了香烛，到菩萨面前求财乞福；有的却因为那里是一个百货杂陈，价钱特别公道的地方，去买便宜货；还有的，可说是闲得无聊，跑去散散心，喝喝茶，抽抽烟，吃吃瓜子。至于外国人，当然也要去，特别是初到中国来的，他们要在这里考察中国老百姓的风俗习惯，也是要看看他们在中国所施与的成果。所以，当芥川龙之介描写"城隍庙"的时候，特别的注意了九曲桥的乌龟和中国人到处撒尿的神韵，很艺术的写了出来。我也常常的到城隍庙，可是我却另有一种不同于他们的目的，说典雅一点，就是到旧书铺里和旧书摊上去"访书"。

　　我说到城隍庙里去"访书"，这多少会引起一部分人奇怪的，城隍庙那里，有什么书可访呢？这疑问是极其有理。你从小世界间壁街道上走将进去，就是打九曲桥兜个圈子再进庙，然后从庙的正殿一直走出大门，除开一爿卖善书的翼化善书局，你实在一个书角也寻不到。可是，事实没有这样简单，要是你把

---

[1] 编者注：钱杏邨，安徽芜湖人。笔名阿英、钱谦吾、张若英、阮无名、鹰隼、魏如晦等。话剧代表作为《明末遗恨》《海国英雄》《杨娥传》等，著有《中国新文坛秘录》《中国新文学运动史资料》《夜航集》《现代十六家小品》《小说闲谈》《海市集》等。

城隍庙的拐拐角角都找到，玩得幽深一点，你就会相信城隍庙不仅是百货杂陈的商场，也是一个文化的中心区域，有很大的古董铺，画碑帖店，书局，书摊，说书场，画像店，书画展览会，以至于图书馆，不仅有，而且很多，而且另具一番风趣。对于这一方面，我是当然熟习的，就让我来引你们畅游一番吧。

我们从小世界说起。当你走进间壁的街道，你就得留意，那儿是第一个横路，第一个弯。遇到弯了，不要向前，你首先向左边转去，这就到了一条鸟市。鸟市是以卖鸟为主，卖金鱼、卖狗以至于卖乌龟为副业的街。你闲闲的走去，听听美丽的鸟的歌声，鹦哥的学舌，北方口音和上海口音的论价还钱，同时留意两旁，那么，你准会发现一家东倒西歪的叫做"饱墨斋"的旧书铺。走进店，左壁堆的是一直抵到楼板的经史子集，右壁是东西洋的典籍以至于广告簿，靠后面则是些中国旧杂书，二十年来的杂志书报和许多重要不重要的文献，是全放在店堂中的长台子上，这台子一直伸到门口。在门口，有一个大木箱也放了不少的书，上面插着纸签——"每册五分"。你要搜集一点材料吗？那么，你可以耐下性子先在这里面翻，经过相当的时间，也许可以翻到你中意的，定价很高的，甚至访求了许多年而得不着的。自然，有时你也会花了若干时间，弄得一手脏而毫无结果。可是，你不会吃亏。在这"翻"的过程中，可以看到不曾见到听到过的许多图书杂志，会像过眼烟云似的温习现代史的许多断片。翻书本已是一种乐趣，而况还有一些意想不到的收获呢？中意的书已经拿起了，你别忙付钱，再去找台子上的，那里多的是整套头的书，《创造月刊》合订本啦，第一卷的《东方杂志》全年啦，《俄国戏曲集》啦，只要你机会好，有价值的总可以碰到，或者把你残缺的杂志配全。以后你再向各地方，书架上，角落里，桌肚里，一切你认为有注意必要的所在，去翻检一回，掌柜的决不会有多么误会和不高兴。最后耗费在这里的时间就是讲价钱了，城隍庙的定价是靠不住的，他"漫天开价"，你一定要"就地还钱"，慢慢的和他们"推敲"。要是你没有中意的，虽然在这里翻了很久，一点不碍的，你尽可扑扑身上的灰，很自然的走开，掌柜有时还会笑嘻嘻的送你到大门口。

在旧书店里，徒徒的在翻书上用工夫是不够的，因为他们的书不一定放在外面。你要问："老板，你们某一种书有吗？"掌柜的是记得自己书的，如果有，他会去寻出来给你看。要是没有，你也可以委托他寻访，留个通信处给他。不过，我说的是指的新书，要是好的版本，甚至于少见的旧木版书，那就要劝你大可不必。因为藏在他们架上的木版书虽也不少，好的却百不得一。收进的时候并不是没有好书，这些好书，一进门就全被三四马路和他们有关系的旧书店老板挑选了去，标上极大的价钱卖出，很少有你的份。这没有什么奇怪，正和内地的经济集中上海一样，是必然的。但偶尔也有例外，说一件往事吧。有一回，我在四马路受古书店看到了六册残本的《古学汇刊》，里面有一部分我很想看看，开价竟是实价十四元，原定价只有三元，当然我不会买。到了饱墨斋，我问店伙：《古学汇刊》有吗？"他想了半天，起了似乎有这部书的意念，跑进去找，竟从灶角落里找了二十多册来，差不多是全部的了。他笑嘻嘻的说："本来是全的，我们以为没有用，扔在地下，烂掉几本，给丢了。"最后讲价，是两毛钱一本。这两毛一本的书到了三四马路，马上就会变成两块半以上，真是有些恶气。不过这种机会，是毕竟不多的。

带住闲话吧。从饱墨斋出来，你可以回到那个弯的所在，向右边转。这似乎是条死路，一面是墙，只有一面有几家小店，巷子也不过两尺来宽。你别看不起，这其间竟有两家是书铺，叫做"葆光"的一家，还是城隍庙书店的老祖宗，有十几年悠长的历史呢。

第一家是菊舲书店，主要的是卖旧西书和旧的新文化书，木版书偶而也有几部。这书店很小，只有一个兼充店伙的掌柜，书是散乱不整。但是，你得尊重这个掌柜的，在我的经历中，在城隍庙书林内，只有他是最典型最有学术修养的。这也是说，你在他手里，不容易买到贱价书，他识货。这个人很喜欢发议论，只要引起他的话头，他会滔滔不绝的发表他的意见。譬如有一回，我拿起一部合订本的《新潮》一卷："老板，卖几多钱？"他翻翻书："一只洋。"我说："旧杂志也要卖这大价钱吗？"于是他发议论了："旧杂志，都是绝版的了，应该比新书的价钱卖得更高呢。这些书，老实说，要买的人，我就要三块钱，他也得挺着胸脯来买；不要的，我就要两只角子，他也不会要。一块钱还能说贵么？你别当我不懂，只有那些墨者黑也的人，才会把有价值的书当报纸买。"争执了很久，还是一块钱买了。在包书的时候，他又忍不住的开起口来："肯跑旧书店的人，总是有希望的，那些没有希望的，只会跑大光明，哪里想到什么旧书铺。"近来他的论调却转换了，他似乎有些伤感。这个中年人，你去买一回书，他至少会重复向你说两回："唉！隔壁的葆光关了，这真是可惜！有这样长历史的书店，掌柜的又勤勤恳恳，还是支持不下去。这个年头，真是百业凋零，什么生意都不能做！不景气，可惜，可惜！"言下总是不胜感伤之至，一脸的忧郁，声调也很凄楚。当我听到"不景气"的时候，我真有点吃惊，但马上就明白了，因为在他的账桌上，翻开了的是一本社会科学书，他不仅是一个会做生意的掌柜，而且还是一个孜孜不倦的学者呢！于是，我感到这位掌柜，真仿佛是现代《儒林外史》里的异人了。

听了菊龄书店掌柜的话，你多少有些怅惘吧！至少，经过间壁葆光的时候，你会稍稍的停留，对着上了板门而招牌仍在的这惨败者，发出一些静默的同情。由此向前，就到了九曲桥边。这里，有大批的劣货在叫卖，有业西洋景的山东老乡，把裸体女人放出一半，摇着手里的板铃，高声的叫"看活的"来招诱观众。你可以一路看，一路听，走过那有名的九曲桥，折向左，跑过六个铜子一看的怪人把戏场，一直向前，碰壁转弯——如果你不碰壁就转弯，你会走到庙里去的。转过弯，你就会有"柳暗花明"之感了。先呈现到你眼帘里的，会是几家镜框店，最末一家是发卖字画古董书籍的梦月斋。你想碰碰古书，不妨走进去一看，不然，是不必停留的。沿路向右转，再通过一家规模宏大的旧书店，一样的没有什么好版本稀有的书的店，跑到护龙桥再停下来。护龙桥，提起这个名字，会使你想到苏州的护龙街。在护龙街，我们可以看到一街的旧书店，存古斋啦，艺芸阁啦，欣赏斋啦，来青阁啦，适存斋啦，文学山房啦，以及其他的书店、刻字店。护龙桥也是一样，无论是桥上桥下、桥左桥右、桥前桥后，也都是些书店、古玩店、刻字店。所不同于护龙街者，就是在护龙街，多的是店，而护龙桥多的是摊；护龙街多的是古籍，护龙桥多的是新书；护龙街来往的，大都是些达官贵人，在护龙桥搜书的，不免是平民小子；护龙街是贵族的，护龙桥却是平民的。

现在，就以护龙桥为中心，从桥上的书摊说下去吧。这座桥的建筑形式和一般的石桥一样，是弓形的，桥下面流着污浊的水。桥上卖书的大地摊因此也就成了弓形，一个个盛洋烛火油的箱子，一个靠一个，贴着桥的石栏放着，里面满满的塞着新的书籍和杂志，放不下的就散乱的堆铺在地下。每到吃午饭的时候，这类的摊子就摆出了，三个铜子一本，两毛小洋一扎，贵重成套的有时也会卖到一元二元。在这里，你一样的要耐着性子，如果你穿着长袍，可以将它兜到腰际，蹲下来，一本一本的翻。这种摊子，有时也颇多新书，同一种可以有十册以上。以前，有一个时期充满着《真美善》的出版物，最近去的一次，却看到大批的《地泉》和《最后的一天》了，这些书都是崭新的，你可以用最低的价钱买了下来。

比地摊高一级的，是板摊，用两块门板，上面放书，底下衬两张小矮凳，买书的人只要弯下腰就能捡书。这样的板摊，你打护龙桥走过去，可以看到三四处。这些摊一样的以卖新杂志为主，也还有些日文书。一部日本的一元书两毛钱可以买到，或一部《未名》的合订本也只要两毛钱，《小说月报》三五分钱可以买到一本。这里面也有很好的社会科学书、历史的资料。我曾经用十个铜子在这里买了两部绝版的书籍《五四》和《天津事变》，文学书是更多的。这里不像地摊，没有多少价钱好还。

和这样的摊对立的是测字摊，紧接着测字摊就有五家的小书铺。所谓小书铺是并没有正式门面，只是用木板就河栏钉隔起来的五六尺见方、高约一丈的隔间。这几家，有的有招牌，有的根本没有。里面有书架，有贵重的书，主要的是卖西书。不过这种人家，无论西书抑是中籍，开价总是很高，商务、中华、开明等大书店的出版物，照定价打上四折是顶地道，你想再公道，是办不到的。杂志都移到板摊上卖，这里很难

①

---

① 图注：街头旧书摊。刊载于《环球》1947 年第 17 期。

见到。我每次也要跑进去看看，但除非是绝对不可少的书籍，在这里买的时候是很少的。这样书铺的对面，是两三家的碑帖铺，我与碑帖无缘，可说是很少来往。

在护龙桥以至于城隍庙的书区里，这一带是最平民的了。他们一点也不像三四马路的有些旧书铺，注意你的衣冠是否齐楚，而且你只要腰里有一毛钱，就可以带三两本书回去，做一回顾客。不知道只晓得上海繁华的文人学士，也曾想到在这里有适应于穷小子的知识欲的书市否？无钱买书，而常常在书店里背手对着书籍封面神往，遭店伙轻蔑的冷眼的青年们，需要看书么？若没有图书馆可去，或者需要最近出版的，就请多跑点路，在星期休假的时候，到这里来走走吧。

由此向前，沿着石栏向左兜转过去，门对着另一面石栏的，有一家叫做学海书店的比板摊较高级的书铺，里面有木版旧书，有科学，有史学、哲学、社会科学、文学书；门外的石栏上更放着大批的鸳鸯蝴蝶派的书。你也可以花一些时间，在这里面浏览浏览，找找你要买的书。不过，他们的书是不会像摊上那么贱卖的。一部绝版的《新文学史料》，你得花五毛钱才能买到，一部《海滨故人》或是《天鹅》，也只能给你打个四折。在这些地方，你还有一点要注意，如果有一本书的名字对你很生疏，著作人的名字很熟习，你不要放过它。这一类的书大概是别有道理的。外面标着郭沫若著的《文学评论》（是印成的），里面会是一本另一个人作的《新兴文学概论》；外面是黄炎植的《文学杰作选》，里面会是一部张若英的《现代文学读本》；外面是蒋光慈的什么《女性的日记》，里面会是一册绝不是蒋光慈著的恋爱小说；外面是一个很腐朽的名字，里面会是一部要你"雪夜闭门"读的书。至于那些脱落了封面的，你一样的要一本一本的翻，也许那里面就有你求之不得的典籍。

离开这家书铺，沿店铺向右转进去，在这凹子里，又有一家叫做粹宝斋的店。这书店设立的不久，书也不多，有的是很少的木版旧籍和辛亥革命初期的一些文献。木版旧籍中也有一两部明版，但都是容易购求的。比较惹我注意的，只是一部古山房版的《两当轩诗钞》，然而，在数年前我早已购得了，且是棉料纸的。总之，这粹宝斋你得到要想买到新文学的文献，或者社会科学书，是很难以如愿的。

看过这家书店，你可以重行过桥了。过桥向右折，是一个长阔的走廊，里面有一个卖杂书的书摊，出了廊，仍就回到了梦月斋的所在。到这时，护龙桥的书市，算你逛完了，但是，此行你究竟买到几册书呢？

跟着潮水一般的游客，你去逛逛城隍庙吧。各种各样的店铺，形形色色的人群，你不妨顺便的考察一番。随着他们走进城隍庙的边门，先看看最后一进的城隍娘娘的卧室，两廊用布画像代塑佛的二殿，香烟迷漫佛像高大的正殿，虔诚进香的信男信女，看中国妇女如何敬神的外国绅士，充满了"海味"的和尚，在这里认识认识封建势力，是如何仍旧的在支配着中国的民众，想一想我们还得走过怎样艰苦的路程，才能走向我们的理想。然后，你可以走将出来，转到殿外的右手，翻一翻城隍庙唯一的把杂志书籍当报纸卖的书摊。这书摊历史也是很长的了，是一个曲尺的形式的板架，上面堆着很多的中外杂志和书。我再劝你耐下性子，不要走马看花似的，在这里好好的翻一翻。而且在你翻的时候，你可以旁若无人的把看过的堆作一堆，要买的放在一起，马马虎虎的把拣剩的堆子摊匀一下。卖书的是一个很和气的人，无论你怎么翻，怎么拣，他都没有话说，只是在旁边的茶桌上和几个朋友谈天说地，直到你喊"卖书的"，他才笑嘻嘻的走了过来。在还价上，你也是绝对的自由，他要十个铜子，你还他一个也没有愠意，只是说太少。讲定了价，等到你付钱，发现缺少几个，他也没有什么，还会很客气的向你说："你带去看好了，钱不够有什么关系，下次给我吧。"他又如此的慷慨。这里的书价是很贱，一本刚出版的三四毛钱的杂志，十个铜子就可以买了来，有时还有些手抄本、东西典籍之类。最使我不能忘的，是我曾经在这里买到一部黄爱、庞人铨的遗集。

城隍庙的书市并不这样就完。再通过迎着正殿戏台上的图书馆的下面，从右手的门走出去，你还会看到两个门板书摊。这类书摊上所卖的书，和普通门板摊上的一样，石印的小说，《无锡景》《时新小调》《十二月花名》之类。如果你也注意到这一方面的出版物，你很可以在这里买几本新出的小书，看看这一类大众读物的新的倾向，从这些读物内去学习创作大众读物的经验，去决定怎样开拓这一方面的文艺新路。

本来在城隍庙正门外，靠小东门一头还有一家旧书铺，这里面有更丰富的新旧典籍，"一·二八"以后，生意萧条，支持不下，现在是改迁到老西门另外经营教科书的生意了。如果时间还早，你有兴致，当然可以再到西门去看看那一带的旧书铺，但是我怕你办不到，经过二十几处的翻检，你的精神一定是很倦乏的了……

○ 原载于《现代》1934 年第 4 卷第 4 期

上海的旧书店
1937

—— 胡怀琛[①]

　　全中国各地的书店，不消说，是以上海为最多，而以几家规模极大的书店，一齐是在上海。但这是指新式的书店而言，若是说到旧书店，无论是"质"的方面或是"量"的方面，都是以北平为第一，以上海为第二。而这第二的位置，还是民元以后渐渐升上来的，在民元以前，还挨不到第二。今天讲的题目，是上海的旧书店。我们从上海的旧书店的发展，可以看得出文化变迁的一部分的痕迹。

　　讲到旧书店，又不得不先把"旧书店"三字解释一下。在上海的大规模的新书店，无不兼印旧书，例如商务的《四部丛刊》《丛书集成》、中华的《四部备要》《图书集成》、世界的《国学名著》、开明的《二十五史》，都是翻印的旧书。但它们究竟是以印新书为主，今天所讲的旧书店，和它们没有关系。

　　再有一类书店，如河南路的扫叶山房、文瑞楼，汉口路的千顷堂，它们都是以出售旧书为主要的营业项目，但是它们的旧书，"质"是旧的，而"形"是新的，换一句话说，就是每本书都是没有经过他人阅读过或是收藏过的，今天所讲的旧书店也不是指它们。

[①] 编者注：胡寄尘，原名有怀，字怀琛，别署秋山。安徽泾县人。曾任《神州日报》编辑、商务印书馆任编辑，并先后在中国公学、正风学院担任教师。1932年受聘于上海通志馆任编纂。著有《中国小说研究》《中国小说的起源及其演变》《中国小说概论》等。

另有一类书店，它们所出售的书，不但"质"是旧的，连"形"也是旧的，它们所出售的书，百分之九十五以上是经过他人阅读过或收藏过的。"量"的方面说，种类极多，然而百分之九十六七每种只有一部，同时买不到两部。这是纯粹的旧书店，今天所讲的旧书店，就是单指这一类的书店。

这一类的旧书店在民元以前，并不发达，在城里有几家，规模都极小，此外在街头巷尾设摊的也有许多，它们既没有店面，自然不能称为店，同时，可以见得它们的规模是更小了。在民元以后，直到现在（民国二十六年），便逐渐的发达起来，我们据最近的调查，可以知道旧书店逐渐发展的情形。

来青阁在汉口路，原在苏州护龙街，创设于清同治时，上海分号为民国二年所分设，初在福州路，十九年迁至汉口路。

蟫隐庐在汉口路，民国三年创设。

受古书店在福州路，民国五年创设。

中国书店在虞洽卿路大庆里，民国十五年创设。

富晋书社在汉口路，民国十九年创设，初在九江路平乐里，二十一年迁至汉口路。

萃宝斋在邑庙香雪路，民国十九年创设。

精学书社在汉口路，民国二十年创设。

树仁书店在汉口路，民国二十三年创设。

再有未详者四家：

汉学斋在邑庙内，创设年未详。

汉文渊阁在福州路，创设年未详。

二酉堂在汉口路，创设年未详。

傅经堂在蓬莱市场，创设年未详。

再有现已停办者二：

博古斋原在福州路，创设年未详，民国二十三年至二十五年间停办。

同文书店原在汉口路，创设年未详，民国二十三年至二十五年停办。

以上两项共六家，创办年未详，但据本人记忆所及，都是在民元以后（其中汉学斋较早，也许在民国前一二年）。

统观以上所列各家创设的时期，可以略知道它们逐渐发展的情形，统观它们的所在地，可以略知它们集中的地点。再看两家停办的时期，可以略见今已有盛极而衰的趋势。

它们所以盛衰的原因，大概可以说一说如下：因为民国以来研究学术的人一天天多起来，对于旧书的需要的程度也一天天的增高，这是一个促进旧书店增加的原因；另外还有一个原因，就是从民国十三年江浙战争以后，江浙一带内地常常不平静，内地旧有的读书的人家，家里藏的书，觉得很不容易保护而且又不是日用必需之物，往往把它拿出来卖，虽然不是直接的运到上海来卖，但是以上海为集中地点，于是便使上海的旧书店突然增多起来。

为甚么最近又有盛极而衰的趋向呢？一则因为来源的一天天减少，它们的书都是从内地搜罗来的，但是内地的旧书的数量是有限的，一天一天，一年一年，只有减少，不会增多，来源既少，生意就不能推广，这是一个由盛趋衰的原因。二则也受了新书店翻印旧书的影响，因为翻印的旧书，价钱很便宜，譬如《元曲选》这一部书，原刻本的价钱，总是以一百元为标准，打个七折，也要七十元，但是前几年商务的影印本，只要十多元。最近世界的排印本，只须两元。彼此相差的数目，是如此之远，当然是大家要买翻的本了。虽然不是每种书都是像《元曲选》一般，彼此的价目相差得如此之多，但总是旧刻的贵。也有些人只讲"版本"好，不怕价钱贵，但这是极少数的人，不是普遍的情形，这是第二个由盛趋衰的原因。

然而旧书店终有它的特别的存在的原因，它对于文化也有相当的贡献，现在虽有由盛而衰的趋势，但现状仍是在维持之中。

○ 原载于《民报》1937 年 6 月 26 日

上海的文化街
1937

—— 槐青

自"八一三"战事爆发后，上海的出版界，正和整个的市面一样，全都陷于停止状态中。直接间接所受到的损失，都非常的重大。后来人心逐渐稳定，市面渐见恢复，文化街上除了二种点缀在沉寂的街头的抗战刊物外，也慢慢的振作起来了。可是除了应运而生的抗战画报杂志和各式各种的小册子外，以整个的出版界而论，自然都只是勉力支持，以应付这非常时期！现在姑就管见所及，把抗战以来文化街上的情形，概述如下：

书局动态

全国出版界"托辣斯"的商务印书馆，当"一·二八"的时候，损失最大，宝山路的印刷总厂和东方图书馆，全部毁灭于炮火中，因是停业半年。复业后，实施科学管理，锐意革新，业务乃逐渐繁荣，去年一年，营业尤为发达，显然已超过战前状况，即以今年一月至八月十四而论，除出版大量的教科书和大部丛书之外，单以日出新书一项而论，已达七百四十五种，计一千零五册，去年全年亦只八百余种。

商务书馆自第一次炮火所得的经验，和战后所生的劳资纠纷所得的教训，使他们在行政组织上，格外的缜密了，除在香港设立总厂外，上海方面的工场，也分散设立，所以这次战事的发生，上海直接所受的损失，若与"一·二八"

比较一下，真是微乎其微。八月下半月及整个的九月，虽然停止出书，可是十月份起，就继续印行新书和各种杂志，不过质量稍微紧缩了一些。

本年宣布的每周特价书，现仍继续发售，但折扣已由七折改为八折，星期标准书则已停止，每日新书自十月一日起，暂定日出一种。杂志方面十月份恢复者为《东方杂志》《教育杂志》《儿童世界》和《英语周刊》四种，不过以纸张和人力关系，暂时规定以两期一次合刊。并悉《少年画报》和《儿童画报》也将于本月内复刊。

新近出版，以承继《小说月报》的《文学杂志》，是一个大型的文艺刊物。它具有一副新鲜的面目，抱持着一种独特的主张，门类繁多，制作严谨，与时下流行的一些文艺刊物，迥乎不同，是值得叫人凝眸注视的一个奇迹！可惜只出到四期，便给残酷的炮火，一阵子连其他的杂志都一命呜呼了！

中华书局，他们很早的出版了一部《非常时期报书》，在战事发生后，很受读者的欢迎，门市部还相当的热闹。可是三个月来没见他们出过一册新书，即如发行的七种杂志，也直到本月初头才见到复刊的消息；而复刊者还只是《少年周报》《小朋友周刊》和《中华英文周报》三种，且还是两期合并一期出版的。

听说不久以前，中华书局有大批书籍载运外埠，分装民船五艘，不幸在中途遭遇到敌机的轰炸，全部损毁，这真是一件很痛心的事！

①

①图注：中华书局全景图。刊载于《时代》1935年第8卷第8期。

开明与世界两书局，整个的印刷工场，都陷于敌人的战区里，损失都很重大。开明书店的《中学生》和《新少年》等杂志，至今不能复刊，即与《文摘》分庭抗礼而最受读者欢迎的《月报》，也只得暂时停刊了。

当各书局正在纷乱的局面下，部署整顿的时候，生活书店却趁此机会，大大的活跃起来，很快底在霞飞路康健书局内分设门市部，十几种世界知识丛书，都是把握着当前时代的作品，生意着实不差。

街头书摊

以画报起家，转为专刊文学作品的良友图书公司，发行部和栈房等等，都在北四川路陷于敌人炮火中，虽曾搬出一些，大部分都牺牲了。嗣后又被小偷冒险潜入书栈，窃取大批的书籍，贱价贬卖，有一时期各处马路上，尽是些书摊子，而书摊上又尽是花花绿绿簇新的《良友文学丛书》和《良友文库》等，一般文学青年如获宝藏，无不争相购买，到处搜求，法币一二元，可以满载而归，书贩亦利市三倍，顾客卖主，两得其便，而良友公司却暗暗吃苦不小。

③

这些书摊的大本营有两处，一在爱文义路①卡德路口，一在霞飞路吕班路②一带。最初的一星期内，各书不论新旧与价值，一律售两折，后来知道的人多了，生意突然兴盛起来，售价也随之增至二折半至三折，且有时竟不论书的定价多少，而以书的厚薄论值，如文学业书，照原定价是不论厚薄一律每本九角，书摊上最初一律售每本两角，后增至二角半，最后并有售价三角者，而比较厚些的如冰莹

---

① 编者注：即今北京西路。
② 编者注：即今重庆南路。
③ 图注：上海的街头书摊。刊载于《良友》1935 年第 103 期。

的《一个女兵的自传》、张天翼的长篇《年》等等，价值往往更要提高些。

有几家小书店内，也曾有发现这些"后门货"，可是售价要对折，塌便宜货的朋友是决不会上当的。

全部书籍以《文学丛书》和《中国新文学大系》的销路最好，而《中国新文学大系》里的两册散文集，更为读者所欢迎，每本取值三角，很快的就被争购一空。其次是《新文学大系》三部小说集，销路也相当的好，《建设理论集》《文学论争集》《史料与索引》《诗》《戏剧集》等，顾客就比较的少了，可见群众的文学趣味，胃口都是相同的。

现在书摊已经渐渐减少了，良友的书籍，大都已安置在每个读者的案头了。我有一次和书摊上的伙计闲谈，问他这些书怎么偷出来的？他说是由"惯三"乔装小贩，挑着箩担，上面铺着水果或花生米等，里面便装满着书，就这样一次次逐渐偷出来的。最初偷的人不知这些书的价值，称着斤两当作旧货卖的，后来知道这些书很有销路，于是论本数或照定价一折发售。我想窃贼和小偷决不会搬出这许多书，这里面或者有其他原因的，但总之这是一件冒险的勾当。

书摊上的良友文学书的风头，已经过去，以前泰东书局出版的许多社会主义的"禁书"，乃又充塞于途。这些书的纸张都已陈旧不堪，可是售价却并不便宜，如陶伯（即已枪毙的彭怀之）所译布哈林著的《唯物史观》和《马克思传》，每部原定价三元，现在仍得要卖六折或对折，这也是时势所趋，这些书显然也有很好的销路。

定期刊物

在战事最初的两星期里，经河南路到四马路的大小书店，都紧闭着铁门，有的也仅"半开门"而已，顾客显然是没有的了，刊物杂志也都停顿着，报摊上简直找不到一本新鲜的读物。当然，在突然爆发的动乱时代，暂时的纷扰无序，是免不了的。但不久以后，出版界又渐渐挣扎起来了，《国闻周报》的《战时特刊》和韬奋主编的《抗战》，最先出现于街头，内容也都相当丰富，平素欢喜看看杂志的人们，一时如获至宝。以后新的刊物陆续产生，原有的各杂志，也都联合发生战时特刊。什么《战事画报》《抗战画刊》等等大同小异的画刊，就至少出版了五六种之多，这些刊物，无疑的都是抗战时期民众最好的精神食粮。

在各种杂志的临时特刊中，《世界知识》《中华公论》《国民周刊》和《妇女生活》的《联合旬刊》，印刷和内容，比较的优良，可惜每次脱期，销数远不及《国闻周报》；《文化战线》最初二三期，很受人欢迎，后来已不大为人注意；《抗战》现已改为《抵抗》，大概预备长期刊行，内容略见空虚了些，和以前的《大众生活》《生活》星期刊等的风头差得远了。软性刊物显然是处于没落的地位，《文学》《光明》《译文》和《中流》，虽联合刊行一种周刊（初名《呐喊》，后改为《烽火》），一张对开报纸，折成书本式，这么一个小小刊物，纵有精彩的制作，似乎也很难引人的注目；此外另有一种同一类型的《光明》，内容更不如《烽火》了，现在《文学》已单独改出一本小小特刊，质量较《烽火》充实了许多，销路应该相当的好罢。

过去文艺界大家高喊着"国防文学"等口号，现在已到了实际应用的时候了，作家们似乎应该联合起来，把握当前的伟大的非常时期，多多制作些货真价实的抗战文学出来！我相信中国如其要产生伟大的作品，那末这正是作家们应该实实在在努力创作伟大作品的时期了！

这里应该特别提出来的《宇宙风》《西风》《逸经》的《非常时期联合特刊》，在软性刊物里确是佼佼者，维持他们"言之有物"的特写风格。而且"孤崖一枝花"的《宇宙风》，不久就复刊了，并改半月刊为十日刊，质量一仍其旧，最近又增添《冯玉祥自传》和陈独秀的《实庵自传》两部巨著，无疑的又将增加许多新的读者。每期更有几篇关于抗战的绝好散文，都很值得一读的。

现在《西风》也已复刊了，并由月刊改为半月刊，这是一册最好的西洋杂志。译文《逸经》不久也将恢复。总之，《宇宙风》一系的精神，凡办杂志者都应该钦佩的。他们确实实现了"认真做去"的约言。而他们的"生意眼"也特别高明。有位朋友说"办杂志当如《宇宙风》"，的确不是过誉之说。

《文摘》缩小篇幅，改出旬刊，仍继续出版，内容依旧很精彩。《月报》停刊了，接着产生了一种《抗战》半月刊，一秉《月报》的风格。听说主编的人就是《月报》编辑的一分子，改由北新书局出版，篇幅是缩了许多。

现在生活书店的《世界知识》《国民周刊》《妇女生活》等也都恢复原状了。中山文化教育馆的《时事类编》，也发行一种《战时特刊》，可见正宗的政治外交刊物慢慢的复兴了。正中书局的《文艺月报》，也继续出版了，这是纯文艺刊物复兴的第一个，文化街头又呈现着一股活跃气象！

○ 原载于《申报》1937 年 11 月 11 日

闲话上海旧书肆

1938

—— 忆玢

在这孤岛上，成为特别畸形发展的营业要算是摆旧书摊了。租界街头巷尾，不论店门前或屋檐下，凡有空隙之处均摆满旧的中西文书籍。旧的《良友》《人间世》《论语》各项杂志，吸引着堆堆的路人在那里翻阅，讨价还价地购买。据说在百业凋疲之下，旧书摊的每日收入倒也不差，因此就使我联想到那上海资本雄厚的旧书肆，其中奥妙也很多，今容我在此为之一叙。

上海的旧书肆大约均集中于汉口路一带，著名的店家有来青阁、中国书店、树仁书店等数家，而其中规模最大、资本雄厚的首推来青阁。在外表看来，只是一开间狭小的店面而不足为奇，但当你进去一瞧，真是到处是经史子集宋元明清的古版"珍籍"，而感觉到的是琳琅满目，书香扑鼻了。

旧书肆与新书出版的店家，其生意眼完全迥异，譬如书的出版与来源，新书出版的店家是在拉些著名的作家，撰稿出版；而旧书肆的旧书来源，都在每天派人至本埠的旧书摊轮回巡视，遇有可买，则即收下，同时还要时时派人至各省各县去收买——其主要的收买地则在北平的琉璃厂一带的旧书肆，因为北平为古代文化的中心，流散在那里的古书较南方的为多，同时更因北平的旧书肆规模资本较南方的雄厚，故收藏的古书也较多。不过他们也有时派人南下收买北方罕有的书籍，其性质，犹如古董商般，有时一无所得，有时都因一转手而获利无算。

书肆主人卖书手腕，亦甚高明而圆滑。他们对于主顾甚为奉承，主顾一到拿烟倒茶，忙个不了，揖入躬出，一味周旋，甚至主顾与他讨论研究个全天半日，他们也不露一些厌倦。而他们最高明的手段，是记忆力特别的强，对于主顾谁有何书，谁欲觅何书，谁喜何书，谁不收何书，都弄得清楚不乱，故当他们老主顾一入书肆，则不必"各挟数破帙驱车而归"。

卖书有时也攀交名流，因为这些名流——文人、闻人、绅士都与社会一般的图书馆、收藏家、中外学术机关有往来（有时为主持人，有时与主持人认识），故每凭他一言，书既可售出，而售价又可多得；处于各各名流呢，他们因为也可借此与书肆往来，可阅些好书，以长些见识，真是又何乐而不为呢？

此外旧书肆还有一个图利的最巧妙手段，那就是传钞作假，凡是遇到罕见的书籍，不管刻本与版本，他们都能用染制好的旧样丝栏纸，描绘誊写上几部，以当"传钞未刻本"的书籍卖巨价，有时，一捆烂卷残稿，他们也能描改捥补，装帧什袭，杜撰个书名，而充"稿本"去骗买。

书价中，要算"善本"是最昂贵的了，同时"善本"的书籍也不大多见。不过近年来刻版书（不论原刻与精刻）其价也飞涨，宋元版不谈，即小说戏曲之类，一部清晖阁《牡丹亭还魂记》非百元不问。"禁书"（不论淫书与因政治关系被禁之书），近来也被人视为"珍籍"，如哄传一时之《金瓶梅词话》，目前是非八九百元莫办。此外县志近年因中外人士考索风土地理的关系，也为之大涨不已。总之，书价的涨落是根据经济学原理"物以稀为贵"与夫"社会之需要"或文人雅士的寻觅推举而转移——如林语堂先生表袁中郎，则《中郎集》就立刻涨价，赵景深先生研究元曲，谈到《十二律昆腔谱及京腔谱》，则该书的价值也就大涨而特涨。

每日往来于旧书肆的，大半差不多是那些考究版本的鉴买家、爱往旧书堆里钻的大学教授、附庸风雅的收藏家、任人研究的图书馆馆主、侨居我邦研究所谓"汉学"的洋人等，但是最为书肆主人欢迎的主顾都是一般私人收藏家，因为他们私人的财产不定，可随心所欲，同时他们子弟的优劣也无定，碰到败坏的子弟时，则该项"珍籍"又可"流出"——卖出，重复辗转市场，再度收买获利。而那些研究汉学的洋人们呢？则书一到手，即漂洋远遁，从此国粹外溢，不复再回祖国。图书馆都是"一入侯门深似海"，永远不得再与"市"见。因此所谓"珍籍"，能经过书肆主人者日稀，而生意也就日稀了，故后两种主顾不为书肆主人所欢迎。

　　旧书肆的生意，十年前可说是它的黄金时代。可是近年因为营此业者日多，私人收藏家则又因经济不富裕，故搜罗也就没有十年前来得勇，而其最使旧书肆营业致命伤者，则因最近各大书局出版新版的影印旧书——为商务印书馆印了各省《通志》，中华书局印了铜活字本《古今图书集成》，开明书局出版《二十五史》，试问有了这种影印精版的古书，谁还愿意出巨价去购买那些两靥纸的匾字本呢？

　　目前炮火毁灭了各省、各城、各镇、各乡，当然著闻全国的收藏家聚集地南浔与苏州也免不了要遭受同样的厄运，可是那些藏之已久的版本古书，又要重复辗转市场了，因此这时也就是一般旧书肆最易活跃——收买的时机啊！

○ 原载于《上海人》1938 年第 1 卷第 8 期

京角儿们在上海

1943

—— 海生

京朝派角儿的抬头

不知道根据什么原理，也不知道是不是他们所谓的"祖师爷"给他们传下来的，在梨园行中有了"京派"与"海派"之分！也许是地域上的区别，因为只要在北京唱戏的角儿们，就可以称为"京派"或"京朝派"，"京朝"两字，是多少含有自尊自贵的意思。北京是历建都城的所在，并且是旧剧的发祥地，还有在宫中当差的"内廷供奉"，特别受遗老遗少们的崇仰，所以需要打起这"京朝派"的幌子来表现他们的不平凡和夸耀过去的光荣，不论这名称是含有封建意识或已不合时代。他们既以"京朝派"自许，盲从和崇拜偶像的观众们自然也就不敢不以"京朝派"目之。简称"京派"，是认为一个"京"字已足够表现他们是皇皇京城里的出产物了。

由于彩头布景戏日趋没落，暴发富的层出不穷，观众的好奇与崇拜偶像，新戏馆如雨后春笋等原因，"京角儿"是抬头了！戏馆老板们都迷信着"京角儿"能够卖钱，票价能比"海派"角儿卖大几倍，所以新旧戏馆都乐于邀聘"京角"，"京角"也就成为戏剧商人竞购的货品。况且"京角"究竟不多，有供不应求的趋势，按"物以稀为贵"的例子，用在被认为是货品的"京角"身上，也是适合的，他们就纷纷抬高包银，愿者上钩，哪一家出钱最多就跟谁去，戏剧商人在"货卖当时"的原则下，也只能忍痛屈服，所以"京角儿"们就愈加趾高气扬，不可一世了。

从京角儿的待遇说到他们的脾气

"京角儿"们的待遇是比"海派"角儿要优越许多：第一，他们的包银是照联钞计算的；第二，他们接送吃住，都由戏馆负责，就是戏班里与邀角人谈判条件所谓的"四管"，至于一般名角像谭富英、荀慧生、李万春、马连良、程砚秋等，除了"四管"以外，出入步行都用汽车接送。为了博他们的欢心，时常要馈赠礼物和十日一大宴，五日一小宴，那末，他们才会肯唱比较扎硬能够叫座的戏。否则，像富英那样，只要他不高兴，开出什么《南阳关》《卖马》《御碑亭》等戏，那是准卖不了钱！所以戏馆老板对于富英的敷衍是特别周到，只要能够使他满足，在可能范围内总替他办到。有一个戏馆老板曾感慨地说："如果我把待角儿们的一番好意去待自己父母，就成孝子了。"

角儿里面脾气不容易应付的除谭富英而外，男角有李万春，女角有吴素秋。万春的派头最大，像前次到金城大戏院演唱的时候，他就非住国际饭店不可。而且他除赚应有的包银以外，还有额外的需索，像要戏馆当局替他做西装买衬衫和送"小包银"，譬如他唱一出《十八罗汉收大鹏》，每次就要多拿二百至四百块钱"小包银"之外的"小包银"，不给他就不唱。戏馆老板为了他的这出戏能叫座卖钱，也只好忍痛耐气的照付。记得一次他在××舞台演唱时，因为前台没有将他需要汇到北平去的款子汇出，当晚他和蓝月春初次合演《两威将军》，卖座的成绩好极，戏馆门前早将铁栅拉起，他在八点钟左右差"催戏"的到前台去说："小老板今儿个晚上有病告假！"这句话使前台老板由着忙而变成愤怒，甚至于意气地想一方面退票回戏，一方面找医生替万春验病，如果冒称有病，准备告他妨害营业，要求赔偿一切损失；可是他看到了场子里面挤满得水泄不通的观众，铁栅门前挂着的一块给反光灯照耀着显得更惹人注目的"客满"牌，他的气渐渐地平了，怒火也渐渐地消灭，这时他反而感到更加着忙，就派人向万春要求销假，答应他的一切要求，这才了掉这段公案。万春的不易对付，于斯可见。

①

吴素秋初次到上海来，是和赵金蓉、梁韵秋、李婉云三坤伶同时南下为更新舞台开幕剪彩，本来默默无闻，自唱《纺棉花》走红以后，这才有她这么一号，不过她除了《纺》以外，也很少有戏能够卖钱，戏馆老板当然要求她多"纺"几次棉花，可是她却"端"了起来，要她唱一次《纺棉花》，就得送她几件旗袍料，并且限定只唱几次，超过这数额就得另谈条件。素秋的母亲吴温如，徐娘半老，风韵犹存，是个很来得的脚色，往往对于前台的待遇和后台的措置感到不满时，不等素秋开口，她母亲就会打起满嘴山东白，提高着嗓子和前后台的办事人大办交涉，就是极微细的地方也不肯放松，所以前后台办事人甚至于老板见了她娘儿俩，都会感到头疼脑胀！

说了一大篇关于"京角"儿脾气之坏，那末，也许有人会问："京角儿"是不是都这样难以应付呢?

不，当然是不，"京角儿"里也有许多性情很和蔼，很可爱的。男角中有梅兰芳、程砚秋、白家麟、姜妙香等，坤角有李砚秀、梁小鸾、白玉薇等。梅兰芳虽然是中外闻名、地位崇高的国际艺人，但是他无论见了谁，都非常谦恭有礼，下后台甚至于见了"龙套"都道辛苦，人缘极佳。他能有今天的地位，实非偶然。砚秋和兰芳相伯仲，而且极保守演员道德，记得他前此在黄金演唱时，有一天遇到防空演习的交通管制，车辆都停止通行，他住在沧州饭店，离开黄金很远，他为了不愿误场，不使观众失望，从沧州一直步行到黄金，他的这种精神，实在值得令人钦佩。白家麟也是一位忠实的演员，他到了台上就卖足力气，始终不稍松懈。一次，他在吃饭的当儿，发觉厨子送上来的饭已经发酵，他就打发自己的伙计到外面去买，这事给前台办事人知道以后，要对厨子

---

① 图注：李万春与蔡钧徒合影。刊载于《社会画报》1935 年第 77 期。

加以严厉的责罚。可是他反而替他们说好话，他对办事人说："饶恕他们这一回吧，警戒他们下次不可就行了，况且也不便替我招冤家！"于是那厨子就非常感激他。姜妙香善书能绘，言语举止，都带有几分书卷气，对任何人都和蔼可亲，对任何事都肯吃亏，真所谓与人无忤，与世无争，所以前后台对于他的印象和情感是最好，并以伶界中的"圣人"目之。

照上面的一些例子看来，"京角"中的脾气有好有坏，固然不能一概而论，不过，坏的究竟占多数，所以一般人把他们就同样看法了。

京角儿的痛苦

京角儿到上海来，赚着极大的包银，受着优越的待遇，是多么使人艳羡！但是他们也有他们的痛苦和悲哀，现在再举几个例子：

他们到了上海以后，在登台之前，先要向闻人、公馆、票房、报馆去拜客，起码要走上这么三四天，见了谁都得装起笑脸，卑恭地说着许多请求他们捧场、帮忙、指教的话。最难受是到那些公馆人家去，那些有钱人的面目是最狰狞丑恶的，尤其是一般暴发富，他们会板起一张铁青的脸，端起臭架子，甚至于用一种轻视的眼光去看他们心目中所谓的"戏子"，还有种种没有礼貌的态度，可以使每个去拜客的"京角"感到侮辱和气愤，但是他们也只能忍受！记得一次李万春到一家所谓公馆去拜客，在长沙发上躺着一个八字须含着雪茄的老头儿，领导拜客的向他介绍了半天，并且说了不少好话，可是这个老头儿竟像咽了气似的，仍旧躺在那里动也不动，瞪大了眼睛抽他的雪茄。这种冷酷不近人情的态度，使每个去拜客的人都感到奇窘，只好转身出去。万春究竟是唱武生的，多少有点武生的气概，到了门外，他的脸都气得发白，咬着牙说："这老小子！我恨不得给他两个嘴巴！"

上海的闻人、公馆、票房、报馆是那样的多，拜客的日期又是那样的短促，难免就会漏去一二家，这当然是领导拜客者的责任，可是这些没有拜到的大人先生们却都归罪于"京角"们，认为他们看不起自己，而向他们谋报复。前几个月李少春曾因漏拜了一家公馆，那主人就在天蟾买了大量戏票，准备在少春登台以后，给他一个下不了台，幸亏天蟾当局得到这消息较早，一方面陪少春到他那里去补拜，负荆请罪，一方面请某闻人出面调停，这才将这场风波平静下去。

自从这个事件发生以后，戏院当局都感到拜客的麻烦，就在同业联谊会的常会中议决了停止拜客一案，不过为了定座，有几家仍是阳奉阴违，他们的借口是说："难道京角儿连拜望自己朋友的自由都没有了么？"

其实，只要"京角儿"是有真实的艺术，不拜客还是能够叫座的。像谭富英在更新就是一个例子。如果叫座力非建筑在拜客上，那么电影院场场客满，也从来未见电影明星一家一家的登门拜客。况且从拜客叫来的座，最多定上三五天，决不会持久，那末，何必多此一举呢？

还有，"京角儿"在上海固然受有钱阔佬们的欢迎，但，有时却也受尽奚落，尤以男角为尤甚。记得小生周维俊还没有死的时候，曾到一家公馆去唱堂会，恰巧他这天有些私事，办完了赶去，却晚了一些，这使公馆的主人大大不高兴，竟板起了脸将他大骂一场，维俊受了这样的刺激，又因别的缘故就怏怏而病，以致不起。维俊的死，这件事可以说是导火线。类乎此的例子，不胜枚举，我也不必多赘了，

戏馆当局对于卖钱的角儿，固然优待惟恐不周，但对于叫不起座的角儿，却"另眼相看"（按，此"另眼相看"不是那"另眼相看"），可以说当戏馆老板以及吃戏馆饭的人都是社会最势利的分子。譬如白云生到上海来，他从前是弋阳腔班中的头牌小生，曾红极一时，后因昆腔日趋没落，他为适合时宜，就拜已故老伶工程继仙为师，改习皮簧，所以这次他也是应着皮簧小生南来，可是皮簧和昆腔不是一工，虽然他对于皮簧也下苦功研习，究竟半路出家，还没有臻炉火纯青之境，所以他和他的夫人李凤云却是演昆腔戏的时候较多。他俩的昆腔戏，内行看了固然人人说好，外行却看着莫明其妙，观众究竟是外行的多，于是云生就有"曲高和寡，知音难求"之感！云生的包银要赚联钞三千一月，戏馆当局觉得这个角儿邀来不上算，好在只付掉二十天包银，唱满了期，没有叫他蝉联下去，并且在第二天一大早，就送他上火车，这种"念完经打和尚"的举动，也是司空见惯的。至于宾主间失和，戏馆当局将角儿行李扣留，双方各执一词，真所谓"公说公有理，婆说婆有理"这种事虽不常见，也是

"京角"南来所忧虑和认为痛苦的一端。此外像行旅上的不方便，种种小处的麻烦，那是多不胜言了。

这次，谭富英到上海来，我曾去作一次访问，他很感慨地说："我们这一行，实在是抱着金饭碗要饭，人家看着我们好角儿，要赚多少多少包银，其实这几个大钱，岂是容易赚来的？干这一行，真所谓是饥饱劳碌，没有唱戏以前，不能够多吃东西，虽然会觉得饿，也只好忍着，唱完以后，又不能不吃一个饱，不然就会乏力，到了台上就得卖命，戏班里有句话说：'死也要死到台上去！'至于所赚的包银，数目虽然不小，但支配下来，自己到手不了几个，譬如自己雇用的场面、伙计，给他们的代价就不在少数，还有做行头的价钱，一天涨似一天，一件行头穿不得几次就旧了，或者被汗渗透了，那就需要换新的，这笔钱就相当可观！此外像扮戏的花粉、彩盒以及靴子等等零件，算起来支出与收入相抵，剩余下来的钱，仅仅只能够维持家用罢了！"

我听了富英的一番牢骚语，使我有"富英尚且如此，何况他人"之感！

京角儿的私生活

艺人的生活是浪漫的，没有拘束的，"京角儿"自然不能例外，可是往往因为私生活的太不检点，以致身败名裂，走上堕落毁灭的路上去。

---

① 图注：谭派名伶（自右至左）：姜香妙、计艳芬、李宝奎、谭小培、程玉菁、谭富英。刊载于《中华》1936 年第 45 期。

上海是个环境最恶劣的地方，也可以说是个毁人的大洪炉。金钱、女人，种种的诱惑，到处都潜伏着。京角儿到上海来，如果品格没有修养，没有坚定的意志，那就很容易的掉了下去，不克自拔！像四小名旦之一的宋德珠，在半年中曾到上海来过两次，第一次演出的成绩很是不坏，所以四个月后，他又被邀聘到上海来。可是，他在第一次演唱完毕的时候，因摆脱不了一个舞女的追求，闹得满城风雨，报章竞载其事，况且，他又是个有嗜好的，于是，给观众们一个非常恶劣的印象，所以二次"卷土重来"，还是在废历的新年里，他竟失去了号召力，失去了他的观众。私生活的糜烂，就成了他毁灭自己前途的致命伤！

还有一个应"里子老生"的关德咸，在这行中，他是后起之秀，刚从北平到上海来的时候，胖胖的身材，气度也不坏，并且有许多新的行头，但后来他竟时常到南市赌台上去，除了演戏的时候在台上以外，他日夜流连在那个张口吞人的魔窟里。于是，每个月他所赚的包银都送到这无底洞里去，渐渐也把他的行头和衣服变卖典质光了，并且借了许多债。人是一天消瘦一天，最后，穿着一件夹袍过的冬天，禁不住寒冷的侵袭，又生起病来，幸亏他有一班戏曲学校的同学在上海，大家都替他设法帮助，总算从死神的手里将他搅了回来。

上面两个例子，足以证明如果"京角儿"不整肃检点自己的私生活，失败和堕落就在前面等着他。可是仍旧在走宋、关同一途径的"京角儿"们还是不在少数，希望他们能够及早回头吧。

①

京角儿的管事

"京角儿"的管事和电影明星的"代理人"一样，像梅兰芳有姚玉芙，谭富英有韩佩亭，李少春有陈椿龄等都是。这些管事们的职务，就是负责向前台接洽和交涉公事及管理剧团的一切事务。在北平，管事们有个专门的名称叫"经

---

① 图注：宋德珠。刊载于《十日戏剧》1939 年第 2 卷第 19 期。

理科"，可是因为角儿们一切都依赖着他们，差不多和自己的灵魂一样，所以管事的权也就大于一切。

不过，这些管事们往往偷天换日，将角儿玩弄于股掌之上，什么坏主意都想得出来，所以角儿和前台有所摩擦，也可以说大半是他们造成的，往往角儿们在管事身上吃了亏，也只能忍着，这也是他们感到苦闷的一点。虽然角儿可以随时将管事解雇，但，天下的乌鸦是一般黑的呵！

坤伶们一代不如一代

坤角更是"京角儿"里面的"天之骄子"，她们受着更大量观众的欢迎，尤其是有钱的阔佬们。

自从吴素秋在上海唱红了《纺棉花》，拜了许多"过房爷"，满载而归之后，似乎替坤角们在唱戏以外另外辟了一条生财的新路。于是，坤角们到上海来，"棉花"不得不"纺"，"过房爷"不得不拜，几乎成了一种风气，否则就没有人去捧她，她就不会走红，怎么从北平到上海来，还是怎么回去。

不过，在坤角里面，像梁小鸾、新艳秋、白玉薇等，还是比较知道自爱的，记得她们到上海来的时候，前台派人陪她们去拜客，竟感触得哭了起来。

①

① 图注：上海药商史致富义女群：中坐者史君；前坐者吴素秋（右）、李砚秀（左）；后立者（自右起）张文涓、徐东明、梁小鸾、童芷苓、徐东霞、白玉薇。刊载于《立言画刊》1943年第 223 期。

坤角在上海是比较忙碌的，赴宴哩，剪彩哩，播音哩，都有她们的份。几个阔佬们或所谓"过房爷"们宴起客来，总少不得请几个坤角或他们的"干女儿"来作陪，因为在席面上有几个异性，是比较有趣的多，其实，表面上是"请"，实际上和"叫条子"有什么两样？而有钱阔佬们把坤角们是当作什么看待了呢？可是这些魔鬼在四周都张大着嘴等着噬人，如果坤角没有坚定的意志，受着环境的包围、物质和虚荣的引诱，那是必被吞噬无疑的。

记得一个戏馆的职员，曾感慨地对我说："现在的坤伶们是一代不如一代了！从前我们带着她们出去拜客，个个都端庄文静、沉默寡言，什么话都是从我们嘴里说出去的，现在的坤伶却不同了，她们不但会说会笑，并且会动手动脚，请问我们站在旁边成了什么？"

人们都艳羡"京角儿"们表面上的生活，却没有注意到它的里层怎样，我想读了这篇赤裸裸的文字后，多少觉得它是含有眼泪的滋味吧。

卅二，七，十，脱稿

○ 原载于《万象》1943 年第 3 卷第 4 期

最近上海的话剧
1944

——赵景深

××兄：

　　最近在李春舫先生处看见你们合编的《戏剧时代》，很是高兴。春舫先生要我向你们报告近两年上海话剧的动态，我实有无从说起之感。因为，第一，我虽爱看话剧，却还没有到着迷的程度，平时只是随便看看，不曾怎样留心，没有资格说话；第二，我在上海保存了很多的戏单，不曾带来，即使说，专凭记忆，很容易挂一漏万；第三，我是戏剧圈外的人，有时虽也写了不少被称为"八面圆通"的所谓剧评或是向演剧者演讲中国戏剧史，此外，就不曾对话剧有何活动。他们里面的内幕，什么天下大势，合久必分，分久必合，简直闹不清楚。所以我不敢用论文的形式，只是采取了向老朋友写信的方法，随便乱写，想到哪里，就写到哪里，逼作你非看我的臭文不可。

　　"七七"以后近几年来的话剧，于伶兄是无论如何不能忘记的。我敢说，前几年要不是他的努力，上海的话剧未必便有今日。最初几年，中国旅行剧团简直就没有新戏上演，只是把曹禺的几个戏《雷雨》《日出》《原野》等演了又演，临时组织的小剧团又时现时灭，不能成为主潮或大的力量。惟独上海剧艺社在辣斐花园苦干了好几年。到辣斐花园去的路我都走熟了，几乎每一个戏我都看的，当时于伶接连的上演《花溅泪》《女子公寓》《大明英烈传》《女儿国》等戏。虽然该社还有许多作家、导演、演员协同努力，我总感觉到于伶最卖力气，时常一刻不停地跑来跑去。女子在这位"杏花春雨江南"的作者早就到后方了，那末关于这前几年的上海戏剧活动，他知道得比我清楚百倍，我可以不必多说了。

不过，当时像这样长期演剧却是相当艰苦，虽然人才集中，女演员有夏霞、蓝兰，编剧有李健吾、顾仲彝、黄佐临、陈麟瑞、吴天、陈西禾等等，新编的戏层出不穷，可是看戏的人从来不曾满座，可以坐二十排的园子，老是只有十排的看客，有时甚至于只有五六排。后来幸亏吴天的《家》，改编巴金的小说，才卖了两个多月的满座。戏一轰动，一传十，十传百的就传开了。女儿向父母一说，于是带着小弟弟小妹妹全家都来看了。吴天使得从来不看话剧的人也来欣赏话剧，此后再演别的戏，他们也高兴来试试口味了。魏如晦的《碧血花》和姚克的《清宫怨》也有同样的魅力，但在争取观众的意义上不及吴天的《家》来得重要。因为《碧血花》是临时的演员集合，《清宫怨》的演员是上海剧艺社的支流。但《清宫怨》使得演西太后的江泓一举成名却是值得特提的。

无容讳言的，《家》多少有点《红楼梦》式的。因了《家》的成功，大家就动脑筋要想把类似《家》的戏上演，罗明似乎最起劲，他先改编曾孟朴的《鲁男子》第一部《恋》在丽华大戏院上演，后来他又改编林语堂的《瞬息京华》，大概这戏现在也已经上演了吧？《恋》和《瞬息京华》也是《红楼梦》式的。这

---

① 图注：辣斐花园剧场里的诸艺人。刊载于《青青电影》1939 年第 4 卷第 26 期。

种一窝蜂的趋势很盛行，不仅《家》及其拟作。比方说《秋海棠》轰动一时，是采取秦瘦鸥的通俗小说。于是金都大戏院就演张恨水的《金粉世家》《满江红》《啼笑姻缘》，几乎要把所有的张恨水的著作搬上舞台。结果呢，《秋海棠》因顾仲彝、费穆的精心导演，石挥、沈敏、英子的深湛演技，总是满座，甚至卖飞票，半月前订座还买不到票，甚至电影、绍兴戏、申滩、弹词、播音都演《秋海棠》，张恨水的戏因了改编者的粗制滥造的结果，竟致无人过问。

还有，话剧带杂耍也盛行过一时，好像最初是卡尔登戏院《大马戏团》开始的。这戏据安特列夫的《一个吃耳光的人》(*The Man Who Get Slapped*)改编，改编者是小说家芦焚，戏内穿插山东大汉唱土歌、象的跳舞等等。

我这几年对昆曲着了迷，话剧里面的昆曲穿插尤其使我注意。曾经教过戏的老伶工尤彩云，据他自己说也曾教过洪深兄。洪先生在电影《旧时京华》里穿插一段马嵬坡埋玉的演出就是他教的。周贻白编电影《李香君》，由顾兰君唱《牡丹亭·游园》，周凤文扮老伶工撇笛，这风气也传到了话剧。《秋海棠》里英子在乡间唱歌，就唱的是《牡丹亭·学堂》。后来李健吾的《花信风》也插了一段《游园》，这两段都是郑传鉴教的（现在重庆不也还有倪传芗和票友张充和、张善芗、项馨香、丁趾祥、许小姐、潘小姐等有时彩排昆曲么？）。丽华演《倾国倾城》时，其中有一段昆曲《邯郸记·扫花》，由马笑侬主唱，沈传芷撇笛，我还亲自到后台去教过马小姐呢。顾仲彝的《三千金》开场，即在远处奏昆曲，利用留声机片韩世昌的《长生殿·絮阁》，连开同一片子至二次，但观众并没有听出来，也是一件有趣的事。

最近，我看到一本《近代英国戏剧选》(*Modern British Plays*)，说起英国女剧作家人才最少，没有 Bronte，没有 Eliot，中国大约也不能例外吧？虽说前有杨袁昌英的《孔雀东南飞》，后有夏霞的《寡妇院》（或者内举不避亲，把我姝妹慧深的《重逢》和《如此北平》也算上），但我总觉得没有杨绛女士的《称心如意》这样的使我满意。她写一个孤女带了一个铺盖游历，被各家亲戚所拒绝，每一幕铺盖总是放在一定的地方，不仅写世态炎凉成功，而那种纤细的感觉也只有女性才能描写出来。她还有一本《弄真成假》，大约也是喜剧，可惜我未能看到。我认为这位女作家是有前途的。这两年的上海，与抗战有关的戏当然不能演，于是恋爱题材的戏就充斥于舞台上。周贻白是我最熟稔最要好的朋友，但我认为他的戏最好的该是《李香君》，最近他的《金丝雀》《酒绿灯红》《阳关三叠》等，专以上海醉生梦死的舞客和没有灵魂的人们为题材，写多角恋爱的纠纷，还有别的作家的《男女之间》《银星泪》这一类的戏，实在使我看腻了。于是杨绛的《称心如意》，顾仲彝的《三千金》和《八仙外传》，费穆的《浮生六记》，陈鳞瑞的译文《晚宴》便成了沙漠上的绿洲，他们都是在恋爱剧以外的。

《三千金》是根据莎士比亚的《李亚王》改编的，最后一幕《父女相逢》写天伦之爱，真要使人看了落泪。《八仙外传》讽刺时政，很是巧妙。他是根据我的一篇论文《八仙传说》写的。我说元代里有徐神翁而无何仙姑，明初才用何仙姑代替徐神翁。仲彝由此着想，杜撰了一个解释说徐神翁叛变，投到赤发魔王部下去了。他这种写法，大约与俄国陀罗云维支的《东方寓言集》是一派的。《浮生六记》是清沈三白的散文，按理说，这本书很难编成戏。但费穆却利用电影手法、音乐伴奏，使这家庭琐事的戏得到很大的成功（主题是婆媳斗争，于是一窝蜂地又来了《妻》《钗头凤》）。《晚宴》只写一个晚宴，赴会者每人一幕，各人都有苦衷，结构别致，使我想起 Thornton Wilder 的《愁桥》。

××，最后我可以给你一个安慰，就是上海所演的戏虽然比较有内容的只能是历史剧（例如《正气歌》《精忠报国》的重演）和寓言剧，其余就大半是恋爱剧，但观众却因《家》《秋海棠》二剧的影响增加了。现在上海平剧院不过四五家，话剧院却有八家之多。如兰心、卡尔登、巴黎、金都，这四家的演员大半是上海剧艺社的旧人，演出的戏除上举者外，还有李健吾的《喜相逢》、吴祖光的《风雪夜归人》、陈白尘的《结婚进行曲》、穆尔纳（Molnar）的《梁上君子》、柯灵改编的《飘》。还有四家都是中国旅行剧团的系统，那就是艺华、绿宝、美华和大上海。有了这巩固的基础和多量的观众，你们将来回到上海继续努力，就容易得多了。

还可以向你告慰的，就是在上海的剧人至少大部分甚至全部是营业性的，什么红楼梦式、通俗小说的利用、杂耍化、婆媳斗争式，一窝蜂地专就生意眼着想，有坏处也有好处，他们可以不必有政治关系，靠卖票收入就可以维持生活，一个编剧或导演一本戏二三万元以上的收入还算是普通的，抽税不过百分之三而已。

世界书局新近请孔另境主编《话剧丛书》一套，已出十种：《十字街头》（据电影改编，纪念沈西苓）《梦里京华》《称心如意》《晚宴》《李太白》（孔另境，未上演）《绿窗红泪》（周贻白，写道金制的罪恶，是他人未曾触到的题材）《花信风》《银星泪》《三千金》《清宫怨》。

我是文坛的落伍者，连白话信也写不好。我不相信我这封信是值得刊载的，就算是我给你私人的信吧。话说得太粗率，不暇修饰，实在我也太忙，春舫先生催了几次，我才连夜写这封信的。

弟赵景深四月二十七灯下

○ 原载于《戏剧时代》1944 年第 1 卷 6 期

PART 6

上海战记

旧时上海

上海风景线
1932

—— 巴金

五月三十日

今天早晨落着微雨，天很阴暗，带了令人不愿看的愁容。似乎天也哭了，为了这纪念日，这我在一生永不能忘却的血的纪念日。

不到正午天空渐渐开朗，雨住了。我在家里吃饭的时候，隔壁人家开了留声机，在唱《莲英惊梦》。后来又听见竹牌底响声。我连忙去看挂在壁上的日历，因为突然忘了今天是什么日子。然而日历上明明印着"五月三十日"，这几个大字谁都看得见的。人原来是如此健忘的，我今天才知道。

不知怎样在家里很是烦恼，我想出去走走。虽然听说，而且从报纸上知道今天租界上在戒严，但我终于闯进租界去了。我乘了无轨电车，在经过 S 桥时，看见两个英国兵立在桥底两旁，挺胸直立着，动也不动一动，连眼睛也不闪，活像一个木偶。我看得这样清楚，是因为电车在桥上突然停了，正停在那兵士身旁。两个高大雄壮的华捕上了车检查乘客，一个穿着钢丝马甲的白色巡捕提了手枪在下面监视着。我底眼睛向窗外看，正落在那木偶底枪刺上面，这枪刺在我底眼里骄傲地而且贪婪地发了光。我想它大概是在渴血了。我本能地抚摩自己底胸膛。

"站起来"，一个粗暴的声音不客气地响了，我并不回过头。一只手不客气地拍我底肩膀。我把我底在那枪刺上面停了这许久的眼光掉过来看入那一个华捕底狞笑的眼光里。他不作一声就走开了，跟着他底同伴下了电车。我还看见他在和那白色巡捕说话，恭敬地甚至谄笑地。然而电车开了。

我下车了，虽然我没有目的地，但我并不等电车驶到它底终点。我闲走着。每条街上都有很多的行人，十字路口立着许多人，伸着头颈在观望什么。白色和黄色的穿着制服的人提着手枪在步道上往来。过往的行人都带着慌忙的样子，连说话也不肯大声。一切似乎笼罩了一层严肃的色彩。尤其使我注意的是平日那般点缀太平的东西差不多有看不见了。我在步道上闲步着，有不少的人在我底身边走过，但我不曾嗅着那醉人的香气。

我又走，我在一个十字路口，看见了电网，又看见几个武装的外国兵，我想我是到了战场上了。

我闲走着，我一直间走到夜晚，我犹如走遍了人心之沙漠。我一点东西也没有寻找到。

神秘之街

晚上到神秘之街去散步，在这混合着东西洋风味的大街里，到处都是游闲的小有产阶级的男女青年，此外还有些流氓。

一个粉脸在我底眼前晃过，周围的空气马上变得香了，无意间低下头，正看见一双圆得可爱的粉红色的腿支持在一对黑漆的高跟鞋上。抬起头来我又看见一个雄纠纠的挺胸撑腰的汉子，穿着敞开的短衫向我撞过来，我连忙避开了。

前面起了一阵闹声，似乎人突然多了起来。几个小鬼似的有窃笑的脸的东西在我底面前摆过去了。一个美国水兵挟着一个中国的摩登女郎走过来。他一脸通红，走路偏偏倒倒，口里哼着英文小曲。一个黑的东西在我底面前飞过，接着是一个清脆的响声，过往的人吃了惊，那水兵却哈哈大笑起来，我才注意到他底手里的酒瓶没有了。有几个行人竟然站住，带笑地旁观着他底举动。我瞥了一下他手臂里挟着的少女。她多少有点美丽，可是我却看不出她底脸上的确定的表情，她好像有点欢喜，又好像有点惊惧，但多是好像而已。

我站住了，正在一家 Bar 底门前，门口放着画了有女招待的广告牌，里面奏着淫荡而恶俗的金元国家里流行的音乐。那个水兵挟着他底女子往里面去了。

路上尽是些影子，戴着各种颜色的面具。十一二岁的讨饭女孩跟着艳装的姑娘跑。瘦弱的患贫血病的黄包车夫像负着重载的牛马似的，喘着气拖了车子没气力地慢慢向前奔，在车子上安然坐着显出得意的样子，是一个胖大的商人。一个巡捕抓着拖空车的老车夫不住地用警棒在他底弯曲着背上乱打。一辆辆的汽车在街心横冲直撞，像坦克炮车。爬虫似的电车在街中狂叫，大商店门前闪耀着红的绿的电光招牌。影戏院门前贴着巨幅，堆了些"风流香艳滑稽肉感"的字眼，在下面加了几行小字是"加映陕西灾情影片"。

我底心痛着好像有无数根的针在刺它，我明白我是到了神秘之街了。

一九三一年夏日，上海

○ 原载于《新时代》1932 年第 3 卷第 1 期

上海事件纪念
1936

—— 冯和仪

　　两年来闲居的生活使我泯灭了个性，朋友们也都因我"不前进"而离弃了我，使我深陷于寂寞苦闷之中而不能自拔。好容易在十月一号那天给我抓到了一个"试办一月"的机会，于是我就战战兢兢地开始过这办公厅的生活。越想做得好越会弄错，心中慌了一阵脑子更模糊起来。上司的声音在嗡嗡地响，越当心越听不清楚，又不好意思多问。一天光阴宛如隔了十年，直到时钟敲过五

①

_____

① 图注：公共租界广西路上戒备情形。刊载于《中华》1940 年第 92 期。

点，始舒了一口气，手酸足软，肚子似乎饿了，匆匆跨上了一路电车，从静安寺过南京路直向外滩驶来，巴不得立刻回到靶子路家中，往床上一躺，看娘姨绞手巾递开水的忙乱着。

到了抛球场，只见纷纷的车辆都载着被包箱子及愁眉苦脸的男女老幼，我心中奇怪起来，昨天不曾翻黄历，却不知今天是搬家吉日，但又为什么带着惊慌愁苦的样子呢？及过了外白渡桥，这个疑惑给打消了，五步一哨十步一岗的全是荷枪实弹的友邦军士。

记得"九二三"虹口事件发生的那晚，我正打算穿过海宁路到东吴大学去找人谈天，中途给日兵的刺刀吓回来后，也就自倒在床上酣睡过去。连年来东北及匪区的惨亡人数，而至阿比西尼亚的荒郊白骨，早就使我相信人类不过是帝国主义者所训练出来看斗着玩的蟋蟀一样，管他藏本为什么躲山洞，或什么人究竟被什么人刺死的呢！去年阴历十月间还不是闹过中山秀雄的案子吗？弄得满城风雨，据报载闸北居民竟迁走了十万，那时我正住在苏州河以南，泰山崩于前而色不变，看他们忙忙而来，忙忙而去的做了一场"烽火戏诸侯"的把戏，这次大概又要重做了。不料事出意外，虹口居民竟镇静异常，孺子可教，公安局官长们也放下了心。

直至那天——我职业生活开始的那天——日兵步哨放到苏州河北，铁丝网也都装上了以后，"一·二八"余惊尚存在心头的闸北居民再也无法镇静了，于是耗资费力，老戏重演。北四川路上扰扰攘攘的充满了轻重车辆及来往行人，最多的是站立在路旁指手画脚的瞧热闹朋友。

"怎么办呢？弄里的人家都搬光了！"娘姨开了门忙着告诉我。

带了满身的疲惫，忍了饥饿，连脸也没有揩一把，我飞步到校中去找贤。海宁路、昆山路的转角上，都有四个日兵把守着，看上去还有便衣警察混在纷乱的人群中。我低着头匆匆过去，连正眼也不敢瞧他们一下。心中虽不免恨而不敢恨，想不要怕而又有些慌。从"一·二八"跳不泊岸的轮船，攀已开驶的火车而逃回宁波来的父老们口中，我知道那时闸北、江湾等处居民，曾受过家破人亡流离失所的惨劫。到今日还是闲话一下，要犯妨害国交罪。少女张伞有抗日嫌疑，动辄得罪，使我们见了这批全副武装的友邦军士，实无从表示亲善的热忱。由"明哲保身"而"敬鬼神而远之"，当该校门房答以贤已出外后，我又低着头小心翼翼地归来。一进门，贤已先我回来，未脱帽，未洗脸，也未换上拖鞋。

"怎么办呢？"他问我。

"怎么办呢？"我问他。

"到底怎么办呢？"娘姨问我们。

天色已全黑了，肚子还空空如也，好主意也一时打不出来，还是吩咐娘姨先烧饭。大概娘姨刚走到厨房，外面有敲门声。日本人来查抄什么吧？贤叫我快到书橱看一下，有什么抗日嫌疑的没有。英国文学史、法律丛书、日华大字典、德文、法文，这些想都还不妨，只有这些党义书籍，什么"弱小民族自求解放"不妥，得想办法。拿到厨房去烧光？拿出马桶，把这些书放在马桶箱里？……妙计尚未得，而老张已从后门进来了，敲门的原来是他。跟着娘姨也慌慌张张地跑进来："先生，楼上那个患着重伤寒的二房东男人也跑了，抬了去的，还讲着吃语说要打日本人哩！那个女的，养下孩子还不到十天，哼唧着也预备今晚走呢！"

"他走他的，"我勉强按住了慌乱着的心，"张先生，你看究竟怎样？"

"这很难说，我也是来同你们商量这个的。"老张住在横浜桥。

外面又在敲门了，进来的是老赵、老何，一进门就嚷："校里不能宿了，日本人顶恨学生。你们今夜怎么办？"

大家都没有办法，愁眉苦脸的对瞅着发愣。究竟女人依赖心重，给我想出一个长辈来，就是在北站铁路局做事的姨丈。叫他们等着，我赶紧到姨母家（她家就在北站附近）去商量一下，惟他们之马首是瞻，瞻错了就把责任卸给运气。打定主意，就叫娘姨先开饭来，肚子可真饿了。此令一出，只听得娘姨"哎呀"了一声，飞步跑去，果然出了乱子，她尽管听着我们讲话，把饭烧焦了。于是，放下了他们不管，我飞步跑向北站去，希冀姨丈能替我们解决，更希望姨母能给我一餐晚膳。

到了北河南路靶子路口的铁门旁，真是人山人海！警察奔来奔去的吆喝着，劝导着，全归无效。蓝布被包、朱红箱子不绝地向南载去。我知道这里面都是他们从"一·二八"以后节衣缩食重新积下来的一点东西,在一批家伙中拣了又拣不忍把它们留下的,所以随身带了逃进租界去。但是我不知他们以后究竟将怎样去继续保存它们?在这个环境中,我们简直保不住自己的生命。今天逃进苏州河,明天逃进扬子江,逃到河南,逃到四川,逃到帕米尔高原,也逃不过帝国主义的侵略!帝国主义的野心是永无自己抑制自己止住的日子的,除非你不许他发展。我相信总有一天,这些蓝布包袱、朱红皮箱都保不住了,老母稚子也无法保护,然后赤了身子,饿着肚子,满怀着愤怒,向吃人的帝国主义拼命。但在今天,这些还有蓝包袱、红箱子可搬的人们总还想苟安侥幸,我自己正是这么的一个。

到了姨母家,他们都未睡,勉强装出镇静的样子。二房东及楼下厢房内的房客都逃光了,全屋只剩姨丈、姨母、表妹及合住在亭子间内的四个工人。

"我们总是一个死,只差个迟早罢了。逃什么呢?到处都一样!"这四个工人一致这样说,而且誓同生死。

真的,到处都一样,我们逃到哪里去呢?想起刚才惶急的情形,我不禁哑然失笑。肚子更饿了,他家娘姨已自去逃难,瞧这光景,连他们自己还没有晚饭落肚呢,我也免开尊口,赶紧家去想法子吧,于是告辞,坚留不允。

回到家中,见又来了三个客人,素姊及贤的二个亲戚。据娘姨说,这里二房东家女人也带着初生的婴孩走了,弄里除了十五号三层楼上那个生重病的老太婆外,就只有我们一家了。素姊也说,宝山路也都纷纷搬家,警察在拦阻,流氓在凑热闹,黄包车夫在抢生意,乱成一片。

住在靶子路的人家全逃了,四川路的,北河南路的,也纷纷逃避。娘姨每传一次信,我们多起一阵惊慌。好吧,逃,逃到旅馆里先去宿一夜,东西明天再搬。八个人住三个房间,不会挤,娘姨先辞歇。

"半夜三更叫我到哪里去呢?宁波轮船又开出了。管他死活,我还是在这里管东西吧。"她当初以为把我们吓慌了,就可带她同去逃避,及到我把工资给了她时,始泪汪汪的后悔了。老何他们都说既然出口辞歇,非即时叫她走不可,恐她夜间拿东西。结果,由我多给她一块钱,当晚就走。

于是大家挤出了靶子路,跳上一路电车,车中藤圈都没有拉了,卖票的急待拉拢铁门，可是不由主的人尽管挤上去，看看老张他们都上去了，贤也拖了我进去，铁门一合，素姊被遗在车外。我被众人挤在中间，再也望不见她。众人心中都紧张到了极度，仿佛后面已有日兵追了来一般。车到海宁路、蓬路都只准下去不许人再上来，故稍稍空了一些。过了外白渡桥，各人始舒了一口气，激昂慷慨起来。同车恰有一个日本老妇，大家都拿她做对象，几十道愤怒的目光齐向她射来，吓得她不敢仰视。

车到了永安公司，我们都跳了下来，有的主张到三马路新惠中去，有的主张到四马路振华旅馆去，我却一心惦念着素姊。结果，就近在二马路一家小旅馆内住下，八人一间，这惟一空着的房间。贤问我要吃些什么，那时我已不饿了。

坐定了后，开始高谈阔论。从会不会战而谈到应该不应该战，问题就远了。大家好像忘记了自己是刚从北四川路逃过来似的，痛骂中国人民偷生怕死，苟安无耻，没有勇气，没有毅力。

我的头非常沉重，心中干急。明天还要上办公厅去呢，看看手表已二点半了。

明天怎么办呢？今晚还管不了，谁又管得明天？

先施乐园里灿烂的灯光，照耀着蓝包袱红皮箱及愁眉苦脸的逃难人群。明天怎么办呢？谁都管不了明天！

廿五，双十节

○ 原载于《宇宙风》1936 年第 28 期

同仇日记
1937

——施蛰存[1]

余已久不作日记，八月十三日，中日沪战突起，余适在松江故里，所见所闻，皆前此所未尝经验之紧张情绪。故自八月十四日起即按日写日记数十百言，聊以见上海战区后方一城市中之情景。诵无衣之诗，切同仇之感，故命之曰"同仇日记"。起八月十二日，迄九月五日，凡二十五日。九月六日以后，余起程赴滇，备历艰苦，则别为《西行日记》，俟续刊焉。

八月十二日　晴

今日下午四时，闻市人传言上海中日军已发生冲突。沪宁、沪杭两路车均停止。一时人心惶惶，顿现不宁景象。多数人家纷纷整理箱笼对象，分雇小汽车或船只离松，或去沪，或去乡。

《上海晚报》不到，颇闷闷。在友人朱雯家听无线电播音，知战事确有一触即发之势，惟今日尚未正式冲突耳。（十四日追记）

---

[1] 编者注：施蛰存，原名施德普，字蛰存，常用笔名施青萍、安华等，浙江杭州人。曾主编《现代》等杂志，先后任教于云南大学、厦门大学、暨南大学、大同大学、光华大学、沪江大学等校。著有《江干集》《李师师》《北山楼词话》等作品。

八月十三日　晴

今晨候《沪报》不至，晨九时在朱雯家听无线电播音，知即日下午有爆发战事之势。午十二时，《沪报》始到，较平时约迟二小时。有邻人自上海归者云，上海北车站已架设大炮备战，火车均自西站、南站开出。

下午二时，有亲戚来电话，谓上海银行钱庄均已停市，松江各银行钱庄明日亦将停市，如有存款，应即去酌量提支，俾作支持战时生活之用。余答以素无储蓄，此事于我不生影响，并谢其厚意。

今日米价突涨六角。

晚间八时，电灯忽熄。当即打电话问电灯公司办事处。据云沪松馈电总线已断，今晚住宅用电恐将无法供给，惟各军政机关用电，则暂由本邑电厂小引擎供给之。遂即燃点煤油灯。室内顿成暗淡世界，心绪为之不宁。就电话听筒中窃听他人谈话，谓离城十里之华阳桥镇已隐约可闻上海方面有炮声，知战事已作。

九时，电灯复明，遂到朱家听无线电播音。得知此时上海闸北方面战事方烈，有大火。又知上海鱼市场已被日军轰炸焚毁。十时从朱家出，见警察已武装双岗，知本邑已在戒严状态中矣。（八月十四日追记）

八月十四日　云

清晨五时，闻炮声时作，家人相顾愕然。

晨八时，到朱家。朱君夫妇方在治装，云拟去沪。余即辞出，到长途汽车站，见候车赴沪者甚众。八时二十分，有去沪第一辆车，从总站开到。适站中接到上海县境北桥站来电话，谓公路被阻，汽车不能到达上海，嘱松沪车勿开往。遂由站长临时宣布退票停班。众客皆颓然下车，面有忧色。时适有人从火车站回来者，云今日沪杭火车，即上海南站亦不能到达，因南站方面亦将有战事发生。余遂返至朱家，以交通被阻消息告之，迁沪之议，遂只得作罢。

十时，拟打一长途电话到沪寓，问父母及诸妹消息，以便决定行止。讵意长途电话亦已不通。

下午二时，步行到火车站，拟一探准确消息。至站时适见有上下行车各一列，多数旅客皆乘坐运货车及运牲口车，每车皆长四十余列。据云杭州来车已停驻及四小时，因前路有军用车，故一时尚不能开出，大约今日即使能开到上海南站，亦必须在深夜矣。

三时，有日本飞机三架出现松城上空，经过火车站时，飞行甚低，且盘旋数四，意在侦察。站中秩序一时大乱，车中乘客纷纷窜逃下车，余亦不免心怵。幸日机旋即西去，惊魂始定。遂即取道大街进城，昔日之繁市已冷落不堪矣。行经国民商店，购五百尺光象牌手电筒一个。

今日全日见有迁居乡间者，路上行人不绝，市河中船舶亦绵延不断。朱雯夫妇亦匆匆去章练塘镇暂避矣。

晚八时半，电灯忽又熄。正疑惑间，忽闻云间第一楼上警钟大震，始知有日机来袭。此是松邑第一次真正敌机来袭警报，且又在黑夜，家人均不免张皇失措。余急取昼间所购手电筒揿之，竟不发光，燃烛视之，始知电珠已坏。余遂嘱家人镇静，与内子及女仆分挈小儿辈预备草席，俟闻飞机声时即至屋后大土丘下坐定，冀可稍免危险。时空中颇有大风，余意日机或不致真能飞来，但亦不可不备耳。幸一小时后，警钟复鸣，表示解除警报，始各各安心。惜此时已过中央电台时事报告时刻，未得一闻上海方面战事消息如何，弥复可憾。

① 图注：沪太路上的逃难者。刊载于《抗战画报》1937 年第 5 期。

旧时上海

八月十五日　雨

今晨，雇男仆阿根来家，此事出内子意，以为万一有事时，可以使其抱负小儿辈，余颇韪其意。

十一时，购得上海十四日《新闻夜报》一纸，略知沪战状况。我军抗战已下决心，甚为可慰。惟念双亲及诸妹均在上海，日闻炮火炸弹声，想已饱受惊恐。颇深忧虑，遂姑写一信，交邮局快寄，不知何日能收到也。

下午六时，友人赵家璧来舍，始知渠曾于十三日由上海专雇小汽车归松，将眷属迁至上海。不意昨日下午，有炸弹坠于大世界门前及汇中饭店，死伤多人。一时上海租界内情景亦万分可怕，旅馆中几至绝粮，菜市上无蔬菜可买，南货铺中均挤满顾客，竞购皮蛋、虾米、紫菜等物，一至五元、十元者。赵君深恐久居上海，即使幸免于孔子在陈之厄，然物价高涨，生活不易，亦非上策。故于今日设法雇得小汽车一辆，仍挈眷返松，费国币四十五元，可谓昂矣。

晚八时半，空袭警钟又鸣，电灯立熄，余令家人静坐室内，俟闻机声，即从后门至旷地上依土丘隐伏，想可无虑。幸日机竟未过境，一小时后即解除警报。

今日米价又高涨六角，纸烟亦涨价。乡人恐被军队征役，不敢入城，稻柴无从购买，几无燃料，后幸辗转设法，购得二担，价较平时贵二倍。

八月十六日　晴

晨五时三十分，空袭警钟大作。余从睡梦中惊醒，即率家人拟出至屋后旷地上暂避。不意后门外小巷已为左邻姜姓用大方砖堵塞，不可通行，余不觉盛怒其不顾公德，即猛力推倒数十砖，亦不自知其力之何从而生也。巷既通，即奔至姜姓后门，叩门责问，屋中人自知理亏，不敢出应，然犹呶呶不已。

久俟日机未来，余仍率家人入室。旋即到朱雯家，与朱君闲谈。至六时五十分，忽有一日机突然在上空出现，飞行甚低，余方匆遽辞出，便闻轰然一声，窗壁皆为之震动，知已投一炸弹矣。一时里巷中秩序大乱，在菜市卖买蔬菜者皆纷纷在满街奔窜，情状甚可怖。

日机去后，余与内子商议行止，结果皆主张暂守镇静，非至万不得已时不动。因目下迁移，不论至沪至杭，或至乡间，俱有种种困难，不易解决。

十时，至赵家璧兄家，知其拟将眷属暂迁南门外乡间。十时三十分，同出到西门外，余换取手电筒一个，又至电报局发一电致沪寓，问双亲及诸妹消息，并请其斟酌上海方面情形，决定行止。沿路见乘车雇船移居乡间者络绎不绝，知识分子亦不在少数，平时之高唱抗日口号之爱国家亦多数离城他去。归途买得当日上海《申报》一份，价一角五分。闻途人言，日机炸弹堕在新东门外铁路旁一小石桥上，大约拟以税警军官教练所（旧火药库）为目标而未命中者，盖彼此相去只一墙之隔耳。

下午一时，有亲戚打电话来问愿同往洛巷乡间暂住否？内子婉却之。五时，余小立门外，见旧日学生张女士方经过，衣履鬓发间颇有行色。问之，始知其从上海徐家汇雇人力车沿公路归松者。据云同行者尚有数十人，车资每辆国币四五元不等，自上午八时离徐家汇，此时始到达。烈日下临，暑气上蒸，且又越过军事障碍物数处，盖不胜其憔悴已。张女士又云，在上海时曾打电话到我家沪寓，探问我家消息，得知家人俱平安，惟余四妹腿部曾中一流弹，盖中日飞机在上空作战时，向下扫射之机枪子弹从屋顶上破瓦而下者，故悬想当不至有重创，然余已甚为忧虑矣。

晚饭后，打电话致振华袜厂黄君，商请明晨带一信到上海转交双亲，因知黄君有运货汽车，近日尚在往返松沪运载货物也。幸承允诺，当即作书讫。八时三十分，作家书方毕，警钟又鸣。至十时方解警，未有日机来。

十一时，从电话听筒中听得华阳桥镇到上海来难民八百余人，已由镇长某君妥为照料住宿，明晨即遣之来城，俾便分别收容或遣送回籍。

今日闻零售米肆已有限制，每人每次只能购米一元。全市当铺均已止当，小民生计不免大受影响，此则甚可虑者也。

八月十七日　晴

今晨七时，余去振华袜厂，将家信交司机人带交上海舍下。内子则经纪积蓄粮食事宜，盖市面愈益萧条，乡人进城者愈少，一过八时，即无蔬菜可买，不能不略事预备也。八时，又有日本飞机来袭，在西南上空盘旋甚久，便闻轰炸声二响，大约在三十一号铁路桥方面。警报解除后，路上行人顿形拥挤，又皆离城去乡者。大约本邑居民，留者仅半数矣。

下午三时，有上海厂中职员步行来松者，带口信来，谓双亲将于明日返松，闻之甚慰。五时，振华袜厂送来大人手谕一通，函中嘱余等去杭州暂住，盖此信尚是十六日所书者。余及内子均以为尚非其时，且知杭州亦不免敌机骚扰，故仍不作行计。

晚饭后，偕内子散步到大街上，看难民过境。盖自今日下午二三时起，由上海沿铁路或公路经过本邑遄返原籍者，络绎不绝。有一妇人，两手抱一婴儿，儿已酣眠，妇不忍惊醒之，抱持甚慎，行履遂艰，疲惫之状，真不忍看。又有一男子，频频问松江城何时可到，有人告以已在松江城中，始颓然席地而坐，聊以将息。凡此流离颠沛之状，一幅流民图，安足尽之。

归途买得上海当日《立报》一份，价六分。

八月十八日　晴

今晨九时，与家璧同散步到城中汽车站，见由沪经松赴京杭之自备汽车甚多。此等有汽车阶级亦纷纷迁入内地，遥想上海租界内情形，当必异常危险矣。行经富户苏某住宅，竟已张挂美国旗，想必希望避免日机轰炸之故，其情可悯，其事可嗤。归途过名医夏仲芳君诊所，夏君适在门外，云家人已皆下乡，只一人枯守，遂招入小坐茗话。

归家后，有童子军来为松邑救济事业募捐者，余捐国币五元，我尽我力而已。

邻人某来舍闲话，据云本县县长甚懦怯，不甚能负荷重任，每晚必乘汽车到畲山歇宿，次晨复来办公。本邑救济事业亦因无款故，迄未有切实办法，甚可慨叹。夫必有非常之才，始能应付非常之时，治世之吏才，未必宜于乱世，丁此国难期间，政府于用人行政，诚当重行铨考也。

下午，朱雯兄从乡间来城，归家取物。因借我无线电收音机一具，缘乡间无电，彼即携去亦无用也。即浼家璧助我装置天地线竣事。晚，听中央电台报告，知我军连日已击落敌机二十余架，壮烈甚，为之色舞。

今日未见双亲返里，甚滋疑惑。

八月十九日　晴

今晨六时，即又有日机来我邑上空盘旋。不久，即遥闻轰炸声甚烈，屋宇皆为之震动。解警后，闻途人纷纷传言，谓一弹似落在石湖荡方面，一弹则即在新东门内税警官佐教练所旁。越一小时许，闻人言石湖荡之三十一号铁路桥已被炸，幸损坏尚微，不至影响及交通。

有住居新南门内公路附近者云，连日晚间有我军用汽车满载军需从杭州方面来，经过本邑，急驶往沪，金铁之声，彻夜不绝。又云沪杭国道已因军事关系封锁，故闵行浦江渡轮已移泊松南米市渡，盖由松江经枫泾而至杭州，此段公路幸已完工，故于军事上实甚重要也。

下午，黄振华君来电话，谓母亲及四妹将于明日附乘渠之汽车归松，甚欣慰。三时，独行到西门外，寄出一信致南京李长之君，问渠如何去滇，余意颇欲约渠同行。邮局中人云近来邮政交通大受阻厄，此信不知何日方能到达南京。

八月二十日

晨六时半，日机又来袭。余又从睡梦中被惊醒，匆匆率家人走伏屋后土丘之麓。目睹敌机七架盘旋西方高空者数四。忽二机破空直下，疾若鹰隼，即闻轰然者三四声，继以机枪扫射声，闻之不免心悸。解警后不久，即闻人言西车站站台旁中一弹，适有沪来客车一列停驻在站，车中人纷纷逃避，致死伤甚众。又一弹堕车站北光启中学，毁新建大厦一所。又一弹堕东车站旁，死伤难民各一。

九时，内子嘱阿根负蓬儿去县立医院诊治暑疠，始知县立医院中已有多数受炸弹及机枪伤者投治。断股折臂，破腹绝胫者，呻吟之声彻于户外。医士皆栗碌无暇，小儿暑疠拒不施诊矣。男仆阿根，以前颇不以避难为然，今日在医院中睹此惨状，不觉颤慄。归来后，即谓有去志。余以此事不便相强，允其随时可行。

十一时，岳家有电话来，嘱内子速治行装，因已设法到汽油船一艘，拟合两家大小其去朱泾镇乡间姑丈家暂住，庶免再受威胁。余踌躇有顷，决意使妻儿先去。内子遂挈诸儿雇车去西门外登舟。十一时四十分，母亲及四妹乘振华袜厂汽车归家，得详悉上海情形。沪寓虽落一流弹，但四妹受创之说，则系误会。余以母亲年高，恐未能再受日机轰炸之惊，遂急为雇车，送母亲并四妹到船埠，会同内子等同去乡间。于是只余及男仆阿根二人暂作留守使矣。

今日居民之下乡者愈多，下午三时，路上已悄无人迹，街头巷尾，惟警察履声橐橐。盖留居人口，已不及三分之一矣。余往邀家璧同到县立中学，参观该校留校教职员所治之地洞，余与赵君均拟仿治一所。归家后，日机又来，幸未投弹。五时购得上海《神州日报》，略知战事消息。

晨间无电灯，日机又来袭二次，均未投弹，大约意在侦察耳。寄舅金光藻，家人亦均已去乡，渠一人不敢在家宿夜，遂来我家宿，彼此有伴，差不寂寞。

八月二十一日　晴

今晨又有敌机来袭警报二次，但均未有敌机过境。七时，男仆阿根随寄舅金光藻乘船下乡去，云过三四日当再来。余告以来否悉听其便。十时，到家璧家，看渠在竹园中督率工役挖治避弹地窖。午，即在赵家吃饭。下午在家，独居无俚，看《三国志演义》，并同时以陈寿志诸本传参阅。五时许，门外有叫卖上海报纸声，即出门买得当日《时报》一份，价六分，盖亦从上海乘自行车贩来者。晚，即以昨日所余冷饭，用开水泡热，佐以残肴食之。昨晚起即已无电，只得用煤油灯。空屋无人，幽暗中茕茕对影，辄生幻想。无线电又无从收音，更可恨。九时即就枕，中庭秋虫嘤嘤，尤有凄厉之感，肃杀哉！

八月二十二日　晴

六时起床，自提小铅壶往府桥下茶馆中泡水，备洗脸及煮茶用，顺便买油炸烩一条，粢饭三十文，鸡蛋二枚。归家后洗漱讫，即就打汽炉中煮鸡蛋，并所购二事共作早餐。九时，到绍兴妇人陶妈家约其每日下午来我家一次，代为浣洗衣袜，涤治便桶，盖此二事则非余所能自任者也。中午，仍至家璧家就食，谈至下午二时始返。看黄山谷诗。

傍晚，亲戚陈颂年率其二女来，即挽其二女为煮晚饭，购油豆腐干、皮蛋以佐餐。八时，陈君等辞去，余即就枕，在床上看《王荆公集》，不觉入睡。

八月二十三日　晴

今晨五时三十分，为警钟声催醒，即匆匆披衣走至屋后土丘下掩伏。不久即解警，但旋又报警。计自五时至正午，半日间敌机来袭不下五六次，每次三机五机不等。计北门内小北庵后落二弹，北门外菜花泾落一弹，均未伤人。西门外莫家弄底落一弹，毁屋数间，死伤多人。南门外大张泾落一弹，未证实。

邻人某君谓昨晚子夜以后曾有警报三次，每次均有敌机飞过本城上空，惟飞行甚高，且风势不顺，故为声甚微。然因警钟猛撞故，里人皆彻夜未睡。余闻之不觉愕然，诚不自意其何以渴睡乃尔，了不闻知。虽然，亦未尝不佳也。

午，仍由陈君二女代为治炊。下午，迁居离城者益众。余独行至小北庵后，看敌机所投弹迹。一弹堕柏树林中，破土成大穴，径可寻丈，深称之。大柏树三株皆连根炸起，横倒数步外，其力量之猛可想。另一弹堕处约西去二十余码，土穴不过小圆桌大，四周丛草皆焦灼。余疑是彼大炸弹裂片所致，未必竟投二弹也。欲寻破片以作纪念，竟不可得。时有数僧人亦在视察弹迹者，谓余云："专员公署有无线电台方于前日移设小北庵中，故今日敌机即来投弹，此必有邑人为汉奸，私通情报矣。"余闻之颇为凛然。

归途便到岳家，惟岳父一人并一仆在。即在岳家晚餐。七时归家，路上已无行人矣。

八月二十四日　晴

今日晨起，决意去上海一行，藉视父亲并诸妹状况，并欲一稔战事真相。遂打电话问汽车公司有无开沪客车，答以有车，惟须到新东门站搭乘，不再驶入城中站矣。遂于八时到新东门站，始知车只开到北桥站，到北桥后，须候闵行车搭乘到漕河泾，即为终点，不能更进矣。余踌躇有顷，见搭客甚多，遂亦买票登车，八时四十分到北桥，候半小时，始得搭闵行车到漕河泾，又雇人力车到徐家汇，沿途凡岔路口皆堆置沙袋，故大汽车不便行驶通过也。从徐家汇越法工部局所设置之铁丝网，入法租界，再雇人力车到爱麦虞限路[①]沪寓，见父亲及二妹无恙，甚慰。凭窗看我军高射炮弹在空中爆发，如朵朵小白云浮荡晴空，则生平所未见者也。

午饭后，到宝仑药房为赵家璧买防毒口罩并防毒药，又自买口罩半打，药一剂，即往戴望舒家，并晤陶亢德君，共谈琐碎，略悉沪上文艺界均甚兴奋努力，惟窃意在此严重时期，书生救国，徒用毛锥，任凭用尽气力，总是秀才腔调，未必有何大用处。不能作投笔班生，终是遗憾耳。

二时一刻，辞出戴家，乘二十二路公共汽车到徐家汇，再雇人力车到漕河泾，则长途汽车已开出矣。仍由原车返徐家汇，买《时事新报》一份，检阅铁路局通告，知下午六时三十分上海西站有火车开往杭州，遂乘电车到善钟路，又雇人力车到《宇宙风》社，以为时尚早，故且再晤陶君一谈耳。五时辞出，到静安寺，买邹韬奋编辑之《抗敌三日刊》一份，《良友战时画刊》二份，即乘一路公共汽车到兆丰公园，又换乘人力车往上海西站。至则见待车者不下三四千人，拥挤月台上及站屋中皆满，皆避难返里者。余自忖必不能挤上此车，遂雇人力车径返沪寓，且留一夕，明晨返松矣。

晚间，初宿三楼亭子间，闻空中飞机作战声不绝，机枪及高射炮弹爆炸声甚烈，颇惴惴不敢睡，遂下楼，在客室内沙发上睡。

八月二十五日　晴

晨九时到漕河泾，搭乘汽车返松，到新东门站已十一时矣。抵家后，即去招陶妈来，为泡水洗浴。既竣事，即到赵家就餐。午后一时，归家，打电话招理发师来剪发。理发师谓已停业三日，避居乡间，今日稍平静，始入城复业也。五时，甚无聊，又到家璧处坐谈，渠云明日亦拟到上海一行，藉稔战事进行状况。六时到岳家，约秋实明日同到朱泾。晚饭后归，灯下作书二通，一覆杭州女弟子章慧芳，一致上海富滇新银行，问李长之君已否将云大旅费领去，藉以探知其行踪。

[①] 编者注：即今绍兴路。

八月二十六日　晴

今晨六时起身，入厨房取水，发觉后门已开，门旁壁上有一洞，始知夜间已有小偷来过。返身入室察看，始见母亲房中槅子窗均已被卸下，衣服零落满地。检视一周，计共被窃去母亲及诸妹旧衣三箱。又返至后门察看，始知彼小偷系破壁撬窗而入仆役室，从仆役室经厨房而达母亲卧室者。余又出后门察看，则见左邻姜姓及后邻叶姓墙上均有灰土剥落痕迹，似该小偷欲破壁而未成者。即去叩门问讯，乃知昨晚一时许曾有小偷来，拟欲破壁，幸内有居人，闻声叱止，始去而图我家也。正彷徨无计间，忽有税警官佐教练所勤务兵某来报告，谓该所昨晚步哨擒获窃贼一名，供出赃物系由施家来，现人赃俱拘押在所，嘱余即去认领。余即嘱邻人代为看守家屋，自往教练所，告知来意，门卫即许余入内。见该小窃被缚一大树上，据云自昨夜二时迄今已历五小时矣。其人似颇识余，余则不识其为谁某也。教练所中人谓已转咨警察局，不久当有警察局中人来提解人赃，君可随至警察局中领回失物也。遂姑待之。旋即有警察二人来将该小窃并衣物一大包提去，余即先行到秋实处，邀其同去见警察局长，将失物全数领回，补具一失单、一报告了事。

归家后，即邀颂年父女迁来同住，俾便有所照料。又雇圬者一人为修葺被损墙壁，酬以国币一元。

十时，即偕秋实乘人力车到西门外跨塘桥脚划船埠，拟欲搭船到朱泾。不意今日适无船，颓然而返。

中午，家璧打电话来，谓今日沪闵汽车停班，故渠不能去沪。至汽车停班之故，闻系今晨闵行轮埠惨遭轰炸之故，悬想南汇方面必已吃惊矣。

下午三时，有伤兵一船开来，泊县政府前，闻系从青浦来就医者。约二三十人，皆被炸弹伤，惨状不忍看。因知昨日下午青浦城亦被日机所袭矣。此数十人旋即被舁往西门外临时医院。四时，有全副配挂军用马匹四十余行过门前溜散，度必有重军驻境矣。

今日敌机几终日在上空盘旋，三五成队，飞度极高，迄未投弹，想必从事侦察耳。

有人言张发奎将军曾来松城视察，在光启中学住一宵即去。故越日敌机即来轰炸光启中学，必有汉奸泄之。余于此事，疑信参半，若果有之，则抗战前途之足忧虑者在汉奸之卖国而非敌军之武力矣。可耻可耻！

八月二十七日　晴

今晨十时，偕秋实同到西门外秀南桥船埠，搭船到朱泾。船十二时始开，下午二时到朱泾。先到程明希家，秋实夫人已从乡下来相候矣。即在程宅进餐。旋由程君导往松风社俱乐部品茗，窗外即田野，微飔动荡，良苗怀新，得少佳趣。五时返程宅，同秋实夫人及沈氏四妹步行阡陌间，五里，抵雉鸡汇沈宅，遂晤见母亲、四妹、慧华及诸儿。均安好，甚慰。沈氏叔剑，于内子为姑丈，两家均托庇其家，既重扰之，又复承其优待，心殊感荷。是夜宿焉，有飞机声过上空者数次。

八月二十八日　晴

晨七时，携莲儿及秋实诸儿迤逦行阳胜间，到雉鸡汇天主堂游览。时朝暾初上，晶露未消，弥望新禾皆秀，农人方忙于灌溉，一片丰稔景象，几忘其为避难人矣。八时半回寓，共家人闲谈竟日。秋实于下午即上镇返松，余则尚欲留居一宵。晚，众人皆就寝，共内人在厅事筹议以后行止。余以为非去滇不可，慧华意欲泥之，乃不敢言，翘首秋空，望河汉而凄然矣。

八月二十九日　晴

晨起已七时，不及上镇赶搭早班船。遂于九时行，拟搭晏班船去松。慧华决送余同到松城，遂同步行抵镇。岳母、逸寰姨妹及沈氏四妹已先在程家，盖渠等在晨六时即搭乡人便船来镇购物者也。余等在义生买月饼数盒，即至船埠下船，遇李望平医师，因恐其家眷在朱泾亦非好计，故来接取其眷属返松别图安乐窝者。下午二时半抵松城，雇车进城到家。父亲已自上海来。略事休息，慧华到普照寺省其父，余则到家璧处。家璧已去沪，遂与其夫人闲话。正谈话间，忽有警报，不旋踵而大队敌机已在松城上空。飞行均甚低，一机下掠，从赵宅屋上刷过，余看形势力不佳，急趋避竹园中，即闻砰然一巨响，不知何处又被炸矣。

敌机逝后，余即外出，拟到普照寺探视慧华。行经法院南街，见行人甚众，皆有惶遽之色，云法院前新华茶楼及一理发肆中一炸弹，均已坍毁，且有多人被难。余急从小径到普照寺岳家，幸慧华尚未出门。其后邻某姓家院中亦堕一炸弹，闻炸裂一井栏，伤数人。秋实等均不免惊惶，谓松城已不可安居，明日决作行计矣。余伴同慧华返家，父亲及颂年等均幸无恙。

晚，慧华助余治装，神情悲戚，若重有忧者，既竣事，枯坐灯下，泪盈盈作掩面啼哭。

八月三十日　晴

晨五时三十分起床，余为慧华煮麦片一瓯，供早餐。食后略事梳洗，已六时十分，急为雇得人力车到普照寺，会同秋实等同到西门外船埠搭船赴朱泾。

午刻，慧华从朱泾打长途电话来，谓已平安到达，且频频以不必去滇为嘱，余漫应之。下午五时，又有敌机一队过境，飞行仍甚低，颇为心慑，幸未投弹。晚，《上海报》到，知中苏已缔结互不侵犯条约，甚快慰，此举意义极大，东亚大局之将来，皆击于是，安可忽之！

八月三十一日　晴

今日晨起，闲寂之至。去滇之意，虽为慧华言已决定，实则私心尚有踌躇。堂上年高，妻儿又幼弱不更事，余行后，家中颇无人能照料者，无事之时，固不生多大问题，但在此兵草期间，却不忍絜然远去也。且去滇程途，闻亦颇生险阻，上海直放海防之船，闻极拥挤，公路能否直到昆明，亦无从打听，即使启行，究竟宜取海道乎，陆路乎？颇亦不能自决。半日间思虑种种，甚为焦苦。最后决定再去沪一行，一则就商于诸妹及友人，二则再调查去滇行旅情形。

下午一时，遂到新东门搭汽车，到上海寓所已三时半。知三妹夫妇已去香港，将转道粤汉铁路回长沙。四时到望舒家，闲谈上海文化界种种情形。晚饭后同访李健吾兄，健吾夫妇均已早睡。晤卞之琳君，盖寄居李君二楼者。卞君云彼与芦焚君同自雁荡山避暑回沪，道出新仓，有保安队检查其行李，见有日本文书籍函件及各重要都市地图，以为是汉奸也，遂施拘捕，送至县政府，几成冤狱。幸有县府职员某君稔知两君皆文人，为省释之，然已受累不浅矣。卞君又云昨晚彼与健吾全家均中食物毒，午夜后腹痛甚急，延医服药始解，想是误食染有尸毒之江鱼所致，可危之至！

九月一日　晴

今晨九时访明耀五君。明君云南人，故拟就商去滇究以何道为便。明君谓走海道较舒服，公路情形，渠亦不详细。明君并云云南旅沪同乡会不久将遣一专轮送难民回籍，若能候搭此船去滇，可以省费。

十时辞出，到法大马路振华袜厂批发所访黄振华君，为父亲收得账款五十元。旋到永安公司后某天津馆午餐。餐后到永安公司三楼买帆布被包一事，价四元五角。永安公司被炸后尚未收拾清楚，炸迹宛然可见，犹足黯然。旋又到虞洽卿路买手提皮箱一事，价五元。雇车回家。

下午四时，到望舒家，晤煦良、亢德、灵凤。灵凤方主持《救亡日报》，嘱为撰文；陶君亦拟办一临时抗敌刊物，邀余撰文。俱允之。陶、周、叶三君去后，即偕望舒同出外，漫步霞飞路一带，在一俄人餐馆进食。

晚餐后仍偕望舒到爱多亚路大沪饭店晤家璧全眷，盖赵君又迁沪矣。旬日之间，往返松沪者再，可见避难心理之不宁矣。十时归家，大妹告余谓去滇以乘十四日香港船为最妥。余以尚未办护照，此事亦须时日，恐坐此因循，反而不妙，遂决计从公路行，藉以一看内地景色。

九月二日　晴

晨九时，雇人力车携二衣箱到漕河泾。一路检查甚严。十时始到漕河泾汽车站。汽车尚未来。遂买票候之。十时二十分，汽车到站，众方争先登车，忽空中有一敌机低飞近车站上空，众人皆仓皇奔散。余初不甚惊，旋见该机竟在车站屋顶盘旋数回，有瞄准投弹之意，始知不妙。遂急走车站东数百步外一洇沟中，伏一大树下草丛中，不敢喘息，狼狈之至。该敌机盘旋至十余分钟，终亦未投一弹，翩然远去，彼则意在恫吓，此事魂飞魄散矣。

午十二时到松江。下午二时，到县立中学访戴子衡君，托其向专员公署乞一护照，俾去滇时沿途可少麻烦，戴君允即为办此交涉。其时敌机又来，即在县立中学地窖内暂避。在县中晚餐后即归。灯下作《后方的抗战力量还不够》一文，拟明日寄陶君。

（注：此文即在《宇宙风》第四十八期所载之《后方种种》。）

九月三日　晴

今晨六时，敌机又来，在城区上空飞绕三匝，未投弹而去，恐意在侦察耳。晨餐后，作《上海抗战之意义》一文讫，买得上海《中华日报》一份阅之，揣知上海及北方战事均仍坚守壁垒，可慰。

下午，向邻家金姓商量，借其竹园中筑一避弹地窖。幸承应允，乃招陶氏父子及宋皮匠从事畚锸，余则在旁指导之。至五时，尚未竣事，大约尚须一日工程，方可完成。下午六时，敌机又来，余奉大人坐柴积中，聊以自慰而已。

今日知邮政局已迁至西门外青松石，距余所居甚远。文二篇欲寄陶君者，竟无从寄发。后到县立中学向戴君转让得邮票二十分，始克投附近邮筒寄出。戴君谓已到专员公署去过，余所托事，因未有前例，故不能照办。

今日读《上海报》，知香港附近有大台风，意邮船康脱浮第号亦中途停泊，不敢前进。大人及余皆为三妹夫妇一行人担忧，不知伊等究乘何船去港者。大人意即欲去沪一行，藉明消息，余力挽之始止。遂发一快信与大妹，嘱其即日向船公司查明消息电覆。

九月四日　晴

今晨六时，又有敌机来袭。迨警报解除后，接秋实自朱泾来长途电话，谓慧华嘱余去朱一行，有事待商。即雇人力车赴船埠搭船，至十二时始开船，到朱泾已下午二时。至程君家，晤岳父及秋实。四时半与岳父同行下乡，因岳父不惯行独木桥，故迂道从官塘到雉鸡汇，较远二三里。既到沈宅，见母亲、四妹、内子及诸儿均安好，可慰。晚饭后，慧华告余谓乳娘又有去志，故邀余来责以大义，使得喂养迈儿，以满约期。实则此事非必余来不可，慧华之意，盖犹是不忍远别，藉此再图一面耳。余深知其意而不言，强自逆情而已。

今日在朱泾镇渡河时，闻知朱泾至枫泾亦有摩托船通航，枫泾杭州间已每日有公共汽车行驶。此消息甚可喜。余拟后日即从此道到杭，庶几免却乘坐火车，有被炸之虞也。

九月五日　晴

晨八时，即与家人别，独行到镇市，在程宅小憩后，即邀明希同行往船埠，至则始知今日有军队过境，所有船只均被征发作军用矣。遂到汽车路，拟时一经过之私人汽车，与之婉商，载余返松。久之，竟无一车过境，遂请程君先归，即在一小饭店午膳。午饭后仍到公路旁守候，先后经过华人汽车二，法人汽车一，均不允载余返松。乃雇人力车至轮渡处，见有美国人汽车一辆方待渡，即与之婉商，竟承慨允，甚感之。车中寒暄，始知一男子为英国人，名霍尔姆士，一男子美国人，名弗列区，一女子即霍尔姆士夫人，皆从南京去沪者。松枫公路尚未完工，因军事紧急，匆匆开放，故路面皆碎石子，车行甚颠簸。弗列区君问余，此公路何以如此之坏，余即告以本未正式开放之故，渠始恍然。车经米市渡，须渡费一元，余即为付讫，聊当酬报耳。

车行四十分钟即到松城。到家，见地窖已造好，惟入口太大，且无曲折，微嫌不足，当即指导工人，略为修改，惜上面已盖土沙，未能多所更张，为可憾耳。

晚，与大人闲话家事，并重行整治行李，十时就枕。（《同仇日记》毕）

○ 原载于《宇宙风》1937 年第 53 期

上海抗战目击一周记
1937

—— 海戈[1]

八月十日

昨日黄昏，散步至某大学校门前，忽见数十保安，持枪由中山桥跑步而来，即时分开散立学校对面的商店内，多数是胸前挂着两枚手溜弹，衬着一副气血充沛而严肃的面孔，分外显得威武。有一二位提着实弹的小手枪，往来巡逻指点，另有一小队直闯入学校大门，默坐于石阶上，不作一声。

顿时把 ×× 路的空气弄得极为紧张。

大学中所剩余的学生，好些是刚吃过晚饭，正躺在广大的草坪上高谈救国计划，渐渐被这空气所激动了，他们围观起来，想从这些实行卫国的武士们探听忽然而来的消息，结果毫无所获，于是由惊惧而张皇，连忙退到各人的寝室里，将重要的行李——大多数是仅有一只手提箱——喘吁吁地提上黄包车，出加倍的车资，拉向 ×××× 而去。

我素来是主张此间非战区者，虽然我于上海的市乡地形及军事步骤都不详熟。但大学生的逃避，颇为我欲长住沪西乡下的致命伤，因 ×× 路上的饮食店

---

[1] 编者注：张海平，四川泸州人。毕业于成都外语专科学校，后入上海外语学院深造。1931年起，以"海戈"笔名向林语堂主编的《论语》刊物投稿，颇受赏识，后应聘为林语堂的秘书，曾受商务印书馆的约请，编写出版字典等工作。1937年回泸后，先后执教于女学会、泸县中学、商中等校。1939年曾任《泸县青年》主编。

全为他们而开，主顾一走，自然关门，无需定要听见枪炮声也。当他们鱼贯式地坐车飞逃时，我知道我无从发表我的安全理论，而目送着素称爱国与主战之中坚的青年们的忙忙然的背影，我有点黯然！

返寓，一钩新月，正照着匆忙而沉静的保安队士兵，他们有三位在我必经的支路的路口上安置了四个地雷，这倒使我昨夜高枕无忧了。今晨始知昨夜之惊扰，原为虹桥机场有日海军士兵企图冲入，被机场卫兵阻止，日人开枪，卫兵避之，保安队闻枪声出巡，该日人复开枪击死保安一名，保安队还击，遂死其二，一时日方调来大批陆战队，俨欲比武，故 ×× 路亦成为警戒区，而弄得风声鹤唳也。

出外早餐，小路口地雷已挖去，路上已无兵影，然饮食店仅一二家开门，盖附近学校已暂定为白昼上课，夜间不要学生住宿，昨夜有数胆大学生，执意留校，终被校中职员殷勤劝走。如此一来，大致我亦非搬家不行了。途遇蕴妹，亦被其学校撵出者。她的学校在江湾，凡愿走的，学校早已欢送，最后女生中仅余她及一无家可归之东北女子，我分属蕴之家长，校中便逼其投奔，而东北女子则仅能与学校共存亡。

多她一人，我更非立志到租界中寻一安身处便不成为家长了。于是从 ×× 路看起，公然尚有数处出租，然价目奇昂，有一家理发店的三楼，开尺余窗向天上，亦要十六元，而且问明了我们是兄妹，不是夫妇时，便显出不愿意的面色。还有两处要先纳三个月租金的亭子间，一处要缴足半年租价的后楼，大约看准战事一起，便非三月以上不能解决者。鼓着勇气我们再步行到法租界，连跑了五六条街，仅看见刚刚撕坏了的召租条子。

幸而中途遇着一位许久未见的同乡鲍君，他老早在法租界某里中租了一间客堂，大致我和蕴妹加入，还可挤得下去，即时我们便定明晨搬家。

跑得精疲力倦，回返乡间寓所，对此绿竹绕窗田园在望的环境实在有几分舍不得。楼上有专为讲恋爱而住此者，亦已于午后另寻佳地，惟余一保定学生，拟作长期的逗留，殊佩其勇。夜清理书籍什物，杂贮一大篮，其余杂志及桌椅，权且置此，以示必返。

十一日

早上一架汽车便搬到洋大人的庇护之下了！

上海寓处虽然挤，如电话、交通、洗澡则都较乡间为优。而同住之鲍君为商界中人，白日并不在家，亦殊清静，于自己之工作尚无妨碍。午时，复于附近发现便宜食堂，一元买饭券六张，算是解决一件麻烦事。

夜报消息，日战舰已云集，虹桥机场之事，又不知变化如何。上海未可乐观，然如因此而发动全面抗战，则心向往之。

夜与鲍君闲谈，始知此间二房东亦同乡人，早年经商，略有储蓄，遂家于此，不复思蜀。鲍君颇能谈，复雄于胆。

十二日

午时拟去乡间，经××邨，入，适徒然得《大晚报》消息，谓今晨日军通知市府，将于午后三钟在闸北一带大演习，俞市长即电向京请示，覆云不可以。一面中央已调若干军队驻防江湾、吴淞口等处，京沪路各次车停开，所有车辆已作运兵之用。其时才十二钟半，想即去乡下拿换洗衣服，尚来得及。遂乘××路无轨电车至××××，下车叫黄包车，车夫告以××路自昨夜起实行戒严，行人与车辆北去者只能至桥，桥那面全为保安队警戒，不许过去。

复返××邨，徒然夫人托代向法租界寻屋作临时逃难计。还法租界，途遇临期逃难者，携老扶幼，尾随破物杂置之小车，络绎于路中与道旁，显然有大难已来之感。盖逃难而至这一批，方是最后的逃性命者，他们并无事先之准备，凡在可能的范围中，安全即稍有问题，亦必不逃，至今逃来租界，当然无栖止之处，只好沿门托足，晚来躺在水门汀上而已。内中有二道士，年均五六十，互以一小包供垫坐股下而外，确别无长物。他俩休息于某花柳医院之后门旁，瘦骨支离，不胜疲乏，惶然四顾，若不知今夕何夕者。而今夜适为旧乞巧节，租界内之大舞台准演《天河配》，满台灯彩，并有肉感明星动舞。

以自己立场说，颇幸昨晨搬家，致能从容地挪出若干杂物；以上海的军事行动说，似应于前日立即发动，驱逐敌寇出境。

夜去霞飞路某某中学访新自敌国归来之同乡黄君，值其同学等正在开会，我们方略谈别后七八年之情状，忽来一人立我们背后大声警告，谓时局甚为严重，彼等又是刚从敌方来者，最遭敌人疾视，上海汉奸甚多，或于此时已有人来参杂其中云。此人致词时，声调及表情均甚慌促，使我不能不与友人数语而别。

十三日

数日来均在兴奋而疲乏中度过，简直不能工作。无事想与人谈谈，与人谈时，尽可滔滔，又似不愿说话，长久如此而不神经衰弱者，他日必长寿无疑。

晨阅《立报》，标题如左：

日舰云集威胁

沪市呈显战时状态

日陆战队已增至九千人

局势紧张甚于一二八前夜

重大关头在今日下午四时一钟许

而《大晚报》与《时事新报》联合号外标题为：**天通庵路一带日军今晨开火**

这样，是上海必有一战了！而这次开火，仍是日军，想"将来一切责任，自归贵国负责"之语，又必出诸敌寇之口。

---

① 图注：租界路旁之难民。刊载于《商报画刊》1932 年第 4 卷第 10 期。

蕴妹上街归来，谓银行今日已停止付款，即出外打听。街头已极纷乱，公共汽车上下，拥挤而无秩序，所谓上海白相人者充满行人道上，虽仍着不扣钮之绸汗衫，歪戴帽子，然已无白相神气。

至愚谷邨，值《宇宙风》第四十七期送到，不能发送，二万册巍积社内办公室，办事人只余一位坐守，徒然夫人及其二小孩已于昨深夜暂迁法租界。徒然尚高卧楼头，呼之醒，彼此开口第一句为"甚么事业都完了！"但跟着便互相安慰，以为在国的重大牺牲之下，我们的实在不值几何，仅愿于长期抗战之后，大家来同敌人算一总账。

银行据说要休息两日，十五礼拜，算来要十六才开门，幸而身上还有十余元可以应付。步行着回来，爱多亚路一带愈益闹热，而破箱笼烂锅灶，愈来愈多，逃难亦殊有每况愈下之势。

四五钟许，大炮声便清晰可听，晚来更密，渐觉趋近，想我军已在步步逼进中，改守为攻，反被动为自动的，不再摆好架式挨打，不再中缓兵之计矣。

读郭沫若氏《由日本回来了》（《宇宙风》四十七期），颇服其忍，然以国为前提，妻子儿女本可抛弃，何况他在敌国深受仇视呢！

十四日

晨三钟许为枪炮声惊醒，倚枕仿唐人云：

秋来不觉晓，炮弹惊醒了。

一夜辛勤中，失地收多少？

阅报知昨日战事在八字桥江湾路一带，有平凉路公大纱厂第一分厂及日本小学被我军占领说，这是初度的胜讯。

十时许，忽然空中炮声极响亮清脆可听，且夹飞机马达声，约经一刻钟。

想外面看看，遂约同鲍君出发，走至弄堂门口，遇一衣冠楚楚之路人，向其围听者解释刚才之炮声。他说他刚从爱多亚路外滩归来，亲见一日舰开往十六铺上游，遇英舰阻之，不听，日舰遂开炮，英舰急飞起两机击之，而于日舰开炮时，其停立处，相距仅百码，不得不回头就跑了云。他这说法，虽根据于亲眼得见，然不大合理，遂不待其重新补叙，步行而出。

由新闸桥过苏州河，路上已有无数出巡者，途为之塞。河中船只已停泊，水色死灰。过桥，凡西首通华界处，均高积障碍物，有万国商团兵士把守之。愈北走，警戒愈密，有两处能睹国军与万国兵相对作迓，知前途即系战线，而将经日军防地，恐不得走近目击。仍返桥而南，沿河岸行，至北四川路桥，万国兵于桥上置障碍物，似防日兵溃退时，冲入这边租界而设者。其时桥上拥集多人，立铁丝架前，面北而观，架前有徒手英兵三四，检查阻碍由北而南之人。我亦上前视察，自邮总局对面起一排街口，全由日兵警戒，北四川路一清如水，道中偶有一二行人点缀其间，倍觉凄凉万状。路中忽出卡车一架，装满日兵，由北四川路绕河边经百老汇路面去。卡车中前后各有一挺机枪，作沿路瞄准状。车去后，我等复沿南岸将至外白渡桥，忽然霹雳拍拍之声起于空中，而乒乒乓乓者又似出于江面，其音极近，一时桥上桥下沿岸之铁栏前千万看客，轰奔入街面建筑物，我与鲍君未详其何事，仍缓缓行避树下。抬首天空，睹浦东江面天空有黑烟数团出没云雾间而已。不数分钟，枪炮声息。我等行至桥前巡捕亭，见一人袒肩示巡捕，背上有一小红洞，深数分，盖即此时为流弹所伤者。其时，新自苏州河以北逃来之难民，均集聚外白渡桥上，而逃过来者与往来江边巡视战争者，复熙熙攘攘，密密层层，其闹热之状况，远非英王加冕前夜与市府十年纪念正日可比。

①

---

① 图注：上海东区难民逃奔租界情形。刊载于《战事画刊》1937 年第 1 卷第 2 期。

机声轧轧，天空有两水上侦察机穿云过租界向西飞去。时我等已挤至外滩公园门前，由园门口往北看去，见苏州河口日领署前浦江下，泊有日军舰一艘（即出云号），方悔未备公园 Pass，不能入园近察该舰，而偶回头远望由浦东而来之江心高空上，有机一架，缓缓依云而来。忽然大炮与高射炮急向该机乱鸣，弹子乱飞，震耳欲聋，即顺炮音掉头，日舰射弹之火光，正闪闪于炮口，视其所击处之空中，黑烟点点，密聚或分列，而江心之机，已不知何往。斯时，我方知空战已起于黄浦江头，弄堂门口所遇演说者乃一派胡言。于是，始知战事多非亲见不足为信。于是，数年来我国按机不动之空军，据《大美晚报》号外标题，果悄然出现于渴望的万头之上矣。

立于轮船码头翘望上空，复见敌水上机冉冉盘旋自空降下，有一架从我等头上掠过，机中人及武器均清楚在目，如以机枪扫射，实毫无躲避办法。久之，空中无我机影，遂沿浦江边上行至十六铺，该处江面沉破木船数十艘，只余江心丈余阔，可供小艇通行。

插入华界后，凡法华交界处，为法租界拉铁门，华界堆沙袋，行人尚众。

如此远足，已久未举行，至此而疲，不得不折返。经法大马路，行人道满住难民，啼哭叫嚣，情形甚惨。所有商店皆紧闭，惟"一乐也"三间未关。

抵寓已四钟后，至为困乏，然脑中众绪纷纭，不能入睡。约至五钟，空中又忽机枪大作，江边大炮高射炮轰轰不绝，本欲上此间三楼屋顶观看，而房东全体皆从楼上奔下，趋避梯前甬道及我等室中，并禁止上楼。枪炮声达刻余钟，渐稍静，我开门窗仰窥空际，黑点与白烟无数，与云色争变，蔚为奇观。俄而，有机一架徐徐在法租界天空出现，飞距左近不远，忽有两弹从机底缓缓坠下，急呼蕴妹等伏椅，计之约十秒钟，"轰"然一声，天崩地裂。

黄昏，与蕴妹去便宜食堂，饭价已涨为两角一客，且不能点菜。遇两同乡来食饭，谈适才之炸弹落于大世界门前，时彼等立于法租界某里三楼观战，见我机四架似飞往炸出云舰，但"出云"左右高射炮殊多，密集射我机，又起二驱逐机来空作战，当我机在"出云"上空投弹时，炮声更密，我三机高升入云，动作极敏捷美妙。另一机与敌机遇，一接而去，约数分钟不见，以为遭受损失，忽渐出现至大世界上空，即遗落二弹，立时大世界前黑烟上突甚高，而火亦起。

夜，江干日舰每隔一分钟便发一炮，直至天亮不断，殊不沉着。房东全家亦不敢上楼，深叹惜连租界亦不安全，大出意外。

与鲍君设法上屋顶，远眺浦东大火，风中焰长，可睹火苗。闸北亦红了半边天。

十五日

大雨竟日，云尤低，往来屋顶，想我空军今日又利于出动，以据昨日我所目击者，我机为灰色，敌机绿色，出入云雾，灰色似较利。

战争中报纸特为人所需要，《大公报》前日尚有两张，昨日只一张，《立报》仅一小张。《立报》记昨日空战，关于上午的：

昨晨天色阴暗，浓云蔽空，日军水上飞机三架于晨十时起，即自浦江中升起，向虹桥方面前去，我方空军即出而迎战。另有我机五架，亦另途向东而来，在浦江高空盘旋。日舰即以高射炮轰击，我机行动敏捷，未被命中。俄有一机突然自云幕中疾飞而下，投下数弹，有日舰二艘被击命中，一受轻伤，一受重伤，旋各机又向停泊日领馆前浦江中之日出云舰，投掷三弹，落于左旁约百五十尺处，惜未命中。

关于午后的：

自战事发动后，爱多亚路大世界即移作难民收容所，内住难民四五千人，

①

---

① 图注：炸弹爆发时之大世界，零肢断体，抛落满地。刊载于《中华》1937年第57期。

昨日下午四时三刻，空战剧烈之际，我国两飞机因被日方高射炮射中，致驾驶员受伤，炸弹架损坏，因之炸弹两枚自动遗落于大世界前广场中，时路人百余不幸伤亡，殊属遗憾。

这两条消息，离事实不远，惟数目字除时间外，恐有问题，而我们昨天所亲见者，可惜非最剧烈精彩的一幕。

"空军驾驶员任云阁殉国"，这是我国空战史上应书第一章的。在他同机的前座驾驶员亦受伤，但仍奋勇驾该机安降于某处机场，这位亦可当得"幸不辱命"四字。我颇疑心，大世界遗落之弹，或许便是这架不幸的我机！

昨夜因房东全家移住我们的房间，于是连我们的生命亦附带宝贵起来，窗与门都不轻易开启，并在玻窗上蒙以线毯蓝布，连光线亦不让透入，而夜来弄堂巡捕告以九钟后戒严，挤挤一堂，闭灯燃烛，室内零乱万端，俨然难民情况。

午后，正欲去大世界查看昨日炸弹痕迹，适住菜市路之同乡陈某来，告其身历该处之经过。

炸弹下坠时，他正立于大世界对面之新首安里门口人群中，炸弹坠落，群即仆地，渠仆在中间第三层，炸开地面后，众皆四散奔逃。但见火烟上冲四五丈，大世界门前之彩楼着火，遍地死伤。彼因大众皆慌乱狂奔，遂连忙回头窜入首安里中而躲。此是国人平素缺乏训练，不能应付临时之突变，只有一哄而散之法，而不知立即判明此系偶然之事，而返身救济伤亡者。

他又告诉我，当空战正烈时，其同住未出门之男女，皆聚观于三楼晒台上，同乡某之妻，亦凸然大肚与其大姐儿阿锦并肩仰首视天，忽然阿锦摇头而说"煞么司？[1]"竟向后软倒于地，于是并观者遂一挤下楼。移时，不闻声响，始悟阿锦受伤，待再上晒台看时，阿锦已死也！审视其身，为一流弹自其前额穿后脑而出，故死得甚快，未曾呼痛。

谈间，雨渐止，无伞，亦不顾，同出。行至霞飞路捕房前，江边高射炮声又大作，遥睹一机，飞翔重雾中，想我机又在轰炸出云号。捕房巡捕复告以今午后三钟将大战，劝暂返家，时雨又重行大落，遍身淋湿，只得退回。

---

① 编者注：此为沪语，意为"什么东西？"

四时后，仍冒雨出，霞飞路口忽有一香烟罐筒，巡捕立于其前，拦阻行人，禁履其上。过南京大戏院至祥生车行门前，首睹一破汽车，察为祥生，绿色车身已转为黄色。其后一串坏车，直停达大世界广场，约略计之得十余部，其中多私人车，有数部全毁，机械及轮胎无一完者，当是炸后自焚。人力车亦有数部堆于街边，只能从其破碎之车杆与钢丝轮尚可办认。祥生破车后道旁，遥睹似一只左手套反扑于地上，趋前俯视，乃赫然一手，为雨水所冲涮，已呈白色，手胫下断处之脉筋，长短不齐，极难看。

距大世界门口丈余，得一大坑，椭圆形，长七八尺，广三四尺，深三尺余，可见炸力之猛。街心之巡捕岗亭有半面铁皮已不翼而飞，闻其中之巡捕亦被炸作片片飞去。岗亭下二中捕，一西捕，死焉。横空无轨电车之线均炸断。九路公共车闻毁二辆，十七路无轨电车毁一辆。烟火延及四街角，玻窗震毁无数。尚有死尸数个，叠置红锡包霓虹灯广告架下。据路上听来之传说，此处之死伤为四百余人。并闻南京路华懋饭店亦中一弹，穿七层楼，死中西人百余，以时间不及往观。

夜，琪弟来约蕴妹明日去其校服务救护医院。

十六日

报载十四日黄浦滩空战结果，租界中死伤达一千六百人。

闻今晨五钟许，敌机曾飞至南市车站掷弹，并以机枪扫射，逃难而遭此毒手，大致亦只人类才做得出，亦只有日本军人才做得出。银行本备今日开门未果，但中国银行、中央银行、交通银行、中国农民银行四行决定明日营业，而一般烟纸店奸商便乘势乱定市价，掉换法币一元，得九角七分，伍元则尤听其分付。

俞市长答总领事奥尔对租界提出安全问题之措辞殊当，其言为"租界领空权为我国所有，故中国空军在租界上空飞行，绝对不受任何限制"。京沪警备司令亦有雄壮之谈话发表，言中有"应知此次战争实为全民族存亡绝续生死荣辱之最后关头，更为我含垢忍辱数十年来之最后清算，吾人实为被压迫求解放而战，为争取国格而战"，这下面紧接一句"为我七千年神明华胄生斯食斯、歌斯哭斯、聚国族于斯、亿万斯年长养我子孙于斯而战"。凡三十五字，大致可算文言文中最长的一句，可是很不像口里读出来的，稍嫌噜苏。

东京亦于昨日发声明，谓"隐忍已达限度，现决取断然处置"，但"非有领土之意图"，且"亦非对中国国民有何敌意"，这几句当是日本全国的杰作，文字虽不噜苏，可怜不通得可以。

南京电，十五日下午二时，日机首次袭击首都，自台湾开来共十六架之多，所掷炸弹为二百五十至五百公斤者。在其未到京一点钟之前，首都各样都预备好了，故虽来得闹热，结果敌无所获，反奉送了六架。有一架落在近郊，机内五日人死焉，他们均怀有"护摩供御札新胜寺"佛勒，大致五道灵魂，直飞到封神榜上去了。

午后，巡霞飞路去愚谷邨，途中各路交通车辆全停，黄包车索价奇昂，不敢坐。然租界间黄包车之通行已不若以前之麻烦，外国巡捕威风亦大减，如昨今两日到处巡行，亦从未遇车夫受打或车垫被拿之恶状，此亦一咱们抬头吐气之收获。

宇宙风社只余徒然夫妇，徒然在译日文书，太太自己烧饭。

沪西一带不大能听江边枪炮声，倒显得清静。

返寓，房东复大集我等室中，其家人知识均极浅，喜自作惊惶，有整日不敢上三楼者。大包小裹，搬下提上，闻炮声起即噤不作声。为之百般解说，均不能释然。大致近数日来上海寓公以前侥幸积得数文，借租界为护符以为万无一失者，均为大世界及南京路误遗之炸弹弄得极不安定。伟哉！战争！此等人不知爱国，整个心思早由畏外媚外，以至降外，哀莫大于心死，故俨然以为站在云端里看厮杀，不有重大之突然的意外的威胁，无从知道国家之可贵。伟哉！我国空军！炸弹落后，于彼等一片可怜之眼光中，可看出希望外侨不因此而离沪，冀求外人提出抗议保护租界，而使彼等得庇荫下之安全。然俞市长之宣言，为天地至正之义，使彼等瞠然，惶然，而知此事关系整个民族之存亡，复不敢将其最卑鄙心理明露口间，使彼等亦渐知除本国外，无可靠之洋爸爸。伟哉！我国空军！我抗敌诸将士！

闻前线士兵，有因截断联络，陷于饮食均无办法中者，然以枪口射热，不舍以其军用水瓶中仅有之水应解渴之需，而以为淋冷枪口之用。

蕴妹自第四救护医院归来，言出云舰已被轰沉，同住之鲍君大喜拍掌，定明晨去江边查视。

八月二十四日重抄于飞机大炮声中

○ 原载于《宇宙风》1937 年第 48 期

东战场纪行
1938

—— 钱君匋 [1]

（一）

炎热的夏日的中午，蝉声完全占领了假期中枯寂得比寺院还要枯寂的校舍。古旧的钟楼的走廊上一株老槐扑过来，"日移叶荫上□干"，烈日把老槐的枝叶的影仿佛"月移花影"地移到了直条子的木栏间静卧着，因为没有一点风来吹动它。觉得天气有上海局面一样的闷沉沉。

飞利浦三灯机的钮一拨动，芦沟桥方面的消息源源而来。我们期待着全面抗战爆发的留校四同事，俨然以四金刚自居了。每天任和杨两位研究着日报上的消息，推测抗战是否会在上海展开。我和郑每天埋着头，制作着含有强烈的煽动性的抗战宣传画，紧张到了极点，连吃饭的工夫也被挪用了。

赤着脚，袒着胸，我们在凉爽的夜风中恣情地纵谈着北方的战事的得失。忽然从老远的沪西来了一个友人，他告诉了我们虹桥事件的严重，劝我们不要硬到底，还是先搬动搬动，等到战事一展开，虹口不比"一·二八"时代，这次却连"暂时勿碍"的机会也不会有的了。于是第二天我就到校前的马路上去

---

① 编者注：钱君匋，浙江桐乡人。著名书法家、画家、篆刻家、书籍装帧家。出版有《春梦恨》《中国儿歌选》《小学校音乐集》《长征印谱》《鲁迅印谱》《艺陶苑论微》《海月庵印剩》《无倦苦斋印剩》等。

实地观察，仿佛知道严重的人都在虹口，一路上独轮车载的是箱笼物件，黄包车、卡车、搬场汽车、小汽车载的也都是箱笼物件，慌慌张张地，前拥后挤着塞满了宽阔的马路，一齐流到苏州河以南的地带去，那般跟随在车后或车上的物主，都现着一种茫然的脸色，但他们的心中却隐藏着一种无底的怨恨，怨恨那中华民族的仇寇暴戾的日本！

这样搬移的人从虹口每个角落里涌出来，整天整夜充塞了好几里长的马路，看看觉得似乎真的有些严重了。于是我也准备把我的对象分批来输送到比较安全一点的地带去。先把家具打了篾包，从万分艰苦种种周折中，总算在上海南站向硖石运出了，这真是我的幸运。那些我所珍爱的书籍和 Piano 之类，也都一次次杂在拥挤的各色车子的队里迁移到了法租界。

我那三位同事，也都酌量把放在校中的东西搬走了一些。

把东西搬了以后，我们还是相约着守在古旧的校舍里，我对于相处近十年的那座赭褐色的中世纪式建筑的钟楼，非常恋慕，不忍遽然离去了它。

十二日那天清晨，日光有点发紫，预兆着中午是将要更加热得厉害了。上海局面似乎更严重了一些，外面路上的搬家者也越来越拥挤。我的小兄弟君行，因为早已向同济大学的附中报了名，所以他早上一起来便独自上江湾去应试了。午饭后，听得更严重的消息，大约抗战在上海启幕，不出这一两天了。一忽杨从外面回来，又带来一个惊人的

消息："天通庵一带的敌军已经向闸北出动，路人都这样在传说着。"我听了也不去思索它是不是实在，倒想起了君行在江湾不知道怎样了，我放下了蘸饱着血一般的红色的绘图案的笔，想到郑的房间里去瞧一瞧他的作品，君行突然出现在我的眼前了。他惨白的面色，含着无限的惊恐，喘喘的呼吸使得他颤抖的说话，时时被阻断了。

---

① 图注：钱君匋。刊载于《金科中学年刊》1939 年。

他六点钟到了宝山路车站，站上挤满的都是到吴淞、江湾一带去搬东西的人，到了八点钟前后，他才挤上了火车。江湾的姿态还是和平常一样，只是家家都搬空了。同济的考场里应考的人真零落得可怜。第一场考算术，当他解答了第一个问题之后，思考着第二个问题时，主考的先生中有一位从场外匆忙地进来，宣布了请他们赶快"投笔逃难"的紧张消息，于是全场的人都骚动起来，向同济的校门外洪流似地涌了出去。

在江湾车站上中午强烈的日光中，候车回上海的人，从来没有这样拥挤过。吴淞开来好几次蒸汽车，每次都塞足了人，也装不完这许多。君行始终挤不上去，站在那里发愣。有一个他的同学在他的背上拍了一下，二个人招呼以后，商量着想步行到上海来，车站上另外有许多人也想步行回上海，可是据说敌军已在天通庵把路截断，不能通过了。君行和他的同学的步行计划也便中止，过了一会，他们又想出了一个方法：跳过轨道到对面的月台上去候上海开吴淞的车子，那边月台上只有一片平静炎热的日光，没有第三个人，不到半点钟，便上了很空的去吴淞的车子。

吴淞的命运和江湾一样，市尘的面貌还保持着"一·二八"以后的轮廓，

①

---

① 图注：1月28日，日本海军陆战队强占华界街道，布置作战阵地。刊载于《中华》1939年第75期。

但它的骨子却早已急遽地变了。君行他们在吴淞打听到了市渡轮，便在黄浦中从敌舰旁边擦过，回到了上海北京路外滩。

君行以为北四川路已经开战，在路上踌躇着不敢回虹口来。后来打听清楚了，没有开战这一回事，才匆匆回到我的校中。这一晚留校的金刚大家都仿佛感觉到了火药气息似的，虽然约着守住校中，但到了深夜，我送了君行到法租界回来，不见一个践言住在校里。宽广古旧的校舍全部沉浸在死寂的黑暗中，路上白天还拥挤着搬家的车子，这时却已经稀少到几乎没有了。吴淞路和北四川路桥这些地方，增加了几个野猪一般丑陋的魔鬼一般狞恶的敌兵，守着快要吹起腥风的夜，见了使人只觉得心情忿怒起来。

就在这个夜里，我们的军队怒吼了，扫荡着这些奇丑的侵略者。雄伟的炮声推动了抗日的大上海的民众，和怒潮一般地冲激起来了。

我却无声无息地，就在这一夜很平凡地离开了我的故居虹口。

（二）

深夜中，炮声连续着在辽远的闸北传到法租界来，我清醒在汗湿的枕上聆听着，非常兴奋。到破晓的时候，才睡眠了片刻。

法租界已不如往日一般的清静宽敞了，空房子都给从虹口一带逃来的人住满了，路上不断来往着匆忙的人群，有许多是看热闹的，有许多却是在干着救亡工作。我蛰居在亲戚家里，陪着久病不愈的内弟，觉得太闲适了。到朋友家去走走，也没有什么好办法生出来。我想，我还是回到故乡去做点抗日宣传吧，于是计划着想离开上海。

我在霞飞路的一座三层楼上见到了我们的空军轰炸敌舰的雄姿，一声声要求民族解放的炸弹在黄浦中的出云舰上爆炸，晴空中幻出一朵朵的黑烟和隆隆的巨声，敌舰的高射炮惶恐地密集放射，想压迫我们的空军远去，结果却被我们勇敢的空军炸伤了几艘贼巢的敌舰。就在那天，大世界前面落下了一个炸弹，有一个被难者的大腿飞起来，拴在红锡包香烟广告的大钟的长针上，血淋淋地在那里跟着长针移动。我的小兄弟和久病的内弟都被这巨型的炸弹吓得脸孔也变了颜色，想趁战事刚启幕的几天里离开上海。

病人羸弱得不能自己动一动，我们在雨后的晨光中把他扶上了汽车，在挤满人的路上向前进发，很困难地出了法租界。

南站在"一·二八"那年我曾经见过拥挤在那里的难民，黑压压几个月台上尽是蠕动的头颅，看不见人的身体。今天的南站，拥挤的程度觉得更加高了，挤在那里的人连想转一个身也不能够了。我们七个人，扶着病人就在一个宰牛的腥臭污秽的房子里候车。

一列列的客车都静卧在轨道上，肚里都结实地塞满了难民，仿佛许多沙田鱼罐头接连地摆在那里。车厢外面可以立脚或攀手的地方和车顶上也都满了人，仿佛一方方吸铁石吸满了铁屑，排列在那里。

车站上的人一小半上了车，还有一大半在那里钻着挤着，想上车去。我们因为出了钱给火夫，所以安稳地趴在机车的煤顶上，那里虽然也热得厉害，但的确是要算最好的位置了，因为还可以呼吸到新鲜的空气，不像车厢中挤满了人，满鼻子尽是汗臭。

有一个穷苦的女人，抱着两个黄瘦的小孩，在那里艰苦地爬上机车来，火夫因为她没有给钱——实在她也给不起钱——不但不援手她们，竟无情把她们推跌了下去。母子三人坐了起来，在地上无告地流着悲惨的泪。那个比较小的孩子，额前还撞破了二处的皮，流着两道鲜红的血。我们几个人替她向火夫恳求了许多时候，说尽了许多好话，才勉强给她们爬了上来。我憎恨着贪婪的火夫，对于穷苦的弱小者这样地不肯加以援救。

不多一会，车子长吼一声向前爬动了。

攀住在车厢外踏脚板上的人，车行动了，振荡力很大，他们便很危险地被掉了下来。

敌机在车顶的高空出现了，车顶上的人和我们在煤顶上的人都恐怖起来。我们听说过机关枪扫射的厉害，因而恐怖的情形比别人来得厉害。幸亏敌机只侦察了一番。仿佛别有作用似地向别处飞去了。

车在缓缓地向前开动，铁路线两旁的行人道上，都是要离开上海逃回故乡去的人，挑着箱笼或背着衣包，老年和青年，女人和孩子都有和虹口路上的搬家者一样拥挤，他们都用非常羡慕的眼挥送着迅速地过去的火车。

新龙华站到了，满站都是逃难的人，他们看看车厢中已挤不进人了，在那里嗫叹着，怨恨着。到了松江站，站上仍然是挤满了逃难的人，我望见他们不能上车的焦急的眼和脸，真要落下泪来。倘使日本帝国主义不这样嗜好战争，恣意侵略，我想我们决不会遭受到这样的苦楚的，我希望逃亡的人们都反过来吧，向日本帝国主义的手里去夺回我们的自由和幸福！

　　在一望千里的平原上，火车发着吼向前迅速地和蛇一般透迤地游着，经过许许多多从来不知战祸的安适的村庄。吼着吼着，车子将驰上石湖荡的庞大的铁桥了，汽笛又是一声悠长的狂啸，盘踞在车顶上的那些机警的小心的人，都预先把身体俯伏倒了。那些贪看美丽的早稻将熟的金色的原野的人，没有留心车子快要驰上铁桥，还是挺直背脊坐在车顶。车子迅速地驰上铁桥，铁桥上的天棚便同样迅速地从车顶上相距二尺来高梳过，那些直坐着不曾躲避的人便演出了悲惨的一幕，他们的头颅不掷在战场上而给铁建的天棚敲得粉碎，随着"蓬"的一声，连人翻下车去，跌在桥上，又从桥上滚落到浩浩荡荡的急流中沉没了。或者他拉着行李和伏倒的人，那时连行李和人也一同被抛到河里，我不觉在那时惊叫起来，然而惊叫有什么用呢！车子早已穿过铁桥走了半里多路了。我痛心着想从死里逃生的他们，反而逃上了死路。

　　车在嘉兴站外停下了。遥遥望见在苏嘉铁路上开动的列车的上也站满了人，我祝福他们都能够安全的到了各人的家里。

　　刚才在石湖荡的铁桥上演了一幕绝大的悲剧，车进了嘉兴站在第三辆的车厢中，又发生一幕悲剧，那里有三个体弱的人已被窒息死了。路警把他们抬下车来，同情的人都流了几点热泪。

　　我们赢弱的病人，因为坐在机车上，能够安静地呼吸着新鲜的空气，虽然坐了十一个半钟头的火车觉得乏力一点，但总算安全的到了硖石。我们的一群，不能不说是幸运的了。

　　故乡是太落后了，需要有人来灌注一下抗战的动力。我回乡以后，就在灌注的工作中度过了半个多月的残夏。故乡的傍晚实在也太可依恋了，我们在广场上用芭蕉扇扑着蚊虫纳凉时，每天所希冀着的信都在这个时候从邮差的手里递了过来。在那些信和印刷物中，使我不能忘记了前方将士的苦战，同时也常常可以得到我的妻在江阴她的老家里待产的种种。

我真荣幸，在一个邮差已经来过的傍晚，忽然邮差又递来一封从南翔前线寄来的快信。信里满望着我能到南翔前线去服务，我真兴奋极了，第二天便辞别了父母和故乡，从水道悄悄地走了。

所经过的村镇，都悠闲地躺在绿野中，让新凉的风和日光梳沐着。住在那里的人，一点也不知道前线正在为着中华民族的生存而鏖战着，他们都优游不迫地照旧度着他们的颓废生活。真可怜，他们这种颓废生活只要有人来领导和改变，他们也会振作起来，投入抗战的阵线中去的。他们何尝不爱自由和幸福，只是生长在死水一般的村镇中，得不到这些推动而已。

我被小汽船、公路车、火车带到了从未驻足过的被称为东方威尼斯的苏州，到站已在下午四点多了。不知是谁的军队，那些满身是力的年青的兵，钢盔下赭褐色的脸上，都浮着一种不可摇撼的坚强的表情，严肃地，在月台上候着列车，开往离苏州不远的前线去，为祖国杀敌。我从他们的身边走过，不自觉地起了一种敬虔的心。

我穿过了一道门，到一间幽暗的房子里，向站长说明了我要到南翔去的意思，问他有没有车子。

"到南翔去的车子早已不开了，那边很危险，你还去做什么？"站长温和地这样告诉我，而且问我，"假使你一定要去的话，那末你明天再来问，到安亭去的车子明天还有，今天的已开了。到了安亭再想法到南翔去不是比这里方便一些么？"

"是的，我到南翔去是友人招我去前线服务的，明天有车到安亭去，那我明天想法到了安亭再说。不过，我还要麻烦你一件事，这里附近你可以介绍一家旅馆给我吗？"

"可以，离这里很近有一家旅馆，你如果不嫌小，不妨去看一看。"他写了一张地名和旅馆名的纸条给我，我感谢他热心指导我这个没有来过苏州的人。

我拿着那张字条走到候车的大厅里站了一回，见拥挤着的人，都是想到南京和嘉兴去的。

车站外面有一排杉木建的楼，它们都穿着一件已经旧了的斑剥的红漆衣，敞开着下层的排门，让候车的人们高架起一只脚在那里啜茶，嘈嘈唭唭地谈论着敌人的飞机轰炸了哪几处地方。我从那里走过，沿着冷静的石面马路寻向旅馆去，拐弯走过一顶小桥，我要寻找的那家旅馆就在桥头的绿荫里隐现着赭窗和白墙。因为所有的房间都被军队的伙夫租住了，而且门前堆着不少煮饭的铁锅，我失望地回了出来，由着黄包车随便拉到一家旅馆里去。通过了很多的绿荫遮天的路，到了阊门外，才找到了一家旅馆住下了。

经过的那条绿荫遮天的路的两旁，草地上坐卧着很多从上海附近的战区里逃出来的难民。他们的头发蓬松而长乱着，脸肌肉都饥饿得陷了下去，他们饱看了一幕幕悲惨的遭遇的眼珠，在眼眶里呆定着，大概他们的心中有着许许多多忘怀不了的往事在萦回着吧！也有因为在颠沛的生活中罹了病的，蜷卧在那里哀哀地呻吟。当馒头送来的时候，他们都被饥饿迫着凸出了眼珠，疯狂地争先领取。每餐一个粗黑小巧的馒头实在不够他们的一饱，然而每餐能够拿到那馒头的人已算是幸运了，一些病弱者和小孩每天抢不到一个呢！

夜深了，夜凉了，他们没有被盖，任他露宿受冻；雨来了，风来了，他们没有遮栏，尽着风吹雨打。他们也是人，原来也有家，现在呢，他们被日本帝国主义的炮火迫到了陌生的他乡，把他们的温暖的家化为一个废墟。

我们应该为他们复仇呵！我们应该为他们安排目前的生活。

夜中乘着月光，敌机在苏州上空恐怖地盘旋着，整个的苏州便在霎那间沉入了没有灯火的深渊里。我不曾见过昔日繁丽的苏州，却目睹了现在憔悴得可怜破碎得可怜的苏州。

朝晨到车站去经过昨天来的路上，又多添了几群难民，在那里渴望着救援。

往南翔的车子昨天已经知道没有，就是小汽船和民船也都不往南翔了。到安亭的车子今天据说也没有了，想到南翔前线的路是已经完全断绝。我怅惘地站在候车厅里发楞，许久许久，记起我的妻已在江阴做了产妇，想去看看她，于是到南翔前线不成，只好折向无锡江阴去了。

（三）

在无锡公园里参观了被击落的日机残骸之后，我匆匆上了小汽船向江阴城东的一个小村庄进行了。

江阴城区在不多几天前已经被敌机炸过一次，毁坏了许多房屋而且死了许多居民，因为这个缘故，所以我妻已避到离城二十来里的小村中去生产。我上岸以后，随着一个乡人在苍茫的暮霭中，走了二三里的麦田中的阡陌，到一座灯火幽暗的村屋里。我呼唤着妻的名字，没有一个人答应，我怀疑是走错了人家。过了好一回，她的母亲觉察到是我来了，才来招呼，并且告诉我她产后发热，前两天就到城里去医治，现在已经热度退尽，在城里的家中养息着。我住了一夜，天明便踏着露湿的蔓草进城去看她。

我们相见以后，非常喜悦，我坐在床前用慰安的口吻述说了一遍路上所见的情形，她在我的叙述中又甜蜜地睡着了。

傍晚我出去了一转，那些被炸的地方，有几处已把弹穴垫平了，草草修整了，只有乡学社的房子还留着炸后的姿态，半洋式的墙壁和柱都有点像要蹲下来的样子，天花板上的石灰全部震落了，看去真是一所危楼。

九月二十日的那一天，也就是旧历中秋的那一天，我们把中秋合家聚餐的餐资捐给了抗日后援会去慰劳伤兵，另外我们再略备一些菜肴，想在晚上小吃，所以清晨起来，便买了几斤豆芽菜和鱼虾之类。到了八点钟光景，觉得天气郁热得很。我们在凉棚下摘豆芽菜的根和剪虾须的时候，北门外纱厂里的汽笛，突然拉起空袭警报来，在那一阵阵凄厉的声音中，预兆着不平凡的一日。过了一刻钟的样子，又一次紧急警报，随着敌机从江阴的东面横空而来，飞得很高，是两个侦察机，到了江阴城区的上空，便不住在那里盘旋，妻家的人因为经验过敌机投弹的惊恐，都躲到十年前预筑着的防空壕里。我以前在故乡所见的敌机只是经过，从来不曾投过一个炸弹。因此，这回在江阴见了，我以为和故乡所见的一样，也不过是经过的罢了，它们的使命，我想总是轰炸南京吧，所以我决意守着静卧着的妻，不去躲藏。我就坐在妻的卧室的东窗前观看，北门外黄山上的高射炮和长江边的高射炮在这个时候也接连地扫射起来，在蔚蓝的晴空间霎时添了无数的云斑，顽强的敌机却不因我们的高射炮的密集放射而逃窜，仍旧嗡嗡地在那里作仔细的侦察。看它从她家的屋顶上飞过，又从另一处看它飞来经过她家的屋顶。到午饭的时候了，那两个敌机不但不飞走，反又添了两个来侦察。因为江阴对于防空非常认真，所以在空袭中虽然到了中午，大家都不能举火煮饭，恐怕烟窗里的烟给敌机见了，无辜地被作为轰炸的目标，所以我们只好饿着肚子躲着或坐着，在那里静候敌机去后的烧饭机会。到了一点钟了，敌机在侦察着，高射炮在扫射着，二点钟了，还是如此，三点四点，还是不曾飞走，一直到了六点钟，才解除了警报。她家的人在防空壕中竟是枯守了一天，中秋夜间吃的菜肴一直没有机会煮，那些鱼虾，都因天气的郁热而全部腐臭了。到得月上时，我们和前方的兵士一样，都还空着肚子。

中秋的一个整天，在敌机的侦察下度过了。以后二天是阴沉的天气，敌机没有来。到了廿三的那一天，敌机在纱厂的汽笛声中出现在江阴城区的上空，黑压压五十九个重轰机和驱逐机低飞过来，嗡嗡的声音像要窒息人的呼吸似的。我在这时候知道有点不同了，便放弃旧时的观念，也随着妻家的人躲到防空壕中去。我刚刚跑到防空壕的入口处，有一个敌机嗡的一声，侧着身子削了下来便开机关枪。我在那时用最敏捷的步法逃进了壕里，没有给他射中，不过子弹溅起来的泥土，却溅盲了我的一个右眼。我们在壕里静等着他的炸弹下来，他倒偏不下来，又飞远去了，接着远远地只听得江头的巨大的爆炸声和猛烈的高射炮声。

表上的九点钟十点钟，看它在轰炸声里一秒一分地过去了，我们都屏住声息把全神流注在寻找轰炸声里。十二点过后，敌机大约来袭北门外的纱厂吧，打雷似的巨声便在妻家的左近发出，同时有清晰的机关枪和步枪的声音，连续着到了三点钟，忽然有几个敌机飞过我们的壕顶，一阵猛烈的巨响，壕壁摇了几摇，顶上的沙泥仿佛胡椒一般在我们的头上洒了许多。到了夕阳的余光里，才解除了警报，我们出壕一看，有两个炸弹正落在壕外三丈远的地方，把邻居的一个防空壕炸去了半个，幸亏那个壕中没有躲人，不曾闹了惨剧。城外的草屋却被打倒了无数，有一个年轻的姑娘的头被炸去了前面半个，仿佛成了一个血淋淋的钢笔尖。她的哥哥当腰炸断，只剩了两只脚和胸以上的半身，杂在倒的草屋中。纱厂倒没有炸准，把隔壁的碾米厂却炸平了，江上我们的 ×× 舰，就在这一天被凄惨地炸沉了。

至于屋里的情形，窗上的玻璃都震碎了，在地上桌上以及一切的面上都落满了很厚的灰尘，仿佛多年不住人的古屋似的。在下一天，我们只好迁到离城二十多里的小村庄上去居住了。

以后江阴不断地被轰炸着，妻家的屋也在轰炸中变成了废墟。

○ 原载于《宇宙风》1938 年第 70 期

魑魅魍魉绕孤岛
1938

—— 孔远之

一到了五月中旬，天气渐渐热起来，春的季节感虽然是乡村独有，但夏季却在都会中表显得最明朗。马路上到处都是巨大"冰"的市招，而孤岛上的摩登男女，也正疯狂的在溜冰中。其实那冰是水门汀浇的，并没有宋雅海妮那么真的人造冰场，只好说是望梅止渴，但摩登士女却乐此不疲，因溜的时候也可以相偎相倚故也。据说溜冰为磨炼体格以资杀敌的准备之一种，亦寓救国于运动之义，盖贤于跳舞远矣。

又今年孤岛上的名士名媛，于足部多着红色短统翻袜一双，其色鲜红，酷似热血，着者之众，风行一时。据提倡者之意，以为着此红袜，即是"踏着先烈的血迹前进"之义，俾使青年男女每步不忘云。可见人心思汉，虽至一袜之微，也决不敢有忘家国，猗欤盛哉！真非令人三呼万岁不可。

凡事一经看惯听惯，便无足稀奇。一般初自江南各处避难来沪的人，以为托庇于洋人之下，总是安净乐土了，不料抱歉得很，洋人们实在有地方也欠周密，即以天空而论，每天所闻的轧轧机声，比内地实在要厉害得很，虽然这里没有空袭警报，但初来上海的人，就非要立刻找地下室躲避一下不可。至于"皇军"的尊脸，倘使来往于公共租界静安寺路一带的人，比内地也要见得更多，几乎每五分钟一卡车，川流不息的，一律是黄色军用车，根本不用照什么照会，横冲直撞，蹴坏几个人不算一回事。那种横行，起先也很令孤岛人士恐慌一时，但不久就看惯了。何况拱卫孤岛的，在美国有海军大将耶纳尔（Admiral Yarnell）坐镇，The Fourth Marine 陆战队到处布防，在英国则有诺泊尔中将（Vice. Admiral Sir Percg Noble）和司马莱特少将（Major General A. D. Sinallet），一海一陆，统领陆战队及苏格兰皇军把守。人们说大西洋上的皇军才是地道的皇军，那太平洋上的皇军只好说是乞丐军。这皇军的一双羊毛袜，足抵那皇军的全副服装呢。可见得有的时候，人们毫无理由的爱憎也不大会错的。

　　在洋人拱卫下的孤岛总算是平安的。但一过了横贯苏州河的四川路桥，便是正人君子绝踪、魑魅魍魉托迹的黑暗世界。那座和邮政总局对峙的巨厦，曾经胡适之博士亲笔品题为中国人自办的最光明最高尚的旅馆新亚酒店，今日已成为世界上最污秽最黑暗的魔窟，里面一部分是皇军安慰所，安置从各处掳掠来的花姑娘，供皇军们宣泄兽欲用的，一部分却是卑躬屈节的傀儡们临时住宿所。更有种种荒谬得莫名其妙的组织的会所，据调查，那些组织的名目，计有东方民族协会、亚细亚同盟会、大道会、王道会、兴亚会、国际和平会、孔教会、道教会、总工会、海员会、商业联合会等数十种之多。而其中最重要的为新兴俱乐部，发起者少数日方要人外，多是沐猴而冠的新贵们，和北平以王克敏为首领的新民俱乐部行动如出一辙，其中活动分子，为伪内长陈祥及伪宣长王子惠云。

　　那些新贵，说也可怜，所谓维新政府自三月廿八日在南京成立后，简直没有半些事可做，便是想捞一些油水也无从捞起。上海的一块肥肉，早已落在所谓大道市政府（今

① 图注：上海北四川路新亚酒楼。刊载于《建筑月刊》1934 年第 2 卷第 4 期。

改督办上海市政公署）的苏锡文手里。苏不明其国籍，大致总不像为中国人，后台着实有些日本人物。虽明为上司的维新政府，竟然奈何他不得。第一，要他易旗先费煞周章，原来所谓大道市府的太极图旗，是出于日军钦颁的，维新政府要他更换五色旗，他便抬出这顶大帽子，把维新傀儡吓得哑口无言，后来挽日方调停，总算顾全一些面子。第二次维新政府又要撤销肃检处了，理由是这种变相法院不应存在，但苏锡文利薮所在，不但不肯听命，而且索性把处长胡正古免职而自兼，维新傀儡奈何他不得，讨了一场没趣，从此就没有下文。

政令不行，军部掣肘，维新傀儡真是十足的成为傀儡。上海方面油水是捞不到了，海关邮政又有国际作梗，巧妇难为无米之炊，只得异想天开，突然向规模最大的颐中烟公司（即英美烟公司）强借统税五百万，以不准营销外埠为要挟；但颐中当局也强硬得很，情愿停工，不愿救济这班猪仔官僚，乃于五月二十日起，将两厂决行暂时停工，又给维新傀儡一个老大没趣。

无钱可措，无公可办，南京形势又险恶得很，一群丑类乃群趋上海，托庇于日军羽翼之下。在南京方面，仅虚立名目，毫无实际，大部人员均蛰居虹口一带。更为避外人口舌起见，在上海市政府的江湾旧址，设立所谓维新政府驻沪办事处。于是市中心一带便划为禁戒区域，不准普通商民往来，且大举缮修房屋，以备迁入办公。以前一些私人住宅，凡富丽堂皇者，均被强占作为新贵官邸之用。可怜堂堂部院长之流，所得的仅仅这些权利而已。

至于地方政府，则除上海、南京两督办市政公署外，伪江苏省政府亦于五月中宣告成立，伪省长由伪教长陈则民兼，省治设在苏州，日人的机关报《新申报》曾于是日出专号"庆祝"。其实所谓省政府者，仅仅一个虚名，所属连各厅都没有，只内分五科，便算一省的行政机关，比一个大些的一等县政府都不如。据陈则民宣言，则是经费没有下落，不得不尔云云。真是可怜之至。

有人说，维新政府虽称维新，按其实在则是处处开倒车的。国旗用五色，其旧一也；官吏名称用"道尹"县知事（根据伪内长陈祥谈话），其旧二也；江苏省会迁回苏州，与清制同，其旧三也。维新维新，直是唯旧而已。

维新政府行政、立法、司法三院，行政部分已经可怜如此，立法院的工作更令人可笑。据宣传，他们连中国的全部宪法都早已通过了。一国的宪法从起草到三读通过，仅仅有五六个委员参与其事，竟有那么快那么容易，真是开世界宪法史的新纪录。吴经熊、张知本诸先生听了，真要自叹不如吧！

至于司法院呢，根本上就没有成立过，内定的院长章士钊却一溜到汉口了，至今还没有相当人物。在他们横竖各处都有着肃检处那样的机关，犯不着急急的用法律来敲取民脂民膏。但上海的特区地方法院却是一块未经苏锡文上嘴的肥肉，于是维新先下手为强，非设法攫取不可。可是特区法院是有国际协议的，几乎和海关邮局一样难于上手。起先想用武力解决，像占领上海市商会一样，可是院内戒备森严，驻防的武装英兵有八十名之多，连同去的日人也知难而退。法院还是中国的法院，奈何不得，于是，只得派遣伪"外交部长"陈篆出马，向各国外交使领软商。又不料各国使领根本上不承认中国有那么的一位"外交部长"，害得他到处碰壁，没有一个肯接见的。这样的"外交部长"，恐怕是有外交史以来所未之有也的。

孤岛的周围，虽然活跃着魑魅魍魉，但孤岛之上却仍旧高扬着青天白日满地红国徽。挂上洋商牌子的报纸仍旧站在中国人立场说话，口诛笔伐，一些不替无耻的人们留余地。维新的傀儡们看了觉得太痛心，又不能设法禁止，只得忍痛出诸用金钱收买之一途。据说月之某日，维新代表恭设盛筵宴上海报人于某处，报人为瞧把戏去者甚众。即席该代表对报人谈判，只要他们停止对维新政府攻击，并为其宣传，决不吝津贴。于是报人群推某君答复。某君，幽默家也，即说："辱承维新政府赐予津贴，全上海同业无不竭诚表示接受，但该津贴之数，须包括每一报馆之每月开支与广告收入及盈余，始敢接受，因敝报馆若一朝为贵政府宣传，第二天只要印一份供自己看看足矣，连送人都是没人要的，不知贵代表以为何如？"云云。于是该代表闭口无言，宾主不欢而散。这事得诸传闻，真伪虽不可知，但亦可见口碑之一斑。

最后退出上海死守四行仓库的八百孤军，至今还羁留公共租界的胶州公园内。前些时各方曾发出正义的呼号，以为八百孤军的退入租界，系接受各国使领的劝告，不当以中立国收容交战国败兵论待。但迫于局势，这些呼号，当然是仅仅昙花一现，毫无效力的。不过各界人士对此奋力抗战至死不屈的孤军，仍异常关怀，时常有人送物慰劳。因之也竟有不肖之徒，揣测大家心理，假名募捐，一时受骗者不在少数。孤军领袖谢晋元团副为此事特驰函各报，谢绝各界募捐。孤岛外到处是大丑类，则孤岛内有些小丑跳梁，也无足为怪吧！

五月廿七日于上海

○ 原载于《宇宙风》1938 年第 70 期

一年在上海
1939

—— 邵洵美①

　　我以前是一个最喜欢热闹的人，但是这一年来我竟采取了一种极端相反的隐居生活，这种生活也许会影响到我的性格。朋友来看我，我虽然照例说一长篇话，但是这一长篇话是肩背上呆重的负担压出来的呻吟，朋友并不会感到有趣，我自己也并不感到有趣。隐居的人每已脱离了尘世的羁绊，但是我却无时无刻不被俗累枷锁着。我唯一的安慰是我老婆的信心与同情。

　　我当然并不是说我对朋友已消灭了一切的感情。我仍旧喜欢朋友，朋友仍旧喜欢我。只是留在上海的朋友，和我有同样不能离开上海的困难，而离开上海的朋友，却对我和其他留在上海的朋友有同样的隔膜。要来便来，要去便去，这原是人生幸福之一，可是这个须适合物质的条件。我不相信那些在香港、在汉口、在云南、在四川的朋友真会天真得相信天下竟有自愿在孤岛上做饿殍的傻子。我更不相信传闻所说，我的那些在外埠的朋友会有各种浮浅的推度与鄙俗的论调。假使我十几年的文章、谈话、行为、态度，没有给人比较深切的印象，至少我的不爱金钱爱人格，不爱虚荣爱学问，不爱权利爱天真，是尽有着许多事实可以使大家回忆的。

　　回忆是使历史真确不可少的因素，也是推论和判断前不可少的程序，这篇

---

① 编者注：邵洵美，浙江余姚人。新月派诗人、文学家。创办金屋书店，并出版《金屋月刊》。曾主持《十日谈》《人言》《论语》等杂志刊务。著有诗集《天堂与五月》《花一般的罪恶》等。

文章便是写来给我一部分朋友作为启示的，同时也是另一部分和我处在同样境遇里的朋友合奏的序曲。

这篇文章开始落笔的时候，我并没有料到会有这样长，以为几千字便够了，却写了几万字。为简明起见，我把它分成三节：第一节讲我如何早就确定了战事的发生，离开杨树浦寓所前的事实；第二节讲我离开了杨树浦过着怎样一种波浪式的生活；第三节讲我几次搬家，自己如何应付环境。

我究竟如何地在生活着？我的生活究竟是否我个人的特殊情形？我的生活究竟有没有发表出来的价值？我的生活让人家读了，人家究竟能得到些什么？这些要等将来才会明白。

指出了"最后关头"

一年在上海，几乎没有出过一次门，与社会简直脱离了关系。自早至晚，除了看报读书以外，只是和家人商量将来的生计。难得有朋友打听到了我的住处，来看看我究竟是在吃肉还是在吃糠，我照例会把多少月里的经过，从头叙述一番，直到他们叹气，自己心酸。

本性懒是一个原因，有几件事使我灰心失望又是一个原因，可是最大的原因，恐怕还是在生活的方式忽然起了极端的变化，心神恍惚，自己捉摸不定。

有人时常感慨着说"白活一世"，我也时常叹息着自己白活了一年，为公为私，为国为家，不要说什么成就，连成绩也拿不出丝毫来。可是仔细一想，这一年却比任何一年过得更有趣味，更有意义：许多行为得到了教训，许多问题得到了解答，许多过失得到了处罚。我又注意到了许多忽略了的地方，记忆起了许多遗忘的事情，像是已经受过了最后的审判，虽然灵魂并未脱离肉体，肉体仍旧生存在人类中间。再说我一年来，究竟也看过多少部书，写过若干篇文章，还有转过的念头，尝试过的工作，以及经历到的危险与困难，获得了的经验与认识，一切的牺牲、变化、失败、成功，假使把来详细地写出来，也许会有薄薄的一本书。

我十几年来只是经营着出版事业，还有过一个印刷所，从五年前起，便天天受到破产的威胁。这小小的经验，使我明白了：佩服为什么会变成责备，赞美为什么会变成讥笑。有一位朋友还用了极郑重恳切的口吻，训斥过我出版毫无目的。我说出版便是我的目的，他只是摇着头笑我无聊。他好像还说过"办杂志应当有一个政治野心"，我把英国北岩爵士如何用他的《答问周刊》及每日邮信造成了几百万读者的历史讲给他听，他便从此不再和我谈论严重问题。我每次去看他，他总留我吃一次饭；他每次来看我，也总让我请他上一次馆子。

　　这位朋友是个爱国者、实行家。他服从党规，信仰领袖。他没有学问，可是口才好；他不贪污，可是生活的条件圆满。他是忠臣义士的典型人物：在朝是个好官，在野是个好朋友。芦沟桥事变，我热血冲动，立刻写信给他，情愿为国奔走，又声明绝端不是为的利益，信中辞句的激烈可想而知，他竟始终不给我回信。这便是使我自己对自己灰心失望的第一件事情。

　　这次战事的发生，我读了蒋委员长庐山第二次谈话会的演讲便确定了。在这个演讲里，他指出"最后关头"将到，暗示当局的决心。在芦沟桥事变以前，我正草就出版《西安半月记读后感》一本小册子，对于蒋张二位之人格行为做过详细的分析，我曾说："蒋委员长最大的成就是在他的'言必信，行必果'，即是所谓'说得出，做得到'。"所以当他说出"芦沟桥事变的推广是关系中国国家整个的问题，此事能否结束，就是最后关头的境界"，我便知道我们已准备"牺牲到底，抗战到底"了。最近蒋委员长答外国记者的谈话里，自己也说"我从不作诳语"，所以我对于他所说的"最后胜利，为期不远"也绝对有信心。

　　我当时接不到那位朋友的回信，心里难受，但是一想人家不要我合作，我岂不能一个人来做我一个人能做的事情？我有我的印刷所与出版部。我的印刷所在杨树

① 图注：《西安半月记读后感》，邵洵美著，上海时代图书公司刊行。注：此书为邵洵美自存之校对本，封面上有邵亲笔题字。

浦，住宅也在杨树浦，既然战事一定发生，那么，杨树浦一定会变成危险区域，迁移实不容迟缓。

这个时候，我已无力经营出版，有人把责任负去了，印刷所的盈余只够大家的生活费，厂中无存款，自己也没有储蓄，搬场要很多钱，从哪里来？

我有一个店铺在内地，每年的红利数目甚为可观，但是为了某种传统的礼教关系，我从继承了这笔产业到现在，始终没有享受到我应得的权利。人家总把这件事来批评我太重情感，并预言有悲惨的结果，但是了解我性格的人，知道我对旧道德和虚荣的受毒已深，谁也没法挽救。所以我一方面自己穷到不得不用按月一分八厘的款子，而一方面却每年放弃成千成万块钱的利益。我因此而受到的责备和误会简直数不清，我半世生活始终难上轨道也无非为了这个原因：对得起了一个长辈，却对不起了许多小辈。这复杂的家事，我不想在此地叙述。可是老板始终是老板，我当时算定了战事立刻会发生，感觉到了把印刷所和住宅迁移的重要，念头于是转到这个店铺上去。我一时不能离开上海，直至八月七日才大早赶到北站。一上车，却看见我所对得起的那一个人已先我而在，他要去的地方便是我要去的地方。不用说，他所转的念头也便是我所转的念头，这是天意。再看他面部的表情，听他说话的声调，我只觉得他的情形要比我困难万倍。到了目的地，于是先把他的事情办好。当我再把自己的要求对负责的人开口时，他们只是颤抖地回答说："老板不应当逼死伙计。"

我重复地对那两个老当手说明这次战事的不可幸免，做百姓的也不愿它幸免，他们却只是和我讲店本的不够周转，以及他们的刻苦经营，甚至还暗示老板不识好歹。我心想埋怨也没用，理喻也没用，而现在更不是主张老板权利的时候，这个店铺迟早总要送在这几位老头儿手里，于是爽性赞美安慰他们几句，并商量了些万一开战，应当如何准备的话，便乘下午五点多钟的车回上海。

我在五点钟便到车站。火车进站竟然慢了一个多钟头。问站长，他说是专车的关系。留心站上的旅客，神情的确已和往日不同。偶然看见一个银行行长也挤在人群中间，他周围还有不少裹在粉和胭脂里的妇女，裹在绸缎和首饰里的小孩，看上去像是一家人出门吃喜酒，他们形势的紧张和狼狈，使人惊异到人类的相貌竟能丑恶到如此田地。再看一看那种似乎想把老婆儿女铺盖行李完全驮在背上步行几百里的另一阶级的弟兄，手里捉住了几张蓝色车票，颤动着嘴唇在埋怨老婆误了四等车的时刻，又涨红了脸盘算票价有没有为了仓皇急促而多付了一分钱。眼前这两种人是一幅活动的漫画，我相信有许多人所以信仰某种主义，一定也是在无意中见到了这种太明显的对照。

车上的拥挤只有二十六年大家到南京去上任、候差、投荐那一次可以比拟。我买的是二等票，二等的座位全给坐满了。我跑到头等里去看看，连椅子的把手都没有空，有的把行李放在走道上，再把行李当椅子，头等里有许多人显然是买的三等票而从三等里挤出来的，他们还笑着似乎对了大众说："头等车，头等车，头等车也不过如此。"还有许多已经占得了坐位的，脸上都装着厌烦和鄙夷的神气，他们里面有几个都是名字时常在报纸上的会议列集单里，或是追悼会展览会等的签名簿里出现过的。有一位什么科长大声地唤着我的名字招呼我，又大声地问我是否也是逃难？他又大声地笑着说："你看，车子里面，除了我和你，差不多全是逃难的。我昨天从上海到南京，只看见一般人从上海逃到南京来；今天从南京回上海，又只看见一般人从南京逃到上海去。"这句话大概很聪明，因为他说完了，便把眼睛得意地向周围一绕，每个座客都似乎在望着他。

有一个相熟的查票员，为我在一间车舱里找到了个座位，早先这座位上堆满了箱笼，我没有敢走进去。这车舱里另外有五个乘客，我们四个坐在一面，对面是一个小孩和一位躺着的老太太，她有病。后来我因为代她关窗，她谢了我，又和我谈话。她六十七岁了，那小孩是她的孙女，九岁，她有两个儿子全死了，现在她的女婿把她从芜湖接到苏州去，在苏州还特地买了所住宅。她说她本来是个胖子，两个月前得过伤寒症，现在尚没有复原，浑身只剩了皮和骨头。她长年还有哮喘病，说着她叹息这次长途逃难为她是多余的。我因为我的父亲和两个弟弟还有我的老婆和两个女儿全有哮喘病，发作的时候，胸脯上像海洋里起大风浪，所以我对于患这种病的人总十二万分同情。我于是向她要了个地址，答应回到上海立刻把一个秘方抄给她。这秘方是一位德医给我的，他说哮喘病全世界还没有发现对症的良药，这是中国的草方子，可是试过几次全灵验，现在他正和几个同事用科学方法分析，预备写一部论文贡献给国际医药会。我一到上海便把方子寄给了她，她女婿回我一封极恳切的谢函。不知道这位老太太现在又逃到哪里去了？

车子到上海慢了不过一个钟头，可是北站的情形和早晨已完全两样。许多兵士把平常的进口处遮住了，出口处已换了一个大门，望去只看见几百几千个铺盖箱子在人顶上蠕动，像成群蚂蚁拖走着食物屑粒，又像风来或是潮涨时那满载着垃圾的河面。到了外面广场上，方才明白平常的大门已经关闭，大门外更站着几千人在要求着开放，又有几百几千人带着行李坐在广场上等候。原来这些全是要抢坐下班车向各处逃难的。有一个江北口音的老妇人拍手顿足地对一个年轻的汉子哭喊着说："全是你这小畜生要到上海来发财，现在死也不得死在家里！"她又叫着说："你不把我带回老家去，我不死的！"这情景惨极，可是听到的人都在笑。

①

第二天听人说，前晚的夜半为了乘客太多了竟停止开驶。同时，闸北的居民也尽量向租界方面搬移，于是有了租界当局禁止入境的消息，又有了有人从中敲诈的流言。上海乱了！

我们估计搬移的费用要几千块钱。内地的店铺既不能给我丝毫帮助，于是连忙和一向来往的老主顾商量合作条件。他们不愿合作的理由是：假使上海不发生战事，这笔搬移费便白花了；发生战事，那么杨树浦也是租界，杨树浦不太平，随处都有危险的可能。依照"一·二八"那次的经验，等发生了再动也来得及。他们还有一个理由：在一个非常时期，集中现金比什么都要紧。这种情形之下，反复解释，无非是浪费口沫。我又去找有能力的亲戚和朋友，他们不相信我穷，他们异口同声的回答是："好了，好了，装什么腔？我们不向你借钱好了。"事后他们听到了我所受的损失，便又异口同声地说："唉，为什么当时你不对我们直说？这些数目总有办

────────────

① 图注：邵洵美。此照片为邵洵美之女邵绡红女士提供。

法。"最近见到他们的时候，他们却又异口同声地申诉着他们目前的穷困。他们几个时期中的几种回答，本不在人意外，但是他们竟能说得非特字眼，即连声调表情也大家完全一样，却使我不得不相信世界上的确有一种最简单的保护自己钱财的方法，而为我所曾经忽略了的。这是我自己对自己灰心失望的第二个原因。

既然搬移印刷所在事实上已经是绝对不可能，想到这几十个工友们的前途，再想到便连遣散这些工友们的钱也一时没有办法，人便变得可怕地消极。这时候市面已入于半停顿状态，进款当然毫无，可是工友们不明白我私人的困难，自早到晚，只是吵着要回家，要盘费，要薪水，要花红。又为了当地的典铺通告歇业，更要求预支薪水花红去赎当。我于是生平第一次有了怨天尤人的心境。

这种心境在第二天和工友们谈过了话便改变了。早晨十时他们都来到我寓所里，我的会客室很大，打开了接通饭厅的门，便大家都有了座位。我下楼去见他们的时候，每个人都露着凄惨的形状，一种盼望着救星却候到了一个和他们同样是灾民的情景。可是我们中间又顿时产生了一种异常的亲热。我们中间已消除了老板和伙计的界限。有几个兴起了感伤，连忙把头歪向窗口，我也一阵心酸，几分钟响不出声音。这些工友已不再有什么烦难的要求，他们只希望我把印刷所迁移，他们也相信一定有绝大的利益，他们对于他们本身只希望能有相当的款子把家眷送回原籍去。第一个希望是难以实现的了。但是第二个希望我怎么能回答一个没办法呢？我只能说，容我竭力去张罗，他们竟不再逼迫我，劝了我自己也快搬家，便一齐告辞了。他们走了以后，我简直感激得没有气力上楼。

到了八月十二，一切的问题仍是没有解决。工友们本来也没有积蓄，这半个月的工资又没有发，虽然他们已各自分头设法把家眷送回了家乡，但是，他们的饭食却仍旧有困难。这消息当然立刻传进了我的耳朵，我于是自己和老婆一齐动手，帮着厨子等烧了三大锅饭，又烧了八碗蔬菜，送到他们那里去。而我们大家所不说出来的打算，却竟然有与物俱亡的决心，现在想来当然痴愚，但是在当时那种环境之下，看着有钱的都没有情感，有情感的都没有钱，大家竟会惊奇到自己的高尚，并承认自己实在不适宜于这一个世界。但是一早到晚，电话不断地响着：有的是来责备我们为什么不迁移的，有的是来打听杨树浦动静的，还有一个竟然问我寓所里有没有空屋子，说有一群亲戚打天津逃来上海，一时找不到住处，想在我家暂时避难，我当然拒绝了。没有一个人提起钱。工友们也五分钟一次地来报告混乱的消息，佣仆们则不时来埋怨说，四邻都已逃空，我们究竟在等待什么奇迹？到了夜晚，我们的困难仍和白天一般，于是让女佣把所有的小孩都带到我妹妹家里去。老婆不肯离开我，一所大住宅里便只剩了我们夫妻两人，和一个助我经营事业的表弟，一个失业了九年的朋友，一个厨子，一个车夫。

八月十三日一清早，工友们来说八字桥已经有小接触。我的表弟也急起来了，我仍旧想不出办法。老婆完全了解我的心思，只是不作声；厨子继续预备我们和工友们的饭菜；车夫把车开在大门口；我那位朋友则不时发着冷笑。

午饭以后，我忽然想要走动，于是到屋子前的公共草地上去站了一回。守门的巡捕见了我，照例立正了行礼，他笑嘻嘻地对我说："邵先生不走吧？"我没有回答，他却接下去说："你们走好了，东西可以放心留下，我会看管。'一·二八'那年，我一个人在此地，连扫帚都没有少掉一把。"我赞了他几句，他又说："昨天晚上有日本警察来调查，他问我这院子里有几所房子？我说四所。他问我有没有中国人？我说全是外国人……"他还在得意他昨晚聪明的答话，我却开始着了慌。我急忙跑回屋子里把他的话对大家背了一遍，大家都是又气又好笑。"让他们查出了有中国人，那才是麻烦"。大家是一样的意见，于是决定离开了。决定离开了，于是老婆方才对我说明她早把贵重些的东西理在两个手提箱里，还有妹妹寄存在我们那里的七个大木箱应当送回她。她又提醒我，叫我把重要的和心爱的书带走。钱始终是个大问题。表弟说他在银行里有七十多元存款，他立刻去拿。我们一方面便通知工友们准备动身，一方面又去设法叫到了一辆卡车。一切都舒齐了，表弟却打电话来说，银行已奉命停业，无法提款。问题又大了。

我先把老婆和几个箱子送到妹妹家里，叫妹妹代付了卡车费。我又打电话向父亲借他的车子，决定和车夫及那位失业的朋友，轮流地开了两辆车子，把工友们都送到法租界的书店里。父亲的车子来了，汽油箱里却没有汽油。买汽油的钱当然也没有，车子便有放弃在杨树浦的危险。可怜我们许多人的口袋里凑不满一块钱，形势却越来越紧急。我正在疑心命运故意和我为难，一个小学徒忽然记得印刷所里有调油墨剩下来的半箱汽油，足够两辆车作三五次来回。

最后一辆车里坐的是我的表弟，和我的那位朋友，还有我自己，余剩的空隙便凌乱地堆满了书籍。真奇怪，我们虽然预备明天再回去把别的东西再搬些出来，不过我却有一种异感，觉得这是我们最后一次在这座屋子里当寓客了。我把每一个房间上锁以前，总在里面站几分钟，周围看几遍，好像要把所有的东西在脑子里留个更深的印象。我在楼下的书房里站得最长久，因为我们虽然在搬进屋子的那天便把它布置成一个书房，可是我从没有在里面写过一篇文章，看过一本书，我一向是在楼上卧室隔壁的小房间里工作的。我不懂为什么今天它忽然和我如此亲热起来，靠窗的大书桌光洁得使人相信这里不让一粒灰尘进门。我又第一次发现和这书桌相配的那只椅子高低的合度，坐在上面你的手和脚都会安置在最适当的地位，血脉和思想的流动会和谐地合拍，使你自信任何伟大的作品都能从你指尖里产生出来，可我是却不能不和这般理想的环境分别了。满屋子是寂静，你似乎可以听得自己念头的声音。最奇怪是我的眼光忽然变得异常敏锐，我已能看到往昔所万万不能看到的距离，我坐在书桌边，四壁架子里的书籍好像都放大而又透明起来，印在书脊上的名字，不论如何细小，如何糊涂，都会清晰地自己走进我的眼睛，我发觉每一本书对我的重要性，和我交情的长久，关系的密切。没有它们我将如何生活？可是我却不能不和这些理想的朋友分别了。我不敢再多对它们看，在它们不提防时跑出了书房，背着身子把门关上，又上了锁，于是走出了大门，又把大门上了锁。

守门的在车子边等我，他要我给他一个暗号，将来他可以凭了这个暗号允许人进我的屋子。我在一张小纸条上打上我的印鉴。我口袋里一个钱也没有，于是答应他明天会回来，暗示明天回来时会给他钱。他又再三叫我放心，又说了一遍"一·二八"当年他看守这些屋子，连一把扫帚都没有丢掉。

我又到草地上去站了一会，望望这园子里四宅房子的全景。我右面的一家是英国人，他们的年纪都已过了五十岁。我们虽然在一个园子里同居了两年，难得遇见了招呼，可是从没有谈过话。他们看我站在草地上，便从窗子里对我点了点头，又走近来说："邻居先生，你们为什么要搬场呢？我们可以保证你一些没有危险。这样的热天，哪里有自己家里舒服？明天赶快伴了太太小孩回家住吧。"这当然是好意，我于是说了几个"是"字，又谢了他们一声。

我们离开杨树浦的寓所是下午三点五十二分。百老汇路上接二连三的汽车、电车、搬场卡车以及别的车辆，像是在街心造了一长条房子，它们慢慢地移动着，慢得似乎只是在我意识里移动着。凭我的眼力，它们简直在地下生了根。但是我也感觉到我们并不真是永远停滞着，正像没有风的秋天的云，隔了好久，我们方才明白我们已经快近中虹桥了。路上的人一刻比一刻拥挤，这些都是为了各种的关系而找不到车辆的，他们带了行李孩儿步行着。有一家人，看上去是夫妇两个，有三个小孩，一个约摸三岁，看来不见得能走路，他骑在父亲的肩上，父亲手里还提着两只皮箱，一只网篮；一个大概小一岁，母亲用右臂抱着；一个像是生了还没有多少日子，母亲用左臂抱着，母亲的背上还负着一个包袱。我们看见他们的时候，他们正走近提篮桥，他们也是向着苏州河南走，假使他们不把他们的宝贝放弃几件，我简直不相信他们会有到达目的地的可能。还有一对老夫妇，看来都有六七十岁，每人手里提了个小手巾包，但是我怕他们连提小手巾包的力气都没有，他们走路的速度，也许还比不上蜒蚰。还有残废的，还有才生产的妇女，还有病了好久的病人，他们现在都得从床上爬起来跟了大家逃难了。

我们车子过桥已经将近四点半。有两个工友当时走散了来不及和大家一同走，他们五点多钟出来，竟然被日本兵用机关枪扫射了，他们幸亏都懂得赶快伏在地上，只有一个的腿上受了伤。他们说当时射死的男女老少不止几十百千。不知那有三个小孩的那对夫妇会不会在里面？更不知那一对六七十岁提着小手巾包的老夫妇会不会不在里面？

一批新到的旧书

妹妹住在法租界桃源村。这是一个大弄堂，里面有四五十幢房子：最南的一排最小，三层楼，每层一间；底下一间开出去是弄堂，所以没有大门；这条横弄沿总弄处有一个铁栅，便是这一排六幢房子的公共大门了。这底下一间，在平时，人家都拿来作客堂，所以前面六扇长窗上的玻璃并没有什么东西遮蔽，现在变成了我们的卧室，时常便有人对了里面张望，习惯了我们也不觉得有什么不自然。

这一排排房子，我觉得正像图书馆里的一排排书架，虽然书籍的陈列并没有一定的系统，不依笔画，也不依性质。我妹妹这一只架子，是最后第二只，他们原先一共只有四本书，我妹妹夫妇俩和一个女佣安置在最高一层，一个四川厨子丢在下面的角落里。

我们这一批新到的旧书，不上半个钟头，便把底下两层塞满了：我的小孩和阿妈们占据了第二层；老婆和我，还有我的大孩子，我的表弟，我的朋友，挤在底下一层。

一切舒齐了，人虽然疲倦，却兴奋得想动，大家的心里都急切地要知道前线的情形，于是拖了那个朋友一同到辛报馆去。这时候已过了五点半，苏凤和福愉等正把大样看过，详细的消息当然不容易得到，但是我方的顺利是已经证实的了。忽然有人跑进来说北站也开了火，福愉便提议到最高一层去看。他认识一家俱乐部，窗子正好朝北，我和苏凤都跟了他进去，我那位朋友却被看门的挡住在外面，这是过后才知道的，据说是因为他的服装不够端正，但是他却反而和那个看门的谈得很投机，听到了许多有趣的谣言。

从那家俱乐部的窗子看出去，辨不出哪里是北站，只看见有好几处冒着黑烟，隐约又有红光在空中来往，福愉说是炮弹，冒黑烟的地方便一刻刻多起来。苏凤指着一处说那也许是杨树浦，我并没有立刻联想到家或厂——在当时的心境，家和厂的牺牲似乎是"已成事实"了。偶然有东南风带来的炮声并不大，只像有人在楼板上面顿足。

福愉说他兴奋得眼泪也出来了。他是个长子，身体要比我高出两个头，他说话的声调很沉重，有些颤动，又是地道的宁波土白，因此格外使人感动。我们一同走出俱乐部，竟然大家不说一句话，各自分头走了。

回到桃源村，夜饭已经预备好，这是那个四川厨子烧的，我们自己的厨子只是在边上帮帮忙。小菜是我妹妹夫妇俩点定的：蒜苗线粉、肉末豆腐、清炒白菜，还有一样菜我记不得了，汤是用冬瓜白烧的。他们本来每天只花六角菜钱，现在人多了便加到一块，但是人实在太多了，上下大小一共有二十二个，隔了几天便又加了两角。这样的菜当然可以算很简单了，可是我们的胃口特别好，一半大概因为四川菜的辣味容易下饭，一半也许是因为每天有运动的机会添强了消化力。大家都说，万一再要向内地逃起难来，步行了多少里以后，肚子不知道要饿到什么田地呢！

我的妹妹结婚了还不到一年，丈夫是个会计师，有名的朴实人。为了他的朴实，在学校时代便得到了师友的称道；为了他的朴实，一毕业便在一个大公司里担任了个重要的位置；为了他的朴实，几年来竟然积起了一小笔钱。但是结婚的费用，这一小笔钱去掉了一部分，不久公司倒闭，他家庭的日常开支，这一小笔钱又去掉了一部分。战前他和一个同学在南京路设立了个事务所，收入很好，但是现在不得不结束了。这宅房子本来也是他的一个同学租下来的，他结了婚便向他的同学借了个楼面，后来那个同学全家搬到四川去了，便将这房子顶给了他。他一夫一妻和两个佣人用不到这许多房间，正想把余屋分租，上海乱了，他知道我们一定会从杨树浦搬出来，又知道我们没有钱可以出很大的顶费给人家，于是便要我们到他家里去住。这种好意真是难得的。但是我们

---

① 图注：邵洵美与盛佩玉结婚照。刊载于《图画时报》1927 年第 337 期。

口袋里一个钱也没有，战事又不像"一·二八"那年几个礼拜便会结束，看上去他非特不收顶费，不收房钱，恐怕连伙食一切都要由他负责呢。

我那夜上了床，简直睡不着，倒是老婆想到有几样东西可以当钱，还有几样首饰可以去兑现。我立刻叫醒了我的表弟，一同商量，明天由他出去办理。我们有一把象牙筷是金镶的，那金头可以贴给银楼，银楼当然要利用这紊乱的状态压低它的价值，但是至少能换到一百多块钱。我们决计把换到的钱一部分买伙食，因为物价一定会飞涨，米已经很难买到，咸货不妨多办，鲜菜的来路迟早会断绝。再有一部分，那么，假使还能去杨树浦的话，可以作搬场汽车的费用了，希望多少再能拿些东西出来。这般地交代清楚以后，老婆和我立刻便心安了，头颈着到枕子，顿时感到柔软与服帖。

说来真连自己也不能相信，我们直到那个晚上才想起把东西去作钱用。当铺和押店对于我们本不是处女地，我们比较好一些的首饰早就送进了"高墙头"。当然，我生活的这一面，从没有人把来当过真，事实上，不是亲自经验过的也决计不会了解。说句惊人的话："我开始执管产业的日子，便也是我开始负债的日子。"这话当然不容易懂。在人家的心目中，我至少享受过几年的奢侈，即连我的父亲和弟弟们也不会没有这种念头。其实说穿了，比排列个算术公式还要简单。我是二房的长子，大伯年纪很轻便过世，大伯母得了我祖母和我父亲母亲的同意，又邀了亲属见证，便把我立嗣给长房，从此我便成为法定的承重孙了。这种举动的内幕很复杂，现在用不到讲。总之，好像在我还不满十岁的时候，祖母便把长房应得的一份产业交给了大伯母。我结了婚几个月以后，她便把产业交给我执管，一切的现款据说她已用去了，所剩的是几块地皮和几份店股。我那时不过二十岁，年青人辨不出志愿和欲望的分别，以为是自己的抱负，哪知是一大堆梦想，并把这几块空地皮当做是取用不竭的资源，经了一位老年人的恭维和怂恿，便把地皮做了押款造房屋出租。当时预算的如意，现在想来真是又气又好笑。大意是把房租收入的一部分付利息，一部分还本，好像是二三十年后房屋便完全自有，既没有想到房屋隔了二三十年会变成废料，也没有算清自己日常生活的开支，更没有料及时代环境会有变化。我父亲本不喜欢操心，偌大的家庭便付托给我这小人身上，结果是每到月底总要亏空，亏空了便再借款，再借了款便又要加付利息，付利息钱不够便再借款。我当时还有一个念头，我觉得这份家产是祖宗的遗业，虽然法律上为我所有，可是良心上似乎不应独得，所以大家做了账我便去付账，大家欠了债我便去还债，大家要用钱我便去借钱，虽然逢节逢年钱庄上催逼利息的时候，我会在短时间里发觉自己的失算，可是难关过去，一切依旧。还有许多人以为我真是有钱，总叫我去为他们解决困难，我便为他们负起了利上加利的义务。几年前我的幻象完全毁灭了，我便有了营业的企图，接着又是一个幻象，又是一次毁灭。这两三年里便只做了些收拾残局的工作。有几个写文章的朋友安慰我说这些经验尽可以做一部回忆录，起初我倒的确有些痴心，但是自己书读得多了，才知道这种"黄金变泥土"的故事，古今中外不晓得让人记过几千百次了。

我的店铺开在内地，本来像没有一般，在紧急的时候便自然去想那紧急的办法。习惯了，这紧急的办法竟然变成了唯一的办法。最后一次，老婆把我们几个女儿的小首饰裹在一个小手巾包里对我说："以后恐怕没有再配进'娘舅家'的东西了。"她这句俏皮的话大概在我潜意识里留着有不可磨灭的印象，这次在最紧急的时候，那一丈见方的大黑字始终没有在我记忆里显现，也许便是这个原因。

八月十四天还没有亮足，人便醒了，耳朵里只听得长条连串的声音。表弟说是机关枪，但是机关枪没有那般响，我那朋友说是迫击炮，但是迫击炮没有那般急，大家同意跳出床到露天去仔细听，于是看见了天上的飞机，大大小小有十架左右，盘旋上下。虽然我们从没有看见过空战，但是直觉地我们决定这是空战。接着我们又听得另外一种声音，那真是机关枪。又有一种声音，比飞机的马达要慢一些，也不够均匀，我们便又直觉地明白那是高射炮。我们把全屋子人都唤醒了，大家起来看。大家又都想知道一些更详细的解释，要我去问辛报馆。妹妹家里没有电话，我便走出弄口，到对马路一家店铺里去借打。他们起先不肯，我说明是向报馆去问消息他们仍旧不肯，我忽然聪明起来，说愿意付电话费，他们方始肯了，要了我五分钱。当天我又打了三个电话，第二天再去时，他们已在电话机上贴了张字条，写明电话可以借用，价钱却涨成了一角。电话打通了，接话的竟是福愉，原来他整夜在报馆里没有回家。他说话的声调比平时高得多，里面有快乐的成分，又有骄傲的成分，更带着些英雄气。他说，中国空军今天出动，现在正在轰炸出云舰。他又更正我说，这个不叫作空战，空战须有飞机和飞机在天空中战斗。我回去对大家说了，大家便齐声祷祝这些飞机赶快完成他们的任务，而每当一架飞机直射下来投弹的时候，大家都会吓得叫起来。

表弟吃好早饭，便邀了我那个朋友，坐了车子出去办理昨晚决定的工作。表弟说，假使杨树浦的交通没有断绝，那么，他便直接去叫了搬场汽车去拿东西了。这句话说得也很有英雄气，所以车子虽然由车夫驾驶，可是他们走进车舱里去的时候，很有航空员跨进战斗机的意味，我们都感觉到，他们自己也感觉到。

他们回来已将近中午，我们只听得他们下了车一路喊着危险。原来他们走过新新公司的时候，几乎着天空的流弹，南京路上有好几个人受了伤。杨树浦是没有希望去的了，河南路东已经不准交通，大陆大楼的前面也已关上了铁栅。金子换到两百几十块钱。买了一担半米、八袋面粉、四袋米粉、六条咸鱼、两块钱皮蛋，还有许多咸小菜。剩下不少钱，我们心想一个月里面可以不起恐慌了。

那天下午便发生了大世界的不幸事件。我们在楼下，大家都觉到有些地震，却没有听得什么爆炸的声音。倒是在听到了大世界的消息半个钟头以后，忽然耳朵里一声巨响，眼睛前一团昏黑，顿时满屋子是沙灰，外面有许多人接着喧杂起来，我们大家都吓呆了。原来斜对着我们后门的那个人家的屋上中了流弹，瓦片破了几十块，屋顶穿了个大洞，屋上的尘灰竟然罩住了全弄堂。法工部局立刻派人来调查，在天花板里拣出一颗炸弹，有一尺长，有小腿般粗，竟然没有爆裂。再想到大世界前那种情形，人好像空虚得没有实质。

这一个流弹发见了以后，全弄堂便忙了起来。房客里面有一个做律师的发起召集房客会议，一个做医生的在会议上解释燃烧弹和毒气的危险，于是成立桃原邨战时救护委员会，选举执行委员。那个发起人做了主席，我的妹夫是会计师，便和另外一个同行的邻居当选正副会计。议决按户募款去购置黄沙、灭火机以及紧急救护工作的必需品，如棉花、纱布、药料等等。接连着开了三个下午会议，弄得各位委员太太在家里埋怨起来，因为每次会议都不得按时开幕，一开幕又总要讨论好几个钟头，时常夜饭烧好了等到菜冷。隔了几天，灭火机居然在弄堂里的墙壁上出现了。我的妹夫因为有要事离开上海的可能，便辞了职。这会议所进行的工作，我们于是不再直接听到消息了。

弄堂里成立救护会这类事情，可以说是最"天真"的，也可以说是最"世故"的。但是对于我，它却是一种生命的力量，一种原始的喜剧，使我重又忘却了这炎凉的世态，满腔满怀冲动着为社会服务的热诚。所以桃源邨的居住，在我心理上、生理上，都发生了相当的影响。

有一次在报上读到了航空人才缺乏，便竭力劝我那朋友去报名，他能开汽车，身体的高度也适宜。而当我听得了我国空军几次轰炸出云舰没有成功，便更是不耐烦地恨不得自己驾驶了飞机，"连人带马"投进去。这些当然是幻想，不过从另一个角度看，可以证明我忽然又回复了我好事的癖性，那个"天坍也不关我事"的我已经失踪了。还有一次，的确打了个电话给我认识的一位商团团长去要求加入商团，他回说一时不收新团员方才作罢。这些都可以归纳到我一向的唐吉诃德精神。但是对于弄堂里的救护会，我却一些意见也没有参加，

因为它太像一篇《论语》式的文章了。我也没有转过要上前线去牺牲的念头，我始终相信，在政府没有具体计划来安置战时的妇女与儿童以前，有家眷的人决不能去从军，结果会变成用几条命去拚敌人一条命的。中国人和英国人对于生死问题都要问："值得不值得？合算不合算？"我是中国人，当然不是例外。

外国有句谚语，有人好像把来译成"一切的道路通达罗马。"其实原文的命意和《西游记》里的"孙行者的筋斗始终翻

①

① 图注：南京市政府市长刘纪文君与其秘书邵洵美合影。刊载于《图画时报》1927年第370期。

不出佛祖爷的手心"是完全一样的。"出版"便是我的罗马。所以到了最后，觉得要工作的话，仍旧不如办刊物。况且在芦沟桥战事发生以后，我们出版部的同人便有过一次编辑会议，决定在上海情形开始变动的时候，出版一个综合刊物。我于是叫三弟（他已搬来和我一起住了）代表了我去和大家接洽。三弟平时是个最沉静的人，但是他回来时却完全改了常态，我一看便明白了。据说那里只有一个人讲了一句话"淘美的东西都打光了，还要办什么刊物！"说这一句话的人也许另外有什么意思，可是我却又不得不第三次自己对自己灰心失望了。

作者注：

我的原意，是想把这篇文章写三节，每节七八千字，全文分三期登完。第一节发表的时候，其他两节并没有脱稿，谁知一写便写得好像没有止境。看来第二节至少比第一节要长一倍；第三节所包括的时间比第二节更长，不晓得写下来又将几倍于第二节。

我决定把一年来所有影响我思想或行为的事情没有遗漏地记下来，材料便多得可以写本大书了，因为使人受大影响的每每会是一件极琐碎的经验，或是一句极随便的说话。

到现在为止，我相信我并没有说过一句多余的话、记过一件没关系的事件。我时刻提醒自己不要越出"我"的范围；我绝对不愿"东拉西凑"。我明白读我这篇文章的好朋友是决不容许我"弄笔头"的。在这一点上，大家可以放心，我自己也放心，因为写这篇文章，我始终没有感觉到有这种诱惑。

前天有一个朋友来说，有人怕我把他和我的一件事情写出来。我对他的回答是"凡是一年来影响我思想或行为的事情，我都要没有遗漏地记下来的"，我在这里写这一段东西，便是对这一类人的一个公开的约定。

第三次迁移

假使连杨树浦出来也算在里面，那么，这已是第三次迁移了。三次迁移有三种不同的原因。第一次是逃难，目的在脱离危险区域；第二次是为了写文章，要求清静与安适，所以找相当的房子着实费了些斟酌；这一次是为了稿子的出路发生问题，经济的来源完全断绝，所以赶快紧缩开支。恰巧近蜜姬的住所有宅空屋，房租不大，顶费也不要，怕让别人抢了去，于是一听得消息立刻去订合同。房间够不够支配，这个念头我们根本没有转到。

一共是二三十所一式的小洋房，每宅前面有一片小草地，房子比草地更小。依照中国的习惯，这种房子至多只能算两上两下，况且开间还要大得多。这里楼上有三个卧室，小得和平常的亭子间一般。楼下是饭厅和会客室，已打通成一间。后面有两个小房间，像是两口橱，作为是给佣人睡的，可是连放箱子都会嫌太闷。蜜姬曾为我们从杨树浦搬出了一部分的桌子椅子，哪知便连这一些家具，已经挤得使人不容易走动了。我们把一个卧室给了三妹和她的小孩；一个给自己的几个小孩和伴他们的女佣；还有一个给我的大儿子和两个上了学的女儿，老婆和我便只能睡在楼下的饭厅里了。我们在正中挂了个幕帏，靠外面的一半便做了饭厅和会客室。看情形，我将永远没有机会再做什么文静的工作了，可是搬进去了不到五天，老婆却又照例为我想出了个补救的办法。原来推开楼下房间的长窗，外面有一个洋台，装上窗子很像是个小书室，八九尺长四五尺宽，足够放一张书桌，两只书架，几只小凳子，用了厚一些的幕帏，坐在里面，精神居然能集中。大概是因为这个发现实在出乎意外，老婆把它布置好了，我立刻便把自己关在里面，为《天下》写的那篇《孔子论诗》便是在这时候脱稿的。人家也许会奇怪，我在这种环境里，竟然有兴致写这一类的文章，其实这正可以代表我当时的心境！那几个月里，我是忽略着现在，清算着过去和等待着将来。

这篇文章，我在两年前已起好腹稿，可是总没有勇气，也许可说没有时间去写下来，而战争竟然给了我闲暇，这在有许多人会起反感。我为我自己的辩护是惟其在这种大变动中，我们格外应当管住我们的情感与立定我们的主意。我敢说，自从芦沟桥起事一直到今天，我始终没有让什么事情或是现象使我的心神感到过游移。关于这次的战争，我更有最肯定的乐观论调；我曾经对有几位朋友谈起过，我的推测和判断都已有事实来证明了。

不过写这篇文章，还有一个原因。我们既然为了经济问题搬家，搬家以后时刻讨论的，当然便是经济问题。预算每月的开支比以前已能省去一半，但是这一半依旧不见得会自己跑来。希望能有固定的进款，须得要有固定的职业。

从第一个不可能研究到最后一个不可能，于是算盘仍回复到写作上去。我在战前曾和一个文化机关订过一张译书的合同，始终没有交卷，报酬还不差，假使每天可以译二千五百字，几个月的生活费便能有着落了。我于是写信去接洽，要求每个月底依照交去的字数换现款。回信说，他们已议决把这项工作暂时停顿了，我们的计划便完全推翻。当时有一个朋友在一家教会组织的出版公司里担任编辑，我便又做了一个译《圣经》的计划托他转交那里的负责人，结果当然又是个失望。最没有办法的时候，我竟然想译外国的侦探小说以及通俗小说，预备自己口述，人家笔录，大量地出产。可是接洽了几家书店，他们的条件又使我得到了一个出版界的新经验。为《天下》写稿，报酬当然很好，可是它是月刊，一则未必每期会登你的文章，二则便登也至多只能登一篇。"心无二用"，所以我从没有把它列入我经济的来源里面。但是忽然接到一篇书账，收账人走了两次收不到，怨着我的路远，我便想到了把《孔子论诗》写出来，也算安慰安慰自己。

看看是收一笔书账，但却显示着相当重要的意义。这里面有上海人的社会心理，甚至有上海的经济现象。原来上海抗战的三个月中，苏州河北与南市的精华全被毁灭，市面当然也呈现停顿状态，每个人的心目中，都觉得"今天"不让流弹炸死已是万分的侥幸，很少精神去顾虑到"明天"了。可是华军撤退以后，有钱的、有势的、有特别关系的都离开了上海，留在的或则没有能力，或则没有勇气，或则没有灵魂，他们竟把上海弄成了个妖形怪状的城市。于是商店开始收账了，学校开始招生了，还有不少种人竟开始发财了。我于是便接到了那张账单。

接到账单以后没有多少日子，我又接到了一封律师信。在抗战期中，判处徒刑的囚犯有一部分已经释放，现在竟有人来要我吃民事官司，这一个变化倒的确使我精神上受到了极深的刺激。不过这个深刻的刺激，也许一半是为了这封律师信的性质。案情须从我有钱的时代讲起。我当然也和别的有钱人一般，曾经获有很卓著的信用。那年我们的好友志摩还很天真地活着，有一天他把一位新诗人介绍给我。志摩死了，这位新诗人继续和我做朋友，我们中间虽然有过一两次的银钱出入，他已忘了，我也忘了。但是大家忘不掉的是一笔由我保证的债务。这笔债务的经过很复杂，总之他是有一笔款子借给了一个人，他们两个人事先同意了便走来要我做保证人。一个在社会上并没建树的年青人，忽然有两个人同时承认他有信用，心里的快乐可以想得到，我客气了几句，便在他们的借据上签了个字又打了个图章。结果这笔借款也和其他的借款一般地发生麻烦了。我便顿时变成了那位新诗人的仇雠，在他的心目中，有一个时期，我简直比债务人犯着更大的罪。我赔了精神，赔了时间，那位新诗人终于提出了要我赔款子。我要他记起当时的经过，他却要我明白我所应负的法律上的责任和可能得到的刑罚。在战前他竟然查封了我家里的器具和书籍。这个举动使那位债务人也感到了难堪，便代我向他说了情，又自己承认了复利及损失费，方才把我的东西启封。上海被放弃了，据说这位债务人做了汉奸，不履行契约，那位新诗人便又叫他的律师写信来警告我了。这件事情到现在尚没有完全解决。他究竟是个新诗人，我去和他谈判，他只是笑着对我说那个债务人已发了财，他似乎始终不能了解世界上还有一种人对于汉奸是绝对鄙弃的，况且汉奸发财和债务谈判根本是两件事。

但是因了这封律师信却又引出了一件使我精神更痛苦的事情。有一位举止很漂亮的朋友，竟然在我最后一笔产物（十几块石头图章）的上面，表现过恐吓、哄骗、欺诈、恶赖的手段，一次谎言接着一次谎言，最后我说穿了他，他还会很快乐地送我到他楼梯的边上。我实在不愿意再提起了，我每次提起，总感觉到背后有个阴影在开始一个对于人类的大暗算。

这两段故事都发生在霞飞路的房子里，家里竟有人归罪这房子的风水。我相信风水是一种了不得的东方艺术，对人的确能发生神秘的作用，可是我不相信它有像一般人传说的怪异的神通。不错，这宅房子的结构是不能使人满意的，住在里面的人时常伤风咳嗽。不过这里面并没有什么奥妙，房子小人多，大家得不到一只舒服的床铺是一个理由；因为房子小了，大家便时常走到房子外面去，没有了节度当然与身体没有好处；又因为房子小了，家事便完全公开，一个人的穷境于是累了许多人担心；又因为房子小了，客人来也没处坐，秩序的确欠缺。要怪怪我，不能怪房子。

收入丝毫没有，支出却一笔笔爆出来，每天大家只是转着移东补西的念头，人便真像在"铜钿眼里翻筋斗"，日子竟然越过越快：方才买煤，米又完了；方才付房钱，水电账又来了。可以变钱的东西便一样样少下去。这里面我们又吃了很大的亏，因为不到紧急的时候，我们总是舍不得脱手，到了最紧急的时候，便卖不出价钱来。

最使我们肉痛的是那辆旧汽车，连原价十分之一都没有卖到。这辆车子和我们的关系实在太深了，它对于我们有一种"情感的价值"，是为无论多少金钱所不能换得的，但是我们却不得不也让人家把它拖走了。

我们同时也不知受到了多少教训。买东西的人，直接的或间接的，都以为此地有一位败家子弟在出卖祖产，他们的神气或口吻，都好像要利用了你的"荒荡"而不费气力来骗取你的无价至宝。有一位大书估听得我有旧书出卖，竟然亲自来看我。他在书堆里翻来翻去，脸上表示着失望，又像在期待着什么奇迹。最后我实在不耐烦了，便问他想要寻本什么书？他顿时局促起来，接着便支吾地说："不，不……不过，你们有没有什么人在这些书里看见过字大一些的，纸张厚一些的本子么？"我知道我的猜想一些不错，心里又气愤又惭愧，于是直接爽快地回答他："先生，我劝你不必费心了，我们的宋版书，都因为自己不识货，早让识货人骗光了。"

还有一次，我让一个以前厂里的学徒经手卖一样东西。他平时做人聪明，我一向对他有很大的希望，华军退出上海后不久，他结婚请我做证婚人，当时在祝辞里，我还特别称颂他交友的能干与心地的清白。哪里晓得他把东西拿了去，一连几天不来。我叫人去找他，他的新娘子说不在家。经验于是叫我开始怀疑，但是我依旧不肯相信他会为了几百块钱卖掉信用与名誉。第三天下午他居然打电话来了。我一听口音便知道事情有些蹊跷。他先说忽然得了感冒，所以两天没有给我回音，又说因为两天病倒在床上，自己有项开支没有能出门去设法，所以在卖东西的款子里借了一百块钱。我再也听不下去了，他的虚伪与懦怯像一股冷气从听筒里射出来使人发寒噤，我于是说了声"有话当面讲"便把电话挂断。

他又隔了一天才来。东西卖了四百多块钱，一半现一半汇划，现的他用去了一百，汇划还没有到期。我心想他的人格只获得了那般低微的代价，实在已经受到了天然的刑罚，所以也不再去责备他。后来这张汇划票被银行退回来，他拿去和发票人交涉，票子和人从此都不见，我反而感觉到好像放下了一件很大的心事。

这个经验告诉我，到了荒年，人吃人的确是可能的。

可是这个学徒平常一直批评我太信任人，而当我第一次信任他的时候，他却也欺骗起来。正像有一位朋友，当着我或是背着我，总怪我说，朋友向我借钱我从来不会拒绝，但是他自己却是向我借钱借得最多的一个人，而且借了永远不还。我真不懂这般人的心理。

其实我并没有像人家所形容我的那般忠厚。我只是把自己看得太重了，以为人家决不愿意轻易地就牺牲了和我的友谊。我是完全错了的。

毛病也许出在我是弟兄里面最大的一个，自小便一切事情由我作主，一切问题由我解决，而我所想出来的花样他们又是没有一个不听从。习惯了，于是无论什么人的困难，我都会去拿来放在自己的肩膀上。这种自己招来的麻烦，人家当然不会感激，好在我根本也没有希望人家感激。有时候人家反而会起反感。我的弟弟里面，有几个便时常埋怨我，说我不应当太服从了父亲，否则家里的情形决不会到这个田地。有一个弟弟还责备我不应当太信任了另一个弟弟，权利义务不平均。这些话自有它相当的理由，不过当时我的理智始终敌不住我的情感；明知错了，依旧让它错下去。所以中日事变的确给了我一个清算的机会，正像春雷响动了，一切蛰伏在地下的昆虫都在地面上显现，所有以前的过失，不必人家指摘也不容你自己掩饰，完全暴露了出来。

我们几个弟兄本来不住在一起，没有结婚的跟着父亲，结了婚的组织小家庭。大家在名义上虽然各负各的责任，但是事实上都会有直接或是间接的关系，这里面便一向存在着有几个疑窦。上海一打仗，社会上只准现款交易，取巧的生活方式绝对不能继续，平时有没有积蓄于是再也瞒不了人。而且银行提款已有了限止，从你的开支上可以算出你存款最少的数目，个人的经济秘密便不由自主地公开，我们弟兄中间的界线因此完全清楚了。

我吃苦决计怨不到别人，只是老婆和小孩也要为了我受罪实在讲不过去。再看到几个弟弟，他们中间生活的悬殊，心里真有说不出话不出的感觉。不过在这种一个人只能为一个人负责的时局，自私是可以用事实来作辩护的。我除了对舒服的去原谅，对患难的去同情，还有什么办法？

所以我从杨树浦出来以后，几个月里面，他们和我几乎没有什么来往。

有一个最患难的弟弟，便是那曾经责备我太信任了另一个弟弟的，简直和我断绝了关系。我知道他在现在的环境之下，想到我的时候会转些什么念头，不过我心里的痛苦也许只有他了解。

我搬到了霞飞路，他忽然来了。他带了一皮箱瓷器问我有没有外国朋友要买。原来这是他岳家的遗产。我们已轻疏远了半年了，但是这一个相同的境遇却在一秒钟里使我和他变成十万分的亲近。他自小有粗鲁的性格，浑身是个夸大的象征。但是进来的时候，我发见他已经消瘦了不少，我禁不住心酸他受到的困苦的磨难。但是当他一开口，他却依旧和往常一般"上嘴唇碰到天，下嘴唇碰到地"，我于是又格外感到好笑了。我们讲了四五个钟头。他忽然问我说："税收的英文叫什么？"我对他说了，他便立起身来要走，走以前又用着极郑重的口吻说："也许不久我要大大利用你的英文。"我不懂这句话的意思，但是因此格外证明了他的个性是丝毫没有被这次的大变动所影响。

我把这些瓷器给几个人看过，内行都说是"送货"，便是说，这些东西是专门为下属去买来孝敬上司的，连识货的外国人也不见得会要。

他说隔三天来听回音，我于是做了三天的古董捐客。我又编造了一段故事，把这些瓷器的来历描写得好像上面的迹痕没有一处不是皇帝或是后妃的手触，连缺掉的一只角和碰碎的一条纹露也都会被我牵涉到某一个后宫里的不小心。可是三天过去，一个主顾也没有觅到。

我的担心也许只有我自己了解。我不知道这失望的消息会使这位弟弟受到如何过分的刺激。这种可能的心理感应，我是有过经验的。他来寻我，大概是为了别处的门路都已断绝，那么，他仅有的希望已付托在我一个人身上了，我的回音的是和否便代表着这世界上有没有肯把他从水火中救出来的人。我真想假说这些瓷器已有人重价买去，而由我自己来垫出这笔款子，这一定会变成他终身最快乐的一件事情。但是我们的患难也正和我们的面貌一般相像，我只有放大了胆子去受他的怨恨。

三天以后，他又是兴高采烈地跑进来——可怜，他越是兴高采烈，我便越是心惊肉跳。一切的事情竟然完全出乎我的意料。原来这些瓷器的命运，他是早已熟悉的了。我正想对他叹气，他却抢在我前面说："大哥，不必担心，我自己有了钱也绝对不会去买这种东西的。"这一句带着幽默味的话，对于我是多么大的一种安慰！我于是第一次认识了他的气度，一方面惭愧我自己胸襟的狭窄，一方面又感觉到有一种力量在我眼前闪动：同情心的活跃。我们中间的距离因此又接近了一步。当天我们便不再提起那些古董了，只是互相发了许多关于生计和出路笼统的议论。他同意我所用来劝我一个表示着绝望的朋友的话："不是没有路，只是不肯走。哪怕做贼，做强盗，做叫化子，甚至做象姑，都是路。做贼不是没有路，只是我们不肯偷人家的东西；做强盗不是没有路，只是我们不肯忘记法律，不肯牺牲性命，不肯放弃对人类的责任；做叫化子不是没有路，只是我们不肯撕破面皮，不肯对任何人低头，不肯把自己弄得那一副肮脏的嘴脸；做象姑不是没有路，只是我们不肯卑鄙，不肯违天理逆人情。总之，我们所以觉到没有路，只是因为自己相当有骨气，有许多事情不肯做。既然是为了骨气，既然不是没有路而是不肯走，那么，便不必怕饿死。"

我还记得有几句勉励他的话，一半玩笑，一半刺激。我说："想不到我们弟兄几个竟会大家穷得柴米发生问题。可是我觉得此后你们的责任要比我的大。你不记得许多旧小说旧弹词里的故事？惯常总是大阿哥大阿嫂霸占家产，刻薄阿弟。到后来阿哥阿嫂把金钱挥霍尽了，也变得没有饭吃，反而是穷阿弟，因为刻苦用功，便状元及第。阿哥阿嫂于是在倾盆的大雪里面跪在他们门前赔罪；阿弟和弟妇则非特不计前愆，一听得家院报道，连忙跑出门去把他们接进屋子来，端茶送酒，欢天喜地，一部故事便如此大团圆结束。可是我们的故事却完全不同。阿哥阿嫂并没有霸占家产，只是为了承继了伯伯的产业便比阿弟们宽舒些，可是他们却绝对不刻薄阿弟，倒是当阿弟不如意时，想尽了法子叫他们了解与快乐。现在也穷了，也不是阿哥阿嫂两个人用穷的，同时你们这般阿弟却还没有中得状元。状元当然现在没有了，但是你们至少得读些书在肚里。可奈读书的又是做大阿哥的那个人，而他的读书又只读成了个书呆子。这样看来，阿哥、阿嫂、阿弟、弟妇、儿子、女儿、阿侄、媳妇，将来都会饿死在雪地里也说不定。阿弟们，你们赶快努力吧，我们只希望你们成功。"这些话当然是我的牢骚。我实在看人家的弟兄好像都比我们长进，于是一方面自己着急，一方面为他们着急。这世界上究竟不会产生什么奇迹。我们弟兄们没有一个有成功的理由。

可是那位弟弟听了我这番话，并没有起反感，也并没有表示失望。老实说，似乎根本一句也没有听进去。他却又很有把握地立起身来拍一拍我说："好，大阿哥，放心好了，我一定不会叫你失望。"他于是提起那一皮箱古董走了。

从此他便没有再来过我家里。这一个简短的聚面和这一段煞风景的牢骚，便在遗忘中完全消失了。

约摸是几个星期以后，元旦已经过去，我和老婆，同了蜜姬与她的一位女朋友，又带了大些的几个孩子，上馆子去吃晚饭。不知为了什么事情，我们谈得兴奋，吃完晚饭又隔了好多一会才回家。回到家里，楼底下的灯点得很亮，一家人都在讨论着一件事。特别是我们那个惯会用恭维的口吻来说人家坏话的老妈子迎上前来对我们说，我的那位弟弟又来过了。

据说他坐了一挂大汽车，又跟着五六个又高又大的陌生汉子。他一进门便说是来接我去吃饭的。"今天欢迎新闻记者，都是大哥的熟人，请他去招待招待。"这是对那老妈子说的。他又从皮袴带上解下一个皮壳子，皮壳子里有枝手枪。他说这是警务处送给他的，是最新式的美国货。他又叫那些陌生汉子一齐从衣襟里拿出他们的手枪来给大家看。他们一定是保镖了。他说他已得到了一个极重要的差使。是什么人委派的，老妈子却记不起那个名字了。他又叮嘱了几句说我回来了一定要请到他家里去。

我听得呆了，虽然没有昏过去，至少有几十秒钟失掉一切知觉，醒回来时只希望自己在做梦。这事情实在太诧异了。天理人情完全不存在了。我当时只能说："假使这是真的，我情愿……"我现在不敢再说下去了。这的确是真的。

我于是完全明白，前次他为什么要问我那个英文字，以及他为什么说要大大利用我的英文，还有别的那些话。我只得连忙打了一个电话，他不在家，我便叫他小时候的奶妈传给他听。我说："我读书读了这许多年，已养成了一个懒惰的心情，不想把简单的生活变得复杂。他的意思我明白，可是我更希望他能完成我读书一生的志愿。"

这奶妈当然已经把我的话传给了他。从此关于他的一切消息，我便也和别人一般，或是在报纸上看到，或是由朋友的嘴里听得。

这一个时期里，我真想出一次远门。上海的市面已经畸形地恢复兴盛，但是正式的商业一时不容易还原，倒是霞飞路以及其他早先冷落的街道，现在都开满了吃食店，还有许多中等的人家也各自拿出土法的点心登了广告出卖，有一家土产食品公司，居然经售过一百几十种以上的糕饼糖果。报纸虽然一种一种由外商登记了出版，但是杂志及单行本的销路只限止于本埠。这种局面当然对我是不适宜的，要求生存非到别处去不可。有几个人愿意拿出资本来和我合作到香港去办印刷，不过大多数的朋友都觉得香港既没有十分大的出路，假使时局变动又缺少退步，结果依旧留在上海。

我忽然对报纸发生极大的兴趣。原因当然为了每天看报，早晚和新闻消息接触，便自以为有许多意见值得贡献给大家参考，一定要有张报纸，说话才能被人听到。于是时时刻刻希望着一张理想的报纸。有一次曾经把我详细的计划交给一家最有势力的西文报纸，要他们出版份华文的姊妹刊，他们为了这个计划居然开过两次董事会，结果复了我一封信说："时局变化无定，不拟草率从事，将来如有机会，自当约期讨论。"

说也奇怪，我多少年来，虽然做一件事业经一次失败，但是所有的梦想总会让我得到实现的机缘。我想办报，自己当然没有资本，向人借钱更其谈不到，哪里知道有一位办华文报的外国老板凑巧在一个宴会上碰见了蜜姬，谈起他的编辑过分喜欢夸大，忽略了新闻的真实性，一连串闹了好几个乱子，要求蜜姬介绍一个对报业有真诚爱好的朋友。第三天的早上我便由那家报馆的经理请到了他的办公室里。他的热诚使我得到了意外的恭维，他竟然说，假使我不答应帮忙，他立刻便要把他们的晨刊停办。我是中国人，懂得中国报馆的习惯，一个陌生的集团不是轻易地可以加入，尤其是这家报馆，他们的华经理不是为了办报而办报的。我于是提出了八个条件。

这是六月二日的事。父亲在五月中得了虚弱症，竟然在这一天去世。家庭间倒没有什么复杂事，但是我却把报馆事不自知地搁了下来。我也并不是依照守孝的旧习惯不和人来往，譬如这几天里来华的欧洲内幕作者约翰·根塞与英国诗人奥登等，我一般地招待，有两天几乎早晚和他们在一起。所以，说起来，报馆事是那位经理延宕的，隔了二十多天没有确实的回音。我为了这事情完全由他们发动，所以也不想去催。到了将近月底，那位老板忽然约蜜姬和我去谈话，也没有提起报纸，却要我们为他编两本月刊，一本中文，一本英文。我们当然愉快地接受了他的嘱咐。到了七月中，还是蜜姬觉得那位经理实在搁得太久了，便硬逼他决定。我们于是听到了一段离奇的故事。

据那位经理说，他们准备聘请我的意思不知怎样让那位华经理知道了（其实我根本不晓得他们是瞒了他的），那位华经理便来说，这消息已有人向汉口报告，汉口的覆电叫人破坏，说那家报馆已加入了新股份，而我是新股东派去的。那位华经理又说，这当然是汉口的误会，不过我有了那样的弟弟，便变成了谣言的目标，还是不要和我合作来得稳妥。这便是他们沉默了一个月的原因。我们当然没有料到这位外国经理会告给我们这样一段故事，况且那位老板又为什么要我编杂志呢？但是真正的原因，不多久也被我们打听到了。看上去好像那位外国经理和那位华经理在职权上有许多冲突的地方。外国经理的地位当然高，他握了经济权，很想再直接管辖编辑部，所以便找到了我。当时会那般地给我意外的恭维，便是为了他急于要一个由他亲自聘请的总编辑。哪里知道这位华经理也自有他厉害的地方，原来他和一位经济界的权威有相当的关系，这时中国政府恰巧统制外汇，报馆向外国定纸非买外汇不可，于是那位外国经理又不得不求教他。我便做了他们争权夺利的牺牲品。我又听说那位外国经理为了要对华经理过分表示好感，还做过一件更其对不起我的事情，我不想把来记下来了。

这样说来，我的梦想实现的机缘不是被破坏了么？要知这件事情虽然对我有害无益，但是它却给了我更大的办报兴趣。二十七年八一四的早晨，我竟由另一个报馆的外国经理请到他家里去吃早点。这一次也没有得到结果，但是我的新爱好竟然使一般好久不见的老朋友知道了我的行止，后来我正式加入了第三家报馆。

朋友们，我现在已写完了我一年在上海的故事。这个当然不能包括我所有的遭遇：它是经过了一番清滤的工夫的。不过，这一年来我自己所播的种，插的秧，都在此地了，虽然收获的日子是在一年以后。

○ 原载于《自由谭》1939 年第 7 期